新世纪高等学校教材
历史学系列教材

普通高等教育"十一五"国家级规划教材

U0659684

中国古代史 （上）

（第4版）

ZHONGGUO
GUDAISHI

晁福林◎主 编

北京师范大学出版集团
BEIJING NORMAL UNIVERSITY PUBLISHING GROUP
北京师范大学出版社

图书在版编目（CIP）数据

中国古代史. 上/晁福林著. —4 版. —北京：北京师范大学
出版社，2016.6（2025.9 重印）
历史学基础课系列教材
ISBN 978-7-303-19533-6

Ⅰ．①中…　Ⅱ．①晁…　Ⅲ．①中国历史－古代史－高等
学校－教材　Ⅳ．①K22

中国版本图书馆 CIP 数据核字（2015）第 240932 号

ZHONGGUO GUDAISHI

出版发行：北京师范大学出版社 https://www.bnupg.com
　　　　　北京市西城区新街口外大街 12-3 号
　　　　　邮政编码：100088
印　　刷：唐山玺诚印务有限公司
经　　销：全国新华书店
开　　本：730 mm×980 mm　1/16
印　　张：24.25
字　　数：430 千字
版　　次：2016 年 6 月第 4 版
印　　次：2025 年 9 月第 33 次印刷
定　　价：52.00 元

策划编辑：刘东明　　　　责任编辑：岳　蕾
美术编辑：王齐云　　　　装帧设计：王齐云
责任校对：段立超　陈　民　责任印制：马　洁

前　言

在高等学校历史系以及文科教学中，《中国古代史》(上)(第 4 版)是相当重要的一门课程。在长期的教学实践里，我系对于这门课程的改革进行过许多探索，撰著一部既有相当学术水平，又适合教学需要的《中国古代史》(上)(第 4 版)教材，是我们长期努力的一个目标。

本书的编撰，总体目标是使学生感受到"中华文明源远流长、博大精深，是中华民族独特的精神标识，是当代中国文化的根基"①，推动学生思考中国历史与文化的深层内涵，激发学生的历史责任感和民族自豪感。在本书的撰著过程中，我们注意到了这样几个方面的问题。首先是要吸取学术界关于中国古代史研究的新成果，各章节撰写者自己的研究成果也酌情在教材里有所反映。其次是利用新的考古资料进行阐述，关于中国古代各个历史时期的重要的考古发现及考古学界的研究成果，要尽量吸收。再次是在编撰体例上要有新的特色，例如，每章都有"叙说"一节，阐述这个历史时期中国社会的概况及其在世界历史发展中的地位，在纵观世界历史发展大势的基础上更深入地认识中国古代的历史演进规律。最后是各章节的安排和内容的详略尽量适应教学的需要，对于许多重要问题都做了比较深入而具体的探讨，但也有的问题只进行了纲领性的叙述，而没有展开讨论，以求简省篇幅。本书的撰写参考了专家们的相关著作或文章，由于本书属于教材性质，因此未能一一注明。由于水平所限，本书的缺点和错误在所难免，恳切希望史学界的专家和同志们不吝赐教。

本书各章执笔者分别是：第一章：胡进驻；第二章：晁福林；第三章：

---

①　《习近平在中共中央政治局第三十九次集体学习时强调 把中国文明历史研究引向深入 推动增强历史自觉坚定文化自信》，载《人民日报》，2022-05-29。

晁福林；第四章：刘欣尚；第五章：陈琳国。

唐赞功教授为本书体例和章节安排提出了宝贵意见，并且审阅了部分章节，本书的撰著得到了北京师范大学出版社和历史学院领导的大力支持，在此表示衷心谢忱。

编　者

目　　录

第一章　漫长的远古时代

第一节　叙　说

中国古代历史中的远古时代即文明社会诞生之前的史前社会阶段。

据科学家推算，地球的形成至今已有 46 亿年以上，最原始的生物出现在地球上，距今已有 33 亿年之久。按照地质年代划分，距今 33 亿年到距今 25 亿年之间是太古代，其后的近 20 亿年是元古代。各种细胞藻类、无脊椎动物以及爬行动物的趋于繁盛是在距今 6 亿年到 7000 万年之间的古生代和中生代。从 7000 万年前开始直到今天的新生代，是哺乳类动物和人类繁衍的时代。地质年代分类的"代"之下有"纪"和"世"两个层次。距今 7000 万年到 300 万年之间是地质年代的第三纪，其中有古新世、始新世、渐新世、中新世、上新世 5 个阶段。距今 7000 万年到 4000 万年的古新世和始新世是灵长类动物出现和发展分化的时代。古猿类出现在距今 4000 万年到 2500 万年之间的渐新世。距今 2500 万年到距今 300 万年之间的中新世和上新世，是古猿向人逐渐演化的时期。从 300 万年前开始的地质年代上的第四纪，是作为万物之灵的人类开始的时代。第四纪的更新世从距今 300 万年到 1 万年，是原始人向现代人演化的阶段。更新世之后的全新世从距今 1 万年左右开始，人类在这个时代阔步走上历史舞台，演出了地球上最雄伟壮观的一幕。

我国远古人类活动的地理环境是经过漫长的时代演变才形成的。从地质学上的太古代以来，我国地壳就处在北方相对稳定、南方变动频繁的状态。在元古代，北方有晋陕古陆、内蒙古陆、鲁西古陆、胶东古陆、淮阳古陆等，南方则仅有扬子地块。除了这些古陆和地块以外，当时的大部分地区还被浅海覆盖。后来，多次地壳变动，才逐渐形成华北古陆和扬子古陆这两个面积较大的陆地，奠定了中国大地构造的基本轮廓。到了中生代，华北和华南地区逐渐连成一片完整的陆地，海浸地区缩小。当时的地壳变动，不仅有沧海桑田般的缓慢发展，而且有急剧猛烈的迅速变化，假若借用《诗经·十月之交》篇的语言来形容其情况，那便是"百川沸腾，山冢崒崩。高岸为谷，深谷为陵"。在新生代，我国西部地区迅速升高，青藏高原横空出世，成为世界屋脊。与此同时，因西高东低而形成的百川汇海的壮观局面也已经出现。一般认为，地理环境和气候的变化对于人类的形成和发展有重要影响。新生代第四纪的喜马拉雅造山运动不仅使我国西部地区强烈隆起，而且使周围大范围内的气候发生剧变。寒冷气候的出现摧毁了大片热带雨林，造就了开阔而干燥的疏林草原环境。原先栖息在温暖而且果实丰富的森林中的古猿，被迫适应环境和气候的变化，逐渐由"攀树的猿群"向"正在生成中的人"[①]转化。据研究，在发现元谋猿人化石的地层中，亚热带孢子花粉从底层向上有越来越少的趋势，还出现了松、杉、桦等比较耐寒的新成分，这反映了当时气候变冷的趋向。在发现大量石器的山西西侯度旧石器时代早期遗址的地层中，现有 20 多种动物化石，其中大多数是适应干冷气候的草原动物，说明这一带在有人类活动的时期已是疏林草原环境。

生活在中新世和上新世之际的古猿，一般认为是现代猿类和现代人类的共同祖先，人类学家称之为"人猿超科"。它的一些属、种逐渐向人的方向发展，最后超出猿科的界限，而转向人科。古猿阶段化石的主要代表之一是距今 1400 万年到 800 万年之间的腊玛古猿。[②] 这类古猿的化石分布得比较广，除了我国以外，还在巴基斯坦、印度、土耳其、希腊、匈牙利、肯尼亚等国家有发现，但化石资料以我国云南禄丰最为重要和丰富。从 20世纪 70 年代中期以来，所发现的禄丰腊玛古猿的化石有颅骨 3 个，下颌骨 5 个，头骨碎片 23 片，古猿牙齿 600 多枚，指骨 2 根。和腊玛古猿共生的有多种动物，其中哺乳类动物就有 30 多种。根据地层和共生的动物群的情况进行分析，我们可以推测当时腊玛古猿的生活环境是亚热带湖泊、沼泽

---

① 恩格斯在《劳动在从猿到人转变过程中的作用》一文中将从猿到人的发展过程分为"攀树的猿群"——"正在生成中的人"——"完全形成的人"这样几个阶段，参见《马克思恩格斯选集》第 4 卷，373～386 页，北京，人民出版社，1995。

② 1932 年美国耶鲁大学的一支古生物考察队在喜马拉雅山南麓发现一块带有 6 枚牙齿的上颌骨化石，后来这一化石被定名为短吻腊玛古猿。不少研究者认为腊玛古猿应并入西瓦古猿属，我国禄丰的材料归入"禄丰古猿属"。

边缘以及林间草地。20 世纪 80 年代中期，在云南元谋也发现了腊玛古猿和介于腊玛古猿与早期直立人之间的古猿化石。许多材料表明，腊玛古猿可能是同类型古猿系统中时代较晚并且很接近早期人类的一种类型。到目前为止还没有发现比它和人更接近的同时期的猿化石。关于人类起源的地点，恩格斯曾经推测，"在好几十万年以前，在地质学家叫作第三纪的那个地质时代的某个还不能确切肯定的时期，大概是在这个时代的末期，在热带的某个地方——可能是现在已经沉入印度洋底的一大片陆地上，生活着一个异常高度发达的类人猿的种属"[①]。古人类学家根据腊玛古猿的材料，多认为人类的起源地以"亚洲南部更可信"[②]，特别是禄丰腊玛古猿丰富资料的发现，"为人类起源亚洲说提供了新的论证"[③]。由于我国云南一带相继发现了森林古猿、腊玛古猿以及早期人类的宝贵而丰富的化石资料，这个地区受到喜马拉雅造山运动的直接影响，在几千万年以前为猿类提供了向人进化的客观环境，所以我国应当是人类最主要的发祥地之一。

分子生物学的研究成果表明，人、猿分离的时间在距今 500 万年左右。从世界范围看，这个时期的化石资料尚无发现。现在所见到的最早人科成员化石是南方古猿阿法种。

南方古猿阿法种的后裔发展到距今 250 万年左右，逐渐向两个分支发展。一个分支发展成为东非能人，另一个分支发展成为南猿非洲种。这后一个分支演变为粗壮种并趋于灭绝。从 20 世纪 50 年代末期开始，非洲东部坦桑尼亚奥杜韦峡谷一带发现不少古人类化石和石器，其所代表的人类被称为"能人"。20 世纪 70 年代初期在肯尼亚图尔卡纳湖畔发现的编号为 1470 的东非能人头骨，其生活的时代距今约 200 万年。此外，在埃塞俄比亚的奥莫河谷也发现有能人的化石。石器的发现表明能人已经制造工具。能人在体质方面的重要特点是脑容量有较多增加，1470 号头骨的脑容量已达 775 毫升，头骨颅内总体形态和人相似，能人可能已经有了语言的能力。被称为"奥杜韦文化"的东非能人石器文化，属于旧石器时代的最早阶段，当时的人已经开始了社会群体生活。

继"能人"之后的远古人类称为"直立人"。直立人的分布区域已经遍布亚洲、非洲和欧洲。20 世纪 70 年代中期，在东非发现一个相当完整的直立

---

① 《马克思恩格斯选集》第 4 卷，374 页，北京，人民出版社，1995。
② 贾兰坡：《贾兰坡旧石器时代考古论文选》，218 页，北京，文物出版社，1984。
③ 夏鼐：《中国文明的起源》，4 页，北京，文物出版社，1985。

人头骨，其脑容量为 850 毫升。20 世纪 80 年代初，在肯尼亚西北部的纳里奥科托姆发现一具具有重要研究价值和意义的少年男性直立人骨架，包括颅骨、下颌骨、脊椎骨、股骨等 70 余件。在亚洲，以我国的发现最为丰富，如元谋猿人、北京猿人、蓝田猿人、和县猿人等，都在科学研究上有极重要的价值。在亚洲除了我国以外，从 19 世纪末开始发现的印尼爪哇猿人也很出名。在欧洲，直立人的材料以希腊和法国居多，匈牙利和德国也有发现。火的使用是直立人文化发展的重大突破。我国山西芮城西侯度经古地磁法鉴定距今 180 万年的地层中，发现有用火烧过的鹿角、马牙等物，被认为是人类用火的最早物证。肯尼亚的切斯旺贾发现有 140 万年前人类用火的证据。这方面材料最为丰富的是北京猿人遗址厚达数米的灰烬层。欧洲直立人使用的石器多为手斧形，其大小一般如手掌，左右对称，刃缘平直，比能人经常使用的以砾石制造的砍砸器有不少进步。

距今 20 万年至 10 万年，直立人向智人发展。19 世纪 50 年代，在德国杜塞尔多夫附近发现的尼安德特人是早期智人的代表之一，其脑容量已达 1400 毫升以上，但是前额低斜，眉脊突出，全身骨骼特别粗壮，还带有许多原始特征。庞大而笨重的尼安德特人，在向晚期智人发展的时候突然销声匿迹，其原因现在还不清楚。晚期智人的形成一般认为是距今 4 万年以前的事情。19 世纪 60 年代末，在法国维泽尔河流域的克罗马农山洞发现有晚期智人的化石材料。克罗马农人身材魁梧，脑容量达 1600 多毫升，能够创制大幅岩洞壁画，其发展水平可以作为欧洲晚期智人的代表。晚期智人的分布已经遍布亚、非、欧、美、澳五大洲。我国晚期智人的材料丰富而且重要，历来为世所重。在晚期智人阶段，由于地理条件的差异，各地人类遗传导致了肤色、毛发、鼻唇等体质和面貌的差别，逐渐形成黄、白、黑、棕等几大人种。在晚期智人后期，人类社会步入文明时代，社会面貌日新月异，远古时代遂告结束。

远古时代即社会发展史上的原始社会。就社会生产力发展水平而言，原始社会可以分为旧石器时代和新石器时代两大阶段。

自人类社会诞生以来，绝大部分时间都可以归入旧石器时代的范畴。就世界范围来看，处于能人阶段的奥杜韦文化可以说是早期旧石器文化的代表。打制的砍砸器占奥杜韦文化中石器的一半以上。比这种砍砸器进步的石制手斧普遍发现于亚洲、非洲、欧洲各地。一般的手斧具有较长的中轴线和对称的两个曲边，有比较整齐的刃缘，呈扁桃形，反映了石器制造技术的进步。石斧文化绵延的时间很长，几乎与直立人相始终。我国蓝田猿人、北京猿人的大量石器都可以归入这个范畴。旧石器时代中期与早期智人阶段相合。这个时期的石器很少有石斧出现，而以用石片制作的刮削器和三角形的尖状器为主。在考古学上，这种石器文化以最早发现地——法国的莫斯特——来命名，称为莫斯特文化。在欧洲，尼安德特人是莫斯特文化的主要创造者。尼安德特人已经有墓葬习俗。20世纪初在法国的拉·费纳西山洞首先发现了尼安德特人的墓葬，表明这座山洞可能是当时的专门墓地。在匈牙利的塔塔发现有随葬的雕成舌形椭圆状的猛犸象牙板，表面光润，可能是当时人的护身符。考古发现我国旧石器中期的文化也相当丰富，如大荔文化、许家窑文化、鸽子洞文化等都具有相当典型的意义。旧石器时代晚期的文化延续了二三万年，在欧洲一般以时间先后为序划分为佩里戈尔期、奥瑞纳期、格拉韦特期、梭鲁特期、马格德林期5个时期。这个时期的石器以石叶工具占主要地位，此外还有骨器和木器。法国、德国、西班牙等地发现不少这个时期的艺术作品。德国的沃吉尔海德发现有奥瑞纳文化时期的用猛犸象牙雕成的野马像。在马格德林文化期，欧洲出现了许多洞穴壁画，仅法国就有70多处。在我国，旧石器时代晚期文化分布得很广，如峙峪文化、小南海文化、山顶洞文化、水洞沟文化、下川文化等都有重要而丰富的遗存，就连西藏、台湾、贵州、云南等地也有不少发现。据统计，我国南方地区所发现的旧石器晚期遗址就有100多处。

从距今1万年左右开始，人类社会进入了新石器时代。① 原始农业的出现是新石器时代最突出、最重要的特征，陶器的制造、磨光石器的广泛流行、原始畜业的出现等，也都具有重要影响。地处欧、亚、非三洲交会点的西亚地区农业发展得比较早。约旦河谷的耶利哥和伊拉克东北部的耶莫都曾发现距今六七千年的典型农业村落。我国新石器时代原始农业起源的时间和西亚地区约略相同。磁山文化、裴李岗文化、河姆渡文化，甘肃秦安大地湾遗址的粟类、稻谷堆积和石制、骨制农具的大量发现，对新石器时代农业情况的研究有极其重要的意义。在新石器时代，金属的使用有逐

———————

① 有些考古学家认为，在新、旧石器时代中间有一个"中石器时代"。在这个时代，出现了打制的细石器和弓箭。中石器时代在欧洲延续了五六千年之久，直到原始农业出现才告结束。但是，大部分专家认为，从世界范围来看，很难把它作为人类历史进程的一个大的阶段。这是因为除了欧洲以外，其他地区很少发现相关材料，并且所谓中石器时代并没有多少特征可言，所以说与其单列一个阶段，倒不如将其划分在新、旧石器时代来论述更恰当些。

渐增多的趋势。土耳其中部安那托利亚地区的新石器时代文化遗址发现有距今五六千年的铅制饰物、铜珠、铜矿渣等。我国新石器时代遗址也发现许多使用金属的物证，特别是西部地区更为典型。有些专家把新石器时代后期称为"铜石并用时代"，也是有一定道理的。随着社会生产力的发展和社会结构的演进，文明的曙光在新石器时代后期就已经显露。两河流域、埃及、印度、中国、墨西哥、秘鲁等都是文明出现较早的地区，其中，远古文明没有间断地延续至今的仅有中国。我国发现的新石器时代遗址就有7000多处。这些遗址表明，当时已经有了不同的文化区域，各种文化相互影响、渗透、融合，促进和加速了各个地区社会的发展。

就社会组织情况看，在人类的早期，还没有系统的社会组织机构，当时还只是松散的原始人群，婚姻形式还是乱婚杂交。随着社会生产的发展和人的思维水平的提高，婚姻形式发生了重大变化，逐渐由原来没有任何限制的杂交，排除了祖先与子孙、父母与子女的婚姻，变成按辈分通婚。人类社会逐渐发展到血缘家庭公社时期。在人类体质、智慧和劳动技能发展到一定水平时，氏族公社逐渐代替家庭血缘公社，成为社会主要组织形式。可能从旧石器时代中期开始，随着族外群婚的发展，氏族制度逐渐萌芽。到了旧石器时代晚期，氏族聚落在河谷和平原地区普遍出现。氏族制度的繁荣是在新石器时代。新石器时代遗址中常有村落遗址发现。有些村落的人口，据估计有数百人，多者可达上千人。新石器时代中期，由于氏族间联系的加强，部落和部落联盟开始出现。新石器时代晚期，在许多发达地区往往出现国家的雏形。考古发掘已经找到不少最初的城堡，这些城堡对于考察当时的社会情况很有意义，"它们的城楼已经高耸入文明时代了"①。

19世纪美国的杰出学者摩尔根曾经依据大量的民族学资料，将人类社会的演进划分为蒙昧、野蛮、文明3个时代，并将蒙昧、野蛮两个时代分为初级、中级、高级3个时期。他认为高级野蛮社会临近结束时，"标音字母的发明和使用文字来写文章"，"到这个时候，文明也就开始了"。② 摩尔根的许多观点曾被马克思、恩格斯称赞。所谓蒙昧时代，相当于原始社会前期，亦即旧石器时代；所谓野蛮时代则相当于原始社会后期，亦即新石器时代；野蛮时代的高级阶段属于新石器时代晚期，摩尔根说这一阶段始于

① 《马克思恩格斯选集》第4卷，164页，北京，人民出版社，1995。
② ［美］H.摩尔根：《古代社会（新译本）》，杨东莼等译，11页，北京，商务印书馆，1977。

铁器制造，是就欧洲情况而言的，我国的情况并非如此。我国的野蛮时代高级阶段是从人们初步制造和使用铜器开始的。关于野蛮时代的高级阶段，恩格斯说，"一切文化民族都在这个时期经历了自己的英雄时代"①。我国有丰富的古代传说，黄帝、炎帝、颛顼、帝喾、蚩尤、尧、舜、禹等，已经不是无名氏，而是赫然有名、彪炳史册的历史巨人，有些还是站在文明时代门槛上的重要人物。

我国的考古事业发展很快，不断有远古时代各个阶段的资料涌现。简要刊布这些考古资料的专业杂志主要有《考古》《文物》《考古学报》等。详细发表各种相关资料的专著主要有文物出版社出版的《青海柳湾》《西安半坡》《大汶口》《宝鸡北首岭》《姜寨》《元君庙仰韶墓地》《淅川下王岗》《邹县野店》《胶县三里河》等。中国社会科学院考古研究所编的《新中国的考古发现和研究》（文物出版社，1984）和文物编辑委员会编的《文物考古工作十年（1979—1989）》（文物出版社，1991）、宿白主编的《中华人民共和国重大考古发现》（文物出版社，1999）等，是关于考古资料的综述汇编，颇便参考。记载古史传说较多的文献有《山海经》《尚书》《大戴礼记》《史记》等书的部分篇章。专家们的主要论著有《裴文中史前考古学论文集》（文物出版社，1987）、《贾兰坡旧石器时代考古论文选》（文物出版社，1984）、《苏秉琦考古学论述选集》（文物出版社，1984）、严文明《仰韶文化研究》（文物出版社，1989）、张忠培《中国北方考古文集》（文物出版社，1990）等。由于新的考古材料层出不穷，研究的深度和广度不断加强，所以关于我国远古时代的历史研究一定会有更大发展。

第二节　中国境内的远古人类

更新世中期我国境内大部分地区的气候温暖而湿润，虽然到了更新世晚期，我国北方地区的气候经过几次暖湿和干寒的交替，但是总的来看，气候和环境还是有利于原始人类繁衍和发展的。我国旧石器时代文化遗址分布很广，其地点多在山前地区或者两条河流的汇合处。这样的地方便于采集、狩猎和生活，符合初期人类发展的需要。

————————————

① 《马克思恩格斯选集》第4卷，163页，北京，人民出版社，1995。

一、猿人的广泛分布

随着考古材料的增加，我国远古人类出现的时间有越来越向前延伸的趋势。就目前我国对地层时代划分的标准而言，有的专家曾经建议"到与早更新世相接的上新世地层中去寻找最早的人类和他们制造的石器遗存"①。不过，迄今为止，我们所知道的我国最早的原始人类距今只有 200 万年左右。20 世纪 80 年代中期，在四川巫山县龙骨坡发掘出猿人乳门齿 2 枚，刚萌出的恒门齿 1 枚，带有 2 颗牙齿的左下颌骨 1 块。据测定，"巫山猿人"的时代距今 204 万年至 201 万年。② 在云南元谋县上那蚌村附近于 1965 年发现了"元谋猿人"。主要发现猿人的左、右上内侧门齿 2 颗，属同一青年男性个体。后来在元谋猿人化石所在的褐色黏土层里，发现用石英岩打制的刮削器 4 件，在这个地区还采集到其他石制品十几件。在厚约 3 米的 3 个地层中零星散布炭屑，还并存烧骨，是否有人工用火的遗迹，现在尚不能断定。和元谋猿人化石并存的有多种哺乳类动物化石，这些动物有许多是食草类动物。一般认为，元谋猿人距今大约为 170 万年。山西芮城西侯度发现的早更新世遗址有用锤击、砸击和碰砧法打制的砍斫器、刮削器等 30 多件，还有人工砍斫过的残鹿角 2 件以及一些烧骨。西侯度文化可以追溯到 180 万年以前，但没有猿人化石发现。河北阳原县的小长梁和东谷坨发现各种石器 800 多件，同时发现的动物残骨有一些带有明显的人工修理痕迹，其文化距今 100 万年左右。

20 世纪 60 年代中期，在陕西蓝田县东的公王岭和县西北的陈家窝发现中更新世时代的猿人化石，被称为"蓝田猿人"。公王岭发现猿人的头盖骨、鼻骨、右上颌骨和 3 颗臼齿，属于同一 30 多岁的成年女性。头盖骨甚低平，骨壁极厚，脑容量约为 780 毫升，具有比较原始的特征。专家们对化石的年代有不同的测定，一般认为公王岭猿人距今约 100 万年。陈家窝发现猿人的 1 个完好的下颌骨并附连 13 颗牙齿，属于老年女性。陈家窝猿人距今 50 余万年。蓝田猿人遗址发现数十件石器，还有四五十种动物化石。和蓝田猿

---

① 贾兰坡、王建：《上新世地层中应有最早的人类遗骸及文化遗存》，载《文物》，1982(2)。

② 文物编辑委员会编：《文物考古工作十年(1979—1989)》，251 页，北京，文物出版社，1991。

人时代接近的有"郧县猿人"，20 世纪 70 年代中期发现于湖北郧县（今十堰郧阳区）梅铺龙骨洞。化石材料有 2 件头骨、4 颗牙齿、1 件人工打击痕迹清楚的石核，以及 20 多种时代比较古老的哺乳类动物化石。此后不久，又在郧西县的白龙洞发现 2 颗猿人臼齿，时代与郧县猿人相近。

"北京猿人"的发现和研究，是 20 世纪考古学和古人类学的重大收获。北京猿人遗址在北京西南的周口店龙骨山上，原为一个长约 140 米，中部最宽处约 20 米的山洞。文化堆积层厚有 40 多米。自 1927 年到 1966 年历次发掘所得猿人化石材料有头盖骨 6 个，头骨和面骨碎片 14 块，下颌骨 15 块，股骨 7 段，胫骨 1 段，肱骨 3 段，锁骨 1 根，月骨 1 块，零散和附连在凳骨上的牙齿 153 颗。这些化石材料分属 40 多个个体。北京猿人头骨有较多的原始性状，头骨低矮，其最宽大的位置在颅骨基部，前额低平并且明显向后倾斜，眉脊骨粗壮并向前突出，颅骨很厚，平均厚度几乎为现代人的 2 倍，面骨粗大，眼眶深而宽阔，鼻骨很宽，鼻梁较平扁，颧骨高而向前，上颌明显突出，下颌宽大并向下后方倾斜。牙齿的齿冠和齿根都比较粗大，咬合面有复杂的纹理。北京猿人的肢骨虽然带有一些原始性质，如股骨稍稍向前弯曲，因管壁厚而使髓腔较小，股骨主干上部平扁等，但是其总体特征与现代人相近。这是长期劳动形成的体质进化的结果。根据 5 个成年人头骨化石测算的结果，我们可以知道北京猿人的平均脑容量为 1088 毫升，比南方古猿的脑容量大 1 倍。北京猿人遗址有 4 层面积较大并且较厚的灰烬层，有的灰烬层厚达 6 米。灰烬层里不仅有木炭，而且有因被烧烤而布满龟裂纹的石块和石器，因烧烤而扭曲变形的鹿角，烧烤过的朴树籽和各种兽骨等。北京猿人的用火遗址是目前所能见到的内容最丰富的古人类的用火遗迹。北京猿人遗址所发现的各种石器有 17000 多件，此外还有大量石片和石核。据研究，北京猿人采用砸击、锤击、碰砧等方法制造石器。石器分为刮削器、尖状器、石锥、雕刻器、砍砸器、石球 6 类，其中以刮削器、尖状器居多。根据各种方法测定，北京猿人遗址底部堆积层形成于 70 万年前，顶部堆积形成的时间距今 23 万年左右。北京猿人在周口店一带先后生活近 50 万年之久。

20 世纪 80 年代初期发现的"沂源猿人"的时代距今约 40 万年。主要化石材料有猿人头盖骨 1 块，眉骨 2 块，肱骨、肋骨、股骨各 1 块，牙齿 6 枚。所有材料分属两个成年猿人个体。据观察，其眉骨的粗壮和牙齿的原始性都与北京猿人相似，同出的动物化石有许多也见于北京猿人遗址。

与北京猿人的时代大体相当的有 20 世纪 70 年代末在河南南召杏花山发

现的"南召猿人"和 20 世纪 80 年代初在安徽和县龙潭洞发现的"和县猿人"。南召猿人遗址发现右下颌臼齿 1 颗，石器 300 多件。和县猿人遗址发现近乎完整的属于男性青年个体的头盖骨 1 个，附连 2 颗臼齿的左下颌骨 1 个，牙齿 9 枚和一些头骨残片，还发现了石器、成批的骨角器，以及烧过的骨头、牙齿、灰烬等，伴生的哺乳动物化石有 40 种。和县猿人的脑容量约为 1025 毫升，与北京猿人接近。据测定，和县猿人的时代距今约 28 万年至 24 万年。近年在南京市江宁区汤山的石灰岩溶洞里也发现早期人类头骨化石，其时代与和县猿人相距不远。

"金牛山猿人"发现于 20 世纪 80 年代中期，遗址在辽宁营口西金牛山的洞穴里。主要化石材料为一个较为完整的猿人头骨，此外还有脊椎骨、肋骨、腕骨、掌骨、趾骨、髋骨、尺骨、指骨、跗骨等比较罕见的猿人骨骼化石 50 余件，并且这些材料全部属于同一个个体，从而为研究猿人情况以及准确复原猿人体貌提供了方便。据测定，金牛山猿人的时代距今 28 万年左右。20 世纪 70 年代中期，在金牛山西部的一处裂隙与洞穴堆积层中发现旧石器时代初期和晚期的文化遗物。其初期文化，从石器的打片技术、类型以及加工方式等方面的情况看，都与北京猿人的石器相似，具有明显的共同性。

猿人的化石和遗址在我国有广泛的分布，除了上面提到的以外，发现猿人文化的地方还有山西芮城匼河村、内蒙古呼和浩特大窑村、湖北大冶石龙洞、贵州黔西观音洞、辽宁本溪庙后山、安徽巢县与水阳江两岸、陕西洛南和汉中梁山等地。按照古人类学的划分，这些猿人都属于"直立人"的范畴，其生活的时代属于考古学上的旧石器时代早期，大约在距今 200 万年至 25 万年。这个阶段的古人类经过漫长时代的劳动实践，使人类社会缓慢进步。采集和狩猎是当时最主要的生产活动，最迟到北京猿人时期，人们已经知道用火和吃熟食。在这个阶段，石器加工技术有所进步。较早时期的石器，如西侯度遗址、元谋猿人遗址、匼河文化遗址等所发现的石器多以石英岩或砾石为原料，采用锤击法进行十分粗糙的加工，刮削器只是简单地打击出凹凸不平的刃缘，并不进行再次加工。经过几十万年的发展，到了蓝田猿人时期，部分石器有了二次加工的迹象。到北京猿人时期，大部分石器的边缘部分都已经进行了二次加工整理，未经修整的只占很少部分。从北京猿人的材料看，处于第 8～13 层的早期石器多以软质砂岩为原料，采取简单的碰砧法和锤击法进行十分粗糙的加工，成品率低，器形不规整；处于第 1～7 层的晚期石器多用优质石料，属于最晚时期的顶部的石器还以燧石为原料，器形趋于长薄并且规整，类型增加，多见制造工艺比较复杂的尖状器、石锥、圆头刮削器和雕刻器，尽管还存在一器多用的原始性，但是从总体水平上看，晚期的石器制造技术比早期大有提高。再从用火的情况看，北京猿人遗址的灰烬层厚达 6 米，而时代比北京猿人晚的猿人遗址则没有发现这样厚的灰烬层。这种变化之所以出现，是因为后期的猿人逐渐掌握了某种人工取火的办法，不再需要日夜燃烧篝火以保存火种。这些情况表明，在劳动实践中，猿人的思维能力逐渐发展，深化了对客观世界的认识。猿人时期的物质生活极其匮乏，据统计，北京猿人的 40 个个体中有半数是夭折的，大多死于 40 岁以下。

二、早期智人

早期智人又称为"远古智人"，过去曾被称为"古人"，生活在旧石器时代中期，距今大约 25 万年至 4 万年。考古发现我国境内的早期智人的材料比较丰富，早期智人有了比猿人更广泛的分布。

20 世纪 70 年代末期，在陕西大荔甜水沟的沙砾层中发现一块保存完好的头骨化石，属于一位年龄不到 30 岁的男性青年，定名为"大荔人"。大荔人头顶低矮，眉脊粗壮，骨壁很厚，与北京猿人接近。但是其顶骨较大，枕骨隆凸，其前面呈凹陷状，鼻骨窄长，眼眶近乎方形，虽然颧骨较为朝前，可是吻部并不突出，脑容量达 1120 毫升，这些特点比北京猿人进步。大荔人遗址出土石制品 839 件，以石英岩或燧石为原料，用锤击法制造，形体较小，加工比较粗糙。同出的动物化石有肿骨鹿、古菱齿象、犀牛等近十种。大荔人属于早期智人中的古老类型，是直立人向智人过渡形态的代表。据测定，大荔人的时代在距今 23 万年至 18 万年。

"许家窑人"于 20 世纪 70 年代中期在山西阳高许家窑村和与其紧邻的河北阳原侯家窑被发现，是目前我国旧石器中期古人类化石和文化遗物最丰富，规模又大的遗址。这一带所发现的古人类化石主要有顶骨 11 块，枕骨 2 块，附有 4 颗牙齿的左上颌骨 1 块，右侧下颌支 1 块，牙齿 2 枚。这些化石材料分属 10 多个男女老幼不同的个体，既有幼儿，又有年过半百的老人，其平均寿命在 30 岁左右。化石材料表明许家窑人的头骨骨壁较厚，顶骨内面较复杂，颅顶较高，头骨最宽大的部分比较靠上，吻部不太突出，下颌支低而宽，牙齿粗大，齿冠嚼面纹饰复杂，和北京猿人的牙齿相近。总的看来，许家窑人的体质特征既具有一定的原始性，又比较接近现代人。有的专家推测许家窑人是北京猿人向智人过渡的一个类型，是曾在周口店地区居住数十万年之久的北京猿人后裔外迁的一支。在所发现的文化遗物中，石制品、骨器和哺乳类动物化石的数量都有很多。迄今发现的许家窑人的石制品有 3 万多件，其类型虽然和北京猿人的石器属同一传统，但在技术上却大有进步。例如，用厚石片加工而成的龟背状刮削器，其形状劈裂而平直，背部隆起，周围边缘为刃口，可用于剥皮、刮肉、加工兽皮等操作。还有一种短身圆头形的刮削器，圆弧形的刃缘多经过精细的加工。石器类型有刮削器、尖状器、雕刻器、钻孔器、砍斫器和石球等多种，其中最引人注目的是石球。这一带遗址中发现的石球有 1073 件，最大的重 1500 克，最小的不足 100 克。当时制造石球要先拣取较好的砾石，打击成粗略的球形，再反转打击去掉棱，使它成为荒坯，然后左、右手各持一个荒坯对敲，把坑疤去掉，做成滚圆的石球。这种制造技术已经达到了较高的水平。根据民族学和民俗学的材料推测，石球在使用时要用棍棒或绳兜进行投掷。用这种方法狩猎有很大威力，能猎取比较凶猛的和距猎人较远的野兽。凡是发现石球的遗址都伴有人类吃过的较大型动物的骨骼化石，许家窑一带就有 300 多匹野马的遗骨，还有披毛犀、羚羊等大型或奔跑迅速的动物。许家窑文化遗址所发现的动物骨骸数以吨计，但未见一具完整的个体，甚至连一个完整的头骨也没有发现，而全部是人们食肉以后又砸碎的抛弃物。显然，大量的石球不仅反映了石器制造技术的进步，而且反映了当时狩猎业的迅速发展。许家窑人的时代距今 10 万年左右。

"丁村人"是 20 世纪 50 年代初期在山西襄汾丁村一带发现的，共有 20 多处旧石器中期的文化地点，都散布在汾河两岸。这里有旧石器时代早期直至晚期的丰富文化遗存，其晚期文化距今约 7 万年。这里发现了属于一个十二三岁儿童的 2 颗门齿和 1 颗臼齿化石，其臼齿咬合面的结构形态在猿人和现代人之间，齿冠舌面中部低陷呈铲形，与现代黄种人较为接近。这里的沙砾层中还发现一个大约 2 岁小孩的右顶骨化石，它比北京猿人小孩的顶骨薄，显示了人类体质的进步。丁村人所用石器的原料是附近东山上的角质岩砾石。发现的石制品有 3000 多件，石片和石器一般比较粗大，类型有单边或多边砍砸器、石球、三棱大尖状器、鹤嘴形厚尖状器、刮削器等，其中以三棱大尖状器最具特色。这种石器采用有三棱的厚大石片打击而成，手握部分宽厚，尖端锐利对称，和鹤嘴形厚尖状器一样，其作用是挖掘植物和砍斫。丁村人所用的石球重量一般为 500～1300 克，形体规整，加工精细。从石器类型的多样性和制造技术看，丁村人的石器已经有了较明显的专业分工。

在我国远古人类区域分布上，东南方的代表是 20 世纪 50 年代末期发现的"马坝人"。当时在广东曲江马坝狮头峰的岩洞中发现了额骨、顶骨、眼眶和鼻骨，虽有残缺，但对于复原当时人的体貌亦有重要意义。这些化石属于一个中年男性，他仍有相当的原始性质，如眉脊粗壮、鼻骨较宽等，但是马坝人的头骨比北京猿人高，眉脊上方不再深陷，而是与额骨相续，脑容量估计有 1225 毫升，这说明他比北京猿人有了不少进步。和马坝人一起被发现的哺乳类动物化石有熊、大熊猫、犀牛、虎、东方剑齿象等。马坝人的时代比许家窑人要晚，属于更新世中晚期。

"长阳人"发现于 20 世纪 50 年代中期。当时在湖北长阳下钟家湾龙洞发现附有 2 颗臼齿的左上颌骨和单独的 1 颗臼齿。其上颌的倾斜度没有北京猿人显著，所以前部不显得突出。但是其臼齿较大，咬合面有许多沟纹，构造比较复杂，犬齿隆凸明显，鼻腔底部较为平坦等，又表现出不少原始性。同时发现的还有大熊猫、东方剑齿象等十几种哺乳类动物化石。洞内没有发现人类居住的遗迹或遗物，据分析，可能和马坝人一样，化石材料都是由洞外被洪水冲进洞内的，其时代与下钟家湾所发现的相近，都属于更新世中期稍晚的阶段，大约与马坝人相近。

20 世纪 70 年代初期，在贵州桐梓云峰岩灰洞内发掘到门齿和臼齿化石各 1 颗，还有十几件石制品、炭屑，2 块烧骨以及 25 种动物化石。"桐梓人"的化石材料估计属于一个年轻个体。从文化层堆积情况来看，这些遗物都是被水冲进洞内的，该洞并不是古代人类的居住地。在岩灰洞发现的石制品皆用锤击法打片制成，其中有一件带尖角的刮削器，前端被加工成鸟喙状的相当薄的刃口，十分锐利，反映了当时精细的加工技术。

发现著名的北京猿人的周口店龙骨山，曾于 20 世纪 30 年代末期发掘出新洞，发现了 1 颗左前臼齿化石和几十件石制品，还有厚达 1 米左右的灰烬层、动物烧骨和大量动物碎骨化石。"新洞人"属于旧石器时代中期，是北京猿人和山顶洞人的中间环节。这里发现的哺乳类动物有 40 余种，多达几千个个体，说明当时的狩猎很有成绩。新洞的烧骨中鹿类最多，其次有鼠、象、蛙、鸟等，为当时人们熟食后所残留。新洞还发现磨过的骨片，是迄今所见最早的磨制骨器。在北京猿人遗址以南 70 米处和以东 2000 米处也发现过旧石器中期的文化遗存。这些情况表明在北京猿人以后，早期智人仍然长期在周口店一带生活。

我国境内早期智人的化石和文化遗存在南方和北方都有不少发现。早期智人所创造的旧石器中期的文化具有承上启下的特点，这个时期的人类体质也处在明显演进的阶段，因而呈现了更多的复杂性。石器制造技术的明显提高、石球的涌现以及许多遗址中发现的大量凶猛动物遗骸，都表明早期智人生产活动的进步。

三、晚期智人

晚期智人又称现代智人，过去曾被称为"新人"，生活在旧石器时代晚期，大约距今 4 万年至 1 万年。我国境内，从北疆到南陲，从喜马拉雅山到台湾，许多地方都有晚期智人化石或文化遗存发现，地点数以百计。

"柳江人"是 20 世纪 50 年代末期在广西柳江通天岩的岩洞穴中发现的，化石材料包括 1 个除下颌骨外的完整头骨，左、右股骨各一段以及髋骨、椎骨、肋骨等，脑容量为 1480 毫升。柳江人明显具有原始黄种人特征。柳江人应当是旧石器时代晚期较早阶段的智人。"资阳人"是 20 世纪 50 年代初在四川资阳黄鳝溪发现的，主要有颅顶部分保存完整的 1 件头骨以及腭骨化石，还发现 1 件刮制三棱状骨锥。"普定人"是 20 世纪 70 年代末和 80 年代初在贵州普定县新寨村的穿洞发现的。人类化石有完整的下颌骨、上颌骨残部、牙齿等，分别属于老年、中年和儿童个体，后来又发现 1 个较完整的头骨化石。这个遗址出土了石制品上万件，骨、角器近千件，还有用火遗迹和动物化石 10 余种。其中的骨角器是很有特色的文化遗存，骨器种类有锥、铲、叉等，角器则是用鹿角磨制而成的铲。"左镇人"是 20 世纪 70 年代初在台湾台南县左镇乡的菜寮溪发现的，化石材料有人类的顶骨、额骨、臼齿等，据估计其时代在距今 2 万年到 3 万年之间。"保山人"是 20 世纪 80 年代后期在云南保山塘子沟发现的，主要有上颌骨 2 件，头骨和下颌骨各 1 件，牙齿 3 枚，分属 4 个个体。遗址还出土石器、骨器等 500 余件。遗址距今 8000 年左右，其石器全部为打制品，并且没有发现陶器，因此其文化仍属于旧石器时代晚期，可以被视为南方地区新、旧石器时代过渡阶段的一个类型。我国南方，发现晚期智人化石的还有江苏泗洪、浙江建德、广西都安、贵州水城和桐梓、云南呈贡和丽江等地。具有丰富文化遗存的首推四川汉源的富林遗址，20 世纪 70 年代初期在这里发掘时，仅在 30 平方米的小范围内就出土石制品 5000 多件。"富林文化"大约距今 2 万年。重庆铜梁区西郊曾经发现 300 多件石器，制作石器的原料要从 20 千米以外处运来。"铜梁文化"距今约 2.5 万年至 2 万年，其石器制作简单且粗糙，明显落后于同时期其他遗址石器的水平。这应当是各个地区旧石器时代文化发展水平不平衡的表现。"猫猫洞文化"是 20 世纪 70 年代中期在贵州兴义县猫猫山的山腰发现的，出土人类化石 7 件，骨角器 14 件，石器 1000 多件。其中的一件骨刀颇具特色，它上薄下厚，经精细磨制而通体光洁，左侧和顶端的刃口十分锐利。"猫猫洞文化"距今 1.4 万年左右。"长滨文化"是 20 世纪 60 年代末期在台湾台东县长滨乡的八仙洞发现的，主要发现有用各种砾石做成的石器 3000 多件，还有骨针、骨铲、骨锥等骨器。这些石器、骨器和南方各省旧石器时代晚期遗址的标本基本一致。"长滨文化"距今五六千年，虽然已处于新石器时代的中晚期，但其文化风貌全都属于旧石器时代，这应当是各地文化发展不平衡的表现。从时代先后和文化内涵的一致性来看，南方各地的旧石器时代晚期文化显然是"长滨文化"的源头。

我国北方地区晚期智人的遗址分布也很广泛。20 世纪 20 年代初期内蒙古乌审旗萨拉乌苏发现 1 枚幼童门齿化石，命名为"河套人"。20 世纪 50 年代以来，在萨拉乌苏遗址又进行了多次发掘，发现人类的顶骨、枕骨、额骨、下颌骨、肩胛骨、肱骨等共 20 多件，还有大量石制品以及动物化石。河套人的时代在距今 5 万年至 3.5 万年之间。20 世纪 60 年代前期在山西朔县（今朔州）峙峪发掘出人类的 1 块枕骨化石，石制品 1500 余件，其中有一件用薄长石片磨制的尖端周正的燧石箭头，为弓箭的最初使用提供了物证。在峙峪遗址还发现用半透明水晶制成的钺形小石刀，是将短柄镶嵌在骨木把内使用的复合工具。在峙峪遗址发现的密集成层的大量动物化石，以野马、野驴最多，可见当时的狩猎经济已经有了较集中地捕获一两种动物的专门化倾向，狩猎水平也有不少提高。"峙峪人"大约距今 2.8 万年。"学田人"是 20 世纪 80 年代中期在黑龙江五常市学田村发现的。出土人类顶骨和股骨化石各 1 件，骨器 2 件，石制品 3 件，以及大量的猛犸象、野牛、披毛犀、鹿等动物化石，距今约 2.4 万年。距今 2.2 万年左右的"哈尔滨人"是 20 世纪 80 年代初期在黑龙江哈尔滨西南的阎家岗发现的。除了发现人类化石、石器、骨制品以外，考古工作者在阎家岗还发现用 500 余件各种哺乳类动物骨骼相互叠压而成的排列有序的古营地遗址，这在旧石器时代文化中颇具特色。"前阳人"是 20 世纪 80 年代初期在辽宁东港发现的，前阳的洞穴遗址中出土了头盖骨、下颌骨、股骨及牙齿化石，他们生活在距今 1.8 万年左右。20 世纪 80 年代初期在辽宁海城小孤山的仙人洞发现了丰富的古代文化遗存，其下层属于旧石器时代晚期文化，在这里发现了人类的牙齿和股骨化石，所发现的石器相当粗糙，器形不规整，这与当时的人着重制造骨角器有关。"小孤山人"所磨制的骨针十分精细，比山顶洞人所制的骨针短而稍粗，针眼挖制而成，若芒状的针尖十分锋利。除了几件骨针以外，考古工作者还发现了磨制的骨锥、标枪头和 1 件角片制的鱼叉。鱼叉长 84 毫米，有两排不对称的倒刺，是当时已有渔猎经济的物证。穿孔兽牙、穿孔蚌壳是小孤山人的装饰品。这些情况都与山顶洞人相似。20 世纪 70 年代初期辽宁喀左大凌河畔的鸽子洞曾发现旧石器晚期的文化遗存。洞内有堆积较厚的文化遗存，发现有顶骨碎片、颊骨残块、髋骨和 1 颗小孩臼齿化石，半米厚的灰烬层里有烧骨、木炭、烧土块和石器。"鸽子洞遗址"的石制品有 300 多件，其中有石器 260 件，其成品率和精致石器的比例都超过北京猿人。石器类型趋向稳定，刮削器数量最多，一般经过精细修理，刃缘匀称，刃角锐利，其中以单凸刃刮削器的制作最精良。鸽子洞发现的哺乳类动物化石有 20 多种，其中有岩羊、披毛犀等动物，说明当时气候比较寒冷。鸽子洞遗址距今有四五万年。我国北方所发现的旧石器时代晚期文化遗址还有不少，如河南安阳小南海、河北阳原虎头梁、山西沁水下川、内蒙古呼和浩特大窑村、黑龙江呼玛十八站等地都有丰富遗存。

可以作为晚期智人代表的是"山顶洞人"①。山顶洞遗址位于北京周口店龙骨山的山顶，分为洞口、上室、下室和下窨 4 个部分。洞口高约 4 米，下宽约 5 米。上室为居室，南北宽约 8 米，东西长约 14 米，石笋地面中部有一堆灰烬。洞口和上室发现幼儿残头骨、骨针、装饰品和少数石器。下室在洞穴西半部稍下处，有一垂直陡崖与上室相隔。下室发现 3 个完整的人头骨和部分骨架化石，分属青年女性、中年女性和老年男性 3 人。人骨周围散布赤铁矿粉末，并有许多装饰品。下室深处为竖井式深洞的下窨，发现许多没有经过扰动的兽骨架。遗址发现的石器数量很少，仅有 25 件，这可能与山顶洞人大量采用木器、骨角器有关。除了一些经打击制成的骨器和有磨痕的下颌骨以外，山顶洞文化中最有代表性的工具是 1 件骨针和 1 件有刻纹的鹿角棒。骨针残长 82 毫米，最大直径 3.3 毫米，针身浑圆，针尖锐利，通体光滑，显系刮削和磨制而成。鹿骨棒为赤鹿角制成，截断面和主干都经刮削和磨光，并在磨光的基础上雕刻花纹，有的专家推测它是一件原始艺术品或者象征权力的器物。装饰品有钻孔小砾石 1 件，穿孔海蚶壳 3 件，

① 关于山顶洞人的时代，过去一般认为距今 1.8 万年，近年来，有的专家测定距今 2.7 万年左右，时代最早的下窨底部距今 3.4 万年。这与当时的气候及在山顶洞发现的动物化石情况相符合。据说当时正处于比较温暖的亚间冰期，所以在山顶洞动物化石群中有果子狸、似鬣猎狗等热带和亚热带动物，却不见华北地区晚冰期常见的披毛犀、猛犸象等喜寒动物。

有孔的鲩鱼眼眶上骨 1 件，穿孔兽牙 125 件，钻孔石珠 7 件，有刻道的骨管 4 件，许多装饰品的穿孔都呈红色，系被赤铁矿染过，由于当时人长期佩戴，所以装饰品的孔和边缘往往磨得很光滑，只有一部分还保留钻孔或挖孔时留下的锯齿状边缘。装饰品的出现说明当时的人已经有了爱美的观念。这些装饰品有可能是猎获者对猎获物的纪念，每有猎获物便拔下 1 颗兽牙，佩戴在身上，以示勇武。这应当是英雄观念的萌芽。山顶洞人的墓葬说明当时已经有了最初的宗教意识，也说明人们的思维有所发展，因此才会产生一定的葬俗。将赤铁矿粉末撒在尸体周围，并非随意为之，而是具有特殊含义的举措。葬俗还说明当时人们的关系比以前更加密切，很可能在这个时期氏族制度已经萌芽。

晚期智人生活的旧石器时代晚期阶段虽然只有两三万年时间，远远没有旧石器时代早、中期漫长，但是人类社会进步的速度却前所未有地加快了。这个时期的人们不仅继续使用传统的打制技术来制造石器，而且较广泛地采用了磨制和钻孔、挖孔的技术，并且采用这些新技术去制造骨、角器和装饰品。近年，在湖北江陵荆州镇发现了旧石器时代原始人类的居住遗迹。在这个地方的旧石器时代遗址的中部发现了 5 个由砾石和石制品围成的圆形石圈，石圈直径约 4 米，圈内散布一些加工细致、形制规整的尖状器和砍砍器。这个发现使人们初步窥见了旧石器时代我国原始人类在原地区生活的场景。在旧石器时代晚期，各个地区的文化发展出现了复杂局面，形成不同的文化传统，从而为新石器时代区域文化的出现奠定了基础。劳动技术的进步、生产活动的发展、装饰品的出现、埋葬习俗的萌芽等方面都反映了当时人们的抽象思维已经发展到了一定水平，这些都预示着远古人类的蒙昧期行将结束，新的时代即将来临。

第三节　新石器时代

在中国，无论是华南还是华北地区，在距今 1 万年以前均已进入新石器时代①，虽然结束的时间各地不太一致，但核心地区基本都在距今 4000 年左右结束。新石器时代是人类历史发展非常关键的一个时代，这一时期人类取得许多重大成就，其中最为重要的首推农业的发明，人们借此从根本上改变了在旧石器时代几百万年的漫长时期里一直被动依赖自然界的局面，

---

① 中国社会科学院考古研究所编著：《中国考古学·新石器时代卷》，83 页，北京，中国社会科学出版社，2010。

从而使生产发展获得突破性的进步和质的飞跃，为最终进入文明时代打下坚实的基础，故被英国著名的史前考古学家戈登·柴尔德称为"新石器时代的革命"①。世界上迄今已知的主要古代文明都是根植于各自地区发达的新石器时代农耕文化的沃土之上的，中国更是如此。

中国的新石器时代由早到晚大致可以分为早、中、晚三个发展阶段。其中新石器时代早期的时间上限可能早于距今1万年（公元前8000年），下限要早于公元前7000年。华北地区以北京门头沟东胡林、怀柔转年，河北阳原于家沟和徐水南庄头遗址为代表，长江以南地区以江西万年仙人洞和吊桶环，湖南道县玉蟾岩等遗址为代表。中期的时间上限在公元前7000年左右，下限可以基本确定在公元前5000年，主要古文化区有以兴隆洼文化为代表的内蒙古东南至辽西区、以裴李岗文化为代表的中原区、以后李文化为代表的山东区、以高庙文化为代表的湘西区、以大地湾文化为代表的西北区及以跨湖桥文化为代表的钱塘江区等。晚期的时间上限为公元前5000年，下限在公元前2000年左右，主要代表有内蒙古东南至辽西区的赵宝沟文化与红山文化，中原区的仰韶文化与后岗一期文化，山东区的北辛文化与大汶口文化，太湖与钱塘江流域的河姆渡文化与马家浜文化，湖南与湖北地区的大溪文化与屈家岭文化，西北区的大地湾遗址四期遗存等。另外，在晚期（时间在公元前3000年左右至公元前2000年之间，个别边远地区的下限略晚），各地大致同时诞生文化面貌与发展水平相近的龙山时代诸文化，比较突出的有中原区的河南龙山文化与陶寺文化，山东区的山东龙山文化（或典型龙山文化），太湖流域的良渚文化，安徽中部的凌家滩文化与薛家岗文化，江汉平原的石家河文化，陕北地区的石峁新华文化，以及西北区的齐家文化等。其中新石器时代早中期的主旋律就是农业的起源，主要包括南方稻作农业的起源与北方粟作农业的发明②，并由此奠定中国后来几千年农业生产的基本格局。新石器时代中期的主旋律除去农业生产技术在早期基础上的飞跃进步外，精神信仰的复杂化与其完整体系的逐渐形成尤为突出，因为这些神灵与神灵祭拜的内容是后来中国中原地区王朝文明礼仪制度的重要源头，而礼仪文明又是中华文明独步世界文明之林的几

---

① ［英］柴尔德：《远古文化史》，周进楷译，60页，上海，上海文艺出版社，1990；V. Gordon Childe, *Man Makes Himself*, Bradford-on-Avon, Moonraker Press, 1981，pp. 67-104。

② 严文明：《农业发生与文明起源》，前言Ⅴ页，北京，科学出版社，2000。

千年来最主要、最鲜明的特色之一。新石器时代晚期最显赫的成就自然是初始文明的诞生，成为王朝文明的直接渊源。新石器时代早期，文化的发展还呈现稀疏的散点式布局，但至新石器时代中期，东西南北各处古文化发展迅速，且规模大为扩展，形成中原、东北、东方、东南、南方、西方等6大区系①，各区系之间相互作用与影响随着时间的推移逐渐增强，进而造就一个复杂的交流网②，逐渐连成一个空隙越来越小的、空间面积巨大的整体，由此为张光直先生所论定的新石器时代晚期中国相互作用圈③的形成奠定坚实的基础。学者进一步研究发现，新石器时代中晚期，在逐渐形成且不断被强化的相互作用圈内，以中原为中心的历史趋势很快形成并逐渐被强化④，成为中国中原地区三代王朝文明的根基。

一、新石器时代早期的华北与华南

（一）新石器时代早期的华北

东胡林遗存是目前华北地区发现的最为重要的新石器时代早期遗存，位于北京门头沟区东胡林村西，1966年在该遗址发现3具人骨架以及扁状骨管、穿孔蚌饰及较多的穿孔小螺壳组成的项链等随葬品，初步认为这是一座新石器时代墓葬⑤。2001年考古工作者对该遗址进行新的发掘⑥，发现

---

① 苏秉琦：《苏秉琦考古学论述选集》，225～234页，北京，文物出版社，1984。

② 李新伟：《中国史前玉器反映的宇宙观——兼论中国东部史前复杂社会的上层交流网》，载《东南文化》，2004(3)。

③ 张光直：《中国相互作用圈与文明的形成》，见《庆祝苏秉琦考古五十五年论文集》，1～23页，北京，文物出版社，1989；张光直：《中国考古学论文集》，151～189页，北京，生活·读书·新知三联书店，1999；张光直：《古代中国考古学》，233～308页，沈阳，辽宁教育出版社，2002。

④ 严文明：《龙山文化和龙山时代》，载《文物》，1981(6)；严文明：《中国史前文化的统一性与多样性》，载《文物》，1987(3)；严文明：《农业发生与文明起源》，107～114页，北京，科学出版社，2000；苏秉琦：《中国文明起源新探》，161页，北京，生活·读书·新知三联书店，1999；韩建业：《先秦考古研究——聚落形态、人地关系与早期中国》，163～255页，北京，文物出版社，2013；赵辉：《以中原为中心的历史趋势的形成》，载《文物》，2000(1)；赵辉：《中国的史前基础——再论以中原为中心的历史趋势》，载《文物》，2006(8)；周昆叔等：《论嵩山文化圈》，载《中原文物》，2005(1)。

⑤ 周国兴、尤玉桂：《北京东胡林村的新石器时代墓葬》，载《考古》，1972(6)。

⑥ 东胡林考古队：《北京新石器早期考古的重要突破》，载《中国文物报》，2003-11-07。

可能原为临时灶址的人类烧火的遗迹有多处，包括石磨盘、石磨棒及小型石斧在内的石器多件，似为罐类器物残片的陶片，一些骨器，新发现随葬品中有石刃、骨刀等遗物的屈肢葬墓葬一座。东胡林人的骨骼进化特征比同一地区的山顶洞人先进，但比其他地区时代较晚的新石器时代人骨及现代人骨原始。经碳-14测年分析，东胡林人生活的年代距今1万年前后，与人体骨骼分析的结果相吻合。东胡林遗址没有发现原始农业痕迹，经济生活以狩猎采集为主，狩猎对象主要为鹿类动物。考虑到地理位置比东胡林人略靠北，但时代晚一个阶段，距今8000年左右的内蒙古东南至辽西地区的兴隆洼文化尚只有比重较小的农业经济成分，推测东胡林人可能处于农业诞生之前的阶段。下面将要涉及的湖南西部高庙文化，是一处内陆贝丘遗址，虽然时代已进入距今8000年的时段，且处在稻作农业已经起源的地区，但几乎没有稻作农业遗存的发现，当时居民靠捕捞淡水硬壳类动物为生。由此可见，农业的发明虽然是全世界范围内新石器时代最主要、最鲜明的标识，但各个地区的发展并不平衡，具体情况也不太一样，有些地区新石器时代早中期没有农业经济成分或农业经济成分比重不大，却依旧可以凭借渔猎和采集在其他方面（比如，精神信仰领域）达到很高的文化成就。

河北阳原于家沟遗址经历若干个发展阶段，其中新石器时代早期的经济类型以猎取羚羊和采集为主[1]。

河北徐水南庄头遗址[2]发现人工凿孔的木棒、原始居民活动场所、可能已成为家畜的狗和猪的骨头，推测其经济生活仍以渔猎和采集为主。

(二)新石器时代早期的华南

与华北地区相比，华南地区的新石器时代早期文化发现较多，研究也相对深入[3]。其中最为有名的是江西万年仙人洞和吊桶环文化遗存以及湖南道县玉蟾岩文化遗存。仙人洞位于一个山间小盆地北部小河的山脚下，为

① 泥河湾联合考古队：《泥河湾盆地考古发掘获重大成果》，载《中国文物报》，1998-11-15。

② 保定地区文物管理所等：《河北徐水县南庄头遗址试掘简报》，载《考古》，1992(11)；李珺：《徐水南庄头遗址又有重要发现》，载《中国文物报》，1998-02-11。

③ 中国社会科学院考古研究所编著：《中国考古学·新石器时代卷》，92页，北京，中国社会科学出版社，2010。

洞穴遗址；吊桶环位于盆地西部一座高约 60 米的小山顶上，为岩厦遗址，两者直线距离约 800 米。仙人洞遗址于 20 世纪 60 年代初进行过两次发掘①，1993 年和 1995 年北京大学考古学系等单位对仙人洞遗址进行系统采样，并对吊桶环遗址进行小规模发掘②，发掘者认为吊桶环遗址的文化内涵与仙人洞有着密不可分的内在联系，它应是栖息于仙人洞的原始居民在这一带狩猎的临时性营地和屠宰场。吊桶环上层和仙人洞上层绝对年代距今 1 万年至 9000 年，属于新石器时代早期。吊桶环上层新石器时代早期发现栽培稻硅酸体，但经济形态仍以狩猎和采集为主。

湖南道县玉蟾岩遗址为一洞穴居址，20 世纪 80 年代初发现，为旧石器文化向新石器文化过渡的全新世早期遗址，1993 年和 1995 年两次考古发掘，取得重要成果③。经测年分析，玉蟾岩遗址的年代应当在距今 1.2 万年至 1 万年。1993 年出土的稻谷为普通野生稻，但具有人类初期干预的痕迹。1995 年出土的稻谷为栽培稻，但兼具野、籼、粳的特征，是一种由普通野生稻向栽培稻演化的最原始的古栽培稻类型，这一发现将人类栽培水稻的历史提早至距今 1 万年以前。但玉蟾岩的经济活动仍以狩猎和采集为主，原始稻作农业尚处于最初的萌芽阶段，在人类的日常生活中所占的比例还很小。

综上所述，公元前 8000 年至公元前 7000 年左右的中国新石器时代早期，无论是南方还是北方，制陶术是最为普遍的一种发明。北方地区旱作农业起源的痕迹尚不清晰，但在南方，江西和湖南的一些新石器时代早期遗址内发现少量的人工栽培水稻的遗存，这是具有划时代意义的重大发现，表明中国的新石器时代也符合戈登·柴尔德所言的"新石器时代革命"规则。目前发现的新石器时代早期遗址数量还很稀疏，但它们毕竟为下一个大发展阶段——新石器时代中期的到来做了必备的铺垫和准备。

---

① 江西省文物管理委员会：《江西万年大源仙人洞洞穴遗址试掘》，载《考古学报》，1963(1)；江西省博物馆：《江西万年大源仙人洞洞穴遗址第二次发掘报告》，载《文物》，1976(12)。

② 蒋迎春：《九五年、八五期间十大考古新发现分别揭晓》，载《中国文物报》，1996-02-18；严文明、安田喜宪主编：《稻作、陶器和都市的起源》，北京，文物出版社，2000；严文明、彭适凡：《仙人洞与吊桶环——华南史前考古的重大突破》，载《中国文物报》，2000-07-05；赵志军：《吊桶环遗址稻属植硅石研究》，载《农业考古》，2000(3)。

③ 蒋迎春：《九五年、八五期间十大考古新发现分别揭晓》，载《中国文物报》，1996-02-18；袁家荣：《玉蟾岩获水稻起源重要新物证》，载《中国文物报》，1996-03-03；严文明、安田喜宪主编：《稻作、陶器和都市的起源》，北京，文物出版社，2000。

二、新石器时代中期诸文化区

与新石器时代早期相较，新石器时代中期不仅古文化遗址发现的数目大为增加，发现古遗址的空间范围极大扩展，更为重要的是，大致在今天中国的版图内，形成了若干个具有鲜明个性的文化特质和强劲的传承力，又密切交流与相互作用的规模较大的古文化圈，其中尤以裴李岗文化为核心的中原古文化圈最为重要[①]，它是后来中原三代文明的腹心与基本特质，这个新石器时代中期中原古文化圈的特质决定和塑造了以后七八千年中华文明的基本性格和主体走向。其他如内蒙古东南至辽西地区的东北古文化圈，山东地区以后李文化为代表的早期东夷古文化圈等也很重要，它们均以同中原古文化圈的交流作为最主要的对外文化联络对象，但相互之间也有持续不断的文化交流，最终形成有交流网的中国相互作用圈，并且以中原地区作为这个作用圈的核心。新石器时代中期一个最为显著的特征是各文化区的精神信仰领域逐渐精细化、复杂化，这一点非常重要，因为西周以降的礼仪制度就源于这一时期的精神信仰活动。人类最早的精神信仰大约产生于旧石器时代中期，在距今几万年的旧石器时代晚期，精神信仰遗迹已遍布欧亚大陆[②]，它们是新石器时代中期精神信仰的源头。

(一)以裴李岗文化为核心的中原古文化圈

人们常言"逐鹿中原""得中原者得天下"，其实这种情形早在远古时期就已如斯。中原地区有许多得天独厚的优势条件，其中最为关键的是其地处"天下之中"的地理位置，这是其他任何地区都不能比拟的"地利"。由于地处南北东西交流的中枢点上，因此中原地区自远古以来就可以充分、便利地吸纳源自各方的各种有益的文化因素，从无"故步自封""夜郎自大"之虑。各方不断"逐鹿中原"，又源源不断地大量"输入"各类"新鲜血液"，中原地区长期处在周围各方势力的侵扰之下，逼迫中原地区的古国不得不发掘自身最大的潜能，不断地更新和加强自己的组织结构与提高自己的能力，而周边地区很多曾经辉煌一时的古国族大多最终衰落下去。有学者认为，

① 韩建业：《裴李岗文化的迁徙影响与早期中国文化圈的雏形》，载《中原文物》，2009(2)。

② 裴文中：《旧石器时代之艺术》，1~46页，北京，商务印书馆，1999。

作为中原地区核心地带的伊洛河流域的景观生态系统具有多重过渡性特征：气候方面处于北亚热带向暖温带的过渡带；地形方面处于第二级阶梯向第三级阶梯的过渡带；纬度方面处于中纬度向高纬度的过渡带；经济文化类型方面处于粟作农业和稻作农业的过渡带；文化传统方面则处于四方文化的辐辏之地。这些过渡性特征及其所具有的多重边缘效应，使伊洛河流域不仅具有多重的生态适宜性，而且具有很强的环境承载力，从而成为后来早期王朝建国立都的理想环境①。还有学者认为，作为中原地区中心的嵩山地区早在旧石器时代中期，就发现既有属于北方系统的细小石片石器，也有属于南方传统的砾石石器，显示出南北文化交融与过渡的特点，而且中原嵩山地区山、水、土、生（生物）、气（气候）与位（地理位置）俱宜，嵩山对中原古文化的形成起到发动机和孵化器的作用②。

　　地处中原核心区的裴李岗文化最为突出的考古发现是舞阳贾湖遗址，该遗址墓地出土的七孔骨笛，包含有色石子的龟壳，骨叉形器以及类似于文字的刻画符号，反映出贾湖人已经掌握了初步的数理知识、乐理知识、象数思维、卜筮体系等③，这些与同时期甚至稍晚的古文化相比，都是令人惊讶的成就。与周边地区古文化相比，贾湖遗址最为凸显的特点是它明显高于其他古文化的思维高度，而不是财富的积累。低调、务实、节约，将神权信仰控制在一定的合理范围内，这些后来几千年中原地区古文化与古文明的基本色调，在贾湖遗址的考古发现中均已开始展示出来。裴李岗文化强盛时对外扩张，将渭河流域、汉水上游和黄河中游以北地区与之紧密联系在一起；衰败时又向东迁徙，其文化因素深深地渗透到黄河下游和淮北地区文化当中。正是地处中原核心的裴李岗文化的强大作用，才使黄河流域文化紧密地联结在一起，从而于公元前第9千纪形成新石器时代的"黄河流域文化区"，才使黄河下游、汉水上游、淮北甚至长江中游地区文化与中原文化区发生较多联系，从而形成"早期中国文化圈"的雏形④。

---

　　① 杜金鹏、许宏主编：《二里头遗址与二里头文化研究：中国·二里头遗址与二里头文化国际学术研讨会论文集》，535页，北京，科学出版社，2006。

　　② 周昆叔等：《论嵩山文化圈》，载《中原文物》，2005（1）。

　　③ 河南省文物考古研究所编著：《舞阳贾湖》（下卷），966～1020页，北京，科学出版社，1999。

　　④ 韩建业：《裴李岗文化的迁徙影响与早期中国文化圈的雏形》，载《中原文物》，2009（2）。

(二)以兴隆洼文化为核心的东北古文化圈

　　大约自旧石器时代晚期开始,在今天俄罗斯东西伯利亚与远东滨海地区、蒙古、中国内蒙古与东北三省,乃至冀北山地一带,逐渐形成一个具有深厚萨满教信仰的巨大古文化圈①,精于制作和使用玉制巫术道具,其日常生活普遍使用平底筒形陶罐等,这些是其物质文化上的部分表现,经济生活早期主要是渔猎和采集,晚期尤其是在该文化圈的南缘接近中原地区古文化圈的地区(如内蒙古东南至辽西地区),农业生产活动逐渐兴起,但渔猎和采集始终占有较为重要的地位,甚至一直延展至居住在该地区的一些近现代少数民族中。这个古文化圈影响较为深远,美洲的印第安文明有很多巫术萨满信仰的特征,可能与东北亚古文化圈有关联②。

　　兴隆洼文化主要分布在今内蒙古东南至辽西地区,位于上述东北亚古文化圈的南缘,南与中原古文化圈接壤,强盛时文化影响力扩展至今河南北部③及山东泰山北侧,形成一个空间范围较大、统治力很强的亚文化圈。兴隆洼文化是内蒙古东南至辽西地区后来兴起的赵宝沟文化与红山文化的直接源头。兴隆洼文化的居室葬很有特色,反映出浓烈的巫术信仰氛围④。兴隆洼文化查海遗址聚落中心广场中部用红褐色石块摆塑出一条长达 19.3 米的"鳄鱼龙"⑤,兴隆沟遗址灰坑底部用真实猪首及陶片、自然石块和残石

---

　　① 冯恩学:《俄国东西伯利亚与远东考古》,1~281 页,长春,吉林大学出版社,2002;邓聪主编:《东亚玉器》第一册,ⅩⅩⅳ-ⅩⅩⅶ,第二册,250~296 页,香港,香港中文大学中国考古艺术研究中心,1998;杨伯达:《巫玉之光:中国史前玉文化论考》,146~152 页,上海,上海古籍出版社,2005;杨虎、刘国祥、邓聪:《玉器起源探索:兴隆洼文化玉器研究及图录》,52~53 页,香港,香港中文大学中国考古艺术研究中心,2007。

　　② 张光直:《考古学专题六讲》,18~22 页,北京,文物出版社,1986;张光直:《中国青铜时代(二集)》,90~92、131~140 页,北京,生活·读书·新知三联书店,1990;张光直:《中国考古学论文集》,357~369 页,北京,生活·读书·新知三联书店,1999。

　　③ 段宏振:《北福地的史前玉器及相关问题》,见杨晶、蒋卫东执行主编:《玉魂国魄——中国古代玉器与传统文化学术讨论会文集》(四),315~320 页,杭州,浙江古籍出版社,2010。

　　④ 杨虎、刘国祥:《兴隆洼文化居室葬俗及相关问题探讨》,载《考古》,1997(1)。

　　⑤ 辽宁省文物考古研究所编著:《查海——新石器时代聚落遗址发掘报告》,上册图三,北京,文物出版社,2012。

器组成的"S"形躯体联成猪龙的形象①，这些都是后来赵宝沟文化与红山文化龙形崇拜的直接前身。兴隆洼文化以玉玦与玉匕形饰为核心的玉器组合是中国 8000 年玉文化的重要源头，对后来红山文化晚期繁荣的玉器文化有很重要的影响。

(三)以跨湖桥为核心的钱塘江太湖古文化圈

　　跨湖桥遗址位于浙江省杭州市萧山区，绝对年代上限超过距今 8000 年，下限在距今 7000 年左右。跨湖桥遗址发现了中国最早的"中药罐"，将中国利用中草药的历史追溯至距今 8000 年前，或为茶釜，或为药、茶同源②。跨湖桥发现中国目前所知最早的独木舟③，跨湖桥人已经种植水稻并饲养狗与猪两种家畜④，跨湖桥还发现土墙式地面建筑⑤。此外，跨湖桥人的精神生活已经比较丰富，他们祭拜太阳，刻画符号，用祭台火祭，将带内彩的陶豆、圈足盘用作祭器⑥。跨湖桥还发现 3 件玉璜⑦，这是目前所知中国古代最早的实例，由于玉璜是后来马家浜、崧泽乃至良渚文化非常重要的玉礼器，而且以玉璜为主构建的玉组佩还是中原商周贵族最主要的一种穿戴标识，延续几千年不衰，所以，跨湖桥玉璜的发现尤其重要。跨湖桥文化虽然不是该地区新石器时代晚期河姆渡文化、马家浜文化的直接源头，但其稻作农业、建筑技术、独木舟制作术、太阳崇拜、玉璜的使用等都对后两者有较大的影响，因此这是长江下游太湖流域、钱塘江两岸新石器时代最为重要的一个发展阶段。

---

　　① 中国社会科学院考古研究所内蒙古第一工作队：《内蒙古赤峰市兴隆沟聚落遗址 2002—2003 年的发掘》，载《考古》，2004(7)。

　　② 浙江省文物考古研究所、萧山博物馆编：《跨湖桥》，152～153 页，北京，文物出版社，2004。

　　③ 同上书，324～325 页。

　　④ 同上书，273～277、325～326 页。

　　⑤ 同上书，324 页。

　　⑥ 同上书，326～327 页。

　　⑦ 林华东、任关甫主编：《跨湖桥文化论集》，18～21 页，北京，人民出版社，2009。

（四）以高庙文化为核心的两湖地区古文化圈

高庙遗址①是一处内陆淡水贝丘遗址，位于湖南省西部洪江市（原黔阳县），地处沅水中游北岸的一级台地上，分布面积约3万平方米。高庙文化的年代上限距今7800年左右，下限距今6800年左右，中间存续的时间大致为1000年。高庙文化是南中国的一处精神信仰起源中心，其白陶纹饰的兽面獠牙形象向东影响到良渚文化的神人兽面纹，其白陶与纹饰向南影响到珠江三角洲的咸头岭文化②。高庙文化的白陶及其纹饰还波及中国北方，成为与内蒙古东南至辽西地区兴隆洼文化相并行的另一个精神信仰策源地。白陶在中原夏商时期是非常重要的礼器类别，只有夏王、商王与夏商王室高级成员才有资格享用，其直接源头是山东地区大汶口文化的白陶礼器，但山东大汶口文化的白陶有可能源自高庙文化。因此，高庙文化白陶祭器的重要性尤显突出。

高庙文化以渔猎和采集为主要的生产方式，但已驯养家猪。高庙文化的白陶是目前所知最早的陶器，而且其上刻画与戳印的各类纹饰尤为引人瞩目。最具代表性的为形态各异的鸟纹、獠牙兽面纹、太阳纹和八角星纹。神鸟一般被古代先民奉为沟通人间与天上神界的使者，而獠牙兽面纹显然是某种被祭拜的神灵，太阳纹与八角星纹则应该是古代世界非常流行的太阳崇拜的标识。八角形图像发源于高庙文化，然后东传至洞庭湖区，再传至长江下游与黄河下游地区，最后到达黄河上游与辽西地区，影响极为广大。1991年高庙遗址出土的高直领白陶罐颈部戳印双羽翅的獠牙兽面，其两侧还分别戳印一个盘旋而上的"梯阙"，带獠牙的兽能飞翔，两侧的梯阙可能是供神灵上下的天梯或神灵进出天界的天门。高庙文化的白陶显然是祭器，而非实用器，均为精神信仰用器。高庙遗址发现的大型祭祀场，估算整个面积在1000平方米，整个祭祀遗迹呈南北中轴线布局，由主祭场所、祭祀坑以及与祭祀场所相系的附属建筑——议事或休息的房子及其附近的

① 湖南省文物考古研究所：《湖南黔阳高庙遗址发掘简报》，载《文物》，2000(4)；湖南省文物考古研究所：《湖南洪江市高庙新石器时代遗址》，载《考古》，2006(7)；贺刚、陈利文：《高庙文化及其对外传播与影响》，载《南方文物》，2007(2)。

② 深圳市文物考古鉴定所、深圳市博物馆：《广东深圳市咸头岭新石器时代遗址》，载《考古》，2007(7)；李海荣、谢鹏：《深圳咸头岭遗址的发掘及其意义》，载《南方文物》，2011(2)。

窖穴共 3 部分组成。其中主祭部位在整个祭祀场所的北部，由 4 个主柱洞组成一个两两对称略呈扇形的排架式"双阙"式建筑，面朝正南方的沅水双阙的东西两侧分别有 1 个和 2 个侧柱。此"双阙式"建筑恰可与前述白陶罐颈部戳印的"梯阙"图像相印证。祭祀坑共发现 39 个（其中之一为人祭坑），均位于主祭场所的南方。房子为两室一厨的结构，在主祭部位的西侧，面积约 40 平方米，门朝东。窖穴则分别位于厨房门外东侧和主祭场所的右前方。其中厨房的存在尤其引人注意，这说明高庙人在举行祭拜活动时，有为神灵和魂灵准备吃食的环节。杜金鹏先生曾推测偃师商城早商王室宗庙有专属的"神厨"①。该祭祀场不仅规模巨大，且牲祭、人祭、窖藏与议事会客场所俱全，在当时这里很可能是一个区域性的宗教中心。在沅水中游的辰溪县松溪遗址和潭坎大地遗址中，也分别发现同时期属于祭祀性质的蚌塑动物图案和祭祀坑群，这说明宗教活动在高庙人的生活中是十分重要的部分。

三、新石器时代晚期的空前发展与文明的起源

中国新石器时代晚期的绝对年代大约在公元前 5000 年至公元前 2000 年，下接夏、商、周三代文明。经过新石器时代中期 2000 年的发展，新石器时代晚期的中华大地已形成一个规模巨大、联系越来越紧密的相互作用圈。以地处中心的中原仰韶文化、河南龙山文化与陶寺文化为核心，内蒙古东南至辽西地区的赵宝沟文化、红山文化，山东地区的北辛文化、大汶口文化、龙山文化，江淮一带的双墩文化、薛家岗文化与凌家滩文化，太湖、钱塘江流域的河姆渡文化、马家浜文化、崧泽文化与良渚文化，湖南、湖北地区的彭头山文化、汤家岗文化、大溪文化、屈家岭文化与石家河文化，西北地区的马家窑文化、齐家文化，陕北的石峁新华文化等均取得巨大成就，它们都为中华早期文明的诞生与发展做出过巨大贡献，形成中华文明多元一体的基本格局。各个区域、各个考古学文化之间的联系非常密切，互通有无、相互借鉴，为三代文明的到来打下良好基础。

与新石器时代中期略有不同，这一时期所有区域的绝大部分考古学文化最主要的生产方式都是农业，并且形成南方稻作、北方粟作及江淮稻粟混作的三大基本农业区。

新石器时代晚期中段开始，各个区域均加速各自的文明化进程，并逐

---

① 杜金鹏：《夏商周考古学研究》，427 页，北京，科学出版社，2007。

渐形成偏重世俗王权的中原模式与偏重神权的红山文化—良渚文化模式两种基本文明起源途径①。其中中原地区的仰韶文化在以世俗王权的建设为重点的同时，借用红山—良渚神权模式文化创造自己的精神信仰文化因素，并改造成礼仪制度，进而为中原地区三代文明的到来做好准备。

（一）作为中国新石器时代晚期核心的中原仰韶文化

一些学者将仰韶文化的分布范围界定得较大，但总体来看以分布在陇东—关中—陕南—豫西—晋南中心区的典型仰韶文化为仰韶文化的主体②，较为合理。作为主体的典型仰韶文化大致先后经历 3 个一脉相承的发展阶段：半坡类型→庙底沟类型→西王村类型，分别代表典型仰韶文化的早期、中期和晚期，前后延续大约 2000 年，即公元前 5000 年至公元前 3000 年。典型仰韶文化大体占据着后来三代文明时期的核心地带，文化遗存发现最多，延续性最强，分布范围最大，因而是中国新石器时代晚期的主体。

1. 半坡与姜寨——史前聚落的典范

半坡聚落遗址所占的面积，约 50000 平方米，略呈南北较长、东西较窄的不规则的圆形。房屋和大部分经济建筑，如储藏东西的窖穴、饲养家畜的圈栏等，集中分布在聚落的中心，形成一群密集的建筑物，约占 30000 平方米。围绕着居住区，有一条深、宽各约 5～6 米的大围沟。在大围沟以外，遗址的北部，主要是氏族的公共墓地，也有少量的窖穴，陶窑则在东边③。氏族成员的住屋，都密集地排列在聚落的中心，分布虽然不十分规律，但都有一定的方向和相互的联系④。发掘出 1 座大型的和 45 座中小型的房址，门向大体朝南，有一条小沟将居住区分为南北两片，中间有道路相通。房址附近发现 200 多个窖穴，两处简陋的长方形建筑遗迹，推测是饲养牲畜的圈栏或哨棚之类。遗址发现 70 多个幼儿瓮棺葬，主要在居址周围。沟北公共墓地内有 170 多座成人墓葬，窑场有 6 座陶窑。

---

① 李伯谦：《中国古代文明演进的两种模式——红山、良渚、仰韶大墓随葬玉器观察随想》，载《文物》，2009(3)。

② 中国社会科学院考古研究所编著：《中国考古学·新石器时代卷》，214 页，北京，中国社会科学出版社，2010。

③ 中国科学考古研究所、陕西省西安半坡博物馆编：《西安半坡——原始氏族公社聚落遗址》，9 页，北京，文物出版社，1963。

④ 同上书，222 页。

　　姜寨是一处比半坡更为完整的新石器时代聚落遗址①。姜寨第一期文化的村落布局呈不规则圆形，面积2万多平方米。整个村落布局大体可分为几个部分。中心是一个面积较大的广场。广场四周分布着5个居住群落。居住区周围有数百米的围沟环绕，围沟以东即整个村落遗址的东部、东北部及东南部有3片同时期的墓地，也共有170多座成人墓葬，村西的临河岸边有烧制陶器的窑场。居住区内除有大批的房屋基址外，还有很多其他经济设施，如储藏东西的窖穴、饲养家畜的圈栏、制造陶器的作坊，以及埋葬幼儿的瓮棺葬等。东部留有跨越壕沟的通道，建有寨门和哨棚。居住区内的房屋布局比较整齐，其最大特点就是围成圆圈：北边的房屋门朝南开，东边的房屋门朝西开，西边和南边的房屋则分别朝东和朝北开。总之，四周房屋的门都朝向中央。中央广场面积有5000平方米左右。广场西边有两片牲畜夜宿场。姜寨一期村落发现完整的与比较完整的房子120座，大、中、小3种房子组成5个单元。每个单元都是由小型房子围绕着大、中型房子组成，均朝向中心广场，氏族纽带的联系相当牢固。姜寨一期聚落可能有5个氏族，分属两个胞族，这两个胞族组成一个部落②。

　　2. 中国早期宫殿建筑的祖型——大地湾遗址四期大房子F901

　　大地湾遗址是仰韶文化分布区西部最为重要的聚落，时代从新石器时代中期一直延续到末期，但尤以仰韶文化晚期最为繁盛③。大地湾遗址聚落早期主要布局在北面贴近古河道之处，晚期逐渐向南面高地扩展，在第四期（仰韶文化晚期）时，在古河南岸高堤上规划布局一个略呈顶角在南、底边在北、两腰分处东西的等腰三角形聚落。F400与F405两座大房子建置在等腰三角形中轴较为靠南的位置，F901则在中轴的北端。F901坐落在甘肃秦安大地湾遗址居中偏北的部位，相对年代属于大地湾遗址第四期，约仰韶文化晚期，绝对年代应在公元前3000年以前。F901占地420平方米，保存较完整的多间复合式建筑，不仅是大地湾遗址面积最大、结构最为复杂的房址，也是中国新石器时代考古发现中迄今所见规模最大的宏伟建筑。

---

　　①　西安半坡博物馆、陕西省考古研究所、临潼县博物馆：《姜寨——新石器时代遗址发掘报告》，15页，北京，文物出版社，1988。

　　②　同上书，350～355页。

　　③　甘肃省文物考古研究所编著：《秦安大地湾——新石器时代遗址发掘报告》（上），397～428页，北京，文物出版社，2006。

房址以长方形主室为中心，两侧扩展为与主室相通的东西侧室，左右对称；主室后面设单独的后室，前面有"敞轩"类附属建筑。主室南墙正中辟门，紧贴门外还有门厅类建筑。主室正中有巨大的灶台。整个建筑十分精细考究，所有的壁面、柱面及地面皆经仔细反复涂抹、打磨等。地面还遗留有与一般房址常见的日常生活用具和生产工具不同的陶石器。房址周围是用于公共活动的空旷场地。F901 既是大地湾遗址晚期部落首领的居所，也是部落或部落联盟的公共活动场所，用于集会、祭祀或举行某种宗教仪式。大地湾 F901 的基本结构和布局形式是中国几千年都城宫城大朝正殿与宗庙太室的渊源。

3. 灵宝西坡——中原核心地区初露文明曙光

庙底沟类型时期是仰韶文化相当强盛的时期[1]，王仁湘先生则称庙底沟期的彩陶扩展是"史前中国的艺术浪潮"[2]，此时仰韶文化以晋南与豫西为核心向外大势扩展，形成庙底沟时代，而该时代的到来标志着"早期中国文化圈"或文化上"早期中国"的形成[3]。灵宝西坡聚落正处于庙底沟类型的中心地带，考古发现其代表当时中原地区最高的文化成就。西坡聚落南边各有两条壕沟，东西各有两条小河，河和壕沟把聚落围护起来，在聚落中心有一个 4000 多平方米的广场，广场的四角各有一个大型的半地穴式建筑。其中 F105 室内面积有 200 多平方米，加上围廊的面积有 500 多平方米，为迄今发现的当时面积最大的房子。F106 室内面积 240 平方米，大体呈五边形并有一条长长的门道，房屋结构相对复杂，地面经过 7 层土的铺设，坚硬如现代水泥地面，十分考究。这些大房子应该是聚落内部举行重要仪式的地方[4]。西坡为墓地墓葬[5]，墓葬开口面积大小呈现出的等级差异较为明确，随葬品的多寡反映墓葬等级高低的能力则稍差，大口缸分别出现在两座规模属第一的大墓中，是明显的等级标识物，可能代表粮食的掌管权与分配权，象牙器等级标识的作用也很强，出土于 10 座墓葬的 13 件玉钺标识墓主等级的作用

① 严文明：《仰韶文化研究》，158 页，北京，文物出版社，1989。
② 王仁湘：《史前中国的艺术浪潮——庙底沟文化彩陶研究》，北京，文物出版社，2011。
③ 韩建业：《庙底沟时代与"早期中国"》，载《考古》，2012(3)。
④ 李新伟：《灵宝西坡——庙底沟文化时代的剖面》，载《大众考古》，2013(6)。
⑤ 中国社会科学院考古研究所、河南省文物考古研究所编著：《灵宝西坡墓地》，293～298 页，北京，文物出版社，2010。

稍弱。西坡墓地代表的庙底沟类型社会选择明显更加简朴的"物化"的社会等级方式，既无奢华的随葬品，也无浓厚的宗教气氛。这一在社会复杂化初期形成的传统，对中原地区后来的文明化进程产生了深远影响。西坡 M8 与 M27 出土的两对大口缸，在海岱地区、江淮地区和太湖地区多有发现，说明西坡上层贵族与这些地区的上层之间有交流。

4. 鹳鱼石斧图——豫中地区阎村类型社会复杂化的标识

仰韶文化中期的阎村类型分布在河南省的中西部，以出土专门烧制用作二次葬葬具的"伊川缸"而著名①。汝州洪山庙遗址有大型的集体二次葬发现，葬具上饰有面具、生殖崇拜、生产工具与生活用具等形象②。1980 年在临汝阎村遗址采集到一件画有"鹳鱼石斧图"的"伊川缸"③。图画左边为一嘴下叼一条大鱼的鹳鸟。尤其值得注意的是画面的右边，内容为钺体绑缚在竖立的柲上端，上有 4 个圆孔，用以穿绳固定钺体，柲中部有"X"形符号，握柲处有网格状装饰，柲上端有瑁，下端有镦，参照良渚文化瑶山大墓 M7④ 与反山大墓 M12 玉钺⑤钺体、柲瑁、柲镦的出土情形，这是典型的玉钺形象。中原地区素以偏重世俗王权建设而著称于史前中国，而钺是世俗王权最直接的体现，汉字的"王"字就是取形于正处于挥砍状态的钺体⑥。阎村石斧钺可能和中原早期王权观念的起源有一定联系。

(二)辽西区文明进程的发轫——赵宝沟文化与神权文明的到来——红山文化晚期

1. 辽西区文明进程的发轫——赵宝沟文化

赵宝沟文化上承兴隆洼文化，主要分布在今内蒙古东南至辽西一带的新石器时代晚期，绝对年代在公元前 5000 年至公元前 4000 年之间⑦。比较

---

① 袁广阔：《阎村类型研究》，载《考古学报》，1996(3)。

② 河南省文物考古研究所：《汝州洪山庙》，75～84 页，郑州，中州古籍出版社，1995。

③ 临汝县文化馆：《临汝阎村新石器时代遗址调查》，载《中原文物》，1981(1)。

④ 浙江省文物考古研究所编：《瑶山》，76 页，北京，文物出版社，2003。

⑤ 浙江省文物考古研究所编：《反山》(上)，63 页，北京，文物出版社，2005。

⑥ 林沄：《说"王"》，载《考古》，1965(6)。

⑦ 中国社会科学院考古研究所编著：《中国考古学·新石器时代卷》，334～336 页，北京，中国社会科学出版社，2010。

重要的遗址有赵宝沟遗址、小山遗址及南台地遗址等。其中小山遗址 F2 居住面上出土的三灵尊(野猪首蛇身龙、猛禽首蛇身龙与鹿首蛇身龙,或曰还有一个野牛首蛇身龙,因此成为四灵尊)与磨光美石钺[1],表达出深刻的精神信仰内容,最为有名。其中的美石钺,是专门挑选一块材质优良、有美丽大红斑块的美石,精心琢磨而成,内端一面刻一人首,部位和形象均与晚商殷墟妇好墓 M5:799 大型青铜钺内部的"虎食人首"[2]很相似,这已经不是纯粹的巫术道具,可能已有标识拥有者的身份等级地位的玉石钺的含义,因此或可称为"中华第一钺"。而南台地 F1 出土了 10 余件尊形器[3],可能是氏族首领的居所,或兼有崇拜祭祀、公共议事之功能。赤峰市翁牛特旗小善德沟遗址 F1 出土的陶尊形器、玉玦,长达 41 厘米的石耜和长达 29.6 厘米的石斧[4],形体很大,基本没有使用痕迹,应是当时氏族首领祈求农业丰收与进行象征性农业生产活动的祭器,有些类似于后来中原地区三代文明里贵族举行"籍田礼"[5]所用的农具形状的礼器。房址里还有人面陶塑[6],应该也是重要的祭祀场所。河北省滦平县金沟屯后台子遗址出土 1 件石兽及 6 件裸妇雕像[7],应源自兴隆洼文化传统。赵宝沟聚落遗址主要的生活区在遗址的西部,面积较大,房址较多,但在遗址的东部规划出一处专门的祭祀区[8],开启了辽西地区几千年独立于生活区之外开辟专门祭祀区的传统。赵宝沟文化开始的年代可能早于红山文化,但与红山文化有过并行阶段,而且分布地域也有交错或紧邻,二者之间关系较为密切,但没有先后承继的渊源关系。

---

① 中国社会科学院考古研究所内蒙古工作队:《内蒙古敖汉旗小山遗址》,载《考古》,1987(6)。

② 中国社会科学院考古研究所编著:《殷墟妇好墓》,105～106 页,北京,文物出版社,1980。

③ 敖汉旗博物馆:《敖汉旗南台地赵宝沟文化遗址调查》,载《内蒙古文物考古》,1991(1)。

④ 刘晋祥、董新林:《浅论赵宝沟文化的农业经济》,载《考古》,1996(2)。

⑤ 杨宽:《西周史》,268～282 页,上海,上海人民出版社,2003。

⑥ 中国考古学会编:《中国考古学年鉴(1989)》,130～131 页,北京,文物出版社,1990。

⑦ 承德地区文物保管所、滦平县博物馆:《河北滦平县后台子遗址发掘简报》,载《文物》,1994(3)。

⑧ 中国社会科学院考古研究所编著:《敖汉赵宝沟:新石器时代聚落》,5 页,北京,中国大百科全书出版社,1997。

2. 古国的雏形——红山文化晚期

主要分布于内蒙古东南至辽西地区的红山文化，在进入晚期的发展阶段以后，文化面貌发生巨大变化，展示出向早期文明社会过渡的迹象。这主要体现在两个方面：一是坛、庙、冢相结合的祭坛墓地，二是积石冢大墓出土玉器展示的初步礼仪等级制度。

红山文化晚期的坛、庙、冢或坛、冢，以及冢等祭祀址远离居住区。牛河梁坛、庙、冢祭祀区方圆100千米内无同期居住址，老虎山河坛、冢祭祀区周围也少见同期居住址，东山嘴祭坛单独位于占据大凌河台地向南伸展的前端部分，远离人居住的村落。

在牛河梁遗址第五、第二地点发现红山文化四期早期特殊墓地。墓地地表用筒形器界定墓葬范围，地面上摆放白色碎石块，用祭祀坑祭祀。墓葬成排分布，除少量土坑墓外，大部分墓葬用不规则石板立置砌成墓棺，墓顶、墓底无石板。墓葬南北向。随葬品除个别为玉器外，多为陶器，墓葬无等级差别。

在牛河梁遗址发现红山文化第四期晚段特殊墓葬为积石冢，规模宏大，墓葬位于或方或圆或方圆结合的积石上，墓葬等级差别明显，中心大墓规模大。无论平置砌成石棺，还是立置砌成石棺，所用石材规整，墓顶、墓底多铺有石板。墓葬多为东西向，也有西北向和东南向。以玉器随葬为主，极个别陶器葬在地表的脚厢中。筒形器摆在冢框边缘，用祭坛、庙宇祭祀。墓葬可分中心大墓、台阶式墓、甲类石棺墓、乙类石棺墓和附属墓5类。中心大墓是最高等级墓葬，有大型土圹，墓壁都有台阶，石棺宽大。大部分中心墓随葬玉器数量相对较多，出土个体大且玉质纯正的箍形玉器、勾云形玉器和动物形玉器，往往成对出土。台阶式大墓仅次于中心大墓，与中心大墓结构基本相同，只是在墓圹的一侧筑多级台阶。随葬玉器仅次于中心大墓，具有高等级玉器。甲类石棺墓指随葬等级较高的成组玉器的中、小型石棺墓，可再分为随葬等级较高的成组玉器墓和随葬一般的成组玉器墓。乙类石棺墓不随葬玉器，但石棺讲究。附属墓包括葬在冢顶、坛顶和冢界以外的小型墓葬，有简单墓坑，一般无随葬品。墓葬等级分明，每个冈冢中只在一个主冢中出现一个中心大墓，形成每一冈冢群以一人为中心的等级制度。如果一个冈冢群代表一个群体，那么牛河梁不同地点发现的13个冈冢群代表13个群体，整个牛河梁就是他们联合起来形成的高于他们自身群体的共同体。在这个共同体内有共同的庙宇，有共同的宗教信仰，但没有迹象表明共同体内有一人的王权统治。

　　红山文化四期祭祀址有等级差别，从发现看，分为3个等级。第一等级坛、庙、冢齐全，第二等级有坛、冢，第三等级只有坛或冢，规格依次降低。

　　牛河梁遗址祭祀为坛、冢、庙结合，属于第一等级祭祀遗址。牛河梁遗址在50平方千米范围内有规律地分布着女神庙、祭坛和积石冢群等，已发现遗址点20余处，有编号的地点16个，其中积石冢13处。牛河梁遗址诸遗址点以南北为轴线进行总体布局，规模大，形制复杂。最北地点是女神庙、上庙和山台，组成第一组中心建筑。顺山势走向，向南正对着猪（熊）首山山峰，其间第二地点、第三地点、第四地点、第五地点的冢坛组成第二组中心建筑。遗址群最前沿是金字塔式巨型建筑（第十三地点）。在中轴线周围诸山冈上以积石冢环卫，在庙区的西北梁上有第六地点、第七地点积石冢，庙区以东有第八地点、第九地点积石冢。在第二组中心建筑与金字塔式巨型建筑之间由北向南依次有第十地点、第十一地点、第十二地点积石冢。在金字塔式巨型建筑东西一线的东翼山顶为第十四地点砌石址，山腰上为第十五地点积石冢，西翼山顶为第十六地点积石冢。

　　牛河梁庙宇位于第二道梁的近梁顶处，编号为牛河梁第一地点，是一个大范围的建筑群体，可分主体和附属两部分。主体部分包括女神庙、山台、上庙，附属部分包括主体周围已发现的窖穴多处。山台北距女神庙8米，位于女神庙和上庙之间。山台由3座方形台址组成，呈"品"字形分布，南北、东西距离各约200米，总面积约4万平方米。台址周围断断续续保留有人工石砌的边墙，山台的台面高出女神庙的地面近2米。山台顶部发掘一些圆形坑，出土大型陶器，在山台上还发现大房子的线索。山台夹在两个庙宇之间，规模大，位置突出。上庙位于山台北侧，地表散布有大面积红烧土的堆积，出土人塑像残件、陶祭器和各类仿木建筑构件。女神庙为半地穴式建筑，土木结构。由1个多室和1个单室两组建筑构成。多室在北，南北长18.4米，东西残存最宽6.9米，由主室、北室、西侧室、东侧室、南3室等7室相连组成。单室在南，距多室2.05米。单室东西长6米，南北最宽2.65米。木骨泥墙，墙面上有多种规格的仿木条带，装饰有彩色壁画。出土有人物塑像、动物塑像和陶祭器。人物塑像有7个个体，可分为3类，分别是相当于真人的3倍大、2倍大和等大，均有女性特征，3倍真人的塑像位于主室正中，2倍真人的塑像位于西侧室。真人大小的塑像位于主室，动物塑像有龙形和鸟形，等级鲜明。

　　牛河梁遗址祭坛分3个层次，体现祭祀的等级化。第一个层次是全遗址祭坛，位于遗址前沿的第十三地点，为金字塔式巨型建筑，是一座土石结构圆丘形建筑，范围达 1 万平方米，中央部分土丘夯筑，直径 40 米，土丘残高 7 米多，夯土台以外包砌积石，形成直径达 60 米的石台阶。圆形金字塔式大型建筑所用的土方和石方都在上万立方米以上，不是一个小的群体能够单独完成的，必须由权力机关有效地组织大量人力、物力方能实行。从其规模之大和规格之高来看，推测这应是整个牛河梁遗址的祭坛。第二个层次是冈冢祭坛，第二地点的第三冢坛（Z3）位于第二地点的中心，祭坛以红色立石围成 3 圈，由外向内，层层高起，顶部平缓，形成 3 个同心圆圈，直径分别是 22 米、15.6 米、11 米。在第二圈石柱内侧排列一周筒形器，第三圈石柱里面平铺一层白色石灰岩块。第五地点的第三冢（Z3）为长方形，长 8.5 米，宽 6 米。用单层石块铺砌，其内石块较小。北部中心石块下有 4 具二次葬人骨，南北依次摆放，不见葬具和随葬品。第二地点的第三冢和第五地点的第三冢具有祭祀性质，分别是第二地点和第五地点的祭坛。第三个层次的祭坛是积石冢体，每一个积石冢体本身是地上砌筑的石建筑，周边层层叠起石台阶，其形状或方形或圆形，或方圆结合，上圆下方，方圆相套，冢顶平坦，在冢的四周有成排筒形器分布，积石冢本身就具备祭坛功能。牛河梁遗址不同等级的祭坛祭祀体系反映出在一种大范围的权力运作下，存在不同层次的集体祭祀。

在老虎山河上游 20 平方千米范围内发现 7 处单坛、单冢或坛、冢结合祭祀遗址，与牛河梁祭祀遗址相比，规模小，形制简单，有坛有冢，但没有发现庙，属于第二等级祭祀遗址。草帽山祭祀遗址南临老虎山河，遗址分 3 个地点。第一地点位于遗址东部，为一长方形祭坛。第二地点位于遗址中部，为坛、冢结合建筑。第三地点位于遗址西部，高出周围地表约 2 米。

东山嘴祭祀址为单独的祭坛，属于第三等级祭祀遗址。遗址可分为中心、两翼和前后两端等部分。中心部分为一大型方形基址，东西长 11.8 米，南北宽 9.5 米。底部为平整的黄土硬面，间有大片的红烧土面，其上置石堆和零散石块。基址四边均砌石墙基。两翼部分可分南、北两部分。北部两翼分别为两道南北走向、相互对称的石墙基。南部两翼皆有石堆。前端部分可分 1 个圆形石台址和 3 个圆形石基址，前者位于北部，后者位于南部。学者对这组石建筑为祭坛的性质确定无疑。四家子祭祀遗址位于台地顶部，为长方形土台，面积近 2000 平方米。土台为人工垫土而成，呈阶梯状逐渐高出地表。垫土共分 3 层，厚度在 55～65 厘米。在台地南半部分布 7 座祭祀坑，发掘其中的 5 座，有圆形、圆角方形、不规则形等，直径 1～6 米，深 1～6.5 米。坑内上部筒形器和石片堆积密集，下部逐渐稀疏，近底部多见石块。四家子祭祀遗址是一座土建祭坛建筑，属第三等级祭祀遗址。胡头沟祭祀遗址位于牤牛河东岸断崖上，为积石冢，属于第三等级祭祀遗址。在一个独立台地上先撒一圈碎陶片，在其上砌筑圆形石头圈，直径 13.5 米。在石头圈外侧放置彩陶筒形器，在石头圈中部建一座石棺墓，在积石冢南侧 2.7 米处建一座五室石棺墓，出土玉璧、勾云形玉佩、环、珠、龟、鸟、棒形器等 18 件玉器。

坛庙冢、坛冢和坛、冢是红山文化祭祀的不同形式，不仅反映了祭祀的等级差别，也反映了所祭祀对象的差别。

红山文化晚期的玉器类别主要有玉钺、玉璧、玉人、勾云形玉佩、玉猪龙、玉箍形器、玉串饰及各种动物形饰等。玉钺及在玉钺基础上产生的王权，是中华文明的核心因素；玉璧是中国几千年祀天的主要礼器；玉人描绘的是红山文化晚期氏族首领的形象，这种做法直接被凌家滩文化继承；勾云形玉佩是红山文化晚期独有的玉礼器类别，往往出于墓主胸部，是墓主生前拥有的最重要的玉礼器之一，有标志身份等级地位的作用；玉猪龙是中华龙图腾崇拜的早期标志之一，直接被凌家滩文化继承，并且在晚商中原妇好墓中出土类似的器物；玉箍形器可能是占卜玉签筒，本来应为龟形，以求龟灵之助，但可能囿于玉器制作技术的局限，未能做出清晰的龟形，但后来在凌家滩墓地有明确的证据出土；玉串饰等可能是后来凌家滩文化、良渚文化玉串饰以及商周贵族墓地常见玉组佩制度的渊源。

红山文化从根本上来讲，是内蒙古东南至辽西地区的土著新石器文化，但在接受中原地区庙底沟类型与后岗一期文化仰韶文化诸类型的影响后，文化发展产生质变，开始向早期文明社会前行。以红山式彩陶与红山式玉器为主要依据，可将红山文化晚期向南的传播分为 3 个层次：第一层次是与红山文化分布区邻近的内蒙古中南、晋中北、河北中部，主要体现在陶器方面，玉器其次；第二层次是山东地区，在陶器与玉器方面都有体现，可能有红山玉匠进入山东地区；第三层次就是凌家滩所在的江淮地区，主要影响上层社会宇宙观、宗教信仰等精神层面。距离由近渐远、影响由深变浅的 3 个层次，大约正是以牛河梁遗址群为中心的晚期红山文化对外辐射性影响的客观反映。各地发现的红山式玉器和陶器，已经可以初步连起西辽河——河北中部——海岱地区（山东地区）——江淮地区这个文化传播的链条。红山文化晚期向南扩散的原因，可能是距今 5600 年至 5500 年，东亚地区有一次较大范围的降温事件，导致北方人群的顺次南移。降温事件使得西辽河流域自然资源减少，生存压力增大，可能还伴随着分布更北的人群南移的压迫，引起红山文化晚期的巨大社会变革。这样的社会为缓解内部压力而向南拓展渗透，渐次带动中国东部广大地区社会的复杂化；东部社会复杂化又强烈影响中原，从而触发中国广大地区社会文明化的进程。但根本还在中原。因为红山文化的崛起从根本上离不开此前仰韶文化庙底沟类型的丰厚馈赐。

　　红山文化晚期神权氛围非常浓厚，王权的证据很微弱，但已有一套初步的脱胎于"巫玉"的玉礼器系统，表明红山文化晚期已有主要用来标志社会成员身份等级地位的玉礼制。红山文化晚期对稍后的海岱地区大汶口文化、江淮地区凌家滩文化、太湖流域良渚文化等均有不同程度的影响，而这后3个文化又对中原地区夏文明的诞生有过巨大贡献，因此，红山文化晚期可以被视作中华文明的一个早期源头，是中华文明起源进程的一个启动器。

（三）祭坛墓地与神圣广场的聚落设置及对良渚文化的启迪——凌家滩文化

　　凌家滩文化主要分布在安徽中部至南京一带，绝对年代在公元前3300年左右。

　　尽管相距较为遥远，但主要分布在今安徽省中部一带的凌家滩文化，有一些关键的文化因素可能来源于辽西地区的红山文化。例如，凌家滩出土做祈祷状的玉雕贵族形象（凌家滩87M1：1、2、3）与红山文化积石冢大墓所见（牛河梁第十六地点M4：4）基本相同，只是在凌家滩玉雕贵族像的手腕部有若干个腕镯而已。凌家滩还出有玛瑙猪形雕（凌家滩87M13：1）、红山式的玉猪龙（凌家滩98M16：2）、翅膀琢磨成猪首形的玉鹰（凌家滩98M29：6）以及重达88千克的大型玉雕野猪像（凌家滩07M23填土出），这表明凌家滩至少已部分接受红山文化的猪形神灵崇拜意识。红山文化玉器中著名的玉箍形器，根据凌家滩07M23的材料，可能是未能制作象形的用来盛装玉签一类占卜工具的玉龟状器（签筒）。玉人、玉猪龙、玉签筒（箍形器）均为红山文化很重要的玉礼器类别，为凌家滩所继承。凌家滩祭坛墓地的墓穴上面也有积石遗迹，应与红山文化牛河梁积石冢建置的影响有关。此外，凌家滩玉璧、玉钺等玉器类别以及一些玉器制作技艺可能也是来源于红山文化的。凌家滩文化曾受到辽西红山文化的影响是可以基本肯定的。

　　发掘报告的作者认为，凌家滩祭坛墓地1987年与1998年清理的44座墓葬大致是按东西成排的方式布局的，除去墓地北端有七八座墓可能约略做南北一线排列外，这个认识基本是正确的。整个祭坛墓地的中南部大致布置 5 排东西成行的墓葬。其中最南边的两排虽然做成东西布局的两行，但从这两排所有墓葬的空间布局与早晚关系及其随葬品所反映的等级高低等情况综合来看，这两排墓葬在丧葬规划时应是统筹在一起考虑的。其中整个墓地唯一一座开口在第 4 层下的 87M15 无疑是整个墓地最早的墓葬，出土包括 30 件玉璜（整个墓地玉璜数最多，其次是 87M4 的 19 件玉璜）、3 件玉冠饰、49 件玉管佩件以及整个墓地唯一一件水晶器——水晶耳珰等在内的高级随葬品，再考虑到它位居整个墓地南端最中间的位置，似可认为 87M15 是整个凌家滩祭坛墓地等级地位最高的"始祖"墓。整个凌家滩墓地可能是 87M15 墓主最早规划的，他因此也成为最早埋葬在凌家滩祭坛墓地的最高级贵族。开口在第 3 层下的 87M4 紧挨着布置在 87M15 的南面，也处在墓地南端最中间的位置，出土包括罕见的玉龟板、19 件玉璜以及精美的玉匕（勺）等在内的高级随葬品，这无疑是整个凌家滩祭坛墓地礼仪地位仅次于 87M15 的墓葬。87M4 墓口中部略偏南位置平放一件巨型石钺，石钺重 4.25 千克，值得注意。《礼记·檀弓上》云："天子之殡也，菆涂龙輴以椁，加斧于椁上，毕涂屋，天子之礼也。"《周礼·春官·宗伯》"丧祝"孔颖达疏云："天子礼刺以黼文，谓之斧者，形如大斧文。"是古代注疏家以为天子殡椁上覆有刺以斧纹的布幕。凌家滩 87M4 在墓口置大斧钺似与椁上的位置较为近似，其后来用于天子的丧礼，墓主地位之高可见一斑。同样开口在第 3 层下，紧挨着布局在 87M15 东边的 07M23，时代大致与 87M4 同时，出土 330 件随葬器物，其中包括 3 件玉签筒（1 件为完整的玉龟状，2 件作扁圆玉龟状）、10 件玉璜（仅次于 87M15 的 30 件玉璜与 87M4 的 19 件玉璜，位居第三）以及重达 88 千克，长约 72 厘米、宽 32 厘米的野猪形玉雕，它在凌家滩祭坛墓地的丧葬礼仪地位略与 87M4 等同。其他如出土 3 件玉人、1 件猪翅玉鹰的 98M29，出土 3 件玉人的 87M1，出土 1 件玉龙的 98M16 以及出土双虎首璜的 87M8 等也均叠压 87M15 与 87M4 两座中心大墓或布列在它们的两侧。综合来看，凌家滩祭坛墓地最南面的两排墓葬是整个祭坛墓地等级最高的墓群，应该是凌家滩遗址等级最高的社会集团（可能近似于商周时王族一类的社会组成单位）的丧葬处所。由于凌家滩祭坛墓地内绝大部分墓葬墓主均头南，所以南向成为凌家滩祭坛墓地的主向（此点与良渚文化相同），而墓主头端所指的南面则自然成为尊位，故等级最高的两排墓葬建筑在墓地的最南面。自南往北，越往北排列的墓组，等级地位越低。北端墓组内的 98M5、98M6、98M8 和 98M11 等墓葬，不仅坑穴窄小，而且随葬品稀少、粗劣，显示出所属社会集团等级地位很低。2007 年，1987 年与

1998 年，在发掘区域西北面清理的 3 座墓葬，分布位置更靠北，从它们的规模及随葬品与采用非主流的东西向坑穴来看，所属社会集团等级地位也很低。从南往北数第 3 排，由 87M11、98M30 等墓葬构成的墓组，也是以居中的 87M11（该墓坑穴较大，虽然被近代墓葬严重扰乱，但仍出土齿牙玉璜、玉镯及玉钺等高级玉礼器）为中心的，其他墓葬分布于两侧。该墓组所属社会集团等级地位一般。从南往北数第 4、第 5 两排，整体位置略偏西，从第 4 排 98M20 与第 5 排 98M18 等墓均出土较多的玉芯及大量石锛等玉石器加工工具来看，这两排所属社会集团可能与凌家滩聚落的玉石器加工有密切关联，社会地位较高。从南起第 4 排居中的 98M20 出土 4 件玉璜、6 件玉钺以及大量玉芯、石锛、石钺来看，它是第四排等级最高的墓葬，"尊中"原则在凌家滩祭坛墓地第 4 排仍被明显遵从。

综上所述，"尊祖"是凌家滩祭坛墓地最主要和最明显的原则。所谓"尊祖"原则就是将"始祖"墓穴规划在墓区最中心或最突出的起始位置，并在最终实际下葬时得到当时最高的丧葬礼遇。不过，这个最高的丧葬礼遇是相对的，因为随着所属社会集团经济实力等方面的提升，后续下葬的集团最高级贵族的礼遇有可能在丧葬规格上超越早先下葬的"始祖"墓。例如，凌家滩 07M23 虽然随葬玉璜（凌家滩最有特点的高级贵族身份等级标志物）只有 10 件，少于墓地"始祖"墓 87M15 的 30 件玉璜，但该坑穴不仅规模大于 87M15，而且随葬品的总体数量（330 件）也远多于 87M15（共 128 件随葬品），同时随葬品质量也明显优于 87M15。晚期以后，后续下葬者虽然在丧葬规格与规模上超越"始祖"墓的情况则更为多见。"始祖"必须是（至少曾经是）整个社会集团的最高级贵族，一般也是墓区的最初规划者。在比较特殊的情况下，这位"始祖"有可能死在墓区规划之前，在"继任"最高级贵族规划完墓地后葬入，但他作为墓地"始祖"被葬在墓区最中心或最突出的起始位置，并在下葬时得到当时最高的丧葬礼仪这两点不会有任何改变。"始祖"墓在任何一个墓区内都只能有一个，而且能够轻易辨识出。因为后续下葬者虽然可能在丧葬规格及规模上超越"始祖"墓，却无法淹没"始祖"墓在空间位置、时代及丧葬规格与规模等方面非常鲜明的个性。由于一定时期内一个社会集团的最高级贵族只能有一个，"前任"死后，继任者才能成为最高级贵族，所以正常情况下这位"始祖"应该是墓区内最早埋葬的最高级贵族，但不一定是墓区内最早埋葬的死者。后续死去的历代最高级贵族以及其他死者一般按照一定的原则依次埋葬在"始祖"墓穴的两侧、周围或前面，或对"始祖"墓形成拱卫之势，或以其他方式刻意突出"始祖"墓穴所在。

红山文化晚期牛河梁遗址群迄今清理的最高等级墓葬——第十六地点积石冢中心大墓 M4 在牛河梁等腰三角形布局的西侧底角上,它可能是在刻意突出它的所在。不过,牛河梁似乎更强调等腰三角形顶角(上庙、山台与女神庙)与底边中点上(圆丘金字塔)的自然神祇祭拜设施。当然,凌家滩墓地东西一线布列墓穴的做法,在牛河梁遗址群已见端倪,如牛河梁第二地点的一至五号冢就是东西一字排开的形势。虽然牛河梁第二地点每座积石冢内往往包含若干座墓,但每个冢内只有一座中心大墓等级最高,其余墓葬可能只具有陪葬或殉葬的性质,因此牛河梁第二地点五冢东西一线排列的做法与凌家滩墓地东西成排布局墓穴的情形有相似的一面。牛河梁积石冢中心大墓被环卫突出的情形,也与凌家滩祭坛墓地拱卫中心大墓的做法有些近似。

凌家滩祭坛墓地与红山文化晚期牛河梁遗址群相比,虽然规模较小,但内部墓葬布列密集、紧凑,层次分明,墓地规划制度比较明晰,而且能与后继的高级贵族墓地规划制度相互印证,这显然是高级贵族墓地规划制度有所发展的标志。

原生于太湖、钱塘江流域的玉璜在凌家滩文化中是一种非常重要的玉礼器,是高级贵族身份等级地位的关键性标志物,等级越高,出土玉璜数量越多。红山文化玉钺发现数量很少,而凌家滩则形成较为规范的玉石组钺制度,是后来良渚文化玉钺制度及中原地区夏商青铜组钺制度的重要渊源。

凌家滩玉礼器中尤以 87M4 出土的玉龟版最为重要。一般认为玉龟表达出龟灵崇拜的痕迹,而其内包含的玉版,以器物本身形制配合其上的刻纹,表达出比较深邃、复杂的思想信仰内涵。玉版中心部位内部刻有八角星的小圆可能表示的是悬挂在天空中央的太阳,而小圆以外的大圆则可能表达天空的形象,大圆以外的长方形玉版形状本身则有可能展示的是方形的大地。综合而言,整个玉版的刻纹是在表达中央悬挂太阳的天空覆盖着方形的大地,这是中国早期古人的原始宇宙图景。点缀其间、均匀配置的 12 个圭形指针则在表达四面八方的含义。凌家滩玉版以其形制、刻纹以及玉版边沿的钻孔展示的布局与后来玉龟衔符及早期道家宣扬的河图、洛书等较为相似,显示出它在中国早期精神信仰的传统传承过程中的重要性。凌家滩玉版的形式还与后来秦汉魏晋时期的占盘、式盘之类有一定关联。凌家滩玉龟版表明,中国晚期很突出的一些精神信仰因素可能有很早的间接渊源,并不全是有些学者曾经以为的是战国秦汉期间阴阳五行家的全新创造。

中国文明因素的传承可能有明暗多条道路。凌家滩玉龟版的思想也不可能是无源之水、无本之木，如天圆地方的观念等，可能与红山文化祭天礼地的圜丘与方坛有一定的关系。

（四）神权与王权的交替——良渚文化

良渚文化绝对年代大约在公元前3300年至公元前2000年之间，遗址主要环绕太湖分布，其直接前身是同一地区的崧泽文化，遥承自同一地区的马家浜文化，是太湖流域马家浜——崧泽——良渚新石器时代文化系列最晚的一个环节。良渚文化早期主要分布在太湖东侧，今上海市辖区西部一带，以张陵山、赵陵山、福泉山等遗址为代表；良渚文化中期是其发展的顶峰期，文化中心南移至今杭州市区北部的余杭一带，以莫角山台城、反山墓地、瑶山墓地、汇观山墓地等遗址为主要代表，莫角山一带的良渚遗址群可视作良渚古国的都邑，有"宫城"、"王陵"、一般居邑，略类似于中原地区三代都城的基本格局；良渚文化晚期，文化中心北移至太湖北岸的武进寺墩遗址一带，有武进寺墩M3那样出土较多高节玉琮的"玉敛葬"高级贵族墓地。

良渚文化最主要的祭坛墓地有反山、瑶山、汇观山等处，均为人工堆筑的大型土坛，上面再挖建高级贵族的葬穴。墓穴一般按照类似于后世所言的昭穆制度的方式布列，一般最早下葬的地位最高者葬于中间，以下依次布局于两侧；一般男性墓主葬于南排墓列，各自的夫人葬于各自北面，因而北面女性贵族墓穴又形成一个东西墓列。

良渚祭坛墓地除用作埋葬高级贵族以外，还用作祭祀先祖魂灵以及祭天礼地的处所。将埋葬、丧葬和祭祀神灵、魂灵密切结合起来是神权时代的一个显著特征，世界各个早期神权文明概莫能外。

良渚文化玉器主要有玉钺、玉璧、玉琮，玉三叉形饰，玉串饰等。良渚玉钺虽然以凌家滩为中介，遥承自红山文化晚期，但与红山文化及凌家滩玉钺制度相比，良渚文化已经形成一套内容明确的玉钺制度，可能表明此时初步的王权已经形成。玉璧、玉琮等出土情况表明，良渚时期可能已有一套初步的祭天礼地制度，这是后来中原商周时期祭天礼地等相应制度的源头之一。良渚玉琮等物上的神人兽面纹，上部神人可能是一个头戴羽冠，身着戎装，兼王权与最高祭祀权于一身的王，下部可能是某种神兽的象征，与后来中原商周青铜器上的饕餮纹渊源关系十分明显，可见良渚文化玉礼器制度对中华文明起源和发展有重要贡献。不少学者认为这个神人兽面纹可能是良渚古国的宗族神徽,是良渚人共同信奉的一位至上神①。也有学者认为神人兽面像实际上是佩戴神人形象冠的神兽图像,构图中神兽一直是主体②,这种风格开启了玉器时代"亦人亦兽"的人形化"兽面"美术形式的先河,奠定了"神祖"崇拜③的基础。其他如玉冠饰等也很重要,具有标志良渚高级贵族的身份等级地位的作用。

良渚文化早期神权氛围较为浓厚,中期神权仍很浓厚,但王权日渐凸显,晚期复归神权浓厚的氛围。总体说来,良渚文化延续的是红山文化晚期——凌家滩文化式的神权氛围较为浓厚的文明起源道路,与中原地区以庙底沟类型西坡遗址大墓所反映的以世俗王权为主的文明起源道路不太一致。有学者认为,良渚文化的最终消亡说明偏重神权的文明起源道路具有不可持续性④,而中国中原式的偏重王权道路可能更适合中华古代文化的土壤。也有学者认为,良渚文化最终的衰亡,缘于良渚文化圈的组合是由各构成单位的掌握权力的上层组合联系的,而不是由同化而凝聚的文化体系导致的,这种体系虽然复杂,但并不坚实稳定,一旦结合的因素消失,该体系随时可以裂解,良渚社会体系的危机,可能在其文化最为鼎盛之时已经出现⑤。

(五)百川归海与王朝文明的"总预演"——陶寺文化

分布在今天山西省南部临汾盆地一带的原史时期(介于史前与早期历史时期之间)的考古学文化,绝对年代约在公元前 2600 年至公元前 2000 年之间。陶寺遗址的陶寺文化早中期城址面积达 300 万平方米,城内宫殿区、墓葬区(包括"王陵")、仓储区、垃圾倾倒区、手工业生产区以及普通社会成员居住区等均表现了井然有序的规划布置。陶寺墓地所揭示的金字塔式复

---

① 石兴邦:《良渚文化研究的过去、现状和展望——纪念良渚文化发现六十周年国际学术讨论会小结》,见浙江省文物考古研究所编:《良渚文化研究——纪念良渚文化发现六十周年国际学术讨论会文集》,3 页,北京,科学出版社,1999。

② 方向明:《神人兽面的真像》,自序,杭州,杭州出版社,2013。

③ 邓淑苹:《晋、陕出土东夷系玉器的启示》,载《考古与文物》,1999(5)。

④ 李伯谦:《中国古代文明演进的两种模式——红山、良渚、仰韶大墓随葬玉器观察随想》,载《文物》,2009(3)。

⑤ 许倬云:《良渚文化到哪里去了》,见浙江省文物考古研究所编:《良渚文化研究——纪念良渚文化发现六十周年国际学术讨论会文集》,120~132 页,北京,科学出版社,1999。

杂社会分层结构也很引人注目。陶寺墓地出土的鼍鼓、石质特磬、彩绘蟠龙纹盘、礼乐器铜铃，以及中期大城东南的小城内的具有"观象授时"与祭天功能的扇形祭坛（"天文台"）等，都是非常重要的考古发现。陶寺早中期大墓所展示的丧葬礼仪明显与后来中原地区夏商周丧葬礼制有关联，是后者的主要源头。不少学者认为，陶寺遗址即为尧都平阳所在，陶寺文化是中原夏商周文明的直接源头之一，是中原夏王朝文明诞生前的一次总预演与彩排，为夏文明的到来做了完美的铺垫与准备。鼍鼓在殷墟王陵中有发现，石磬与龙纹盘也是后来高级贵族独有的礼器类别，铜铃是后来青铜礼乐器的直接源头。扇形祭坛类似于后来的天坛等。陶寺文化的考古发现表明，中原地区是一个相对理性、功利的区域，没有过分地将绝大部分的社会财富和精力都消耗在神权活动中，这可能是其他区域的先进文化最终消亡，而中原地区文化得以保存的原因之一。

第四节　古代文明的曙光

随着生产力的迅速发展，新石器时代晚期我国古代社会逐渐向文明时代迈进，社会制度和社会观念都随之发生了重大变革。在这个阶段，许多英雄人物登上历史舞台，为社会的进步做出了卓越贡献。

一、贫富分化与阶级的萌芽

在基本平等的情况下，氏族首领凭借其权力往往拥有较多的物质财富，扩大私有财产的范围，成为氏族的权贵。这种贫富分化的现象在新石器时代中期就已显露端倪。大汶口文化中、晚期的墓地中，墓葬和葬具的规模、随葬品的多寡与质量已经有了较为明显的差别。不少墓葬墓穴狭小，仅能容尸，随葬品很少，甚至有空无一物者。但埋葬一女性的墓却不仅有很大的墓穴，而且有内壁涂朱的棺和用原木卧叠构成的椁，随葬品有用 77 个单件组成的 3 串装饰品、玉臂环、玉指环、玉铲、象牙筒、骨雕筒、象牙梳等精美饰物和用具，还有各种陶器 90 多件。齐家文化是继马家窑文化发展而来的，在马家窑文化时期，墓葬还没有发现随葬品严重不均的现象，墓葬规模、葬具也大体一致。到了齐家文化时期情况就有了很大变化，甘肃武威娘娘台齐家文化遗址共发现 88 座墓葬，一般规模都很小，只有一两件随葬的陶器，有的小墓甚至一无所有。但有一座成人合葬墓，随葬品多达 43

件，其中各式精美陶器有 37 件，有一座 3 人合葬墓，除随葬 7 件陶器外，还有玉璧 83 件，玉璜 1 件，小石子 304 颗。甘肃永靖大何庄、秦魏家以及娘娘台的齐家文化遗址都用羊头、羊下颌骨或猪下颌骨随葬，仅猪下颌骨就有 590 多块，但是各墓数量不均，多者 68 块，少者仅 1 块。这表明齐家文化时期社会上的贫富不均已经成了普遍现象。

依考古发现，新石器时代后期人们社会地位悬殊的情况说明阶级已经萌芽。龙山文化时期出现了用人牲为房屋奠基的习俗。河南安阳后岗龙山文化遗址的 15 座房基发现奠基人牲 27 人，有的埋在墙基下，有的埋在房基或房基外侧的散水下，还有的埋在泥墙中。河南登封王城岗龙山文化遗址的一座奠基坑就有人牲 7 人。用人殉葬的情况在大汶口文化晚期就已经出现。江苏新沂花厅大汶口文化遗址有一随葬品丰富的男性墓葬，在墓主脚下，横向并列随葬品有穿孔石斧、猪、狗及两名殉葬者。齐家文化有为数不少的成年男女合葬墓，最常见的葬式是男子仰身直肢，女子侧身屈肢并且面向男子。娘娘台遗址有一男二女合葬墓 3 座，男子仰卧居中，两女性侧身俯贴于男子左右侧，下肢后屈，面向男子。这类合葬墓的随葬品都比较丰富。一般认为这类合葬表现了妻妾殉夫的关系。这类墓葬在山东兖州、江苏邳州、苏州吴中和相城、上海青浦、福建闽侯等地都有发现。历史上的阶级萌芽与男性对女性的奴役同时发生，新石器时代后期男女合葬的情况正是阶级萌芽的反映。

二、社会观念的变革

新石器时代前期，人们在自然界面前的自由程度还很低，所以社会观念中缺乏对崇高和力量的赞美，当时人们喜爱同自己亲近的动物、植物形象，并用各种手法去表现它们。随着社会生产力的发展，在新石器时代后期，人们在粗犷而可怖的自然现象面前不再只是迷惘和叹息，而是试图了解它、征服它，对于在这方面做出贡献的人物，大家便十分尊崇。夸父追日、鲧禹治水、女娲补天、精卫填海等反映人类征服自然的坚强意志的传说就是在这种社会背景下产生的。这个时期的人们所敬慕的是英雄，是比自己更高大、更神圣的东西。新石器时代后期的器物上屡见云雷纹、饕餮纹等纹饰，以繁复的回旋纹路突出了神人或神兽的巨眼，其上的云雷纹中还有神面和双眼，犹如天神在变幻莫测的云雷中俯视人间，其形象处于若隐若现之间，显得非常神秘。良渚文化中常见以神人兽面像为主题的纹饰。

神人有倒梯形的脸面，重圈形的眼睛，鼻下是布满上下相对的利齿的阔嘴，头上戴有高耸宽大的羽冠。神人腹部有巨眼、獠牙的兽面形象。神人双手直指神兽两眼，似乎只是轻轻一点，就已经将神兽驯服。神人和神兽的形象毫无和善妩媚之态，却在狰狞与丑陋中表现出一种降龙伏虎般的威力之美。它能使人肃然，使人敬畏。这种对神的尊崇实际上是对人世间权力的讴歌，是对英雄的颂扬。

关于战争的观念也发生了很大变化。虽然在新石器时代前期为了复仇而进行的械斗和杀伐也存在，但毕竟数量不多，影响不大，可是在后期，以氏族贵族的贪欲和权势欲为契机的战争却日益频繁。由于战争的需要，武器制造也愈益精良。石峡文化的石钺和石镞，齐家文化的铜刀、铜匕和铜斧，都是典型的杀伤武器。甘肃永昌鸳鸯池出土的石质和骨质的护臂，就是防御性的护身武器。新石器时代后期的墓葬中，骨架残缺、身首异位、缺臂少腿、首躯不全的现象屡见不鲜。江苏邳州大墩子大汶口文化墓地发现一具腿部有箭伤的骨架，箭头尚在腿骨中。残杀俘虏的现象在这个时期也多有所见。陕西西安客省庄龙山文化遗址发现的 6 个灰坑中有凌乱的人骨骨架，放置极不整齐，有一个灰坑中同放 3 具人架和 2 具兽架。河北邯郸涧沟龙山文化遗址有一直径约 1.8 米、深约 0.6 米的圆形葬坑，在一层红烧土下有 10 具人架，毫无秩序地叠压在一起，有的头骨上有被砍砸的痕迹。另有一个圆形葬坑埋人骨架 5 具，放置凌乱，有的身首异处，有的呈挣扎状。同一遗址的一个烧灶周围有 4 个人头骨，其上有明显的砍伤和剥头皮的痕迹。龙山文化中普遍存在的乱葬坑，与氏族墓地正常埋葬者的情况形成鲜明对比。新石器时代后期遗址中的贵族墓葬往往随葬有斧、钺之类的武器，以示其勇武。当时人们对英雄的崇拜也是对战争的一种颂扬。

最初的城市在新石器时代已经出现。近年在湖南澧县车溪乡发现属于屈家岭文化中期的城址。这座城址大体呈圆形，面积约 7.65 万平方米，由夯土城墙、护城河，以及东、南、北 3 座城门和城西南部的夯土台基等部分组成，城墙现存最高处达 3 米以上。属于河南龙山文化的王城岗城址，由东西并列的两座略呈方形的小城组成，面积约 2 万平方米。呈正方形的平粮台城址，面积约 5 万平方米。后岗城址面积约 10 万平方米。属于山东龙山文化的城子崖城址，略呈方形，面积约 18 万平方米。略呈方形的边线王城址，面积约 4.4 万平方米。这些城市集中在河南龙山文化与山东龙山文化分布区并非偶然，因为这里生产比较发达，地域平坦而便于交易，物质财富和知识文化比较集中，具备了城市形成的条件。作为一种人为的便于人们生活居住的城市，这里实际上是一个地区各种活动的中心。它不仅为国家的出现创造了条件，而且使人们的眼光从本氏族投向更大的范围。

第五节　我国古史的传说时代

在文字记载还没有出现的时候，历史是人们以口耳相传的方法来保存与流传的。这些内容被文字记录下来以后便成为文献中的古史传说。我国古代文献中有丰富的古史传说内容，我们虽然很难把这些传说和考古资料一一印证，从而构成一个严密的可信的古史系统，但是透过这些传说却可以看出我国原始时代大概的社会面貌。

一、关于远古时代的朦胧记忆

世界如何诞生，人类怎样出现，是古人很感兴趣的问题。屈原在《天问》里开头就问："遂古之初，谁传道之？上下未形，何由考之？"他将历史追寻到了天地未分、混沌无垠的时期。相传人是由女娲用黄土和泥捏出来的，屈原问："女娲有体，孰制匠之？"女娲之身又是谁做的呢？屈原并没有回答这个问题，当然在那个时代也不可能对于人类起源问题给出正确的答案。

战国秦汉时期的人对于远古时代先民的生活情况有一些正确的推测。《韩非子·五蠹》说："上古之世，人民少而禽兽众，人民不胜禽兽虫蛇。有圣人作，构木为巢以避群害，而民悦之，使王天下，号之曰有巢氏。民食果蓏蚌蛤，腥臊恶臭而伤害腹胃，民多疾病。有圣人作，钻燧取火以化腥臊，而民悦之，使王天下，号之曰燧人氏。"有巢氏和燧人氏的情况显然和旧石器时代相符合。《礼记·礼运》也说那个时代"未有火化，食草木之实、鸟兽之肉，饮其血，茹其毛。未有麻丝，衣其羽皮"。关于那个时代的社会组织情况，《吕氏春秋·恃君》说"昔太古尝无君矣，其民聚生群处，知母不知父，无亲戚兄弟夫妻男女之别，无上下长幼之道，无进退揖让之礼，无衣服履带宫室畜积之便，无器械舟车城郭险阻之备"，对远古时代婚姻和社会的情况做了正确的说明。

古史传说常把农业耕作的起源追溯到神农氏和烈山氏，认为神农氏制造了耒耜并教民耕作，种植各种谷物，烈山氏有一位很能干的子弟，名叫柱,他"能殖百谷百蔬"①。我国从新石器时代早期就有了农作,神农氏和烈山氏可能是那个时代以善于农耕而著称的氏族。在稍后的传说里还有一位伏羲氏,《易·系辞下》说他"仰则观象于天,俯则观法于地,观鸟兽之文与地之宜,近取诸身,远取诸物,于是始作八卦,以通神明之德,以类万物之情","作结绳而为网罟,以佃以渔"。伏羲氏应当是一个善于占卜并以渔猎著称的氏族。相传与伏羲氏结为夫妻的女娲曾经"炼五色石以补苍天,断鳌足以立四极,杀黑龙以济冀州,积芦灰以止淫水"②,可见女娲所在的氏族对自然的斗争取得过辉煌成绩。

二、黄帝和炎帝

《国语·晋语四》说:"昔少典娶于有蟜氏,生黄帝、炎帝。黄帝以姬水成,炎帝以姜水成。成而异德,故黄帝为姬,炎帝为姜。"按照这个说法,黄、炎两族是从互通婚姻的少典氏和有蟜氏繁衍出来的。黄、炎两族最初居住在今陕北的黄土高原上,后来逐渐东移。黄帝族的迁徙路线偏北些,东渡黄河以后,沿着中条山、太行山的山边地带直迁到今冀北地区。炎帝族的迁徙路线稍偏南,顺着渭水和黄河两岸发展到今河南以及冀南、鲁东北一带。他们在迁徙过程中曾与所迁地区的土著部落发生过斗争,《史记·五帝本纪》说黄帝族曾经"北逐荤粥",《逸周书·尝麦》说炎帝族和原居于鲁、豫一带的蚩尤族发生激烈冲突,并被蚩尤族打败。黄帝族应炎帝族的请求而与蚩尤族展开了旷日持久的战争。《山海经·大荒北经》说:"蚩尤作兵伐黄帝,黄帝乃令应龙攻之冀州之野。应龙畜水,蚩尤请风伯雨师,纵大风雨。黄帝乃下天女曰魃,雨止,遂杀蚩尤。"蚩尤族曾和少昊族关系密切,所以黄帝族亦和处于东方的太昊、少昊两族作战,并赢得胜利。

黄帝族打败蚩尤族以后,和太昊、少昊两族改善关系,在中原地区扩大了影响,但炎帝族却图谋与黄帝族争夺在各个部落间的主导地位,于是黄帝便"修德振兵,治五气,蓺五种,抚万民,度四方,教熊、罴、貔、貅、䝙、虎,以与炎帝战于阪泉之野"③。阪泉之战先后进行了 3 次,炎帝族战败并归服了黄帝。此后,黄帝族与炎帝族联合,在我国广大的中原地

---

① 《国语·鲁语上》。
② 《淮南子·览冥训》。
③ 《史记·五帝本纪》。

区占据了主导地位，影响日益广泛。

新石器时代后期，黄帝族的影响进一步扩大。战国秦汉间的人对黄帝族的发展情况进行了归纳整理，司马迁根据古代文献记载，在《史记·五帝本纪》里叙述了这样一个系统：

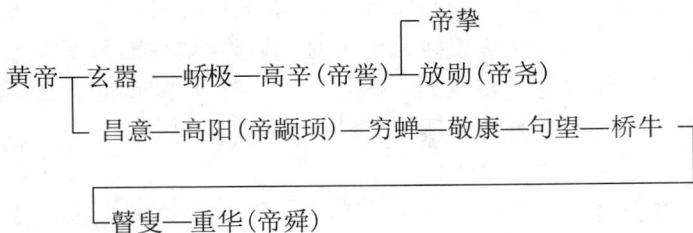

```
                              ┌ 帝挚
黄帝┬ 玄嚣 —蛴极—高辛(帝喾)┤
    │                        └ 放勋(帝尧)
    │
    └ 昌意—高阳(帝颛顼)—穷蝉—敬康—句望—桥牛┐
                                              │
    ┌─────────────────────────────────────────┘
    └ 瞽叟—重华(帝舜)
```

我国上古时代，人名、族名和地名常常合而为一。上面这个系统里的名称绝大多数都不应当视为某一个人的名字，而应当被作为族名来认识。相传黄帝有 25 子，实为黄帝族繁衍出来的 25 个氏族。我国古代文献里，几乎众口一词地盛赞黄帝的巨大影响，很可能在那个时代已经形成了以黄帝族为核心的部落联盟。在我国上古时代传说的历史中，黄帝、帝颛顼、帝喾、帝尧、帝舜被尊称为五帝，是最有影响的部落联盟首领。

三、颛顼和帝喾

在黄帝族所繁衍的众多子族中，颛顼与帝喾是时代较早的最著名的两支。

颛顼又称高阳氏，帝喾又称高辛氏。春秋时期的鲁国大夫史克说他们各有"才子八人"[1]，即 8 个著名的氏族。这些氏族的名称在古文献中有不同的记载，《山海经》记载颛顼子族的名称有伯服、季禺、淑士、老童、中轮、欢头等。许多古文献认为帝俊就是帝喾。《山海经·大荒东经》说帝俊有中容、晏龙、黑齿等子族，并曾"生十日""生月十有二"。大概帝喾是很早就以干支为名称的氏族。

颛顼和帝喾的时代曾经对社会上的一些制度进行改革。相传颛顼"依鬼神以制义，治气以教民，洁诚以祭祀"[2]。那个时代的宗教由低级向高级发

---

[1] 《左传》文公十八年。

[2] 《大戴礼记·五帝德》。

展，颛顼顺应了这种形势，"命南正重司天以属神，火正黎司地以属民"①，改变了以前"家为巫史"，人人都能与神灵交往的局面，使宗教祭祀专业化。颛顼的这些改革后来被称为"绝地天通"。颛顼的改革是当时社会结构发生变化的反映。《淮南子·齐俗训》载，"帝颛顼之法，妇人不辟男子于路者，拂之于四达之衢"，女子若在路上不小心碰撞了男人，便会带来晦气，所以要在通衢举行除凶去垢的祓禳仪式。颛顼的这项规定反映了当时社会上男尊女卑的情况。据《史记·五帝本纪》说，帝喾"生而神灵，自言其名"，可见他是一位兼司神职的部落联盟首领。帝喾继续了颛顼的作为，将祭祀与部落联盟首领的权力结合起来。

颛顼和帝喾曾经与共工族有过激烈斗争。《淮南子·天文训》说："昔者共工与颛顼争为帝，怒而触不周之山，天柱折，地维绝。"《淮南子·原道训》说："昔共工之力，触不周之山，使地东南倾，与高辛争为帝。"这场斗争延续了很久，直到舜和禹的时期才告结束。

四、唐尧和虞舜

尧，名放勋，号陶唐，所以又称唐尧，是帝喾以后的著名部落联盟首领。尧的时期，自然灾害严重，社会也不安定，尧就采取措施进行各种斗争，"使羿诛凿齿于畴华之野，杀九婴于凶水之上，缴大风于青丘之泽，上射十日而下杀猰貐，断修蛇于洞庭，禽封豨于桑林。万民皆喜，置尧以为天子"②。尧还命令羲氏、和氏观测日月星辰的运行情况以制定历法。尧治理天下注重家族的作用，做到"克明俊德，以亲九族，九族既睦，平章百姓，百姓昭明，协和万邦"③，使以黄帝族为核心的部落联盟更加巩固，并取得很大成功，尧也因此受到广泛的爱戴。

尧的时期开始实行禅让制度。他在位的时候，洪水泛滥成灾，"四岳"推荐鲧负责治水，尧认为鲧品德不好而无法担此重任，可是在"四岳"的坚持下鲧还是被任命前往。尧在年老的时候，让"四岳"推荐继承人，大家一

---

① 《国语·楚语下》引《周书》说重和黎两人受颛顼之命改变了以前祭祀因无人专司其责而陷于混乱的局面，断绝了普通民众与天神相通之道。

② 《淮南子·本经训》。

③ 《尚书·尧典》。

致推荐舜。相传"尧又(有)子九人,不以为后,见舜之贤也,而欲以为后"①,尧便采取各种办法对舜进行考验和培养,证明舜确实合格以后才把权力让给他。此后,又过了20多年尧才去世。舜正式继位以前,曾把权力让给尧的儿子丹朱,自己避居于南河之南。然而天下诸侯和民众却不信任丹朱,而拥戴舜。在这种情况下,舜才正式继位。

继尧而起的舜,名重华,号有虞氏,所以又称虞舜。舜是冀州之人,出身微贱,曾在历山种过地,在雷泽打过鱼,在黄河之滨做过陶器,在寿丘做过家具,在负夏做过买卖。舜所在的应当是一个既善于农耕渔猎,又善于制陶手工的氏族。舜继位以后,部落联盟更加发展,高辛氏和高阳氏的许多首领都被舜任命。据《尚书·舜典》记载,舜命禹为"司空",主持治理洪水、平定水土的事情;命弃为"后稷",主持谷物播种;命契为"司徒",主持教化;命皋陶为"士",主持刑罚。这些官职的任命虽然未必实有其事,但却反映了舜与各部落的广泛联系和受到尊崇的情况。

作为部落联盟首领,舜已经拥有了很大权力。当时有浑敦、穷奇、梼杌、饕餮4个凶族,尧拿他们没有办法,舜在位的时候把这4个凶族流放到边远地区,对其他一些不听命令的氏族和部落,如共工、驩兜、三苗等,舜也都加以处理,还将治水无功的鲧放逐到羽山。舜年老的时候,将权位让给禹,又过了17年才去世。禹在正式继位以前,仿禅让故事,把权位谦让给舜子商均,自己避居于阳城,但是诸侯们依然拥戴禹,禹这才正式继位。

在我国古史的传说时代,禹是一位举足轻重的杰出人物。禹的时期社会正经历着由野蛮迈向文明的巨大变革。古人曾用"大同"与"小康"来对比这个巨大变革前后的情况。《礼记·礼运》说:"大道之行也,天下为公,选贤与能,讲信修睦,故人不独亲其亲,不独子其子,使老有所终,壮有所用,幼有所长,鳏寡孤独废疾者,皆有所养。男有分,女有归,货恶其弃于地也,不必藏于己,力恶其不出于身也,不必为己。是故谋闭而不兴,盗窃乱贼而不作,故外户而不闭,是谓大同。"我国上古时代的原始民主平等精神与"大同"所揭示的道德观念是吻合的。禹以后的"小康"时代,情况就有了明显变化。《礼记·礼运》说:"大道既隐,天下为家。各亲其亲,各子其子,货力为己。大人世及以为礼,城郭沟池以为固。礼义以为纪,以正君臣,以笃父子,以睦兄弟,以和夫妇,以设制度,以立田里,以贤勇

---

① 马承源主编:《上海博物馆藏战国楚竹书》(二),《容成氏》第12号简,上海,上海古籍出版社,2002。

知，以功为己。故谋用是作，而兵由此起。禹、汤、文、武、成王、周公，由此其选也。此六君子者，未有不谨于礼者也。以著其义，以考其信，著有过，刑仁讲让，示民有常，如有不由此者，在势者去，众以为殃。是谓小康。"把禹作为小康之世的第一位代表人物，的确慧眼独具，是很有道理的。禹是站在文明门槛上的一位伟人，从禹之后，我国古代社会就跨进了文明时代。

第二章　夏商西周的社会情况

第一节　叙　说

经历了漫长的远古时代以后，我国古代社会大约在距今 4000 年的时候进入了文明时代。国家是文明社会的概括。我国文明时代的开端与发展是跟夏朝、商朝、周朝密不可分的。

禹是夏朝的奠基者。从禹子启开始，夏朝正式建立。夏朝共历四五百年的时间，在大约公元前 21 世纪至公元前 17 世纪之间。《史记·夏本纪》集解引《汲冢纪年》说夏朝"有王与无王，用岁四百七十一年"。所谓"无王"，指夏朝初期太康失国以后的一段时间。在这段时间里，东夷族的羿、寒浞先后占据了统治地位，直到太康弟中康的孙子少康时，夏王才恢复了统治。曾经见到过《汲冢纪年》材料的晋朝人束皙说"夏年多殷"①，认为夏朝比殷朝的年数要多。他可能把尧舜的时间都算在了夏朝之内，也可能只把盘庚迁殷以后至纣王的时间算作殷朝年数。无论如何，在我国文明时代的开始阶段，夏朝都是历时长久的一个重要时期。

夏王出自姒姓。夏朝时期有许多方国部落，《史记·夏本纪》中就有杞氏、有扈氏、有男氏、斟寻氏、彤城氏、褒氏、费氏、冥氏、斟戈氏等。《吕氏春秋·用民》说："当禹之时，天下万国，至于汤而三千余国。"如果说夏朝有几千个方国部落，那还是可信的。夏朝时期，国家只是雏形，当时社会的主要矛盾存在于夏朝与众多方国部落之间。夏桀亡国的主要原因是夏朝失去了诸多方国部落的支持，从而陷入了内外交困的局面。马克思说："在古代的罗马，阶级斗争只是在享有特权的少数人内部进行，只是在自由

---

① 《晋书·束皙传》。

富人与自由穷人之间进行，而从事生产的广大民众，即奴隶，则不过为这些斗士充当消极的舞台台柱。"①夏朝的情况当然与古代的罗马有许多区别，并不可以进行简单的类比，可是在阶级斗争初期许多规律性的东西还是一致的。从总的情况来看，夏朝阶级斗争的规模还赶不上古代的罗马。那种断定夏朝时期阶级矛盾已经相当严重和尖锐的观点，断定夏朝主要是由于奴隶所进行的阶级斗争而覆灭的结论是不符合历史实际的。

夏朝对后世的影响很大。商朝的统治者常以夏的覆亡为历史的鉴戒。汤臣仲虺曾经说："我闻有夏人矫天命，布命于下，帝式是恶，用丧［厥］师。"②认为夏朝之所以灭亡，是因为夏王矫诬天命而虐待民众，引起上帝憎恶，故而丧师灭国。周朝统治者常以夏为自己的正宗，周人屡称自己为"有夏"。《尚书·君奭》载著名政治家周公的话谓"惟文王尚克修和我有夏"。《尚书·立政》记载周公分析周何以能够灭商的问题，谓上天"乃伻我有夏，式商受命"。周人以夏自称表明姬周族与夏族关系密切，甚至可能原为夏族分支，所以才对夏表示十分尊敬。《尚书·召诰》载周公之语谓"我不可不监于有夏"，认为夏朝"惟不敬厥德，乃早坠厥命"，强调周朝统治者必须汲取夏朝覆灭的教训，才能够长治久安。

作为我国历史上第一个朝代，夏朝的许多制度、礼仪、文化等对后世都有深远影响。孔子对于夏礼很感兴趣，曾说"夏礼，吾能言之，杞不足征也"，以自己懂得许多夏礼为荣耀。相传夏的开国君主夏后启曾经"舞九韶"，对于以"韶"命名的乐舞，孔子十分欣赏，认为它已经达到了尽善尽美的程度，"在齐闻韶，三月不知肉味"，孔子所闻的《韶》应当与夏代的《九韶》有一定关系。夏朝的历法称为"夏令"或"夏时"，由于符合天象而为人们历来所沿用，孔子就主张"行夏之时"。③ 相传，造车、造酒等技术都是夏朝时期发明的，并且还达到了相当的水平，这对后世生产和生活的发展有不小的作用。

继夏而起的商朝是由子姓的商族建立的。商的祖先契与舜禹的时代约略同时，可见商也是一个相当古老的部落。商在早期是活动在黄河下游北方广大地区的部落，时常迁徙，到了成汤时期商族活动在今冀南、豫北一

----

① 《马克思恩格斯全集》第16卷，405～406页，北京，人民出版社，1964。

② 《墨子·非命中》引《尚书·仲虺之告》。伪古文《尚书·仲虺之诰》据此云："夏王有罪，矫诬上天，以布命于下。帝用不臧，式商受命。"

③ 先后见《论语》的《八佾》《述而》《卫灵公》等篇。

带。大约在公元前 17 世纪成汤在众多方国部落的支持下灭掉夏朝，建立了商朝。按照《史记》的记载，商朝共传 17 世 30 王。商朝的覆灭是公元前 11 世纪的事情。《史记·殷本纪》索隐引《汲冢纪年》说商朝"用岁四百九十六年"，与商朝的实际情况当相距不远。商朝可以分为两个大的阶段。从成汤灭夏到盘庚迁殷以前为第一阶段，称为早商时期；盘庚迁殷之后至商朝灭亡，为第二阶段，称为晚商时期。早商时期殷都屡迁，商朝都邑先后有亳、嚣、相、庇、奄等。盘庚继位以后把都邑从奄迁徙至殷。这以后，商的都邑还可能有过小范围内的迁移，也可能出现过两都并存的局面，但大体说来，基本上还是以殷为都邑的。《史记·殷本纪》正义概括《纪年》的说法，认为"自盘庚徙殷至纣之灭二百五十三年，更不徙都"，其说大致可信。

商朝时期王权得到加强。最高君主的名称在夏代多称为"后"，到了商朝则称为"王"。相传成汤灭夏时就以自己勇武为理由，而号称"武王"。《诗经·长发》记述商的苗裔对成汤的颂扬说："武王载旆，有虔秉钺。如火烈烈，则莫我敢曷。"灭夏的时候，成汤威风凛凛地站在大旗下，虔敬地拿着大钺，其指挥军队的气势如烈火般旺盛，没有谁能够阻挡。这些诗句塑造了商王成汤的鲜明形象。《尚书大传》说："汤放桀而归于亳，三千诸侯大会……汤从诸侯之位……三让，三千诸侯莫敢即位，然后汤继天子之位。"由此可见，商王在为数众多的方国部落间具有很高的威望。成汤灭夏以后，曾经作了一篇《汤诰》，其中说"维三月，王自至于东郊，告诸侯群后"[①]，可见在那个时候"王"的地位已经远在"后"之上。盘庚迁殷之后的晚商时期，王权进一步加强。后期的几位商王名号在干支字之前往往冠以美称，如康丁、武乙、文丁等，表示商王已经拥有了更加特殊尊贵的地位。商朝最后两位王竟将上帝的"帝"字用于王的名号，称为帝乙、帝辛，直接反映了君权神授的观念。

在政治、经济、文化等方面，商朝不仅比夏朝有了更多发展，而且表现出更为鲜明的特色。当时以商为核心的方国部落联盟比较巩固，商朝成为联系众多方国部落的中心和纽带。商朝要保持其主导和核心的地位，必须由精明干练、富有经验的强有力的人物来充当商王。当这样的人物在位的时候就会"诸侯毕服"，反之，则"诸侯莫朝"[②]。商王继位不仅有"父死子继"的情况，而且也有不少是"兄终弟及"。"兄终弟及"的情况大量出现，这

---

① 《史记·殷本纪》。

② 同上书。

在其他朝代是罕见的。其原因可能与加强以商朝为核心的方国部落联盟的需要有关。在商朝的社会政治生活中，神权具有举足轻重的地位，这也是很有特色的一个方面。殷墟甲骨卜辞的材料表明，当时商朝的统治者几乎是每日必卜，每事必卜，许多重要的军国大事都需要神意来决定。商王武丁及其稍后的时期，人殉、人祭达到鼎盛，大量的人牲被杀掉祭祀神灵，显示了神权的特殊尊贵。对神权的高度重视，在古代社会中没有哪一个朝代能够和商朝相比拟。龟甲兽骨文字是商朝文化的瑰宝，它虽然是商朝神权影响下的产物，但却从各个方面记载了商朝的史实与社会面貌，所以说它是极为宝贵的遗存。

和子姓的商族一样，姬姓的周族也有相当古老的历史。周的始祖弃是舜禹时代的人，曾被舜任命为后稷。在部落首领公刘的时期，周族居于戎狄之间，公刘率族众迁徙至豳。公刘以后九传至公亶父，周族又从豳迁徙到岐山下的周原。这以后周族才迅速发展，特别是在周文王时期曾经达到"三分天下有其二"①的兴盛局面，受到多数方国部落的拥护，从而为武王伐纣灭商奠定了基础。大约在公元前11世纪，周武王率众灭掉商朝，成为周朝的开国之君。周朝以平王东迁为分界划分成西周与东周。东周包括春秋、战国两个阶段，社会历史进入了迅速变革的时期。能够自成体系、稳固发展的还是西周。从周武王开始，西周王朝共历11世12王，此外，在武王之后周公曾经摄政称王一个时期，在厉王末年有长达14年的"共和"时期。西周的灭亡在公元前771年，前后延续了两个多世纪的时间。

我国上古时代社会文明的历史进程同国家机构的完善、阶级与等级关系的变化、氏族传统影响的逐渐削弱密切相关。就社会形态而言，夏商西周时期是处于文明时代开端的氏族封建制时期。周朝在这些方面由于宗法制度、分封制度的实施而取得重大进展。周朝建立初期，以周公为代表的统治集团审时度势，全力推行这两项制度，把周王族成员中尽可能多的人分封出去建立新的国家。通过分封以扩大周朝影响，行宗法以巩固和提高王权，周朝在这两方面都取得了成功。周朝文化的各个方面都打上了宗法观念的烙印。孔子说："周监于二代，郁郁乎文哉！吾从周。"②他认为周朝文化是在夏、商两代的基础上发展而成的，所以丰富而有文采。周对文化、制度进行创新的重要内容就是实行宗法制度。王国维说："欲观周之所以定

---

① 《论语·泰伯》。
② 《论语·八佾》。

天下，必自其制度始矣。周人制度之大异于商者，一曰立子立嫡之制，由是而生宗法及丧服之制；并由是而有封建子弟之制、君天子臣诸侯之制。"①这个说法精辟地说明了宗法观念下周朝文化的特征。在宗法观念下，周人又提出了"礼"。周公治理天下的关键就是制礼。作为礼仪制度、伦理观念的"礼"，其起源是很早的，然而把它作为一个完整的概念提出来，并把它作为社会文化生活的准则，则是周朝的事情。与宗法制度、礼等相关联，周人又提出了"孝""德"等观念，并使其在周代社会生活中发挥重要作用。这些制度和观念对我国古代社会产生了巨大影响，我国传统文化的许多内容都要追溯到周代才能弄清楚其源流和实质。

在社会结构方面周朝是很有特色的。它既同原始氏族时代以及殷商时代有别，又跟绵延两千多年的封建专制时代的情况不同。周朝的社会结构虽然继往开来，却又自成体系。周朝在政治上注重的是"分"，而不是"合"。分封制是这样，宗法制也是如此。拿宗法制度来说，它强调了从强宗大族里繁衍出数量众多的支系小宗，这些支系小宗再繁衍出下一个层次的支系小宗，从而形成连锁式的分裂增长。就周朝独具特色的井田制度来说，其基本特点依然是"分"，即分出公田和私田。和商朝的社会结构相比，周朝的这个特点更加明显。商朝注重自身力量的发展，靠自己的凝聚力形成方国部落联盟。这种结构形式可以说是内聚型的。周朝比较开放的社会结构使它比夏朝和商朝具有更强的实力。夏、商时期，都、邑的数量很少，到了周朝则数量大增，呈现出星罗棋布的状态。在周朝，各地的经济文化联系得到了前所未有的加强。殷代的甲骨文目前集中出现于殷墟一地，而周朝的青铜器铭文则遍布四面八方。周朝比较开放的社会结构大大推动了古代文明发展的历史进程，在一定程度上打破了古代方国部落的闭塞状态。周朝之所以能对后世产生深远影响，与这一点是很有关系的。

夏商西周的文明在古代世界文明发展史上具有重要地位。从世界范围看，在公元前21世纪到公元前11世纪，即我国的夏朝和商朝时期，堪称文明古国，可以与夏、商匹敌的其他国家为数甚少，仅有尼罗河流域的埃及、两河流域的巴比伦、印度河流域和克里特岛的一些城邦国家。在这个时期以后，我国的周朝把夏、商的文明继续推向兴盛，传统文化不仅得以延续，而且有更高水平的发展，可是与夏、商同时期的文明古国却由于种种原因而陷于衰落和灭亡。我国的夏、商时代正值埃及的中王国和新王国时期。

---

① 王国维：《殷周制度论》，见《观堂集林》卷10，453页，北京，中华书局，1959。

新王国结束后，埃及就陷入分裂局面，利比亚人占据其北方地区，努比亚人则进入其南方，致使埃及文明处于衰竭的境地。此后，埃及还曾并入波斯帝国的版图。随着国家的覆灭，古埃及的文字也逐渐被人们遗忘，终于成了一种死文字。作为两河流域经济和文化中心的古巴比伦王国的建立与我国商朝开国的时间约略相当，但它仅延续两个多世纪即告终结，于公元前1595年被小亚细亚东部的赫梯人灭掉。公元前12世纪，作为古巴比伦文明象征的刻有汉谟拉比王法典的玄武岩石柱也被入侵的埃兰人作为战利品带回埃兰古都苏撒，直到20世纪初才被发现。印度河流域的古代文明被称为哈拉巴文化，其兴盛的时期和我国夏朝约略相当，可是在公元前18世纪左右却遭到毁灭。此后哈拉巴文化即湮没无闻，直到20世纪20年代才通过考古发掘而为世人所知。就古代文明发展水平来看，各个地区都有自己的优势和辉煌业绩，都做出了杰出贡献，然而在连续发展方面我国的古代文明却独占鳌头。夏商西周的文明不仅达到了很高水平，足可与世界上的其他文明古国相媲美，而且源远流长、一脉相承，即使在西周以后的文明也没有中断过。这种情况表明我国古代文明具有极其强大的生命力。

记载夏商西周历史最为珍贵的古代文献资料首推《尚书》。它的《虞书》《夏书》部分除了叙述尧、舜的情况以外，还有《禹贡》《甘誓》2篇来阐述夏朝历史。关于商朝历史的描述有《商书》部分的5篇，其中最重要的是《盘庚》。关于西周初期历史，《周书》部分的《大诰》《康诰》《酒诰》《召诰》《洛诰》《多士》《多方》《顾命》等篇尤为宝贵，因为它们都是当时的文诰和直接的历史记载。关于周朝的典章制度，在《周书》诸篇中也有许多材料。除了《尚书》以外，《诗经》也是关于这个时期历史的重要文献。《大雅》诸篇叙述周族兴起和周朝建立的历史，反映了西周盛世的农业情况。《小雅》中的许多篇反映了西周末年政治废弛的情况和当时人们的呼声。《周颂》是西周时期贵族祭祀时的庙堂乐歌，也在不少方面反映了西周时期的社会现实。《商颂》虽然是后人的追述之作，但对商族兴盛和商朝历史也提供了许多重要材料。《逸周书》也是一部重要的古代文献，其中的《商誓》《度邑》《世俘》等篇都是相当珍贵的周代文献。产生于商周之际的《易经》广泛地反映了商周时代的社会生活，也是研究商周历史不可或缺的文献材料。对于夏商周的历史做完整叙述的是《史记》中的《夏本纪》《殷本纪》和《周本纪》。《殷本纪》的内容经甲骨卜辞材料印证已被公认为信史，证明《史记》所记是有依据而相当可靠的。关于这个历史时期的考古资料的刊布和相关研究论文，主要见《文物》《考古》《考古学报》等杂志。甲骨卜辞和铜器铭文材料分别集中汇编于《甲骨文合集》《甲骨文合集补编》《小屯南地甲骨》《殷墟花园庄东地甲骨》和《殷周金文集成》《近出殷周金文集录》《近出殷周金文集录二编》等书中。专家们对夏商西周的历史有深入研究，胡厚宣《甲骨学商史论丛初集》(成都齐鲁大学国学研究所1944年版)、赵光贤《周代社会辨析》(人民出版社1980年版)、何兹全《中国古代社会》(河南人民出版社1991年版)、李学勤《新出青铜器研究》(文物出版社1990年版)、朱凤瀚《商周家族形态研究》(天津古籍出版社2004年版)等都是很重要的专著。

第二节 夏　朝

一、夏族的兴起与大禹治水

夏族兴起的时间大约在我国古史传说中作为"五帝"之一的帝颛顼以后的时期。古代文献常把禹的世系追溯到颛顼，如《史记·夏本纪》和《大戴礼记·帝系》就曾说禹为颛顼的孙子，但还有的文献说禹为颛顼的五世孙。不管如何，说夏族是颛顼部落的一个支裔，应当是问题不大的。鲧作为夏族首领被封在崇，《国语·周语下》曾有"崇伯鲧"的说法，还有的文献说鲧子禹也曾继鲧之后为崇伯。

夏族活动的区域最初应当在崇及其附近地区。崇，即崇山，又称嵩山，在今豫西一带。在实行禅让制度的时候，禹曾经避舜之子商均而居于阳城，《世本·居篇》也有"禹居阳城"的说法，阳城在今豫西的登封。《逸周书·度邑》说："自雒汭延于伊汭，居易无固，其有夏之居。"认为平坦而无险阻的伊水、洛水流域是夏族的居住之地。《国语·周语上》谓"伊、洛竭而夏亡"，把夏朝灭亡和伊水、洛水的枯竭联系起来，可见夏朝就在伊、洛流域。夏族活动的另一个重要地区是晋南一带，这很可能是夏族从豫西向晋南发展的结果。《世本》《水经注》等文献里有禹都安邑(今山西运城)、平阳(今山西临汾)、晋阳(今山西翼城)等地的说法。周初，成王的弟弟叔虞被"封于夏墟，启以夏政"[1]，叔虞的始封地在唐(今山西翼城)，即被称为"夏墟"，并且要在那里实行"夏政"，可见那里曾为夏人聚居的地方。除了向晋南发展以外，夏人还从今天的豫西地区向东发展。据说夏后相曾经建都于帝丘(今

---

① 《左传》定公四年。

河南濮阳），说明夏的势力已经达到了东部地区。

　　鲧曾经被"四岳"推荐负责治理洪水，历时9年而最终失败。据说他失败的原因是采取堵塞的办法，《尚书·洪范》说"鲧堙洪水"，《国语·鲁语上》说"鲧障洪水"，所以才遭到失败。实际的原因不一定这么简单。《尚书·尧典》记载，"四岳"推荐鲧的时候，尧起初曾以鲧"方命圮族"为理由而表示反对，认为鲧违负教命，毁败善类，所以不堪当此重任，只是由于"四岳"的坚持，不得已才委派了鲧。治水失败可能与他不善于团结族人，不能搞好与其他部落的关系并且违背部落联盟首领的命令有直接关联。

　　鲧被殛死于羽山以后，其子禹不仅没有表示任何愤怒，而且依然恭谨地侍奉舜，从而得到舜的信任，受命继承其父的职责去治理洪水。禹能够广泛联系各个部落的力量，并且改进了治水方法，所以取得很大成功。他治水的时候，"劳身焦思，居外十三年，过家门不敢入"①，"身执耒臿以为民先，股无胈，胫不生毛"②，艰苦卓绝，率先垂范，受到人们的广泛颂扬。《孟子·滕文公上》说禹治理洪水，"疏九河，瀹济、漯而注诸海；决汝、汉，排淮、泗而注之江"，取得了很好的效果。近年发现的西周中期青铜器遂（或作豳）公盨铭文谓"天令（命）禹敷土，堕山浚川，乃任地艺征，降民监德"（《考古》2003年第5期），所载与古文献可以相互印证。大禹治水对于广大区域内的农业生产发展和民众生活的安定起到重要作用，以至于春秋时期的人还说"美哉禹功！明德远矣。微禹，吾其鱼乎"③。

　　禹接受舜禅让的帝位以后，在部落联盟中拥有越来越大的权力。他曾经以行天之罚的名义征讨三苗，还曾在涂山召集诸侯会盟，与会者很多，据说有"执玉帛者万国"④参加。后来在会稽大会诸侯的时候，防风氏的首领迟到，就被禹杀戮。禹的影响很大，"东渐于海，西被于流沙，朔南暨声教，讫于四海"⑤，这种情况反映了以黄帝族为核心的部落联盟在禹的时期得到了前所未有的发展。古代文献里有禹让诸侯邦伯按照路途远近分别纳贡的说法，虽说是后世儒家对其加以理想化、系统化的结果，可是在一定程度上也反映了禹的强大权力和同各地经济联系的加强。

----

① 《史记·夏本纪》。
② 《韩非子·五蠹》。
③ 《左传》昭公元年。
④ 《左传》哀公七年。
⑤ 《尚书·禹贡》。

按照《礼记·礼运》的说法，从禹的时候开始，"大人世及以为礼，城郭沟池以为固"，"谋用是作而兵由此起"。禹欲结束带有原始民主色彩的禅让制度，但又顾虑传统观念的深远影响，便采取十分灵活的做法，使禅让制度向世袭制度转变。禹选择颇有威望的偃姓部落首领皋陶为继承人，以表示自己依然奉行禅让。可是皋陶的年龄与禹相仿，已至耄耋之年，等不到实行禅让便先禹而死[1]。禹又举荐没有多少影响力的益为继承人。禹死之后，益重演禅让故事，把权力让给禹之子启，自己躲避到箕山之阴，但各个部落并不拥护他，而拥戴启。于是启便继位而正式建立夏朝，开始了"家天下"的局面。《战国策·燕策》说"禹名传天下于益，其实令启自取之"，禹的举措在实际上为启掌握权力开辟了道路。

二、夏朝的建立

一般认为，启是夏朝第一位君主。他在位的时候，东夷族势力强大。东夷族首领益曾经被舜任用，去管理草木鸟兽，后来又被禹选为继承人。虽然禹在位的时候让他参加天下大事的处理，并且在禹死时又被禅让给最高的权力，但是结果却由启继承了权位。于是益便率众向启进攻。屈原《天问》篇说："启代益作后，卒然离蠥，何启惟忧，而能拘是达？"意谓启代替益做了君主，但却突然遇到灾祸，后来遭受忧患的启为什么却能够把拘禁解脱。从这段话推测，启和益之间一定进行了复杂而尖锐的斗争。这场斗争是以启的胜利告终的，即古本《纪年》所说的"益干启位，启杀之"。

居于今陕西关中平原地区的有扈氏对启所实行的家天下不满，启遂率众前往讨伐，在甘(今陕西西安鄠邑区)地交战。战前，启在誓师之辞中指责有扈氏"威侮五行，怠弃三正"，因此上天才要"剿绝其命"。启借"恭行天之罚"[2]的名义与有扈氏作战，在舆论上占了优势。战争的结果，有扈氏被剿灭，启的地位得到巩固。有扈氏是旧传统的维护者，《淮南子·齐俗训》说有扈氏"为义而亡，知义而不知宜"。

启的时候，夏朝生机勃勃，启在钧台(即今河南禹州)举行盛大宴飨，

---

[1]　关于禹行禅让之事，《上海博物馆藏战国楚竹书》(二)所载《容成氏》第34号简说："皋陶乃五壤(让)以天下之贤者，述(遂)称疾不出而死，禹于是乎壤(让)益，启于是乎攻益自取。"(276页，上海，上海古籍出版社，2002)这个说法与文献记载基本吻合。

[2]　《尚书·甘誓》。

还在"天穆之野"演出了精彩的乐舞。启是一位能歌善舞的人，在舞蹈的时候，他"左手操翳，右手操环，佩玉璜"①，有突出的表演。启的时候，乐舞的场面相当壮观，《墨子·非乐上》说"万舞翼翼，章闻于天"。这种欢乐的情景与讨伐有扈氏胜利后夏朝的巩固和发展是有关系的。

关于启的品德，古代文献里有不同的说法。《战国策·燕策》一谓"禹授益而以启为吏，及老，而以启为不足任天下，传之益也。启与支党攻益而夺之天下"，启被看成是贪婪于权位的人。《墨子·非乐上》谓"启乃淫溢康乐，野于饮食，将将铭苋磬以力，湛浊于酒，渝食于野……天用弗式"，启被看成是一位只知荒淫享乐的昏庸君主。然而在儒家传说中，启则是一位贤王。启和其父禹一样，也处于传统观念尚有很大影响的时期，关于他的不同传说正反映了其品德的复杂性和当时社会观念的变迁。

按照《史记·夏本纪》的记载，从启开始，夏朝共传 13 世② 16 王。古本《纪年》说夏朝共历 471 年，可能近于实际。

三、太康失国和少康中兴

启在位的时候，其子武观作乱，《韩非子·说疑》说，武观曾经"害国伤民败法"，《逸周书·尝麦》说武观"胥兴作乱，遂凶厥国"。后来叛乱被平定，武观被诛杀。武观之乱虽说给夏朝带来一定影响，但是当时的主要矛盾还不在统治者内部，而是在夷夏之间，体现在为争夺方国部落联盟领导权所进行的斗争上。

启死后，其子太康继位。太康只顾田猎游玩而不恤民事，使夏朝势力有所削弱，东夷势力遂乘机西进。东夷的太昊、少昊部落早在炎黄时代就颇为强盛。夏朝初期，东夷族的著名首领是羿，或称夷羿、后羿。他以善射著称，《吕氏春秋·勿躬》说他是弓的发明者。太康的时期，羿率众从东方的钼迁到位于夏朝腹地的穷石（今河南洛阳南），称有穷氏，得到夏民拥护而夺取了夏朝政权。有的古书上说太康为羿所废，古本《纪年》则谓"太康居斟寻"。大概太康失国以后投奔斟寻氏。太康以后，虽然其弟中康继为君主，但国事全由羿决定。羿的统治引起一些部落的不满，历来主持天时历

---

① 《山海经·海外西经》。

② 《史记·夏本纪》索隐引《世本》说"帝皋生发及桀"，如此则桀与发为兄弟，那么夏王世系当为 12 世。《世本》之载可备一说。

象的羲氏、和氏即公开表示反对，羿就指责他们废时乱日，并派名胤者率
众前往征伐。中康以后，其子相继位。相逃往斟寻氏和斟灌氏，羿遂独揽
夏朝大权。

据《左传》记载，羿得夏政之后，恃其善射而只顾田猎，不修民事，废
弃武罗、伯囷、龙圉等贤臣，却重用被伯明氏驱逐的不肖子弟寒浞。寒浞
谄媚于上，施赂于外，怂恿羿田猎游玩。寒浞极力网罗党羽，拥有很大权
力。趁羿猎之机，寒浞将羿及其全家杀掉，占据羿的妻室，袭有穷氏之号，
夺取了大权。寒浞子浇被封于过，另一个儿子豷被封在戈。浇率众灭掉斟
灌氏，又去讨伐斟寻氏，杀掉在那里的夏后相。相妻缗正值妊娠，慌忙中
从墙中逃出，奔往母家有仍氏，在那里生下少康。

少康长大，为有仍氏牧正。浇闻讯，派人到有仍氏追杀，少康遂逃奔
有虞氏。有虞氏君妻之以二女，并且把纶邑给少康居住。少康得有虞氏帮
助，不仅有了田邑，而且有了一旅兵众。少康以纶邑为根据地，收集夏众，
设官分职，派人到浇处为间谍，采取各种措施积极准备恢复夏朝。这时候，
逃往有鬲氏的夏遗臣靡，收集斟灌氏、斟寻氏余众，和少康联合，剿灭寒
浞，复立少康的统治地位。少康率众灭浇于过，又命令其子杼灭豷于戈。
有穷氏至此而灭亡，夏朝得以复兴。[①] 少康中兴的史实说明，当时各个方国
部落的力量还相当强大，少康的复立与方国部落的支持有直接关系。古本
《纪年》说"少康即位，方夷来宾"，可见少康与诸族保持了友好的关系。从
太康失国到少康中兴，经历了三代人的时间和尖锐复杂的斗争。代表东夷
势力的羿和寒浞虽然能在一个时期里占据统治地位，但终究没有夏的影响
深远，斟寻氏、斟灌氏、有仍氏、有鬲氏、有虞氏等都站在夏的一边并且
竭力帮助夏恢复统治，就是明证。

四、夏朝的巩固和发展

少康以后，夏朝进入平稳发展的阶段。少康子杼在位的时候，夏朝形
成复盛的局面。为了便于向东开拓，杼将统治中心从原(今河南济源)迁往
老丘(今河南开封北)，派人征伐东方。古本《纪年》说"伯杼子往于东海，至
于三寿"，还获取了作为祥瑞的九尾狐。大概夏朝势力在杼时已经扩展到了

---

① 关于太康失国和少康中兴的史事，又见屈原《天问》《离骚》等。

东海之滨。古书上有"杼作甲""杼作矛"①的说法，谓杼注意兵器的制造。杼时夏朝武力强盛与此是有关系的。夏人对杼很尊敬，《国语·鲁语上》说"杼，能帅禹者也，夏后氏报焉"，认为杼能继承禹所开创的事业，因此用隆重的"报"祭来祭祀杼，以怀念他的功绩。

杼子槐继位以后，居住在今淮河流域和泗水流域的于夷、黄夷、风夷、白夷、赤夷、玄夷、阳夷等 9 个东夷部落都纳贡祝贺。槐子芒在位的时候曾经"东狩于海，获大鱼"②，可见夏依然与东夷有密切关系。总之，自少康以后，夷夏关系稳步发展，到芒子泄的时候由于东方已无后顾之忧，所以便有力量向西发展。泄时，夏与西方的畎夷关系密切，"始加爵命，由是服从"③，畎夷接受夏朝封号，表示顺服。泄子不降曾经率兵讨伐西方的九苑，以扩展夏对西方的影响。

夏朝得以巩固的一个重要原因是以夏为核心的方国部落联盟得到加强。相传许多族都曾接受过夏朝的任命或委派。周族先祖曾经"服事虞夏"④，出自姜姓的封氏曾受夏封而专门为夏朝制造良弓；陶唐氏的后代为夏朝驯龙，被赐姓为御龙氏；董姓的鬷氏以畜龙为业，被称为豢龙氏。商族首领冥担任夏朝的水官，为治河事业而献身。担任夏朝车正的奚仲，是夏代善于造车的氏族的首领。夏朝时期，大彭氏的力量颇强盛，其首领彭伯寿曾经奉命平定武观之乱。其他一些方国，如豕韦、顾、昆吾等，与夏朝一直有密切关系，直到夏朝末年都还是夏的主要盟友。就夏朝本身而言，随着经济的发展，夏族也在不断繁衍，以致分出支系，去建立新的方国。《史记·越世家》说越的先祖就是少康的庶子而被封于会稽者。相传禹死后葬于会稽，可见在很早的时候夏就与东南一带有了联系。《史记·匈奴列传》说匈奴的先祖是夏后氏的苗裔，如果确乎如此，那么，夏部落也就有了发展到北方地区的支系。

夏朝时期，国家形态有了初步发展。《左传》说"夏有乱政，而作禹刑"。这"禹刑"据《尚书·吕刑》序说又称为赎刑。其具体内容虽然已经无从知道，但是夏朝确乎有了刑法，还是可信的。《孟子·滕文公上》说"夏后氏五十而贡"，可见夏朝已经出现了关于贡赋的具体规定。夏启在甘地讨伐有扈氏的

①　《世本·作篇》。
②　古本《纪年》。
③　《后汉书·西羌传》。
④　《国语·周语上》。

誓词中曾经提到"六事之人"，亦即《尚书·甘誓》所谓"六卿"，这表明夏朝已经分官设职。需要注意的是夏朝时期的国家毕竟处于开始阶段，其发展水平还不高。那种认为夏朝已经按地域划分居民，氏族制已经失去作用的看法是不全面的。

五、夏朝的衰落和灭亡

夏王不降死后，孔甲继位，夏朝开始衰落。孔甲加强了对天神的崇拜，《左传》昭公二十九年说他"扰于有帝，帝赐之乘龙"，认为孔甲对天帝恭顺，并且得到天帝的赏赐。《史记·夏本纪》谓孔甲"好方鬼神，事淫乱"，这是可信的说法。春秋时期的人说"孔甲乱夏，四世而陨"①，所谓"乱夏"是指孔甲改变了夏朝的传统做法。相传，陶唐氏的后代御龙氏因为驯龙失职，而在孔甲时"惧而迁去"②，可见孔甲时期，夏与许多方国部落的关系趋于紧张。然而，当时的夏朝在诸方国部落中尚有一定影响，还没有达到众叛亲离的地步，所以古本《纪年》说孔甲以后两传至发继位时，一些东夷部落还"宾于王门，献其乐舞"，以表示祝贺。

孔甲以后三世即履癸，名桀，又称夏桀。相传桀甚勇武，《史记·律书》说他"手搏豺狼，足追四马"。他的最终失败跟桀时夏与诸方国部落的关系恶化有关系。《国语·晋语一》说夏桀伐喜姓之国有施氏，"有施氏以妹喜女焉"，才得免。古本《纪年》说桀伐岷山氏，岷山氏送名琬和琰的美女二人给桀，为桀所嬖爱，桀遂"弃其元妃于洛，曰末喜氏。末喜氏以与伊尹交，遂以间夏"。据《左传》昭公四年记载，夏桀曾经"为仍之会，有缗叛之"。有缗氏是帝舜后裔，为姚姓之国，因不服桀，而被夏所灭。《国语·郑语》说"己姓昆吾、苏、顾、温、董，董姓鬷夷、豢龙，则夏灭之矣"。桀还将商族首领汤囚禁于夏台，后虽释之，但与商族关系已经完全破裂。总之，夏朝末年，许多方国部落叛离桀而归服商汤。夏桀失去了诸方国部落的支持，这是夏朝灭亡的根本原因。

桀的对内政策也是错误的。《尚书·汤誓》载商汤语指责夏桀："率遏众力，率割夏邑，有众率怠弗协，曰：'时日曷丧？予及汝皆亡！'"西周初年

---

① 《国语·周语下》。
② 《史记·夏本纪》。

的周公曾经指责夏桀用人失当，"桀德惟乃弗作往任，是惟暴德，罔后"①，认为夏桀的行为不遵循以往任用官员的准则，所以其暴虐行为使夏灭绝无后。据《尚书·多方》记载，周公还指出，夏桀贪图安逸，不顾民瘼，"不肯戚言于民，乃大淫昏"，"不克开于民之丽，乃大降罚"。夏朝统治者只顾自己享乐，不肯忧虑民众疾苦，不能放开束缚民众的罗网，所以才被商灭亡。古本《纪年》说"夏桀作琼宫、瑶台，殚百姓之财"，其臣关龙逢谏，被夏桀杀掉。夏朝的一些大臣因不满桀的残暴统治，而投靠商汤，据《吕氏春秋·先识》说连夏朝的太史令终古都叛桀而奔商。夏桀末年已经到了众叛亲离的地步。

夏朝后期，商族强大起来。大约在公元前 16 世纪时，商汤联合诸侯势力，先剪除韦、顾、昆吾等夏的羽翼，然后进军夏朝腹地。桀仓皇应战，在有娀之墟被打败后，逃往鸣条，又大败，遂退于三𡸇。桀在惨败之后，被放逐。《史记·律书》正义引《淮南子》说："汤伐桀，放之历山，与末喜同舟浮江，奔南巢之山而死。"②南巢之山在今湖北巢县，桀死于此处应当是夏朝覆灭以后的事情。③

六、关于夏代的考古学探索

我国古代文献所记夏人活动区域集中在豫西和晋南两处。从 20 世纪 50 年代末期开始，专家们进行了关于"夏墟"的调查。20 世纪 60 年代初期定名的二里头文化的发现是夏代考古的重大收获。这个类型的文化遗存最初于 1953 年发现于河南登封玉村，后来在豫西晋南地区陆续有所发现，其中以河南偃师二里头遗址的文化内涵最丰富、最典型，遂以之命名。二里头文化分为两个类型，一是以山西夏县东下冯遗址为代表的"东下冯类型"；二是以二里头遗址为代表的"二里头类型"。这两个类型的分布正与古代文献的记载相吻合。在河南郑州、洛阳、临汝等地的二里头文化遗址中发现有多种文化层重叠的关系，即商代早期文化叠压在二里头文化之上，二里头

①　《尚书·立政》。
②　今本《淮南子·修务训》谓商汤"整兵鸣条，困夏南巢，谯以其过，放之历山"，所说与正义所引稍有不同。
③　《荀子·解蔽》篇说"桀死于亭山"，一本作"鬲山"，即历山，或谓在今安徽和县西北。其说与《淮南子》不同。

文化又叠压在龙山文化之上。就时代发展顺序而言，在新石器时代晚期和商代之间即夏代，可见介于龙山文化和商文化之间的二里头文化确是夏代的考古文化。

据测定，二里头文化的年代大约在公元前 2395 年到公元前 1625 年之间。一般将它分为四期。考古学家对于这四期文化的归属有较大分歧。或说四期全是夏文化；或说一至三期是夏文化，而第四期则是商文化；或说一、二期是夏文化，三、四期是商文化。

二里头文化中以第三期的内涵最丰富，迄今为止已经发现两座宫殿遗址。一号宫殿遗址坐北朝南，建筑在高出地面约 80 厘米的略呈正方形的夯土台基上，南北 100 米，东西 108 米，中部偏北又有一长宽二三十米的高起夯土台，分布着一圈长方形柱洞，是一座长 30.4 米、宽 11.4 米的大型殿堂，为这座宫殿的主体。根据柱础的排列，可以复原成面阔 8 间、进深 4 间的双开间建筑。台基周围发现有柱洞，可以复原出与宫殿毗连的庑廊，它所围成的空地就是中庭。其正南是一座牌坊式的大门。整套建筑的工程量很大，仅夯土台基的用土量就达 2 万平方米。二号宫殿也是坐北朝南，有作为地下水道的陶水管。二号宫殿的结构大体和一号宫殿类似，也有正殿、庑廊、中庭、门塾等，但其格局更加严谨。这两座宫殿建筑，其堂高于庑和庭，庑和庭又高于台基周围的地面，在举行礼仪的时候可以清楚地表现出高低贵贱的差别。在堂上，统治者能够很好地体现其尊贵和威严。

在属于三期的墓葬中发现不少青铜器和玉器。青铜器的制作技术属于早期阶段，造型简单、器壁较薄、质朴无文，其种类有爵、戚、戈、刀等，玉器有钺、戈、璋、刀、琮、圭等，其中有制作极精的七孔玉刀和玉璋。这些青铜器和玉器中有不少属于礼器和祭器，应当是当时"礼仪以为纪"的情况的反映。值得注意的是二里头文化三期的一号宫殿的废弃情况。考古发现宫殿台基北侧有属于四期的灰坑，台基上面的灰坑有 50 余个，另外发现了属于四期的 10 余座墓葬，也都打破了三期的地层。这种叠压关系表明，一号宫殿兴建于第三期，到第四期的时候已经废弃。古本《纪年》有桀居斟寻的说法。斟寻可能在今河南偃师一带。所以推测二里头文化三期的宫殿是桀居斟寻的遗迹，可能是有根据的。这座宫殿在四期被废弃正是夏灭商兴情况的反映。这个时期的另一座宫殿，据研究也废弃于四期，与一号宫殿的情况相同。

关于夏代的考古资料，还应当提到山西襄汾的陶寺遗址。这个遗址的文化分为早晚两期，有的专家称它为龙山文化陶寺类型。其时代在公元前

2400 年至公元前 1800 年之间，显而易见其晚期已经跨进了夏代历史的范畴。陶寺遗址的 1000 多座墓葬，大型墓占 1.3%，中型墓占 11.4%，小型墓占 87% 以上。大型墓的随葬品多达一二百件，小型墓仅 1～3 件，而且没有任何随葬品者占多数。可见当时社会上已经出现了金字塔式的层次结构。在大墓中，有许多礼器、乐器随葬，如陶龙盘、玉钺、石钺、鼓、磬等。龙盘只出土于少数大墓中，一墓最多只一件，足见其珍贵。大型墓还有不少彩绘木器，木胎虽然已经腐朽，但其上的彩绘仍存，可辨别器形的有案、几、俎、匣、盘、豆等，具有较高的制作水平。

考古资料表明，夏朝时期已经进入了青铜时代。东下冯遗址曾经出土有铜镞、铜凿等小件兵器和工具，还有 4 块铸造铜斧所用的石范。二里头文化所发现的铜器种类更多，其中用合范法制成的铜爵，虽然表面比较粗糙，也没有纹饰和铭文，但比例匀称，造型规整，还是能够代表当时铸造工艺水平的。

第三节　商　朝

一、商族的起源和发展

商族的历史相当悠久，较早的文献记载里常把它追溯到有娀氏，《诗经·长发》就曾说"有娀方将，帝立子生商"。相传，有娀氏女简狄吞玄鸟卵有孕而生子，此子即商的始祖契，这就是《诗经·玄鸟》所谓"天命玄鸟，降而生商"。古史传说还谓简狄是帝喾的次妃，似乎商族和许多族的情况一样，也是黄帝族的一个支系。商族和戎族也有一定关系。古代文献里常将戎与殷或商合称①，可能是指殷商的族属。商的始祖母称简狄，可能商族亦与狄有关。种种情况表明，商族是在和许多族的交往中逐渐形成的。

商族兴起的地域现在还不大清楚，大约在我国北方的辽西、冀东北一带，以后才沿太行山东侧的平原地区渐次南移。《世本·居篇》谓商的始祖

---

① 《尚书·康诰》"殪戎殷"，《国语·周语下》引《泰誓》"戎商必克"，《逸周书·商誓》"肆我殷戎"等皆为其例。《史记·秦本纪》载秦宁公二年，遣兵伐荡社。三年，与亳战，亳王奔戎。索隐："西戎之君号曰亳王，盖成汤之胤。"西戎之君有为成汤后裔者，则商族必当与戎有关。简狄为有娀氏女，"娀"字从"戎"，其间也透露了同样的消息。

契居于番。番，即《左传》昭公二年所载周朝人说的"肃慎、燕、亳，吾北土也"的亳。古代的幽燕之地与商族的兴起应当有密切关系。

契的时代约略与禹同时。相传契因佐禹治水有功，而被帝舜任用为"司徒"。契是否担任过司徒这样的官职虽然未必实有其事，但是当时的商族已经和黄帝族有了许多联系，并且还有较大影响，这还是可以肯定的。甲骨文中有一个和"夒"约略相似的字，附加一个倒提的斧钺之形，这个字只作人名使用，被称为"高祖"，从卜辞材料看，商朝人还特地为他立有宗庙。这个人有可能指的就是契。契以后，昭明时期，商族仍居于北方地区，到相土时才有了较大范围的迁徙。

相土是契以后商族的著名首领。相传他曾经训练马做运输工具，因此其活动区域颇为广泛。《诗经·长发》说："相土烈烈，海外有截。"认为相土的影响已经达到海外。《世本》谓"相土徙商丘"，此地在今河南濮阳，《左传》定公四年说商丘是相土的"东都"。相土时期商族的活动范围可能从冀境扩展到了今豫北地区。

相土以后的商族著名首领是冥。《国语·鲁语上》说："冥勤其官而水死。"认为冥为夏朝水官而殉职于治水之事。《天问》中有"该（亥）秉季德""恒秉季德"之句，谓王亥和王恒秉执其父季之遗德，可见王亥、王恒之父又称为"季"，亦即冥。[1] 甲骨卜辞中有一位名叫"季"的人物，殷人多侑祭于他。《礼记·祭法》说"殷人禘喾而郊冥"，对冥进行郊祭。总之，冥又称为季，是一位对商族的发展做出过贡献的人物。

冥之子王亥在甲骨卜辞中有十分明确的记载。在卜辞里，殷人称他为"高祖亥""王亥"或"高祖王亥"，从来不单称之为亥。今所见关于他的卜辞有130多条，超过其前的任何一位先公的卜辞数量。殷人祭祀王亥时祭品种类齐备，数量丰富。有一条向王亥"祈年"的卜辞，进行祭祀时所用的祭品就有豕、羊、豭、小牢、牛、南、羌7个品种。祭祀王亥时一次用牲可达50头牛之多，并且还经常使用人牲。甲骨文的"亥"字，除通常的写法以外，有一些还在其上附加鸟形，这应当与"天命玄鸟，降而生商"的传说有关。鸟形只加于"亥"字之上，说明在殷人印象中王亥实有奉天命而兴商的业绩。

王亥时期的商族居于冀中和豫北一带，其北部与有易氏为邻。相传王亥曾经将其驯养的牛羊托寄于有易与河伯。有易之君绵臣杀王亥而取其牛

---

[1] 参见王国维：《殷卜辞中所见先公先王考》，见《观堂集林》卷9，410页，北京，中华书局，1956。

羊。王亥虽然"丧羊于易""丧牛于易"①，但其弟王恒却取回了牛羊，其子上甲微则从河伯那里借得兵力以讨伐有易，终于杀死绵臣而报仇雪恨。这件事情说明在王亥、王恒和上甲微的时期商族已经逐渐强大，并且和河伯部落结成了联盟。古代文献中关于王恒的记载很少，仅《天问》提到"恒秉季德，焉得夫朴牛？何往营班禄，不但还来"，说他在所居的班麓之地和有易氏之间往来，取回了王亥失去的"朴牛"。关于王恒的卜辞有 10 余条，多卜问是否为他举行侑祭之事。王亥和王恒是商族发祥史上首先称王者。"王"的称号是权力的象征，可见他们已经拥有了王权并给人们留下了深刻印象。

在殷人轮番祭祀先公先王的周祭祀谱中，上甲赫然居于首位。除周祭之外，殷人合祭某一部分先公先王时也常自上甲开始。这种情况表明，上甲以后的殷先公先王才有了明确的世系排列。上甲不仅与河伯部落联合打败有易氏，而且稳固了内部，使商族得以顺利发展。《天问》说："眩弟并淫，危害厥兄。何变化以作诈，而后嗣逢长？"谓上甲诸弟淫乱并危害其兄，上甲随机应变，平息了祸乱，从而使商族后嗣绵延久长。关于上甲的卜辞多达 1100 多条，祭祀种类之多，次数之频繁，用牲之丰富，在所有殷先公先王中都居于前茅。其影响之大，于此可见。

按照殷人的祭祀顺序，上甲以后的先公是报乙、报丙、报丁，合称为"三报"，报丁以后的先公是示壬、示癸，合称"二示"。《尚书·多士》说"惟殷先人有册有典"，据推测殷人是从示壬时才开始有典册记载的。示壬、示癸是成汤的祖或父。后来成汤灭夏的事实说明示壬、示癸时期的商族势力正处于上升阶段。

二、商朝的建立

成汤又称天乙，卜辞称其为大乙、成、唐等。汤的时期，商的重心南移。今河南郑州一带是汤率众南下的首要目标。这里原为与夏关系十分密切的豕韦统辖之地，汤要在这里站住脚，并且筑起城邑，作为根据地，并非易事。《吕氏春秋·具备》有"汤尝约于郼薄（亳）"的说法，说明汤在亳地与豕韦争竞时一度陷于困境。汤最后取得亳地，是商族的一大胜利。郑州商城很可能是当年汤所建筑的亳都。考古发现的郑州商代城址略呈长方形，周长近 7000 米，整个商代遗址面积达 25 平方千米。城墙采用分段版筑法逐

① 闻一多：《天问疏证》，87 页，北京，生活·读书·新知三联书店，1980。

段延伸筑成，墙体呈梯形，墙基有 10 米多宽，夯土相当坚硬。据估计，城墙的夯筑时间在公元前 1620 年左右。遗址出土一批种类多样的青铜器，其中有两件形制很大的鼎，器表饰以饕餮纹和乳丁纹，十分庄重威严，应当是王室的贵重器物。遗址发现有铸铜、制陶、制造骨器等专业化的作坊，还发现了用高岭土烧制的原始瓷尊。规模宏大、堆积丰富的郑州商城遗址表现了成汤立都于此、图谋发展的决心。

成汤准备灭夏的一个重要措施是积极与有莘氏联合。有莘氏为帝喾后裔，是居于今豫东地区的著名部落。它的一位带有传奇色彩的人物是伊尹。伊尹是居于伊水流域的人而入赘于有莘氏者，因其贤良和干练而闻名遐迩。成汤为得到伊尹佐助并和有莘氏结盟，曾经费尽心机，多次派人聘迎，还和有莘氏结为婚姻，最后才达到目的，伊尹作为有莘氏媵臣才到了汤的身边。这件事情就是《天问》所说的"成汤东巡，有莘爰极。何乞彼小臣，而吉妃是得"。成汤对伊尹非常重视，《墨子·尚贤》上篇说"汤举伊尹于庖厨之中，授之政"；中篇说汤使伊尹"接天下之政，治天下之民"；下篇说"汤得而举之，立为三公"。春秋时期齐国彝铭《叔夷钟》说"伊小臣惟辅"，《吕氏春秋·尊师》称伊尹为"汤师小臣"。伊尹不负成汤厚望，不仅协助成汤处理各种军政事务，而且向汤"言素王及九主之事"[1]，总结历史经验，筹划灭夏方略。伊尹还多次亲赴夏朝察看情况，分析形势，以决定灭夏的时机。成汤善于网罗人才，除了伊尹之外，还有仲虺、女鸠、女房等重要谋臣。

在与夏朝决战之前，汤已经进行了不少征伐。《孟子·滕文公下》说："汤始征，自葛载，十一征而无敌于天下。"灭掉葛（今河南宁陵境）以后，商的征伐战争进行得十分顺利，并且受到普遍拥护，按照孟子的说法便是"东面而征西夷怨，南面而征北狄怨，曰：'奚为后我'？民之望之，若大旱之望雨也"。《左传》昭公四年载"商汤有景亳之命"，大约在取得初步胜利之后，汤在景亳（今河南商丘北）召集诸侯会盟，以联络更多的力量共同对付夏朝。相传成汤在野外张网捕兽时曾命人撤三面之网，而仅留一面，其祝词是："欲左，左。欲右，右。不用命，乃入吾网。"[2]成汤所标榜的正是"欲左，左；欲右，右"的原始民主平等原则，因此得到许多方国部落的拥护，形成以商为核心的强大势力。

成汤灭夏是从剪除夏的羽翼开始的。《诗经·长发》对灭夏的过程有这

---

[1] 《史记·殷本纪》。
[2] 同上书。

样的叙述："武王载旆，有虔秉钺。如火烈烈，则莫我敢曷。苞有三蘖，莫遂莫达，九有有截。韦顾既伐，昆吾夏桀。""武王"是成汤以自己勇武而自定的称号。所谓"三蘖"，即指韦、顾、昆吾这三个夏的党羽。韦为彭姓国，在今郑州一带。顾，在今郑州至荥阳之间。灭掉韦、顾就扫清了进军伊洛地区的障碍。昆吾原在今河南濮阳，夏末迁至今河南许昌。成汤率军西进时，昆吾君率众至夏都卫桀，《左传》昭公十八年载周大夫苌弘语谓二月乙卯日"是昆吾稔之日也"，杜注"稔，熟也。侈恶积熟，以乙卯日与桀同诛"。昆吾之君在战斗中与夏桀一同被诛。"三蘖"被剪除以后，夏桀彻底孤立。

成汤和伊尹率军在鸣条之野和夏桀决战。战前，成汤在誓师之辞中除了谴责夏桀的罪恶以外，还强调自己是奉天之命而行罚。《尚书·汤誓》载成汤语谓"非台小子，敢行称乱，有夏多罪，天命殛之"，"夏氏有罪，予畏上帝，不敢不正（征）"。神权已经成了汤的有力的舆论武器。夏桀战败后，退却逃窜，成汤乘胜追击，终将桀放逐到历山，彻底打垮了夏朝的势力。成汤获胜之后，不仅掠取了许多宝玉，而且想迁走夏社，以示完全灭夏之义，可能迫于诸方国的态度，此事终未能实行。灭夏以后，成汤告诫群臣与诸方国部落首领，要他们以禹、皋陶、后稷为榜样，"有功于民，勤力乃事"，不要像蚩尤那样"作乱百姓"①。在诸侯们的拥护下，商朝正式建立。从成汤开始，商朝共历 17 世 31 王。

成汤时期，除了继续营建在今河南郑州的亳都以外，还在伊洛地区建造城邑，以镇压和监视夏朝残余势力。20 世纪 80 年代初期在河南尸乡沟发现的商城据说就是成汤所建的西亳。春秋时期齐国彝铭《叔夷钟》说成汤"咸有九州，处禹之堵"，当指建筑西亳而言。这座城邑面积为 190 万平方米，城墙一般厚约 17 米。城内有若干条纵横交错的大道，南部有 3 座小城，宫城居中，四周有 2 米厚的宫墙。宫城内有一座长、宽各数十米的宫殿基址。另外两座小城位于宫城的西南和东北。这种建筑形制有浓厚的军事性质，其位置与偃师二里头遗址的夏朝宫殿相近，它的作用应当是不言而喻的。据《诗经·殷武》说，"昔有成汤，自彼氐羌，莫敢不来享，莫敢不来王，曰商是常"，在当时方国林立的情况下，作为泱泱大国的商朝是诸方国部落联系的中心和枢纽。

---

① 《史记·殷本纪》引《汤诰》。

三、伊尹摄政与早商时期的政治发展

商朝建立初期，伊尹是一位举足轻重的人物。他不仅作为主要助手辅佐成汤灭夏，而且为商朝初期的政治稳定做出了重大贡献。《史记·殷本纪》载，汤去世的时候，其太子太丁已卒，于是太丁之弟外丙继位，外丙在位3年后，其弟仲壬继位。仲壬在位4年，伊尹乃立太丁之子太甲继位，并作《伊训》《肆命》《徂后》三篇，阐述政治法教以训诰太甲。太甲昏暗暴虐，不遵成汤之法。伊尹不能容忍太甲的昏乱，说"予不狎于不顺"①。毅然将太甲放逐到桐宫去悔过自责。伊尹告诫太甲"毋越厥命，以自覆也。若虞机张，往省括于厥度则释"②，让太甲不要违背先王之命以自甘堕落，治理天下要像田猎时须先张开弓弩瞄准目标以后再射箭一样，要审时度势，然后再发号施令。在伊尹的教诲下，太甲深为悔恨，他说："天作孽，可违也；自作孽，不可以逭。"③

据《史记·殷本纪》记载，太甲被放逐期间，"伊尹摄行政当国，以朝诸侯"。古本《纪年》则谓在太甲被放逐的7年间伊尹自立为王。太甲改恶从善以后，伊尹迎太甲还亳都，并且还政于他。此后，伊尹以卿士身份尽力于辅保之责。太甲子沃丁在位的时候，伊尹年老故去。殷人对伊尹很重视，祭祀伊尹多在丁日。伊尹可能和殷先王一样有专门的、固定的祭日。卜辞里有"伊尹五示""伊二十示又三"等记载，可见伊尹世代都为殷人所祭祀，《天问》谓伊尹"尊食宗绪"，《吕氏春秋·慎大》谓伊尹"世世享商"，都还是有一定根据的。

从成汤灭夏到盘庚迁殷以前的商朝称为早商。早商时期，由于政治发展的需要而出现了殷都屡迁的独特现象。《尚书·盘庚上》说："先王有服，恪谨天命，兹犹不常宁，不常厥邑，于今五邦。"这"五邦"指早商时期的5次迁都。成汤至太戊的十王皆居于亳（今河南郑州）。仲丁时迁都于嚣。古本《纪年》说"仲丁即位，元年，自亳迁于嚣，征于蓝夷"，这次迁都与征蓝夷有关系。嚣地不明，大约在亳都以东不太远的地方。嚣作为殷都，只居仲丁和外壬两王。外壬弟河亶甲继位后即迁都于相。祖乙继位后又迁都于庇。

---

① 《孟子·尽心上》。
② 《礼记·缁衣》引《太甲》。
③ 同上书。

庇地大约就是春秋时期鲁国季氏的费邑，在今山东费县西南，是商朝都邑之最东者。卜辞记载，商朝大将名禽者有事于"东土"时，商王就"告于祖乙"①。在殷人心目中，祖乙是开拓和巩固东土的神灵，所以才向他祷告。古书上还有祖乙迁于邢（今河北邢台境）的说法，疑邢为祖乙的别都。庇作为殷都，居有祖乙、祖辛、沃甲、祖丁四王。南庚继位后迁都于奄（今山东曲阜），此处居有南庚、阳甲两王。阳甲弟盘庚时迁都于殷。

四、盘庚迁殷与武丁中兴

盘庚迁殷是早商与晚商两个历史阶段的分水岭。《尚书·盘庚》对这次迁都的情况有不少记载。盘庚迁都于殷的决定曾经受到许多贵族和平民的反对，盘庚十分耐心地进行劝说，阐明道理，晓以利害，强调自己和先王一样是"视民利用迁"，"承汝俾汝，惟喜康共，非汝有咎，比于罚"，指出迁都并不是对大家的处罚，而是要共享安乐。盘庚还威胁那些反对迁徙而要作乱的人，说要对这些人"劓殄灭之，无遗育，无俾易种于兹新邑"。由于进行了多方面的工作，盘庚迁殷才得以实现。殷地在今河南安阳西北不远的小屯村一带，在小屯及其附近地区发现的商代王陵、宫殿、作坊及其他遗址的情况表明，这里就是当年的殷都。《史记·殷本纪》说盘庚迁殷之后，又曾"涉河南，治亳，行汤之政"，大约有过短时期的政治中心的转移。可是在盘庚以后，殷都不再频繁移动，还是显而易见的事实。盘庚迁殷对于商朝的巩固和发展起到了相当重要的作用。

早商时期，兄终弟及比较常见，如阳甲、盘庚、小辛、小乙兄弟四人就曾先后为王。小乙子武丁继位后情况才有了较大的变化。此后，虽然也偶有兄终弟及者，但父死子继成为商王继统的常例。这是王权加强的一种表现。

武丁是一位励精图治的杰出人物。《尚书·无逸》说他继位以前，"旧劳于外，爰暨小人"，长久生活在民间，知晓小人的痛苦。他继位时，"乃或亮阴，三年不言，其惟不言，言乃雍"。关于"亮阴"的具体内容，后人颇有不同的解释，《史记·殷本纪》说是武丁"思复兴殷，而未得其佐，三年不言，政事决定于冢宰，以观国风"，后来得贤相傅说，这才言语。傅说出身微贱，《墨子·尚贤下》说他曾经"衣褐带索，庸筑于傅岩之城，武丁得而举

---

① 郭沫若主编：《甲骨文合集》，第 7084 片，1082 页，北京，中华书局，1999。

之，立为三公"。能够破格任用傅说，表明武丁确有卓识。在早商的后期，据《史记·殷本纪》说，"自中丁以来，废適（嫡）而更立诸弟子，弟子或争相代立，比九世乱，于是诸侯莫朝"。这种局面到了武丁时期得到彻底扭转。武丁时期在国力昌盛的基础上，不断向外扩展影响。甲骨卜辞记载了武丁时期许多对外战争的情况，武丁多次讨伐土方、羌方、舌方、龙方、马方、虎方等，都取得不少胜利。《易经·既济》载："高宗伐鬼方，三年克之。"武丁配偶妇好一次曾率众"三千"和"旅万"外出讨伐，所动员的人数已经相当可观。《诗经·殷武》说："挞彼殷武，奋伐荆楚，罙入其阻，裒荆之旅。"可见武丁时期商朝势力已经达到南方的荆楚之地。武丁在位长达 59 年，这是商朝的鼎盛时期。

五、商朝制度和社会结构

商朝王权比较强大，并且随着时间的推移而增长。商王自称"一人"或"余一人"，表示其至高无上的地位。商王下面的职官设置有一个由简而繁的过程。早商时期，最高一级的是师保。这类职官的代表是伊尹，其后还有太甲时的保衡、太戊时的巫咸、祖乙时的巫贤。这些人常常是集官职与神职于一身的，所以拥有很大的权力。晚商时期，职官设置才趋于齐备。

商朝政治制度的根本特点是内服与外服的划分，生活在商周之际的周公曾经在《酒诰》中这样概述其情况："越在外服，侯、甸、男、卫、邦伯；越在内服，百僚、庶尹、惟亚、惟服、宗工，越百姓里居（君）。"内服是商王直接统治的王畿地区；外服是由邦伯管辖的地区，这些邦伯分为侯、甸、男、卫几种，其中许多可能是方国部落首领臣属于商者。卜辞所载的侯有近 50 个，最著名的有仓侯、舞侯、犬侯、侯告、侯专、杞侯等。甸，卜辞称为"田"，"多田（甸）"即指许多甸职官员。男，在卜辞中称为"任"，著名者有而任、戈任、名任、卢任等。卫，作为一种武职，在卜辞中多称为"多射卫""多马卫""多犬卫"等，亦有单称为"卫"者。卜辞和金文所见商朝的内服官有五六十种，大致可以分为四类。一是"百僚庶尹"，包括地位很高的旧臣、老臣以及商王的近侍之臣，其中还有负责出纳王命的史官。二是"惟亚惟服"，主要是与商王关系密切的军职官员。三是"宗工"，指负责王室祭祀和某些具体事务的官员。四是"百姓里君"，指管理地方上的诸族与普通民众的官员。

商朝兵制是逐步发展的。在早商时期和晚商前期，以方国部族为单位的征集制为主，常备军在商朝整个武装力量中尚处于次要地位。晚商后期，常备军有了较大发展，军事建制趋于完善，其实力已经超过所征集的诸方国部族的兵力。商朝经常征集族众外出作战，这种征集在卜辞里称为"登人""以众""雉众"等，所征集的人数一般为3000或5000，也有多达万人的。晚商后期为了适应战争规模扩大的需要，常备军数量大增，卜辞里临时征集人员的记载减少。牧野之战时，"殷商之旅，其会如林"①，纣王"发兵七十万人距武王"②。虽然这里所说人数不尽可信，但商末已有大量常备军则是没有什么问题的。甲骨卜辞所记载的商朝军队建制主要有"师""旅""戍""行""马""射"等，其中以师、旅最重要。卜辞记载，商王直接统率左、中、右三师。行，为步兵；马，为骑兵；射，为由射手组成的部队。商朝的军种划分还不太明确，许多时候是混合编制的。商朝军队中已经常有战车，甲骨卜辞中就有战车的记载。殷墟一带发现不少车马坑，坑中除了车马人的骨架以外，还发现铜戈、铜镞、马头刀、兽头刀等武器，证明这就是当时的战车及其甲士。

商朝有了比较完备的法律条文，并对后世产生过不小的影响，所以《荀子·正名》有"刑名从商"的说法。《左传》昭公六年载"商有乱政而作《汤刑》"。《吕氏春秋·孝行》引《商书》有"刑三百"之说，可见以汤命名的商朝刑法条文是比较多的。商朝刑法对于贵族和普通民众的处罚相当悬殊。据《墨子·非乐上》说，按照《汤之官刑》的规定，如果淫舞成风，"其刑，君子出丝二卫"，作为贵族的"君子"被罚些丝就可了事。《汤之官刑》可能就是《汤刑》的一部分。另外，据《韩非子·内储说上》载，"殷之法，刑弃灰于道者"，要斩断弃灰者之手。对于普通民众小错而重罚，这在商朝应当是常见的现象。后代所说的墨、劓、剕、宫、大辟五刑，在甲骨卜辞中都有所反映。

由于氏族制度的影响广泛存在，所以殷代社会上还没有多层次的严格的等级制度出现。其社会结构中，贵族和官吏往往合二而一。许多子姓和异姓部族的贵族往往是商朝的职官，而卜辞记载的不少职官的私名常常是族名或地名。商朝贵族生前十分奢侈，死后以大量器物和奴仆随葬。殷墟妇好墓随葬铜器440多件，玉器590多件，骨器560多件，石器70多件，

---

① 《诗经·大明》。

② 《史记·周本纪》"七十万"之数令人多有怀疑。古文献中"七"和"十"每相混。纣王兵数，学者们多以为是十七万。

象牙雕刻品和陶器各数件，此外还有 7000 多个海贝，以及蚌器、海螺等。这些琳琅满目的珍贵遗物反映了墓主生前的豪华生活。商朝的平民主要指"众"和"众人"，还有卜辞所记载的从事手工业生产的"百工""多工"。"众"和"众人"多是王族和其他子姓族的普通族众。他们的社会地位要比泛称的"人"高一些。据《尚书·汤誓》说，众的主要职责是"稼事"，《孟子·滕文公下》说"亳众"曾经去替葛伯耕种。卜辞有关于他们参加垦田、协田、藉、播种等多种农事的记载。他们可以到宗庙参加祭祀，从来不被用作人牲。商朝的奴隶在卜辞中最常见的是臣，有王臣、奠臣、小丘臣、舟臣、牛臣等多种。比臣低下的是仆。卜辞中常有某人执仆的记载，有一条卜辞问："刖仆八十人不死？"①谓对 80 名仆施以刖刑会不会使仆死亡。卜辞屡有"刖仆"的记载，可见刖是施于仆的常刑。

六、晚商政治与纣的灭亡

在作为商朝鼎盛阶段的武丁时期以后，相继为王的是祖庚和祖甲兄弟两人。祖甲的情况和武丁类似。《尚书·无逸》说："其在祖甲，不义惟王，旧为小人。作其即位，爰知小人之依，能保惠于庶民，不敢侮鳏寡。肆祖甲之享国三十有三年。"祖甲可能对商朝的一些制度进行过改革，周祭制度即为祖甲所创。在卜辞中他被称为父甲、祖甲和帝甲。廪辛是祖甲之子，在位时间不长。其弟康丁，《史记·殷本纪》作庚丁，关于他田猎的卜辞数量很多。康丁之子武乙不仅和康丁一样酷好田猎，而且以蔑视天神著称，《史记·殷本纪》说他"为偶人，谓之天神，与之博，令人为行。天神不胜，乃僇辱之；为革囊，盛血，卬而射之，命曰'射天'"。他去河、渭之间田猎时被雷震死。武乙之子文丁，又被称为文武丁、文武帝。为了遏制周的势力兴起，文丁曾经杀掉周王季历。帝乙是文丁之子，曾对东南方的一些方国部落大规模地用兵。据卜辞记载，帝乙继位后的第 10 年九月，率众和侯喜等从大邑商出发，经顾、商、亳、攸、杞等地到达今淮河下游一带征伐人方，第二年五月才返归。过了 5 年，帝乙再次征伐人方。他还用 5 个月的时间征伐盂方（今河南睢县南）。这些都表明向东方经营是帝乙注目之所在。

帝辛名纣（或作受），为帝乙之子。《史记·殷本纪》说他"资辨捷疾，闻见甚敏，材力过人，手格猛兽"，是一位天分甚高的人物。但是纣骄傲拒

---

① 郭沫若主编：《甲骨文合集》，第 580 片，138 页，北京，中华书局，1999。

谏，生活奢侈。古本《纪年》说"殷纣作琼室，立玉门"。相传纣在邯郸以南、朝歌(今河南淇县)以北的广大区域里建造离宫别馆。纣王十分暴虐，设置了炮烙之刑。他重用谗毁善谀的费中、恶来等人，诛杀和废逐比干、箕子、商容等贤臣，致使商朝的大师、少师、内史等官员持祭器、乐器、图法等叛纣而奔周。关于纣王末年商朝的形势，纣兄微子曾说，"殷罔不小大，好草窃奸宄，卿士师师非度，凡有辜罪，乃罔恒获。小民方兴，相为敌雠。今殷其沦丧，若涉大水，其无津涯"[1]，可见已经相当严重。致使纣王覆灭的另一个重要原因在于许多方国部落对商朝态度的转变。纣王醢九侯，脯鄂侯，囚禁周族首领西伯于羑里，使得不少方国部落叛纣。西伯之臣闳夭等献美女奇物良马等以后，西伯才被纣赦免。纣的时期，周族迅速崛起，《论语·泰伯》说周文王时期"三分天下有其二"，《史记·周本纪》说周武王时期"诸侯叛殷会周者八百"，可见许多方国部落都投靠了周。这时候，纣仍不改悔，继续与诸方国部落为敌，并向东方大举用兵，讨伐东夷，虽然取得不少胜利，但也耗损了国力，使商朝走向覆灭，所以《左传》说"纣克东夷而殒其身"。

大约在公元前11世纪中期，纣发大军抗拒周武王所率武装，可是兵无斗志，在朝歌郊外的牧野之战中前徒倒戈。纣王兵败之后，逃登鹿台，身穿缀满宝玉的华丽衣服，自焚而死。纣死后，其子武庚受封于周。周初三监叛乱被平定之后，周以微子代武庚。尽管"殷祀"还保存了很长时间，但作为一个朝代而言，纣王之死则是其寿终正寝的标志。

第四节 西 周

一、周族的兴起

周为姬姓族，兴起于陶唐、虞、夏之际。周人屡次自称"有夏"，可见周族与夏关系密切，甚至可能是夏族的一个分支。周的始祖名弃，曾经被尧举为"农师"，被舜命为后稷。《诗经·生民》篇说："厥初生民，时维姜嫄。生民如何，克禋克祀，以弗无子。履帝武敏歆，攸介攸止，载震载夙，载生载育，时维后稷。"周的始祖母为姜嫄，她践踏了作为神物的帝迹之拇

---

[1] 《尚书·微子》。

而心动有孕，生下了后稷。这个有浓厚神话色彩的传说里的"帝"据说就是帝喾，可见周族的起源与黄帝族的高辛氏有一定关系。

后稷所以名弃，是因为他曾经3次被抛弃。先被抛弃在隘巷中，路过的牛羊都不踩他；又被抛弃在树林里，却被前去伐木的人抱回；第三次被抛弃在寒冰上，却见一群大鸟张开翅膀来覆盖他。《诗经·生民》所记载的这种弃子仪式，很可能与原始时代某种宗教礼仪有关。弃在经过严峻考验后，被认为是神异式的人物，长大后便在氏族中有了很高威望。弃精于农作，他所种的谷物"实方实苞，实种实褎，实发实秀，实坚实好，实颖实栗"，很受人们称赞。在古人印象里，后稷的农穑是大有功于民的伟业，《尚书·吕刑》就把他和伯夷、大禹并列，说是"稷降播种，农殖嘉谷"。弃还是观象授时的能手，相传他善于观测辰星以掌握农时。在很长时期里，周族首领世称后稷，可见周族是得力于农业的发展而兴起的。古代文献中多说弃的时代的周族所居与"禹迹"有关，据推测当时的周族生活在今山西境内的汾河下游地区。

继弃而起的不窋可能是以开挖窑洞而著称的。《国语·周语上》说他"自窜于戎狄之间"，说明此时周族有所迁徙。不窋勤恳创业，为周族的发展做出了贡献，受到后世周人的隆重祭祀。不窋以后的周族著名先祖是公刘。他率族人迁居于豳，到远处采集建筑材料，在豳地建造馆舍住处，还"相其阴阳，观其流泉"，"度其隰原，彻田为粮"①，考察地势，发展农业生产。从公刘在豳地所举行筵宴上"食之饮之，君之宗之"②的情况看，公刘还在居民中建立了一定的组织。公刘为周族的发展做出了重大贡献，因此《史记·周本纪》讲公刘迁豳时说"周道之兴自此始"。

公刘以后六传至高圉的时期，周族势力有了稳步发展。《国语·鲁语上》说："高圉、大王，能帅稷者也，周人报焉。"高圉能与大王(公亶父)并列，还被"报"祭，都说明他是很受周人尊崇的。高圉之子亚圉也为周人所重视，其时代可能已经到了晚商前期。

公亶父是使周族兴盛的一位重要人物，被周人尊称为大王。《诗经·閟宫》说："后稷之孙，实维大王。居岐之阳，实始翦商。"迁周族于岐山之阳的周原和开始翦商的事业，是公亶父两项最大的功绩。为了避免戎狄的威

---

① 《诗经·公刘》。

② 同上书。

胁，公亶父率族众离开豳地，"度漆、沮，逾梁山，止于岐下"①。《诗经·绵》说公亶父是"率西水浒"而迁往岐下的，可见其迁徙方向是沿着水边西行的，从今晋西南处至岐山正是沿渭水北岸西行的路线。到岐下以后，公亶父居于周原，在这里进行了大规模的建造，不仅有民众居室，而且有宗庙及其附属的皋门、应门、冢门等建筑。按照《诗经·绵》"缩版以载，作庙翼翼"的说法，当时的建筑都是采取版筑法来建造的。周原在今陕西岐山、扶风一带，这个地区历年发现了丰富的周文化遗存，还发现了大型宫殿以及居住建筑的基址，基址内发现周人的甲骨卜辞，足可与相关的文献记载印证。迁到周原以后，周族蒸蒸日上，为周文王时期的大发展奠定了基础。周族祭祀列祖时往往以大王为首，说明他在周人心目中有崇高威望。

周族迁徙到周原以后，公亶父的长子太伯仍留居豳地，后来到晋南地区建立了虞国，尽量保持周族在晋境的影响；其次子虞仲到岐山西北的地区开拓新的势力范围；公亶父和其第三子季历居周原，作为周族势力的根基。

公亶父之后，季历继位。季历又称王季，是一位很有作为的周族首领。季历时正值晚商的武乙、文丁时代，当时的商周关系基于共同对付晋境的戎狄势力的需要而处于良好状态。季历曾经讨伐西落鬼戎，俘获20名狄王。周还讨伐了燕京之戎、余无之戎、始乎之戎、翳徒之戎等，大多获胜，并且被商任命为"牧师"。季历往朝商王，武乙曾经赏赐以土地和玉、马等。商朝既要利用周的力量对付晋境的戎狄，又担心周的势力扩大。季历后来被商王文丁杀掉，可能就是商朝遏制周人势力的一个举措。

二、周朝的建立

为周朝的建立奠定了坚实基础的是周文王。文王名昌，为季历之子，其继位时已届中年。他继位时，周的范围并不大，《孟子·公孙丑上》有"文王以百里"的说法，大概文王时只有方圆百里的土地。文王采取有力措施使周的势力有了更大发展，首先，注重农业生产，增强经济实力。《诗经·天作》说"天作高山，大王荒之，彼作矣，文王康之"，《尚书·无逸》说"文王卑服，即康功田功"，孔子曾言文王"黭然而黑，几然而长，眼如望羊"②，是一位奔波劳累者的形象。文王时期，周原地区得到进一步开发。其次，

---

① 《史记·周本纪》。
② 《史记·孔子世家》。

文王任用贤臣如虢叔、闳夭、散宜生、泰颠、南宫括、鬻子、辛甲大夫等。这些贤臣有不少是与周关系密切的方国部落的首领。最后，文王以照顾鳏寡孤独的措施团结族众，"徽柔懿恭，怀保小民，惠鲜鳏寡，自朝至于日中昃，不遑暇食，用咸和万民"①。通过这些措施，文王使周在远近的方国部落中拥有了很高威望。相传虞、芮两国争讼，入周请评判，见周民俗淳朴谦让，遂自觉惭愧，彼此相谅而归。许多方国部落闻此事而服于周。

周在文王后期已经积极准备灭商。文王先讨伐周以北的犬戎和周以西的密须(今甘肃灵台西南)，以求稳定后方，然后向东扩展势力。《逸周书·大匡》有"文王宅程"之说，此"程"即《孟子·离娄下》所说的"毕郢"，在今陕西咸阳东，处于毕原之上。文王迁居于程，适应了东进灭商的战略需要。文王的向东发展，主要有伐邗、伐崇等事。黎在今晋东南的长治、黎城一带。文王伐黎使商朝的有识之士震动很大，商臣祖伊认为此事是"天既讫我殷命"和"殷之即丧"(《尚书·西伯戡黎》)的象征。邗地在商朝西南的田猎区，文王伐此地即叩开了商的门户。崇在豫西嵩山附近，有高大而坚固的城墙，经过月余的攻打才攻下，终使崇成为周的与国。《诗经·文王有声》说"文王受命，有此武功。既伐于崇，作邑于丰"，在伐崇胜利后文王将都邑从渭水北岸的程迁到渭水以南的丰(今陕西西安鄠邑区东)。此后不久文王卒于程，其子发继位，是为武王。

武王继位时，商朝内部矛盾尖锐，可是武王仍然黾勉从事，以待时机的完全成熟。武王在丰水以东营建镐京(今陕西西安西南)，积极准备灭商。武王还尽力网罗人才。他说："纣有亿兆夷人，亦有离德；余有乱臣十人，同心同德。"②"乱臣"指有贤才的治国之臣。武王的乱臣主要有召公、毕公、毛叔郑，以及文王旧臣师尚父、散宜生、泰颠、闳夭等。师尚父又称吕尚、姜牙、太公望等，是姜姓的吕国首领而入于周者，因善于统兵打仗，故被称为"师"，后来成为协助武王灭商的主要武将。

按照《史记·周本纪》的说法，武王九年曾经率兵东进至盟津(今河南洛阳孟津区东)，诸侯不期而会者多至 800 个。武王审时度势，认为时机仍未完全成熟，所以命令退兵。直到纣王杀比干、囚箕子，陷于彻底孤立的时候，武王才认为灭商时机已到。武王十一年元月周师出发东征，除了主力军戎车 300 乘、虎贲 3000 人、甲士 4.5 万人以外，还有庸、蜀、羌、髳、微、

---

① 《尚书·无逸》。
② 《左传》昭公二十四年引《太誓》。

卢、彭、濮等方国和部族的人员。二月间周军从孟津渡过黄河，东北行，经过怀（今河南沁阳）、共头（今河南辉县境）等地奔赴朝歌（今河南淇县）。这个月的甲子日的早晨，武王在朝歌郊外的牧野和纣军决战。战前，武王誓师。在誓词中，武王历数纣的罪状，勉励友邦冢君和周师官兵"尚桓桓，如虎如貔、如熊如罴，于商郊"①奋勇杀敌。这时候虽然"殷商之旅，其会如林，矢于牧野"②，但却皆无战心。在激烈战斗后纣王败，逃奔鹿台自焚而死。武王以黄钺斩纣头，悬于大白之旗示众。利簋铭文说"武王征商，唯甲子朝，岁鼎，克，昏夙有商"，可见牧野之战只用 1 天时间即告胜利。次日，在商王宫殿里举行隆重仪式，由尹逸宣读祝文："殷末孙受德迷先成汤之明，侮灭神祇不祀，昏暴商邑百姓，其章显闻于昊天上帝。"武王再拜稽首，表示"膺受大命，革殷受天明命"③。

武王灭商以后，立纣王子武庚禄父以续殷祀，命令释放被囚禁的箕子和百姓，表彰殷贤人商容和被纣杀死的诤臣比干，将商朝囤积在鹿台和巨桥的粮食财物散发给民众。武王还命人迁九鼎宝玉归周，以此象征主宰天下的权力的递嬗，并派军队征伐商王畿及其附近地区的戏方、靡、陈、卫、磨、宣方、蜀、厉等方国部落，作为灭商战争的余绪。据利簋铭文记载，武王在殷都停留了 7 天，于甲子日之后的辛未日到达柬师。此后，武王西行至伊洛地区，考察地理形势。在这年的四月间，武王率军凯旋返归镐京。

三、周公当政和成康之治

克商以后二年，武王病笃，其弟周公旦亲自设祭坛，向太王、王季、文王祖先神灵祈祷，甚至愿以己身代武王去死来换取武王的康复，但武王还是不久即逝世于镐京。于是周公当政称王，即《荀子·儒效》所说"武王崩，成王幼，周公屏成王而及武王以属天下，恶天下之倍周也。履天子之籍，听天下之断"。周公当政称王，是为当时形势发展所决定的。据《逸周书》记载，武王灭商以后曾经夜不能寐，担心地说："维天建殷，厥征天民名三百六十夫，弗顾，亦不宾灭，用戾于今。呜呼！于忧兹难。"非常忧虑殷的残余势力的影响。他还告诉周公说："乃今我兄弟相后，我筮、龟其何

---

① 《尚书·牧誓》。
② 《诗经·大明》。
③ 《逸周书·克殷》。

所即，今用建庶建。"①决定兄终弟及，传位于旦，并且指出此事业经卜筮明告，可以实行。可见周公当政称王也是符合武王意愿的。

武王灭商以后曾经分商王畿为 3 部分，让弟管叔、蔡叔和纣王子武庚分别管理，称为"三监"②。管叔为周公之兄，按兄弟次序当由他称王，然而他和蔡叔却被派往商王畿地区，并不居于丰镐地区，所以周公当政称王为管、蔡所愤恨。他们先散布流言蜚语，谓"公将不利于孺子"③，然后勾结武庚公然叛乱，给周朝带来极大震动。三监叛乱后，周公相当镇静和果断，坚定地表示"我之弗辟，我无以告我先王"④，决心平叛。周公还向友邦及官吏们讲明，虽然形势严重，但剿平叛乱还是有把握的。为了得到王室贵族的支持，周公还不厌其烦地劝说甚有威望的召公支持他东征。据《逸周书·作雒》说，召公果然协助周公"内弭父兄，外抚诸侯"，"临卫政（征）殷，殷大震溃"，发挥了很大作用。

周公东征的战略方针一是要平定三监之乱，二是要征服殷商在东方的残余势力。《诗经·破斧》叙述东征情况说："既破我斧，又缺我斨。周公东征，四国是皇。哀我人斯，亦孔之将。"东征战士把斧都用得破缺了，可见战斗是激烈的。《诗经·东山》描写东征士兵在战争结束后返家的情景，其中有"自我不见，于今三年"之句，班簋铭文说"三年静东国"，可见东征历时三年之久。周公杀掉武庚和管叔并流放了蔡叔以后，继续挥兵东进，征服或灭掉了许多过去商王朝的与国，如徐、奄、东、熊、盈、攸、丰、蒲姑等。《尚书大传》有周公"一年救乱，二年克殷，三年践奄"的说法，可见翦灭奄是东征的最后战役。周公东征是商周两大势力的再次较量，只是在东征胜利以后周的影响才真正达到东海之滨。这对于周朝的巩固具有重要意义。长期战争不仅使被征服地区的经济蒙受重大损失，而且使周朝本身的生产也受到不小的影响。《诗经·东山》写东征士卒 3 年后回到家乡，见到的是"町疃鹿场，熠燿宵行"，田地被野兽践踏成了鹿场，闪烁的鬼火在夜里流动发光，是一片凋敝景象。可以说正是民众的卓绝奋斗和巨大牺牲才

---

① 《逸周书·度邑》。

② 关于"三监"所指，《左传》《国语》《吕氏春秋》《史记》等较早文献以为指管叔、蔡叔与武庚。东汉以后又出现了除去武庚而加以霍叔的说法。两说相较，当以较早之说近是。

③ 《尚书·金縢》。

④ 同上书。

换来了周朝的巩固和历史的进步。

东征结束后，周公开始在伊雒地区营建东都，即何尊铭文所说的"惟王五祀""宅于成周"，《尚书大传》所说的"五年营成周"。营建成周的目的在于从居"天下之中"的地方来加强周朝对东方广大地区的控制。成周位于洛河北岸，又称雒邑，或称新大邑。成周历时两年建成，"城方千七百二十丈，郛方七十里，南系于洛水，北因于郏山，以为天下大凑"①。在营建成周的前后，周公还将许多殷遗民迁徙到成周一带以及丰镐地区居住。这样既可以利用其劳力以修筑城邑宫室，又可以使殷遗势力失去根基，而置于周朝的直接控制之下。周公曾在雒邑向殷遗民发布诰辞，宣布只要他们勤勉恭顺地臣服于周，就可以"尚有尔土""尚宁干止"，保有土地，安身立命，其中之优秀者还可以"迪简在王庭，有服在百僚"②。这些措施对于中原地区形势的稳定起了积极作用。

周公当政七年，雒邑建成。据《尚书·洛诰》说，周公迎成王用殷礼祭祀于成周，宣布"以功作元祀"，改称成王元年，将国政移交成王。此后，周公兢兢业业尽到辅佐之责，直到病逝时还留下遗言"必葬我成周，以明吾不敢离成王"③，可谓是鞠躬尽瘁，死而后已。

周成王及其子康王时期周朝得到进一步巩固和发展。成王以勤于政事著称，他认真实行周公制定的各项政策，亲耕籍田，戒酒抑奢。康王十分重视历史经验，据大盂鼎铭文记载，康王曾说："我闻殷坠命，唯殷边侯、田（甸）与殷正百辟，率肆于酒，故丧师。"认为酗酒是商朝亡国的重要原因。古本《纪年》载"晋侯筑宫而美，康王使让之"，责备晋侯奢侈。成康之际，国力昌盛，对外战争获得不少胜利。据小盂鼎铭文记载，康王时期讨伐鬼方，一次就斩杀4800多人，俘获13000多人，还有30辆战车、355头牛。成康时期多次会盟诸侯，"成有岐阳之蒐，康有酆宫之朝"④，就是其中很著名的两次。成康时期所实行的分封诸侯、安定社会、扩展周朝影响等措施都取得了成效。成王和康王一向为周人所尊崇，墙盘铭文就有"宪圣成王"，"用肇彻周邦"，"渊哲康王，宾尹亿疆"的说法。《左传》昭公四年也说"成王靖四方，康王息民，并建母弟，以蕃屏周"。总之，成康时期，周王朝的基

① 《逸周书·作雒》。
② 《尚书·多士》。
③ 《史记·鲁周公世家》。
④ 《左传》昭公四年。

本政治格局已经形成，社会经济顺利发展，古本《纪年》和《史记·周本纪》都说"成康之际，天下安宁，刑错四十余年不用"，与实际当相距不远。

四、西周中期的社会发展

从昭王到厉王，属于西周中期，这是周朝在政治、经济、文化等方面都十分兴盛的阶段。

自武王开始，经周公东征直到成康时期，周朝所开拓经营的重点是东方，其次是东南地区。到了昭王时期，凭借强盛国力，周朝便着重向南发展。墙盘铭文追述先王业绩时说："弘鲁昭王，广能楚荆，惟狩南行。"昭王之世是以南征荆楚为其特征的。按照古本《纪年》的说法，昭王南征先后进行过两次。第一次在昭王十六年，入鄂境，到达汉水流域，获得不少胜利。昭王十九年第二次南征的返归途中，天气恶劣和浮桥崩坏，所以"丧六师于汉"，昭王也淹死在汉水。虽然"昭王南征而不复"，但是周朝还是实现了向南方扩展的目的。

和昭王南征相媲美的是穆王巡游。古本《纪年》说："穆王东征天下二亿二千五百里，西征亿有九万里，南征亿有七百三里，北征二亿七里。"尽管所说里程全不可信，但却反映了穆王在大范围内巡游的情况。穆王西征犬戎，将其迁至今甘肃平凉一带。最著名的巡游是古本《纪年》所说的"西征，至昆仑丘，见西王母"。春秋战国间人敷衍其事为《穆天子传》，叙述穆王"觞西王母于瑶池之上"的情况，虽然所记似小说家言，但却流传甚广，说明后人对穆王巡游有极深刻的印象。古代文献和彝铭记载，穆王曾经命人讨伐淮夷和徐戎，取得不少胜利。

穆王以后的共、懿、孝、夷时期，周朝的统治者已经将主要注意力从对外征讨和巡游转向内部统治结构的巩固与贵族间等级秩序的稳定上。从共王时期开始，彝铭关于册命贵族的记载比以前大大增加。频繁的册命反映了下层势力的兴起以致上层统治者不得不采取手段加以笼络。懿王以后，王室内部矛盾加剧，王位继承出现了不正常的情况。懿王死后，由共王之弟(一说为懿王弟)继位，即孝王。孝王以后，诸侯拥立懿王太子继位，即夷王。夷王之立要由诸侯作俑，表明了王室内部斗争尖锐，需借王室以外的力量来解决矛盾。由于这个原因，夷王对诸侯礼数有加。夷王对诸侯恩威并用。齐哀公荒淫田游，夷王就召集诸侯，将齐哀公烹杀，以示警诫。夷王有病时，各国诸侯纷纷祭祀本国的名山大川，为之祈祷。可见当时的周王仍有很大权力和影响。王权明显衰落是在夷王以后的厉王时期。

五、西周政治制度

　　作为周朝立国之本的是分封制度。大规模地分封诸侯是在周公当政和成康时期进行的。周朝诸侯国数量很多。《吕氏春秋·观世》谓"周之所封四百余，服国八百余"；《荀子·儒效》谓周公"兼制天下，立七十一国，姬姓独居五十三人"；《左传》昭公二十八年谓"兄弟之国者十有五人，姬姓之国者四十人"。姬姓诸侯多是文王、武王、周公的后裔。异姓诸侯许多是周人的亲戚，还有一些是归附周朝的方国部落首领。西周时期最重要的封国有武王弟康叔的封国卫、商王室贵族微子启的封国宋、协助武王灭商的吕尚的封国齐、成王弟叔虞的封国晋、周王室贵族召公的封国燕、周公子伯禽的封国鲁等。

　　分封诸侯时要举行隆重的册命仪式。《左传》定公四年记载册封鲁国的情况是："分鲁公以大路、大旂，夏后氏之璜，封父之繁弱，殷民六族：条氏、徐氏、萧氏、索氏、长勺氏、尾勺氏，使帅其宗氏，辑其分族，将其类丑，以法则周公，用即命于周。是使之职事于鲁，以昭周公之明德。分之土田陪敦、祝、宗、卜、史，备物、典策，官司、彝器，因商奄之民，命以伯禽而封于少昊之虚。"封赐东西虽多，但其中最重要者为土地和民众两项，因此在仪式上要由专门的官员来"授土""授民"。在分封制度下，赏赐和受封都是主从关系的体现，诸侯对周天子有捍卫王室、镇守疆土、朝觐述职、缴纳贡物、奉命征伐等义务。在诸侯国内，诸侯可以将本封国的土地和民众封赐给卿大夫，卿大夫也可以再将土地和民众分封给自己的子弟和家臣，从而形成不同层次的分封现象，但最主要的是周王对诸侯的分封。

　　和分封制相辅相成的是宗法制。在宗法制度下，从始祖的嫡长子开始传宗继统，并且历代都由嫡长子承继，这个系统称为大宗。嫡长子称为宗子，为族人共尊。和大宗相对应的是小宗。在一般情况下，周天子以嫡长子继位，历代的周天子是为大宗，众庶子封为诸侯，这些诸侯就是小宗。诸侯亦以嫡长子继位，众庶子封为大夫，这些大夫即小宗，而诸侯则为其大宗。大夫也以嫡长子继位为大宗，众庶子为士，即小宗。所以，在宗法系统里，诸侯和大夫实具有大宗和小宗双重身份。大宗和小宗的区分是和贵族等级的层层封建完全合拍的。宗法制的一个关键内容是严嫡庶之辨，实行嫡长子继承制，其目的在于避免贵族间对于财产和权力的争夺。宗法制是西周时期贵族间相互联系的黏合剂，对于社会秩序的稳固具有积极意义。作为周人的一种创造，它对于我国古代社会有很深远的影响。

由于分封制和宗法制的实行而出现的多层次的具有稳定隶属关系的等级制度，是西周社会结构的重要特征。关于当时的社会等级，《左传》桓公二年说"天子建国，诸侯立家，卿置侧室，大夫有贰宗，士有隶子弟，庶人工商各有分亲，皆有等衰"，昭公七年说"天有十日，人有十等。下所以事上，上所以共神也。故王臣公，公臣大夫，大夫臣士，士臣皂，皂臣舆，舆臣隶，隶臣僚，僚臣仆，仆臣台"。这种等级关系以贵族间最为突出，所谓五等爵制就是其反映。

西周官制里，王室最重要的官员是卿士。担任卿士者除开国元勋、王室近亲以外，还有一些是诸侯国的代表。作为周王的辅佐，卿士往往拥有很大权力。在卿士之下负责具体事务的官员称为"三事"或"三事大夫"。《尚书·立政》说任人、准夫、牧3种官员为"三事"。一般认为彝铭中常见的包括司徒、司马、司空3种官员的"参(三)有司"为"三事"。司徒，又称司土，主要管理土地和农、林、牧、渔等的生产。司马，又称司武或祈父，职掌军事。司空，又称司工，掌管营建、制造等事。史官有多种，如太史、内史、作册、左史、右史等。周王左右的职官，除了史官以外，还有宰、善夫、御正、守宫、小臣、大祝、司卜等。王畿地区的地方职官，在彝铭中记载的有百生(姓)、里人、者(诸)尹，《尚书·酒诰》中有里君。各个诸侯国，一般也仿照王室情况设置职官，但比较简单。

西周时期有刑书九篇，称为《九刑》。《左传》昭公六年说"周有乱政，而作《九刑》"，将《九刑》与《禹刑》《汤刑》相提并论。关于《九刑》的具体规定，《左传》文公十八年曾经提到"毁则为贼，掩贼为藏，窃贿为盗，盗器为奸"，触犯这些方面的规定要受到惩处。按照《尚书·吕刑》所说，西周时期的刑罚有墨、劓、刖、宫、大辟五种，称为五刑。关于五刑的具体条文规定多达3000条。刑罚的执行因人因时而异，贵族中的亲故勋戚可以减免，交纳一定数量的罚金，也可以赦免。《尚书·吕刑》说"刑罚世轻世重"，即时轻时重，和《周礼·秋官·司寇大司寇》所谓"刑新国用轻典""刑平国用中典""刑乱国用重典"是一致的。西周时期的刑罚以保护私有财产和维护等级制度为主要任务。在周代分封制度下，行政权和司法权尚未完全分离，刑罚大权由各级贵族执掌，所以在各种职官中专司刑罚者并不多见。

西周的兵制中，最主要的军队建制是"师"。它包括"西六师"与"殷八师"两个部分。西六师常驻宗周地区，是以周族人为主的军队。殷八师是整编商朝军队形成的，营建成周以后，殷八师常驻成周，拱卫东都，因此又称为"成周八师"。"行"也是一种军队建制。彝铭中的"王行"是周王族部队，贵族所率部队也有不少称"行"者。周王的禁卫部队称为"虎臣""虎贲"，从其勇猛如虎而取义。西周时期的军队由甲士、驭手、徒兵、杂役等类人员组成。禹鼎铭文有"戎车百乘、斯驭二百、徒千"的记载，大体说明了当时军队中各类人员的比例。当时的战车上有甲士 3 人，一人居中执辔驾驭车马，另外两人执戈矛弓矢盾等兵器分立左右，徒兵则随车而进。甲士由各级贵族充当，徒兵则由庶民组成。

六、共和行政与宣王中兴

周厉王时期，政治衰败。他任用荣夷公为卿士，实行"专利"，专天地百物之利为王所有，将山川林木渔猎之利统归王室，并且加重了对民众的剥削。这就严重损害了正在兴起的中、小贵族和广大平民阶层的利益，造成"下民胥怨，财力单竭"[①]的局面，引起国人的强烈不满。民众指责厉王的暴虐行径时，"王怒，得卫巫，使监谤者，以告则杀之，国人莫敢言，道路以目"[②]。当时，周王朝的有识之士，如芮良夫、召穆公、凡伯等皆忧心忡忡并进谏厉王。召穆公曾经以"防民之口，甚于防川。川壅而溃，伤人必多"[③]的道理来劝厉王广开言路。但是厉王刚愎自用，听不进任何规劝，继续施行残暴的政策。

公元前 842 年，广大的国人和部分官员、贵族以及士兵进行暴动，袭击厉王。厉王仓皇间逃往彘（今山西霍州），太子静隐匿于召公家被国人包围，召公交出己子以代太子，这才使太子静得免。国人暴动是一次有广泛社会阶层参加的行动，是对厉王暴虐统治的致命打击。厉王躲避在彘邑，一直不敢返回都城。在这种情况下，朝政由卫国诸侯名和者管理，史称"共和行政"[④]。

---

① 《逸周书·芮良夫》。
② 《国语·周语上》。
③ 同上书。
④ 关于共和之义历来有两说。一是古本《纪年》之说，谓"王既亡，有共伯和者摄行天子事"。二是《史记·周本纪》之说，谓"召公、周公二相行政，号曰共和"。两说相比，以前说较胜。共和元年为公元前 841 年。

《左传》昭公二十六年说厉王奔彘后，"诸侯释位，以间王政"，指的就是共和行政。共伯和曾经被称为"惠君""圣人"，其谥号为"睿圣"，可见他拥有很高的威望。共伯和凭借丰富的政治经验，为稳定政局做出了重要贡献。共和十四年（公元前828年），"厉王死于彘，共伯使诸侯奉王子靖为宣王，而共伯复归国于卫也"①。共伯和既能力挽狂澜，又能顺应当时贵族间浓厚的宗法观念，及时让出权位，所以说他是一位有远见卓识的人物。

　　周宣王亲历了国人暴动的社会风暴，直到继位以后，还心有余悸地说："蠢蠢四方，大从（纵）不静，呜呼！惧余小子溷湛于艰。"慑于国人的威力，宣王谆谆告诫官员们"勿壅律庶民贮，毋敢龚橐乃侮鳏寡"，"毋敢湎于酒"②。宣王施政的重点是改变厉王对民众的高压政策，以求得周王朝的巩固。宣王时期征讨狁的战争取得很大胜利，"薄伐玁狁，至于太原"③，一直攻打到今甘肃平凉一带。宣王时还多次向南征伐。《诗经·采芑》颂扬宣王的大将方叔率3000辆战车和大量军队讨伐蛮荆，彝铭中还有他率领"左右虎臣正（征）淮夷"的记载。宣王曾经亲率南仲、尹吉甫、程伯林父等大臣往征徐方。《诗经·常武》说这次战争的结果是"四方既平，徐方来庭"。对江汉地区的征伐是由召伯虎率军进行的，也取得不少胜利。为了对付西戎，周宣王曾经命秦族首领秦仲为大夫。秦仲被西戎杀死后，宣王发援兵7000人助秦仲之子，终于打败了西戎。这些战争的胜利，使得周朝颇有一番中兴景象。但是宣王时期各种社会矛盾依然存在并且有所发展。宣王不修籍田之礼，说明籍田制度正在瓦解。《国语·周语上》说"宣王既丧南国之师，乃料民于太原"，试图以此来补充军队，结果引起大臣们的反对。宣王末年，对外战争接连失利。随着宣王逝去，其"中兴"业绩也就成了过眼烟云。

七、西周的衰亡

　　宣王之后，其子继位，是为幽王。周幽王二年（公元前780年），周王畿的渭、泾、洛三川地区发生强烈地震，山崩川竭，给民众生活带来巨大灾害。和天灾相比，幽王时期人祸的影响尤甚。幽王任用善于阿谀逢迎的佞臣虢石父为卿，其他高官也多为谗慝暗昧之人。幽王对褒姒的宠幸使贵族

---

①　《史记·周本纪》索隐引《鲁连子》。
②　毛公鼎铭文。
③　《诗经·六月》。

和民众普遍不满。《诗经·瞻卬》说"妇有长舌，维厉之阶，乱匪降自天，生自妇人"，对褒姒的抨击十分激烈。幽王所任用的佞臣随意征发赋役，夺取民众的财物和土地，以致民众哀怨"彻我墙屋，田卒污莱"①，"人有土田，女反有之；人有民人，女覆夺之"②。幽王时期，许多贵族感到形势危殆，纷纷另谋出路，大臣皇父就在东部地区为自己另建城邑，司徒郑桓公也到东部的济、洛、河、颍之间寻找立足之地。

据《国语·郑语》记载，周幽王八年（公元前774年）周太史史伯曾经向郑桓公分析当时周朝的形势，认为"王室将卑，戎狄必昌"，"今王弃高明昭显，而好谗慝暗昧"，"周法不昭，而妇言是行"，指出当时的矛盾焦点是申、吕、缯等诸侯国与周幽王之间的太子之争。幽王嬖幸褒姒，故废太子宜臼及其母申后，而以褒姒为后，以褒姒子伯服为太子。太子宜臼逃奔其外祖之申国，"申侯、鲁侯及许文公立平王于申，以本太子，故称天王"③。周幽王废黜申后，并欲伐申。据《国语·郑语》记载，关于此事，史伯早就有所预料。他说："王欲杀太子以成伯服，必求之申，申人弗界，必伐之。若伐申，而缯与西戎会以伐周，周不守矣！"周幽王十一年（公元前771年），幽王率军与申、缯、西戎等的兵众战于骊山，大败。幽王和其子伯服均被杀于戏亭（今陕西西安临潼区东北）。据古本《纪年》记载，幽王死后，"虢公翰又立王子余臣于携"，称为携王，与宜臼相抗衡，形成"周二王并立"的局面。约在公元前760年，携王被晋文侯杀掉，周平王的地位才得以巩固。作为一个历史阶段而言，幽王之死就是西周的结束。周平王东迁雒邑以后，不仅周朝政治重心转移，而且在新的历史条件下各诸侯国势力乘机崛起，以致出现了霸权迭兴局面，东周时期的社会面貌已经和西周有了很大不同。

第五节　夏商西周时期的经济和社会生活

一、农业生产的发展

农业是夏代最主要的生产部门。当时的农业生产工具还比较简陋，多

---

① 《诗经·十月之交》。
② 《诗经·瞻卬》。
③ 古本《纪年》。

数是石器、木器、骨器。《韩非子·五蠹》说"禹之王天下也，身执耒臿以为民先"，可见耒臿这两种木质工具在夏代是广泛使用的。《论语·泰伯》说禹"卑宫室而尽力乎沟洫"，大概夏代已经有了农田灌溉系统。从《孟子·滕文公上》的"夏后氏五十而贡"的说法看，夏代似乎已经有了对于田亩的计量和贡纳农产品的制度。相传禹臣仪狄作酒，后来少康又曾制作出秫酒，从一个方面反映了当时谷物产量有了一些增加。

商朝已经出现了青铜铸造的农具，尽管数量较少，但已包括了铲、锛、臿、镢、斨等许多品种。甲骨文"藉"字作人执耒而耕之形，"力"字作单齿木耒之形，"男"字作以耒耕田之形，这些都说明耒是商代主要的农业生产工具。卜辞材料表明，商代农田的开辟与田猎很有关系，商王的一些重要农业区，如京、敦、画等，往往是由田猎区发展而形成的。甲骨文有商王令人垦田的记载，"芟""衰"等甲骨文字都与垦田有关。商代种植的谷物主要有禾、黍、麦、稻，在甲骨卜辞中都有记载。卜辞中的"肖田""尊田""蓐田"都与中耕除草和给禾苗培土有关。甲骨文"采"字作用手摘取禾穗之形，还有一个作收割谷物秸秆状的字，被释为"刈"。粮食贮藏处所称为"廪"，殷王经常派人巡视贮存粮食的仓廪，卜辞称为"省廪"。从卜辞记载的农作情况看，商代农业已经脱离了低级粗放阶段，形成了由多种生产环节组成的系统生产过程。商王对于农作十分重视而且也很熟悉，不少生产环节都要由商王亲自过问或莅临。相传成汤时曾有旱灾，"伊尹作为区田，教民粪种，负水浇稼"①。《尚书·盘庚上》载盘庚迁殷时曾经以农作为例向人们阐述道理。他说"若农服田力穑，乃亦有秋"，"惰农自安，不昏作劳，不服田亩，越其罔有黍稷"。这些都说明了商王对于农业的重视。历年出土的商代酒器的数量很大，这从一个侧面说明当时的谷物产量有了大幅增长。

和夏商时期相比，西周的农作已经达到了较高水平。西周时期，初开垦的田地称为"菑"。这种田地经过整治到第二年才可种植，便称为"新"。这两种田里常有许多野菜，所以《诗经·采芑》说"薄言采芑，于彼新田，于此菑亩"。开垦历时3年的田地称为"畬"。《诗经·臣工》谓"嗟嗟保介，维莫之春，亦又何求，如何新畬"，从诗句看来，周王对于新、畬两种田地的收成是相当关心的。周代农田一般都有疆界和沟洫，即《尚书·梓材》所说的"为厥疆畎"。用耒耜挖土的农作称为耦耕，《诗经》说"亦服尔耕，十千维耦（《噫嘻》）"，"千耦其耘，徂隰徂畛（《载芟》）"，可见当时耦耕的规模是很大

---

① （北魏）贾思勰：《齐民要术》引《氾胜之书》。

的。农作物的田间管理在西周时期也颇有发展。《诗经·良耜》说"其镈斯赵，以薅荼蓼。荼蓼朽止，黍稷茂止"，可见当时已经懂得了变杂草为肥料。农业是周朝的立国之本，西周时期丰收年成的粮食产量相当可观。《诗经·载芟》所说"载获济济，有实其积，万亿及秭"，《诗经·甫田》所说"曾孙之稼，如茨如梁。曾孙之庾，如坻如京。乃求千斯仓，乃求万斯箱"，都是丰收情况的写照。农作物的品种在西周时期为数不少，故有"五谷""百谷"之说。主要种类有黍、稷、禾、麦、麻、菽、稻、糜、苣、粱等。

土地制度的变化与农业生产关系密切。夏商时期占主要地位的是以族为单位的土地公有制，农业生产往往采取集体劳作的方式进行。王所直接拥有的土地要征发各族的族众来耕作。殷墟考古发掘中曾经在一个坑内集中出土 1000 多把石刀，另有坑内出土 440 把石镰和 78 件蚌器。农具的集中保管适应了当时集体劳作的生产方式。西周时期的土地制度虽然有"溥天之下，莫非王土，率土之滨，莫非王臣"①之说，但实际上却是和分封制度相适应的多层次的贵族土地所有制。当时的土地划分为井田。《孟子·滕文公上》说："方里而井，井九百亩，其中为公田，八家皆私百亩，同养公田，公事毕然后敢治私事。"井田以公田和私田的划分为主要特征，各级贵族主要剥削民众的劳役地租。《诗经·大田》说："有渰萋萋，兴雨祁祁。雨我公田，遂及我私"，写出了正在耕种公田的农民的心理状态。

天象的观察和历法的制定为农业生产发展所必需。相传《大戴礼记·夏小正》就是根据夏朝历法编写而成的。它逐月记载了物候、家事和某些天象情况。春秋时期的人说"夏数得天"②，认为夏朝历法与自然物象的变化相适应。夏代已经对许多天象进行观察，"辰不集于房，瞀奏鼓，啬夫驰，庶人走"③，就是一次很早的日食记录。商朝时期对于火星的观测十分重视，卜辞中就有关于火星的记载。殷人已经记录了许多日食和月食的情况。一般认为，商朝是采取观象授时的办法来制定历法的，殷人对于日、月运行的周期和规律尚未有清楚认识，因此也就不大可能进行推步而制定历法。殷历属于阴阳合历，以新月初见为月首，一个月为 30 天，或者多 1 天，或者少 1 天。闰月开始加在岁末，后来加在年中。殷代一年分为春秋两季，一天分为大采、食日、中日、昃、小采、夕等时区。卜辞中保存有十分完整的

---

① 《诗经·北山》。
② 《左传》昭公十七年。
③ 同上书。

干支记录，表明殷人是以干支记日的，具有很明确的 10 日一旬的概念。西周时期采取以太阳纪年、以月亮盈亏变化来纪月的历法，彝铭和周代文献中有许多干支和月相的记载。西周时期将一个月分为 4 个部分，"一曰初吉，谓自一日至七八日；二曰既生霸，谓自八九日以降至十四五日；三曰既望，谓十五六日以后至二十二三日；四曰既死霸，谓自二十三是以后至于晦"①。西周中后期从观象授时进入推步的阶段，表明历法的制定已经达到了较高水平。西周后期，对于天象的观测已经有了比较精确的记载，《诗经·十月之交》谓"十月之交，朔日辛卯，日有食之，亦孔之丑"，就是我国最早的一次有确切日期的日食记录。

二、畜牧业的情况

夏代的畜牧业已经初具规模。少康逃奔有仍氏的时候曾经被任命为"牧正"，专司放牧之事。《天问》里有"有扈（易）牧竖"的说法，当指夏代的有易氏已经有了专门放牧的奴仆。

商朝的畜牧业比夏朝有了很大发展。殷墟发掘曾经出土不少牛、羊、马、豕等的遗骸，这与甲骨卜辞里大量牺牲的记载是吻合的。卜辞记载的一次用牲数量有"千牛""牛三百""百犬百豕百牛""百羊百犬百豚"等不同的记载。② 殷人很少用马作为祭祀时的牺牲，这大概是马多被用于驾车的缘故。殷墟出土有车马坑，可为其证。

殷人除了大量饲养马、牛、羊、豕等家畜以外，还饲养象。卜辞中有"乎象""令象""获象"等记载③，应当是猎获象或让象劳作。卜辞里有关是否让象跟随部队前往征伐的记载，与《吕氏春秋·古乐》"商人服象，为虐于东夷"的说法相互印证。《殷墟文字甲编》第 2422 片画一怀孕的母象，其旁还紧随一只幼象，应当是殷人养象之图。殷墟王陵区有两座象坑，说明象也被用来殉葬。甲骨文的"为"字，作人手牵象之形，亦可证"商人服象"之说是正确的。今河南地区在商代气候温暖湿润，适宜于象群生殖，古称其为豫

---

① 王国维：《生霸死霸考》，见《观堂集林》卷 1，21 页，北京，中华书局，1959。

② 分别见郭沫若主编：《甲骨文合集》，第 1027、300、32674、15521 片，288、77、4007、2172 页。

③ 分别见郭沫若主编：《甲骨文合集》，第 4612、4610、10222 片，710、707、1500 页。

州，与殷人养象当有关系。

商朝的养马业比较发达。商王常乘马车狩猎，还常向诸方国部落征收马匹。这种征收方式在卜辞中称为"登马""取马""以马"。甲骨文中有一个与"牢"字相近的字，作厩圈养马之形，说明商代已经有了专门养马的处所。甲骨文中还有一个比较特殊的"马"字，马腹下画一索形，据推测是表示用麻绳或细皮条将马势绞掉，可见当时已经掌握了马匹的去势术。商朝有不少和养马相关的官员，称为"马""多马""多马亚""马小臣"等。殷人还按马的毛色、特征、外形、用途等，将马分为许多种类，古代的相马术当发轫于此。

养蚕业在商朝已经有了一定的水平。藁城台西商代遗址的第 38 号墓所发现的陶簋、铜戈、铜爵、铜瓿等均以丝帛包裹，这些丝帛有纨、纱罗等种类。安阳大司空村和山东益都苏埠屯的商代墓葬都出土了形态逼真的玉蚕。殷墟武官村大墓出土的铜戈上残留了绢帛纹迹。这些都表明当时的养蚕业有了相当的发展。

周族虽以农耕著称，但也兼有畜牧业。王季曾经被商王文丁任命为"牧师"，职掌畜牧之事。《天问》说"伯昌号衰，秉鞭作牧"，可见周文王不仅有躬耕陇亩之举，而且也曾做出过亲自放牧牛羊的姿态。西周时期，养蚕业有了很大发展。周原地区出土过白、黄、红等颜色的丝绸残迹，据鉴定，全为家蚕吐丝并经过精炼工艺加入含钙物质后制成，说明当时的缫丝技术已经相当成熟。《诗经·七月》叙述了孵化茧子、采集桑叶、织染丝绸等生产过程，"女执懿筐，遵彼微行，爰求柔桑"所描写的就是女子采桑的情况。《诗经·无羊》是厉王时的诗篇，其中说道"谁谓尔无羊，三百维群；谁谓尔无牛，九十其犉"，可见当时的牛羊饲养已经有了不小的规模。周朝有名为"犬"的职官，见于师晨鼎铭文，可能和《周礼·秋官》的"犬人"之官相同，主管养犬并为祭祀提供犬牲。据《免簋》铭文记载，周朝司土（徒）的下属有称为"牧"的职官，当与《周礼》的"牧人""牧师"相似，掌管放牧牛、马、羊、豕、犬、鸡六牲，并且要管理牧场。西周后期的一件彝铭记载了担任"牧牛"之官的某人与其称为"师"的上司诉讼的判决词。这里的"师"当即《周礼》的"牧师"，牧牛为其属官，为专司管理放牧牛群者。在彝铭中，和畜牧业有关的职官还有"牧马""攸卫牧"等，有的人担任这类职官久了，还径以职官为名，西周后期的"牧师父"就是这种情况。总之，彝铭的材料表明，西周时期有不少专司畜牧的职官，可见官府的畜牧业是比较发达的。

三、以青铜铸造为主的手工业

从夏铸九鼎的传说看，夏朝的铜器制造应当是比较发达的。《墨子·耕柱》说夏后启"使蜚廉折金于山川，而陶铸之于昆吾"，《左传》宣公三年说"夏之方有德也，远方图物，贡金九牧，铸鼎象物"。虽然至今还没有发现有铭文可证的夏代的铜鼎，但已经发现了不少其他种类的铜器，二里头遗址的铜爵就有相当高的铸造工艺水平。

西周初年分封诸侯时曾经封赐给鲁公伯禽"夏后氏之璜"。春秋时期宋国叛臣外逃路过卫地，遭到卫人围攻，让他留下"夏后氏之璜"才肯放行。这些都说明夏代的美玉很为后世所珍视。二里头遗址出土许多种类的玉器，其中的玉柄形器的末端浮雕成兽头形，分为 6 节的器身上雕琢有兽面纹、花瓣纹，雕工十分精细，代表了当时的制玉工艺水平。《韩非子·十过》说禹所做的祭器，"墨染其外而朱画其内"，这种祭器据说就是漆器。二里头遗址出土有平底漆盒、漆豆、漆觚等，可以看出当时的漆器制造工艺。

商朝以技艺高超的青铜铸造业著称于世。历年出土的商朝青铜器有数千件之多，许多铜器造型古朴奇特，厚重雄浑，纹饰繁缛，足为商代文明的象征。早商时代的郑州二里岗遗址曾经出土多种青铜器，还发现两处铸铜作坊。晚商时代的青铜铸造可分为两个阶段。康丁以前的阶段，铜器多方形，如方鼎、方彝、方尊等，其棱角和中线处常以扉棱为装饰来增强器物庄严和雄伟的效果。这个阶段的铜器多无铭文，或仅标明器主的族氏。武乙以后的阶段，器物形制发生不少变化，如鼎足由原先的圆柱形变为中间略细的蹄足形，爵由平底变为深腹圜底等。这个阶段出现了字数较多的铭文，有多达 40 余字者。殷墟所发现的铜矿石是孔雀石，其中最大的一块重 18.8 千克。商都所需的铜和铅可能产于今豫西、晋南一带，锡则来自南方。开采好了的矿石要先炼成铜料备用，这在卜辞中称为"铸黄吕"。殷墟有大规模的铸铜遗址，面积在 1 万平方米以上。当时铸造青铜器要经过制模、翻范、浇铸、修整等工序。铸造大型铜器常常要上百人乃至几百人的协同工作。后母戊大方鼎的鼎身和鼎足采取整体铸造的方法，鼎耳则是在鼎身铸成后再在其上安模、翻范、浇铸而成的。它的鼎身由 4 块腹范、1 块底范、1 块芯座，另加 4 块浇口范合在一起铸成，所需金属料在 1000 千克以上。

除了青铜铸造业以外，商朝的其他手工业也有较高水平的发展。殷代平民和普通贵族多使用陶器，所以陶瓷业是当时相当发达的一个部门。藁城台西早商遗址发现的釉陶，有豆青、豆绿、黄、棕等釉色，胎质细腻坚硬，或谓其为原始瓷器。郑州发现的早商原始瓷器以灰白色居多，有的施以青绿釉色。晚商时期的刻纹白陶是商朝陶瓷发展水平的代表，有鼎、簋、豆、爵、尊、觯等多种形制，常饰以饕餮纹、云雷纹，刻镂精美，色泽皎洁，是当时贵族使用的珍贵物品。郑州和殷墟一带发现有几处骨角器作坊遗址和不少骨、角、牙、蚌等的工艺品。商代的玉器制造也比较发达。璧、瑗、环、璜、琮、圭、璋等玉饰多为贵族的佩戴装饰之物，也有的作为祭祀用的瑞宝。玉石所做的戈、钺、戚等物则是典礼上的仪仗。商朝玉石器的雕刻技术比较复杂，只有专门的工匠才能掌握。木器和漆器的制造在商代也有进步。湖北黄陂盘龙城早商遗址和殷墟的陵墓都发现有雕花木椁的遗存，上有色彩斑斓的云雷纹、饕餮纹、夔龙纹等。台西遗址所发现的漆器木胎虽然已经腐朽无存，但是涂于器内的朱红颜色和器外的髹漆却依然色彩绚丽，并且在雷纹和饕餮纹上镶嵌有绿松石。漆面乌黑发亮，很少杂质，反映了较高的漆器工艺水平。河南罗山县商代墓葬出土有黑漆木碗、朱红弦纹黑漆木豆、丝线缠绕黑漆木柲等商代晚期漆器。这些发现表明，商代南方的髹漆工艺在木器制作中已被广泛使用。所发掘的殷墟车马坑的情况表明，当时的车都是居中的单辕，辕前有称为"衡"的横木，以便置轭。商朝的舟船现在还没有发现，但甲骨文中有不少关于舟船和水运的字，可以推想当时是能够制造舟船的。

　　周灭商以后，接管了商朝大量手工业工匠，还将其中一部分赏赐给诸侯国，并且对这些工匠采取优待措施，这就保证了周初手工业比以前有所发展。西周时期青铜器数量增加，铸造青铜器的地域范围扩大。从考古发掘的情况看，西周时期的铸铜作坊已经有了比较明显的分工，或专铸礼器，或专铸车马器。周代还出现了钟、戟、剑等新的青铜器品种，器物上出现了不少新的纹饰和鸿篇巨制的彝铭。青铜铸造要经过制范、熔铸、修整等工序。西周中期以后发明了一模翻制数范的方法，提高了生产效率。农具的制造在周代有了很大发展，除了传统的木制耒、耜以外，还出现了带金属锋刃的多种农具。作为农具的"钱"，是带金属锋刃的耜；"镈"是有金属锋刃的耨草农具，和后世的锄相似，其刃部相当锋利，所以《诗经·良耜》说"其镈斯赵，以薅荼蓼"。

　　在青铜铸造、木工、皮革、玉器制造等手工业发展的基础上，西周时期的车辆制造业有了较大发展。河南洛阳、浚县、三门峡，陕西宝鸡、长安，北京琉璃河等地的西周时期的墓葬遗址都发现了随葬的车马坑。当时的车，包括辕、衡、轭、轴、舆等部分，采用坚实木料和铜制配件制成。车舆呈圆角长方形，车舆之门在后部。每辆车一般用两马或四马，马头有当卢、兽面、铜泡、衔等铜饰。《考工记》列"攻木之工"7种，其中就有轮、舆、车3种为制车工匠。《考工记》叙述各种手工业情况，最详细的是制车轮、车盖的"轮人"，制车厢的"舆人"。《考工记》分析历代手工业特征，谓"有虞氏上陶，夏后氏上匠，殷人上梓，周人上舆"，并且说"一器而工聚焉者车为多"，认为车辆制造可为周朝手工业的代表。《考工记》的这个说法是有道理的。

四、商业的初步发展

商业最早萌芽于上古时代的以物易物。二里头遗址曾经出土了一些海贝和仿制的骨贝、石贝。这些属于装饰品还是货币，尚不能断言。商代后期，已经将贝作为赏赐品，并且以"朋"作为计量单位，标志着贝已由装饰品向货币转化。商朝的许多人除从事农作以外，还兼事商业。据《尚书·酒诰》说，殷遗民在西周初年"纯其艺黍稷，奔走事厥考厥长，肇牵车牛远服贾，用孝养厥父母"，经商的习惯依然如故。

同手工业一样，西周时期的商业也是由官府来经营的，所以《国语·晋语》有"工商食官"的说法。西周中期，贵族已经有土地交易的情况。格伯簋铭文记载格伯曾经以"三十田"换取了某人的"良马"4匹。另有一件彝铭记载，贵族矩伯以"十田"换得名裘卫的价值80朋的一件瑾璋，后来又以"三田"换得裘卫价值20朋的赤琥、麋皮做的披肩和蔽膝等物。从交易的比价看，当时作为礼器的玉制品的价格是比较昂贵的。这种交易情况还表明，贝已经是当时衡量物价的标尺，作为货币单位的"朋"约为5贝。周代墓葬常以数十乃至上千枚贝为殉。西周官府对商业贸易进行管理和控制。据卫鼎等器铭记载，经营皮毛和营造工程的裘卫在跟贵族进行交易的时候，就曾十分郑重地向许多执政大臣报告，大臣们还委派"三有司"来具体办理交易事宜。有一件鼎铭记载，在一次买卖奴隶的交易中发生了纠纷，相关的诉讼即由大臣井叔来裁决。西周后期的颂鼎铭文记载，王室的史官名颂者被周王委派"官司成周贮(贾)二十家，监司新造贮(贾)用宫御"，让他去管理成周商贾20家，监督管理新到的商用以及宫廷所用的货物。

随着商业活动的发展，西周时期已经有了比较固定的市场作为交易场所。《考工记》讲都邑之制，提到"左祖右社，面朝后市"；《周礼·地官·司徒》"司市"提到都邑中的 3 种市场，"大市，日昃而市，百族为主；朝市，朝时而市，商贾为主；夕市，夕时而市，贩夫贩妇为主"。官府对市场的管理是比较严格的。据《礼记·王制》说，圭璧金璋、命服命车、宗庙之器、祭典牺牲等皆"不粥（鬻）于市"；允许市场交易的日用器物、兵车、布帛、五谷、禽兽等，必须合乎一定的质量规格，否则便不准在市场上交易。《周礼·地官·司徒》谓"胥师"之职掌管市场的"货贿"，发现有不允许上市的物品，就严格处罚交易者。周宣王时期的兮甲盘铭文提到淮夷"其贮（贾），毋敢不即次即市"，可见周与淮夷的交易也有固定的市场。

五、居住和交通

夏朝时期，贵族和普通平民间的居住情况有了明显的差别。二里头遗址所发现的比较宽敞的房屋都有夯土台基，为土木结构建筑。窑洞式和半地穴式房屋则比较狭小简陋。小者仅 4～5 平方米，大者也仅 10 余平方米，一般只能容纳两三个人居住。这和二里头遗址所发现的宫殿式建筑的差别是相当显著的。

殷代大多数下层民众居住半地穴式房屋，其穴居处一般要深入地面 1 米左右，地面多加白石粉泥夯筑，然后火煅避潮。商代普通民众往往用土坯垒砌或采用版筑法建造地面房屋。贵族所居宫室比较讲究，一般要挖 1 米多深的地基，再填土层层夯实，直到高出地面 1 米左右，筑成高而干燥的堂基。从所发现的商代大型宫殿基址的情况看，商朝的宫殿一般都是四周有回廊的前堂后室的大型寝殿。这些宫殿的情况与《考工记》"殷人重屋，堂修七寻，堂崇三尺，四阿重屋"的说法是符合的。当时的宫殿虽然宽敞高大，但由于没有砖瓦等建筑材料出现，所以仍是茅茨蒿柱、木骨泥墙，只是经过雕琢刻镂、锦绣文画，使其显得堂皇美观而已。

周族居于漆水流域时，"陶复陶穴，未有家室"，居室尚以窑洞为主。周族迁于岐下时，房屋建造有了突飞猛进的发展。周人对于周原地区的宫室建造有这样的叙述："俾立室家，其绳则直。缩版以载，作庙翼翼。""度之薨薨，筑之登登，削屡冯冯，百堵皆兴。"①可见当时还采取版筑法筑墙。

近年在周原地区发掘的西周早期和中期的建筑遗址，为我们提供了当

---

① 《诗经·绵》。

时宫室建筑的实证。陕西岐山凤雏甲组遗址是一个完整的"四合院"式建筑。其大门以南 4 米处有一道夯土筑成的带顶盖的影壁，即古代所谓"屏"或"树"。影壁和门之间，古代称为宁(伫)，指觐见之前的伫立等候处。门道上有两坡式的屋顶。门两侧各有房 3 间，即古代文献中所说的"塾"。门内的庭院即彝铭经常提到的"中廷"，是进行册命和赏赐的地方。庭院北部是四阿顶的有廊檐的堂。它是整个院落的中心主体建筑。堂前左右有厢房，堂后有东、西两个小院。小院北部的 3 间房子称为"寝"，是以时新食物祭祖之处，祭礼之后亦在此宴饮。这组建筑是西周早期的一处王家宫室，它的严谨布局和规整建筑，说明当时的整体设计和建造已经有了较高的水平。凤雏遗址东南不远的陕西扶风召陈村也发现有属于西周早期和中期的大型建筑群遗址。建筑群的院内有用瓦管或卵石砌成的排水沟，檐下有卵石散水，排水设施计划周密。宫室屋顶有苇束层，两面都抹草拌泥并罩以白灰砂浆面。西周早期，屋顶的脊、檐口和天沟已采用阴阳板瓦和筒瓦，少量陶瓦上还有固定的环或钉。陶瓦的使用在周代逐渐增多，召陈遗址的西周中期的建筑已全部铺瓦。

周代下层群众居住的情况比商代并没有多少进步，仍以半地穴式住屋为主。这类房屋遗址在陕西西安附近的沣西张家坡、河北磁县下潘汪、北京刘李店、河南洛阳王湾等地都有发现。有的房基穴底发现有垒起来的石头，上面安放着比较完整的陶鬲，即当时的炊灶。有的房屋内发现有半埋的陶瓮，据推测，为当时储水或贮粮所用。

商周时期，贵族居室内的摆设以席、几为主。堂上之席敷设一层显得单薄，故往往敷双层或多层，称为"重篾席"或"重丰席"。古人席地而坐，其方式类似于跪。坐于席上，时间稍长易感劳累，所以席侧或席上往往有几以供凭依。

除了席、几之外，室内还有床。殷墟甲骨文有不少以床形为偏旁的字。《易经·剥》有"剥床以足""剥床以辨""剥床以肤"的说法，均谓病痛卧床时以足、膝、臂等击床呼号之状。《诗经·斯干》说"乃生男子，载寝之床"，"乃生女子，载寝之地"，"地"指地面上的席子。相比而言，床作为卧具要比席高贵些。床不仅是贵族室内之物，而且普通民众也多用之。民居卑下潮湿，更需以床为卧具。《诗经·七月》有"十月蟋蟀，入我床下"之句，可见普通农民也有床。居室内用苇秆、麻秆扎成的"烛"照明。为避免火灾，在郑重的场合，执烛人要靠边，或坐在角落处，《礼记·檀弓上》所谓"童子隅坐而执烛"，就是说的这种情况。

作为主要交通工具的车，在夏代已经能够制造。《左传》定公元年说薛国祖先奚仲，"居薛，以为夏车正"。虽然车未必为奚仲所发明，但是他的造车技术高超还是可以肯定的。商朝的交通比较发达，都邑村落之间有道路连接，甲骨文中的"行"字为四通的道路之形。甲骨文以"行"为偏旁的字很多，均与在路途上行走有关。殷代舟楫往来甚多，有的甲骨文字作人操舟之形，还有的字作舟船在水中行进之形。商朝的水陆交通尚处在初步发展的阶段，道路情况并不太好，卜辞中有车毁人伤的记载。

周代的交通比夏商时期有很大发展。从王畿通往各地的交通干线称为"周道""周行"，路修得很好，所以《诗经·大东》说"周道如砥，其直如矢"。周道比较宽阔，可行四马所驾之车，两旁还要栽植树木。周代的道路有径、畛、涂、道、路等多种规格。道路若遇小河便架设简单的桥梁。供人行走的称为"徒杠"，通过车辆的称为"舆梁"。从《诗经·大明》"造舟为梁"的说法看，当时已经能够系船架板连成浮桥。周王和贵族的车，制作考究，装饰华丽；普通民众的车则较粗糙而重实用。在周朝等级制度的影响下，不同等级的人所用的车也有所区别。由于周代北方地区的水域比较宽广，因此舟船也和车一样是重要的交通工具。周王室拥有不少船只，还设专门的职官管理，据楚簋铭文记载，懿王时期的名楚者就曾经被命令管理都邑地区的船只，铭文谓"官内师舟"。

六、服饰与饮食

从考古发现所见二里头遗址铜器、玉器表面附着的纺织物的情况推测，夏代的服饰质料贵族为丝帛，普通民众为麻布。商朝情况与夏代相似。甲骨文的"衣"字，为殷人上衣之形。殷墟墓葬出土的跪坐人像都穿交领右衽的短衣，与甲骨文"衣"字相合。殷人还将兽皮剪裁缝缀成直领右衽的上衣，甲骨文"裘"字即为其形。从字形上看，当时的裘是毛向外制成的。殷人上着衣，下着裳。当时的裳类于后世妇女的短裙。为避免腿部寒冷，人们还用窄幅布从胫到膝缠绕几层，称为"邪幅"，类似于后世的裹腿。从所出土的商朝玉人和大理石人的情况看，殷人已有高高的帽子或平顶式的帽子。甲骨文有一些编发的人形，殷墟出土的玉人亦有带发辫者，这表明殷人有些是不著帽的。现在所说的鞋，汉以前称为屦。殷人一般穿麻葛等制成的屦，殷墟出土的跪坐石人穿的翘尖鞋当即这种屦。

周代的服饰比商朝精致讲究，社会上不同等级之间有了更多的、更显著的差异。殷代的上衣下裳之制在周代依然行用，上衣仍以右衽交领为常式，但下裳之外还有蔽膝。周人还有将上衣与下裳连为一体者，称为"深衣"。周人衣服上常佩戴各种饰物。彝铭记载常见的赏赐之物里有朱黄、幽黄、金黄等，一般认为"黄"即指佩玉。当时的贵族以丝、帛、裘、毛等为衣服原料，长袍狐裘，宽带深衣，配以各种玉饰，十分美观舒适。广大民众的衣服则以麻、葛、粗毛等为原料，式样短小，以便劳作。《诗经·七月》说"无衣无褐，何以卒岁"，"褐"指粗毛或粗麻织成的短衣，劳苦群众连这种短衣也是没有保证的。周王和各级贵族著冕、弁；士著冠；普通民众著巾、帻。在周代的等级制度下，贵族的屦分为"命屦""功屦""散屦"等多种，颜色和式样均有所区别。

夏朝造酒的技术有所发展。二里头遗址墓葬的随葬陶器，占比例最大的是酒器，可见贵族盛行饮酒之风。此风在商朝更盛。周初人批评商朝不仅纣王"荒腆于酒"，而且其他人也都酗酒成风，"庶群自酒，腥闻在上，故天降丧于殷"[1]，认为酗酒是商朝亡国的一个重要原因。考古发现所见商朝酒器，如壶、尊、爵、觚、觯等，种类繁多，制作精美，为一代风尚之物证。殷人重视酒器，湖北黄陂盘龙城早商遗址的一座大墓里，凡酒器大都置于椁内，而饮食器则置诸椁外，可见墓主是一位嗜酒之人。西周初年，大力禁酒，只特许殷遗民"自洗腆，致用酒"[2]，以照顾其习俗。周人在一般情况下是不准饮酒的。酗酒之风在周初虽然有所收敛，但时过境迁，禁而不止，饮酒之风在周代依然盛行。周代的甜酒称为醴，以制作原料的不同又分为稻醴、黍醴、粱醴等种类。以黑黍酿造并加以香料的酒，称为鬯，常用于祭祀或赏赐，是周代酒的珍品。

商周时代人们所吃的粮食主要有黍、稷、粟米等。当时将麦、稻、黍、稷等舂去麸糠之后即整粒蒸煮而食。《诗经·生民》所说"或舂或揄，或簸或蹂，释之叟叟，烝之浮浮"，就是舂米蒸饭情形的写照。商周时代，主要用鬲、鼎、罐等煮粥，用甗和甑蒸饭。蒸饭器具在考古发掘中所见远比鬲、鼎、罐等为少，说明当时多数人是以粥为主食的。商周时代贵族墓葬常有成组、成套的精美食器、酒器出土，可见其饮食是很奢侈和讲究的。

---

① 《尚书·酒诰》。
② 同上书。

七、丧葬情况

从夏朝开始，依贫富贵贱的区别而出现的丧葬情况的差别十分普遍。二里头遗址既发现随葬品丰富的中、小贵族墓葬，也发现不少无墓坑、无随葬品的乱葬，有些骨架作双手被缚或跪伏状，显示了死者生前社会地位的低下。

商代的大型墓葬属于商王或其他高级贵族。其中有 4 个墓道且呈"亚"字形者很可能是王陵。大墓一般随葬成组成套制作的精美礼器、兵器、酒器、玉石器等，有的仅铜戈就七八百件之多。大型墓葬皆有殉人，一般殉数十人，多者达三四百人。中型墓属于商朝的中、下等贵族。这类墓葬的墓室较大，为开掘方便而常在墓室前后开两个斜坡道。这种中型墓的形状类似于"中"字，故称"中"字形墓。只开一条墓道者则称为"甲"字形墓。中型墓随葬的礼器、玉石器等多达数百件，少的也有几件或十几件，一般有少量殉人。小型墓属于普通民众，墓室面积不大，一般只有棺，也有的棺椁齐备，但大多数不随葬青铜礼器，而多以陶器为随葬品。殷人死后要经过洗浴、入殓、出殡等过程，然后才埋葬。《礼记·檀弓上》说："掘中霤而浴，毁灶以缀足。及葬，毁宗躐行出于大门。殷道也。"所说与事实当相距不远。商朝墓葬不积土为坟堆，与《易经·系辞下》所谓"不封不树"相合。在大型墓葬之上往往建有享堂，以供祭祀之用。

商朝是人殉人祭之风最为盛行的时期。从已经发表的考古资料看，殷墟地区殉人最多的是侯家庄的 1001 号墓，总数有 400 多人。殷墟地区的武官村大墓殉有 79 人。另外，属于商代后期的山东青州苏埠屯的一座墓室面积达 160 平方米的大墓，殉有 48 人。殷代祭祀时常用人牲，据甲骨文记载，晚商时期"共用人祭一万三千零五十二人，另外还有一千一百四十五条卜辞未记人数，即都以一人计算，全部杀人祭祀，至少亦当用一万四千一百九十七人"[①]。殷墟王陵区有公共祭祀场所，历年发现葬坑近 1500 座，每座坑一般埋 7～10 具人架，当时杀人祭祀的数量是相当惊人的。卜辞常有用"三百羌"或"百羌"为人牲的记载，可见当时被用于人祭者的身份多为羌俘。

西周时期的贵族虽然仍旧盛行厚葬，但人殉人祭的数量却大为减少。作为周代丧葬特征的是贵族的用鼎制度。不同等级的贵族往往用不同数量

---

① 胡厚宣：《中国奴隶社会的人殉和人祭》（下篇），载《文物》，1974(8)。

的鼎来随葬，这些鼎一般都形制相同、大小相次，形成系列，故又称"列鼎"。随葬的列鼎往往与其他随葬器物有固定的组合关系，如九鼎配八簋、七鼎配六簋、五鼎配四簋等。西周后期高级贵族随葬礼器的规格是列鼎九件、簋八件和编钟若干套，低一些的规格是列鼎七件、簋六件和一套编钟。周王的用鼎规格要比贵族更高，古代文献中说列鼎十二，或者与事实相距不远。《荀子·礼论》讲周朝丧葬情况时谓"天子棺椁七重，诸侯五重，大夫三重，士再重，然后皆有衣衾多少厚薄之数"，依等级而决定棺椁规格和随葬品的厚薄。贵族的这种丧葬情况显然与当时社会上严格的等级制度是相符的。

在古代，特别是夏商两代的基础上，周朝形成了一套繁细的丧葬礼仪，有了更复杂的葬具。据《礼记·檀弓》说，有虞氏以瓦棺为葬具，夏后氏在瓦棺之外填以烧土，殷人用棺椁，周人又在棺椁两侧和其上附以装饰品。周人对以前的葬俗礼仪多有损益。例如，"殷既封而吊，周反哭而吊"，殷人只待棺椁下葬完毕即可吊唁，表示慰问，周人则在从墓地返归祖庙哭祭时才吊唁。又如，"殷练而祔，周卒哭而祔"，殷人要待 1 年之后才奉死者的神主入祖庙而祭，周人则在埋葬完毕卒哭之时即将神主奉入宗庙以便祭祀。《荀子·礼论》认为周朝丧礼的中心是"以生者饰死者"，"象其生以送其死"。在这种观念支配下，按照丧礼的规定，要为刚死者沐浴、束发和修剪指甲，再依死者的等级把玉、珠、贝、米之类放在他的嘴里，还要给死者穿上多层衣服。圹穴棺椁像死者的室屋，随葬的各种物品供死者享用，殉人为其驱使。这种"事死如生，事亡如存"的做法对我国古代的葬俗有很大影响。

第六节　夏商西周的文化

一、甲骨卜辞与铜器铭文及纹饰

西周初年的人说"惟殷先人有册有典"[①]，甲骨文"册"字，做绳索穿绕竹木简之形；"典"字作双手捧册之形。甲骨文还有不少以"册"为偏旁的字。这些情况表明商朝以典册书写文字，只是由于典册难以长期保存，所以迄今尚未有商朝的典册被发现。在考古发掘中曾经发现过商代的陶文。这种

_____

① 《尚书·多士》。

陶文是在陶器未烧制以前刻画在器表或口沿部位的。另外，商代的玉、石器上也有文字被发现，晚商后期还出现了不少彝铭。尽管商代在多种材料上书写文字，但是我们今天所见最多的是刻在龟甲兽骨之上的卜辞。商代甲骨集中发现于殷墟及其附近地区。

商代神权兴盛，甲骨占卜是沟通神人之意的主要方法。属于早商时期的郑州二里岗遗址曾经出土卜骨 375 片，卜甲 11 片，多数经过比较仔细的整治，并以青铜钻做出深而密集的钻坑，其中有两块为刻字甲骨。晚商时期的甲骨占卜臻于鼎盛，甲骨的贡纳、收贮、整治、钻凿、占卜、刻辞、存储等都有严格而系统的制度。迄今为止，所发现的商代甲骨多达 15 万片以上，并且甲骨上多载有内容丰富的卜辞。据统计，甲骨上所见单字为 4500 个左右。甲骨文字错落有序、刻写娴熟，是基本规范化了的初期汉字的代表。甲骨文的许多单字已经能够反映出汉字造字的基本规律，今日许多汉字的字形、字音、字义早在甲骨文的时代就已经趋于定型。汉朝许慎在《说文解字叙》中提出研究汉字形体的"六书"的理论，他为指事、象形、形声、会意、转注、假借六项造字原则举出 12 个字为例证。这 12 个典型字例，除形声字的"江"和会意字的"信"以外，其余都见诸甲骨文。由此可见，甲骨文字确实奠定了汉字发展的基础。然而，甲骨文字毕竟是初期汉字，还存在不少原始性质。甲骨文中象形、会意字占了大部分，作为汉字高级阶段代表的形声字还不到 1/5。相当一部分甲骨文字有大量异体，形体结构比较粗疏，既有大量合文，又有一些一字分成两形的情况。因此，商朝的甲骨文要达到完全成熟的状态还有相当距离。

除了殷商甲骨以外，西周甲骨也具有重要意义。带有文字的西周甲骨在山西洪洞坊堆村、陕西长安张家坡、北京昌平白浮村等地均有零星发现，而 1977 年在陕西岐山凤雏村西周遗址的发现则为其大宗。这个遗址中出土带字甲骨 289 片，共计 903 字，另有合文 12 个。后来在周原地区的扶风齐家遗址又发现 6 片，共 102 字。西周甲骨上的文字一般都很小而且字迹纤细，具有颇高的微雕技巧；从甲骨钻凿形态看，西周甲骨多施以方凿，排列整齐而且密集。这些方面都表现了西周甲骨的特征。

商周时代，青铜器大量涌现，据粗略统计，仅带铭文者就有万余件之多。青铜器的铭文和纹饰是商周时代文化特征的集中表现之一。

商代青铜器厚重庄严，早期多无铭文，仅有极少数铸有祭祀对象名称，如"后母戊""后母辛"等。晚期的铭文十分精致，有多达 40 余字者。这些铭文除了标明族氏以外，还出现了不少记事内容，如祭祀祖先、奖励赏赐、对外征伐等。商代青铜器纹饰主要有云雷纹、饕餮纹、夔纹、虎纹、龙纹、蝉纹、鸟纹、乳丁纹等。在繁缛的各种纹饰中，以张牙露齿的猛兽为主题而衍变形成的纹饰最富特色，多给人以恐怖狰狞的美感。湖南醴陵出土的一件商代铜象尊，以象鼻为注酒口，以敦实有力的四足为支撑。象的全身布满兽面、夔龙、凤鸟、猛虎等图像，衬托以云雷纹，是一件青铜艺术杰作。

西周前期的青铜器继承了商代的特点，但数量上大大增加，其纹饰表现了时代特色。这个时期青铜器以兽面为主题的纹饰多富于变化，逐渐抽象为图案，一般只保留其颜面部分，夔龙纹则变化为短身卷曲的形式，减少了恐怖成分。长尾高冠的凤鸟纹和分尾的长鸟纹比较流行，双身龙纹也在增多。到了西周后期，以威严为特色的饕餮纹和夔纹趋于被淘汰，出现了窃曲纹、瓦纹、环带纹、重环纹等新的纹饰，纹饰主题倾向于简单朴素。这种情况与西周后期王权的趋于衰弱是有一定关系的。西周铜器铭文以其鸿篇巨制而著称于世，许多彝铭多达三四百字，最长的毛公鼎铭文达497字，其重要的内容和详尽的叙事足以和文献中的周初诸诰相媲美。西周时期的许多军国大事，如分封授土、奖赏大臣、征伐献俘、诉讼刑罚、职官任命、地域疆界、馈赠交易等都被勒之彝器，以示永垂不朽之义。作为社会情况的直接反映，铜器铭文是研讨周代历史不可或缺的重要资料。不同时期的铭文字体，往往具有特殊风格，或者是首尾出锋、中间肥厚的波磔体，或者是上下等粗呈柱状的玉箸体。西周铜器铭文一般都排列整齐，字体严谨，书写娴熟，优美奔放，是书法和铸造艺术的完美结合。

二、史学与文学

史学与文学最初并没有什么区分。原始时代的传说既是口耳相传的文学，又是关于历史的叙述。甲骨文的时代，史学与文学的萌芽有所发展，但它们仍是合为一体的。

殷墟卜辞注意到了记事的完整性，一般都记载了事件的时间、地点、人物、发展和结果，尽管十分简单，但却首尾完整。有些卜辞还对所记事件做了详细记录，如记载土方侵略商的田地和小邑，一条卜辞就有七八十字之多，详记土方入侵、商王占卜以及其他方国同时入侵的情况。在许多卜辞里，商王和占卜者所重视的已经不是卜兆所表示的神的意愿，而是事件的发展和结局。另外，卜辞里极少有评论和说明，从形式上看，绝大多数卜辞都是简单记叙，可是撰写者有时通过记叙来表达出某种愿望，在叙事中反映出作者的某种思想。卜辞往往从正反两个方面对同一事进行多次占卜，最多有一事占卜 18 次者，表现了占卜者对相关事情的热切关注。商朝还有许多记事刻辞，大多刻在骨臼、甲桥或龟板的边缘部位，以便贮存时易于翻检查看，反映了殷人对历史档案的重视。偶尔也有极个别的卜辞有景物描写。例如，武丁时期的一条卜辞载，"八日庚戌，有各云自东（现），毋昃，亦有出虹自北，饮于河"①，叙述了这一旬的第八天庚戌日，有云从东方出现，未到红日西沉时，又从北边出现彩虹，这条彩虹自北而南，像要去饮大河之水。"饮于河"3 字写活了彩虹，可以说是拟人化笔法的滥觞。大多数卜辞，不仅过分简略，而且格式呆板，语言也多缺乏文采，和后世的史学及文学著作还有很大距离，但甲骨卜辞中毕竟有史学和文学的萌芽存在，这也是不应当被忽视的。

西周时期的史学和文学比商朝有了很大发展。这个时期的大量彝铭有了比较自觉的历史意识，在铭刻的结尾常有"子子孙孙永宝用"之语，希望彝铭内容为后世所永记。这样的彝铭的内容多为家族的光辉经历、祖父辈所受到的恩宠及荣誉、家庭的田产和财物数量、诉讼的情况及胜诉的结果等，都有垂诸史载、永志不忘的寓意在内。西周中后期的长篇彝铭还曾追述周王朝历史的发展情况。例如，墙盘铭文就讲述了周文王、武王、成王、康王、昭王、穆王等的业绩，叙述了微史家族的先祖拜见武王受到款待，以及历代先祖的一些情况，充满记事述史的气氛。

作为我国上古时代文献汇编的《尚书》一书的主要篇章皆为西周时期的作品，是我国上古历史的最重要的文献记载。《盘庚》据《史记·殷本纪》所说是商王小辛时的作品，但从内容和遣词造句的情况来看，其写定亦在西周初年。《尚书》中的《大诰》《康诰》《酒诰》《梓材》《召诰》《洛诰》《多士》《多方》合称为周初八诰，记载了周公东征、分封诸侯，营建洛邑、迁徙殷顽等许多重要史事，是了解周初社会情况的最重要的历史资料。这些篇章的作者力求详细记载当时的事情经过，体现出首尾相连的线索。《召诰》逐日记载了召公到洛邑进行考察以及命令"庶殷"在洛河旁营建的情况，还详细记载了周公到达洛邑视察，举行郊祭和社祭，以及召公告诫成王的言辞，已经初具历史著作的规模。周初八诰以外的《金縢》记载了武王病笃、周公为

---

① 郭沫若主编：《甲骨文合集》，第 10405 片反面，1533 页，北京，中华书局，1999。

其筑坛祈祷的情况，还叙述了周公藏祷辞于匮中、管蔡之乱、天降风雨示威以彰周公之德、成王得匮中之书而感动哭泣等事。全文叙事不仅线索清楚，而且一波三折，故事的发展起伏跌宕，很能引起读者的兴趣，是历史学家的一篇佳作。除了《尚书》之外，《逸周书》的一些篇章，如《克殷》《世俘》《度邑》等，也是周初的重要历史文献。

关于周族的兴起以及西周各个历史阶段情况的长篇史诗的写作，是西周时期史学与文学发展的重要收获。这些史诗见诸《诗经》的"雅""颂"部分以及"豳风"的一些篇章。《生民》叙述了周族先祖后稷的降生和创业的情况，是诸篇史诗所述时代之最早者。《公刘》写周族著名先祖公刘迁居于豳地的情况，《七月》叙述了周族人在豳地的生产和生活情况，这两篇诗从一些方面揭示了公刘时期周族发展的面貌。《绵》写公亶父率族迁于岐下的情况，周原地区的建筑和发展情况在诗中有相当生动的描述。《皇矣》写季历的创业和文王时周成为"万邦之方，下民之王"的情况。关于周文王的业绩在许多诗篇中都有重点叙述，比较集中的有《文王》《灵台》《天作》等篇。武王伐纣时的雄伟军容，文王迁者丰邑、武王营建镐京的功德，周公东征的辉煌胜利，在《大明》《文王有声》《破斧》等篇有生动的描述。《下武》《噫嘻》等篇描写了成王亲耕籍田、慎德守业的情况。国人暴动后的社会动荡和宣王中兴是西周时期史诗所述的另一个重点，《桑柔》《江汉》《常武》等篇都有许多重要的记载。西周时期的史诗多出自史官或大臣之手，关于周族早期的历史发展情况应当是根据世代的传说所写成的。

商周时期的人十分重视历史的经验，在进行重大决策和教诲下属的时候，常常以历史事实作为主要论据。据《尚书·盘庚上》记载，在说服大家同意迁居时盘庚就曾举出殷先王"不常厥邑，于今五邦"的史实。在周初诸诰里，周公多次列举"自成汤至于帝乙"的"殷先哲王"的业绩，强调殷高宗、中宗、祖甲等王勤勉创业的史实，还总结了从文王开始的周族艰难发展以成就大业的情况，用这些历史事实来教诲周的贵族。《尚书·召诰》载周公的话谓，"我不可不监于有夏，亦不可不监于有殷"，《诗经·荡》说"殷鉴不远，在夏后之世"，这些都表明了当时的人对于历史经验的高度重视。

三、宗教与哲学

夏商时代的人有浓厚的神意观念，其哲学思想与宗教有密切的关系。

夏启在甘之战以前的誓词中曾有"用命，赏于祖；弗用命，戮于社"①的说法，可见祖神和社神在夏代有很高的权威。在所有的神灵中，祖先神是殷人祈祷的最主要的对象。从卜辞的记载里可以看到，历代商王，绝大部分都受到殷人的隆重祭祀。不仅如此，殷人还极力追溯传说时代的最初祖先，并将女性祖先也纳入祭祀范围。这些祖先神频繁享受隆重祭典和数量众多的牺牲，在殷人的祭典中占有十分突出的地位。盘庚迁殷时曾对诸族首领说："兹予大享于先王，尔祖其从与享之。"②可见，对于非王室的子姓先祖以及一些异姓部族的先祖，殷人也十分尊崇。

在殷代的自然崇拜里，作为重点被祭祀的不是日月、山川、风雨之类的作为自然物的神灵，而是具有某种人格化的土（社）神、河神、岳神。殷人常以封土、柏木、巨石等为社主。江苏铜山丘湾发现商代的社祭遗址。遗址以下端呈楔状的方柱形巨石为中心，巨石的南、北、西3面各有一石围绕，周围有人牲、狗牲遗骨30余具，均面向巨石。殷人对河神和岳神也相当崇拜，认为它们和社神一样司掌自然变化、阴晴圆缺、年成丰歉等事，和天帝一样也有呼风唤雨的神力。帝是商代最主要的天神。帝可以支配风雨旱涝，能够降祸福于人间，但在这些方面的神力却比不上祖先神和土（社）、河、岳等自然神。在殷人的心目中，帝实质上是具有自然意义和一定人格化倾向的"天"，帝与天是合二而一的。

"天"的概念的提出及其神化，是周代哲学思想的一个重大收获。周人信奉帝，也信奉天。天与帝常常是密不可分的。《诗经·文王》说"文王在上，于昭于天"，"文王陟降，在帝左右"。周人认为帝是天庭的主宰，人的祖先要升到天上侍奉在帝的左右，不仅周人可以如此，就连殷人也能"克配上帝"。在周人的心目中，帝是完全人格化的最高的神灵，他在天上的处所称为"帝庭"。据《尚书·金縢》说周武王就是在"帝庭"接受任命而"敷佑四方"的。许多重大事情要由帝来决定。《尚书·康诰》认为殷周之际发生变革的根本原因是文王能"明德慎罚"，把周邦治理得很好，这件事"闻于上帝，帝休，天乃大命文王，殪戎殷"，上帝对文王的作为备感欣悦，这才命令他灭掉了殷。《尚书·召诰》说"皇天上帝改厥元子兹大国殷之命"，可见周人认为使周革殷命的乃是"皇天上帝"所为。

在周人的心目中，从万民降生、高山耸立，直到人世间的婚配，"天"

---

① 《尚书·甘誓》。
② 《尚书·盘庚上》。

的影响无所不在，所以周人对天是非常恭敬的。《诗经·敬之》说"敬之敬之，天维显思，命不易哉，无曰高高在上，陟降厥士，日监在兹"，指出天道甚明，不要以为天只是高高在上而什么也不知晓，而是天时刻都在周围监视着我们。"天命"之说为周人所津津乐道。周人认为自己的灭商大业是"革殷受天明命"①，还经常称颂"天"的公正无私、不偏不倚。周公在向诸多方国部落解释夏、商、周依次兴替的历史时说："诰告尔多方，非天庸释有夏，非天庸释有殷；乃惟尔辟，以尔多方，大淫图天之命，屑有辞。"②强调夏、商国运的断绝是其君主不遵天命的结果。周人有时候也说"天不可信""天难谌"③一类的话，可是其主旨是要说明天命并非固定不变的，如果周人不能勤勉从事，那就会重蹈夏商覆辙，致使天命移易。其间并没有太多对天的怀疑成分。

四、筮法与《周易》

筮法的起源很早，据研究，新石器时代的一些彩陶鬲、罐上就有八卦符号。夏代的筮法今已难考，汉朝时有的经学家认为称作《连山》的筮书就是夏代筮法的总结。商朝时，筮法虽然没有占卜那样盛行，但也和占卜同时并用，也是当时沟通神人之际的重要方法。殷墟出土的甲骨、安阳四盘磨发现的甲骨以及周原的卜甲，其上都发现有数字组成的八卦符号，甲骨卜辞里也有殷人占筮的记载。汉朝的经学家或认为《归藏》是商代的筮书。

周因于殷礼，筮法在西周时期逐渐系统和完备。西周时期的彝铭之后往往排列有数字符号，多由 3 个或 6 个数字组合而成，可按其奇、偶分为阳、阴。彝铭上的这些数字排列可以组合成《周易》的大壮、无妄、升、屯、小畜、明夷、否、未济等卦。西周中期的彝铭上还有周王亲令某人进行占筮的记载。从古代礼书记载的情况看，占筮已经广泛进入西周时期贵族生活的各个领域，贵族礼仪的许多重要事情要由占筮的结果来选定。但总的看来，就占筮对于政治生活的影响而言，周朝是远逊于商代的。

筮法笼罩在一片神秘的气氛之下，它希冀通过符号数字的变化来预测吉凶、判断神意，其间并没有逻辑的必然性。据《易经·系辞》所说，占筮

---

① 《史记·周本纪》。
② 《尚书·多方》。
③ 《尚书·君奭》。

时是用50根蓍草来排列组合而进行演变的。进行变化时要先将其中的1根另放，余者任意分为两份，分别以4根为一组计数并排除其余额。经过这样3次演变之后，所剩蓍草必定为36、32、28、24四数之一。这四数被4除的结果是9、8、7、6。按照奇数象阳、偶数象阴的原则便可由此而得出一个阳爻或阴爻。阳爻用一长画表示，阴爻用相续的两短画表示。每演变一次，可得一爻。单卦由3爻组成，需演变3次；重卦由6爻组成，故需演变6次。这种由3爻或6爻组成的卦，称为卦画或卦象。和殷代占卜有记录而成卜辞一样，周代占筮也有记录而成筮书。解释卦之吉凶的歌谣或口诀称为"颂"或"繇"。在长期占筮的过程中，占筮者逐渐积累起关于命蓍之辞和"颂""繇"的大量记录，经过选择整理以后，分别移写在卦画之下，以为今后占筮时预告吉凶的标准和借鉴。大约在商周之际，某些文化水准较高的人搜集占筮记录进行订补，并将涉世经验、哲理思辨、史事休咎等内容也列在卦爻之下。《周易》就是在这种情况下经过多人之手和长期的整理而成书的。

《周易》"经"的部分共64卦，"乾""坤"两卦各有7爻，其余每卦各有6爻，共计386爻。每卦都先列卦形，次列卦名，再列卦辞。每一爻，均先列爻题，次列爻辞。每个爻题都由两个字组成，第一个字分别为初、二、三、四、五、上，表示爻的次序；第二个字分别用九或六，表示爻的性质为阳爻或是阴爻。每卦六爻的爻题依次为初六、九二、六三、九四、九五、上九。《周易》的卦辞和爻辞共450条，4900多字。战国时人，总结了前人对于《周易》的阐释，编成《文言》《系辞》《说卦》等7种书，共10篇，就是《周易》的"传"的部分。

《周易》不仅是我国上古时代哲学思想的结晶，而且保存了商、周时代的大量史料，对于当时社会的农业、畜牧、渔猎情况以及祭祀、征伐、诉讼等都有所反映，为研究商、周社会历史所不可或缺。

五、歌舞艺术和科技

二里头遗址发现有石磬、陶埙、陶铃等乐器，可以推想夏代的歌舞艺术是有一定水平的。古代文献里说夏代有许多能歌善舞的人，相传大禹治水时，遇见涂山氏女，未及成亲就急忙南行。涂山氏女便派人在涂山之阳等候大禹归来，并作歌曰："候人兮猗！"①大禹治水成功以后，"命皋陶作为《夏龠》九成，以昭其功"②。这九章《夏龠》虽然已不可考，但其为庆功歌舞而作则还是可以肯定的。《天问》和《山海经·大荒西经》均载古代传说谓夏后启曾经 3 次到天帝那里，"得《九辩》与《九歌》以下"。夏后启窃得天帝之乐，并且演化成名为《九韶》的乐舞。"韶乐"相传为舜所创制，古本《纪年》说启"舞九韶"，大概是指启将韶乐重新整理加工，使其音调更为优美。春秋末年，孔子曾经用"尽善尽美"来形容韶乐，《论语·述而》说他"在齐闻《韶》，三月不知肉味"。《韶》之美妙，可以想见。启时乐舞的场面相当宏大，"将将锽锽，管磬以方"，"万舞翼翼，章闻于天"③，达到了惊天动地的程度。夏朝后期的孔甲也是一位多才多艺之人，《吕氏春秋·音初》说他曾经作过名为《破斧》的歌，为东方音调之始。夏朝后期的乐舞更为壮观，相传夏桀时有相当规模的乐队，"大鼓钟磬管箫之音，以钜为美，以众为观，俶诡殊瑰，耳所未尝闻，目所未尝见"④。这些传说虽然未必完全可靠，但谓夏朝已经有了较高水平的歌舞，应当是可信的。

考古发现商代乐器已有多种，如铜鼓、铜铙、铜钟、石磬、陶埙等。甲骨文"乐"字作丝弦架在木上之形，当指琴瑟一类的弦乐器。在殷墟侯家庄的商代墓葬中发现有木鼓的遗存，其木、皮虽已朽，但鼓面蟒皮的纹理还相当清晰。最有代表性的是殷墟武官村大墓出土的一件石磬。这件石磬长 84 厘米，高 42 厘米，正面用刚劲而柔和的线条雕出虎形。石磬音质很好，只要轻轻敲击，就会发出悠扬清越的近于铜声的音韵。近年在江西新干大洋洲晚商早期的墓葬中发现 1 件圆形平口的镈和 3 件云纹铙。镈的器身呈梯形，满布以浅浮雕牛首纹为主题的纹饰，两侧有突出的扉棱，其上端各饰以伏鸟。铙的钲部饰以由卷云状纹饰构成的兽面纹，兽面上有长方形的突目，整个纹饰以连珠纹饰为衬。这两件乐器制作精良，可为商代南方乐器的代表。据研究，铜铙在商代是一种旋律乐器，当时已经有了我国古代音乐的十二律的体系。商代的钟、磬、铙等，常是 3 件为一套，每套发 3 个音，有明显的音程关系。我国古代的音调系统在商代已经初步形成。晚商时期的埙多有 5 个音孔，至少能发 9 个音，还能发出四五个半音，使这种

①　《吕氏春秋·音初》。

②　《吕氏春秋·古乐》。

③　《墨子·非乐上》，字句据孙诒让《墨子间诂》卷八稍有改动。

④　《吕氏春秋·侈乐》。

乐器基本定型，能够演奏出优美的曲调。甲骨文有"舞"字，作婆娑起舞之状，人身上还挂着各种饰物。《吕氏春秋·古乐》说商朝建立后，成汤命令伊尹创制了名为《大护》《晨露》的歌舞，又整理了《九招》《六列》等古代流传下来的歌舞。《史记·殷本纪》说纣王"使师涓作新淫声，北里之舞，靡靡之乐"，还有的古书上说纣王有"女乐三千人，钟石丝竹之音不绝"①，都可令人想到当时乐舞阵容的庞大。

西周时期的乐器继承了殷商之制，仍以3件为一套，每套发3个音。其乐器的成套组合比商代有了更大的范围，器种更多，制作也更精良。西周乐舞的重要特征是与宗法观念下的等级制度密切结合。自从周公制礼作乐以后，"乐"与"礼"成为不可分割的整体，以"乐"配"礼"，使各种礼仪更加壮观辉煌。西周时期，不同的礼仪有不同的音乐歌舞与之配合。西周时期还将历代乐舞进行整理。这些乐舞的名称，相传有黄帝时的《咸池》，尧时的《大章》，舜时的《箫韶》，禹时的《大夏》，汤时的《大护》，武王时的《大武》②。周王室还派人把这些歌舞教给贵族子弟。据《尚书大传》记载，武王伐纣时率军"至于商郊，停止宿夜，士卒皆欢乐歌舞以待旦"，不少古书上有武王伐纣"前歌后舞"的说法，很可能当时以歌舞的形式进行战前誓师和战后庆功。西周时期往往有成套的歌舞曲，每一章称为一成。颂扬周武王的《大武》有六成，相传即《诗经》中的《昊天有成命》《武》《酌》《桓》《赉》《般》6篇。在演唱时，每成的音调速度皆有不同，一成要声迟调缓，二成要音多调慢，三成要调高音急，四成要音舒调畅，五成要声静调和，六成要气洪调复。这些情况表明，西周时期对于音调有了更多的注意。《诗经》的《周颂》部分共31篇，皆祭祀乐舞的歌词，载歌载舞，声容并茂。其中描写乐器演奏的情况谓"钟鼓喤喤，磬筦将将"③，"应田县鼓，鞉磬柷圉，既备乃奏，箫管备举，喤喤厥声，肃雍和鸣"④，颇有一番热烈欢快景象。

在科学技术方面，以青铜冶炼技术的发展和纯熟掌握最为突出。夏商西周时代对于青铜冶铸时的配方比例及其效果已有比较深刻的认识。《考工记》说："金有六齐：六分其金而锡居一，谓之钟鼎之齐；五分其金而锡居一，谓之斧斤之齐；四分其金而锡居一，谓之戈戟之齐；参分其金而锡居

---

① 《管子·七臣七主》。
② （清）孙诒让：《周礼正义》卷四十二。
③ 《诗经·执竞》。
④ 《诗经·有瞽》。

一，谓之大刃之齐；五分其金而锡居二，谓之削杀矢之齐；金锡半，谓之鉴燧之齐。"这个铜、锡的配制比例是完全合乎科学道理的。青铜中锡的成分占17%～20%的时候最坚韧，过此则坚韧度逐渐减弱。作为工具和武器的斧斤、戈戟都需要坚韧，故而其配方比例与此接近。钟鼎需要辉煌灿烂，故而其成分中锡的含量较少。鉴燧需要灰白之光，所以锡的含量最多。殷墟出土的后母戊大方鼎，经化学分析知道其合金比例是铜占84.77%，锡占11.64%，铅占2.79%，与"六分其金而锡居一"的比例是大体接近的。

在长期的冶炼实践中人们对于火候也有很精到的认识。《考工记》曾经划分出这样几个层次：开始冶炼时，原料中的杂质先气化，因此放出"黑浊之气"；此后锡熔化，又现出"黄白之气"；温度再升高时，铜的青焰放出，故有"青白之气"；待铜全部熔化，则完全成为"青气"。等到炉火纯青时，便可浇铸。如今所能见到的商周时代的青铜器还有万件之多，当时长期的冶炼实践，是这方面科学技术发展的牢固基础。

数学知识很为周代贵族所重视。周人以礼、乐、射、御、书、数为六艺，可见数学知识为当时贵族子弟必学的科目之一。后世曾以勾股定理为周公所提出，虽系假托，然若谓西周时期已经有了这项定理的萌芽则还是可信的。夏商西周时期，车辆和其他木器的制造日渐增多，技术趋于精良，在进行各种计算时，是有可能接触到勾股定理的。

夏世系表

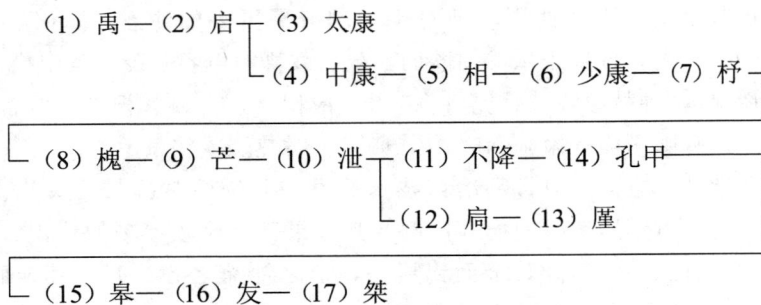

商世系表

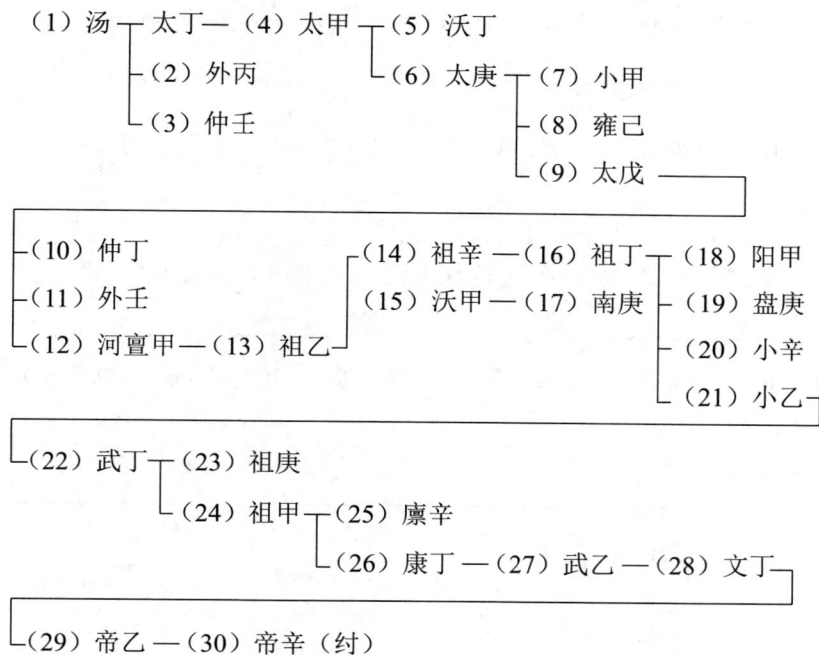

西周世系表

弃－不窋－鞠－公刘－庆节－皇仆－差弗－毁隃－公非－高圉┓

┗－亚圉－公叔祖类－古公亶父－季历－昌（文王）－发（武王）

（1）武王发－（2）成王诵－（3）康王钊－（4）昭王瑕－（5）穆王满┓

┗（6）共王繄扈－（7）懿王囏－（9）夷王燮－（10）厉王胡－（共伯和）┓

┗（8）孝王辟方

┗（11）宣王静－（12）幽王宫涅

第三章　春秋战国社会的变化

第一节　叙　说

自公元前 770 年至公元前 221 年，是我国历史上的春秋战国时期，即东周时期。"春秋"的名称取自当时鲁国的编年体史书《春秋》。这部书记载了公元前 8 世纪至公元前 5 世纪的历史，因此，后人把这段历史称为春秋时期。继之而起的是战国时代。"战国"一词在当时指的是战争中的强国，至西汉时《战国策》一书编定，"战国"便成为公元前 5 世纪至公元前 3 世纪的时代专用名词。

鲁史《春秋》的记载起自公元前 722 年，但为了便于记忆，史学界一般把春秋时代的上限，定在周平王迁都到雒邑（今河南洛阳）那一年，即公元前 770 年。又由于人们通常把战国的上限定在《史记·六国年表》的起始年份，即公元前 476 年，因而春秋时代的下限，也就从鲁史《春秋》记载的终结年份即公元前 481 年，延长到公元前 477 年。同样，东周应到周赧王卒，即公元前 256 年终结，一般也延长到秦的统一即公元前 221 年，以便与战国的下限一致。于是，春秋时期即指从公元前 770 年至公元前 477 年的近 300 年，战国时期则指从公元前 476 年至公元前 221 年间约 250 年。

历经 5 个半世纪的春秋、战国，从统一走向分裂，由兼并再度统一，是当时历史发展的总趋势。300 年的春秋时期，即一部由统一而分裂的历史。若以公元前 546 年列国召开"弭兵盟会"为界，可把春秋分为两个阶段。前一阶段 220 余年的历史，是以统一王权日益衰微、诸侯分裂争霸为主要特征的。在这一阶段初期，从周平王东迁至齐桓公称霸的 90 年间，可说是强国争霸的准备时期，这是从"礼乐征伐自天子出"向"礼乐征伐自诸侯出"过渡的 90 年。从齐桓公召集北杏会盟（公元前 681 年）而初步奠定霸主地位，直至诸侯订立弭兵盟约(公元前 546 年)的 130 余年间,中原各国相互征伐,霸主迭出。先是齐桓公首霸中原,后有晋楚之间 80 多年断断续续的争霸战争。从列国"弭兵盟会"开始,春秋时期进入第二阶段。在第二阶段的 70 年间,中原各国诸侯权力逐渐衰弱,各国卿大夫权力日趋强大,政权继续下移。出现从"礼乐征伐自诸侯出"进而向"礼乐征伐自大夫出",甚至"陪臣执国命"的局面。同时,在长江下游兴起的吴、越两国,迅速壮大并先后北上与中原各国争霸。

再说战国约 250 年的历史,观其发展进程,呈现出分裂继续加剧,转而又进入兼并统一的历史趋势。战国时期,依各国强弱胜负的发展变化,可划分为 3 个阶段。第一阶段,从战国初至魏齐徐州相王(公元前 334 年),是中原魏国崛起的 140 年,魏国经变法图强,雄居霸主之位约百年是这段历史的主要内容。第二阶段,从徐州相王至秦赵长平之战(公元前 260 年)的 70 余年,是东西对峙时期,其主要内容在于齐、秦称霸东西,以及由此产生的合纵、连横局面。第三阶段,长平之战以后至秦灭六国(公元前 221 年)的 40 年,是秦向东方大发展的时期,最终迎来中国的再度统一。

在统一——分裂——再统一的总趋势推动之下,社会变革异常激烈是这 550 年历史的明显时代特征。就社会形态而言,春秋时期仍然是氏族封建制的时代,而从战国中期开始,社会则由氏族封建制向地主封建制转变,为秦汉封建帝国的建立奠定了社会结构方面的基础。明清之际学问家顾炎武总结这一时期的变革时指出:"如春秋时,犹尊礼重信,而七国则绝不言礼与信矣;春秋时,犹宗周王,而七国则绝不言王矣;春秋时,犹严祭祀、重聘享,而七国则无其事矣;春秋时,犹论宗姓氏族,而七国则无一言及之矣;春秋时,犹宴会赋诗,而七国则不闻矣;春秋时,犹有赴告策书,而七国则无有矣。邦无定交,士无定主,此皆变于一百三十三年之间。"[1]春秋战国之际是中国古代历史上关键性的重大变革时期。另一大学问家王夫之称其为"古今一大变革之会"[2]。总体说来,废弃贵族的礼制,确立以将相为首脑的中央集权君主政治、郡县两级的地方行政组织,小农经济的繁盛,百家争鸣局面的兴起,从分裂走向统一,是这一时代的主体特征。

经济领域中,春秋末年,特别是战国初期铁农具的使用、牛耕的推广,使得生产力迅速提高,土地私有制开始出现。西周以来"工商食官"的局面

---

① (清)顾炎武:《日知录》卷十三"周末风俗"条。
② (清)王夫之:《读通鉴论·叙论四》。

被破坏，出现了独立经营的手工业者和商人。战国各地商品交换经济繁荣，各种铸币开始使用，一批人口集中的工商业城市随之兴起。

政治领域中，西周、春秋时期以血缘关系为基础的宗法分封制度越来越失去其社会支配作用，代之而起的是以君主为中心的郡县制。以贤能为标准，按军功爵定等级的官僚制度也逐渐替代了以往的世卿世禄制度。西周以来由宗法贵族世代占有封土、世袭爵禄、掌握军政大权的格局，在战国变法运动中已基本被摧毁。

意识形态领域中，出现了我国历史上第一个黄金时代。夏、商、周三代天、命、鬼、神的原始宗教观念受到冲击；在适应宗法制需要的孝、悌观念之外，又产生了适应官僚制度的忠君观念；天命观念的动摇，必然引起思想界对人性理论的广泛探讨。学在官府的局面终于被打破，开创了私人讲学之风，学者竞相树立学说，形成儒、道、阴阳、法、名、墨、纵横、杂、农、小说所谓"十家九流"的学派，出现了前所未有的"百家争鸣"的新气象。

当中国历史进入春秋时期，世界其他文明地区的情况也在发生着变化。在西亚兴起了亚述帝国，它的崛起竟将一些最古老的文明中心，如埃及、巴勒斯坦、叙利亚和两河流域，都纳入了一个政权的统治之下。亚述帝国的强盛预示着以埃及和两河流域为轴心的古老文明地区行将衰落。也正是在这个时期希腊城邦国家逐渐形成。鲁国颁布"初税亩"令的公元前 594 年，正是雅典梭伦开始城邦改革的同一年。这一时期，在印度河流域和恒河流域也产生了许多以城市为中心的小王国和部落共和国。至公元前 7 世纪末叶，伊朗高原的米底和巴比伦人联合灭亡亚述，使得埃及和新巴比伦一度出现回光返照式的繁荣。公元前 6 世纪，又有波斯代米底而起，统一了伊朗高原，征服了小亚细亚、叙利亚、巴勒斯坦、两河流域、咸海南岸的中亚地区和埃及，还占领了印度河流域的西部地区。波斯帝国的出现，将西起希腊、东至南亚次大陆西北部的广大文明地区沟通起来，对东西文明的联系起了很大的促进作用。作为世界最古老文明中心的埃及和两河流域，从此基本上失去了政治的独立性。

大约在我国的战国时期，广大中东、近东地区反复进行着东西方势力的较量。公元前 5 世纪，波斯帝国曾几番入侵希腊，均告失败。公元前 4 世纪晚期，马其顿国王亚历山大东侵，征服波斯帝国，甚至侵入印度河流域。至公元前 3 世纪初，帝国分裂为马其顿、埃及、塞琉古等王国。广大的中东、近东地区陷于马其顿希腊人统治之下。公元前 3 世纪中期，帕提亚（安息)、巴克特里亚(大夏)脱离塞琉古王国独立。公元前 6 世纪末在意大利开始出现的罗马共和国,于公元前 3 世纪统一了意大利并战胜了劲敌迦太基。在南亚次大陆,经过两个世纪的兼并战争,到公元前 3 世纪时出现了强大的孔雀帝国,然而统一未能持久,到公元前 2 世纪再度分裂。南亚次大陆西北受到大夏人、安息人、塞人的入侵。

正当中国文化经历着战国百家争鸣的辉煌时代,世界其他地区的古代文化也放射着异彩。南亚次大陆在公元前 6 世纪至公元前 4 世纪的学术争鸣,特点在于宗教色彩浓重,其时产生的佛教、耆那教对后世影响深远。公元前 5 世纪至公元前 4 世纪希腊灿烂的古典文化奠定了后世欧洲文化的传统。

春秋战国是中西文化交流史上空前的繁荣时代。著名的中西丝绸之路正是在这一时期出现的。春秋时期,关中秦国强大起来,秦穆公征服了西戎八国,向西北开拓疆土,发展贸易关系,这种贸易是以缯帛、金属器换取游牧部落的牲畜、皮毛和玉石。至战国时期,西戎八国先后被秦吞并,秦和河西走廊的交通得以畅通。中西丝绸之路得以开启。西戎以西,世代居住在敦煌的游牧部落原是塞人,春秋时期月氏民族开始强大,向西驱赶塞人。塞人沿天山西迁,散居于天山以北的辽阔草原。天山以南塔里木盆地周围是一些农牧居民,他们之中大部分使用东伊朗语。天山以东居住的月氏,也操东伊朗语,和中亚细亚北部操北伊朗语的塞人同出一系。天山以西至咸海和巴尔喀什湖到帕米尔高原一带则广泛分布着斯基泰人,他们在人种和语言上与天山以北的塞人十分相近。公元前 8 世纪,一部分世居中亚北部的塞人迁徙到黑海西北,他们在公元前 6 世纪时和希腊人在黑海的殖民城邦建立了频繁的贸易往来。于是由天山北麓通向中亚细亚和南俄罗斯的道路,在这些操北伊朗语的牧民媒介作用下,显得格外通畅。在古代,这里是极其辽阔、没有国界的草原谷地。塞人部落以其游牧方式,在中国和遥远的希腊城邦之间充当了最早的丝绸商人,他们的往来足迹在亚欧草原上踏出了最早的丝绸之路。

中国是世界上最早养蚕织丝的国家,并且是 6 世纪以前唯一饲养家蚕和织造丝帛的国家。早在商代,养蚕缫丝已成为重要的手工业。至春秋战国,丝织业更有着长足的发展,制造出多种多样的锦绣、锦衣。这些世界上独一无二的精美衣料吸引了西北的游牧民族,成为重要的交换品,并通过他们流向欧亚草原各地。这其中,斯基泰人在公元前 6 世纪至公元前 3 世纪充当了中国与西方丝绸贸易的最大中介商。

丝绸之路的开通,带来了中国与中亚、西亚以及欧洲技术、艺术的频繁交流。例如，国外考古学家曾从阿尔泰地区的一些古墓中，挖掘出了相当于春秋战国之际的一批中国丝织物。在同一地区公元前 4 世纪至 3 世纪的墓葬中还发现了秦式镜和中国式的四轮马车。另外，丝绸之路西端的希腊，由于在雕刻和陶器彩绘人像中发现所穿衣服细薄透明，因而有人推测在公元前 5 世纪中国丝绸已经成为希腊上层社会喜爱的服装。中西文化的交流是双向的，丝绸之路的开通也为中国引进了西方文明的成果。马具是中国从中亚草原民族引入并加以改造的。春秋时，秦晋两大国为对付北方游牧民族，便已在车战的传统方式之外使用单骑作战了。战国赵武灵王更是公开允许服胡装，以便推广骑射。伊朗式铁铠和铠环正在代替笨重的犀兕皮甲。至于兵器，则中国和欧亚草原民族互有影响，在某些方面如青铜剑、矛、刀、钺，有从中国向北方和西方扩散的趋势。

随着中西交往的增多，西方人的古代文献中越来越多地出现了有关东方文明古国中国的名称，如"支尼""支那""赛里斯"等。学者认为这些名称都与丝有关系。① 大约公元前 5 世纪，费尔瓦丁神的颂辞中称中国为支尼（Čini，Sāini）。古波斯文对中国的称呼有 Čin，Cinistān，Čīnastān，都和粟特语中的 Čyn 相近。这个名称可能是由东伊朗语传去的。和波斯人一样，印度人最早也称中国为"支那"（Cīna），形成于公元前 4 世纪至公元前 2 世纪的印度史诗《摩诃婆罗多》和《罗摩衍那》中都提到这个远在北方的支那。在印度人那里，"支那"一词是和丝绸的运输分不开的。这个事实同样可以用来解释波斯人最早知道的"支尼"，这也是和丝绸的输入联系在一起的。因此"支那"或"支尼"并非起源于"秦"国，不论波斯文或梵文中的中国名称，都不是春秋战国时期称霸西戎的"秦"国的对音，它应该是丝织精品"绮"的对音。商周以来的丝织品，以文绮最为精致，至春秋战国时期则更加精益求精。绮，"文缯也"，纹理不顺经纬，织法独特，花式繁富。输出域外的丝织品主要也是这种绮，所以西亚和印度最初知道的就是产绮之国的绮国，而非秦国。古希腊和波斯、印度不同，称中国为"赛里斯"（Seres），这个字的对音或说是"丝"，或说是"蚕"，或说是"绮"，总之都与丝有关。

春秋战国时代留下的大量文献，是研究这一段历史的依据。经过了两千多年，这些文献现在已不能全部见到，不过较之西周，有关典籍还是丰富得多了。研究春秋时期，《左传》是最重要的一部著作。另外，《国语》

---

① 沈福伟：《中西文化交流史》（第 2 版），26～29 页，上海，上海人民出版社，2006。

一书的绝大部分内容也是春秋史料。关于战国时期，就没有像《左传》《国语》那样较系统的史书。虽有《战国策》一书记载了当时的一些史事，但是此书主要记述战国纵横家游说之辞，内容凌乱，也有当时的一些史事。司马迁曾将其资料写入《史记》，只称《短长书》。刘向按 12 国分别整理得 33 篇，始定名为《战国策》。不过，春秋战国时期大量的诸子书，也可作为研究春秋战国史的参考资料。此外，经考古工作者发掘，一批简帛、木牍资料相继面世，如 1949 年至 1966 年，先后从湖南长沙五里牌、河南信阳长台关、湖北江陵望山等楚墓中，发掘出土 7 批战国楚竹简共 800 余枚。[1] 从 1973 年以来，湖北天星观、九店、包山等地的楚墓中也出土了大量的楚简。1993 年，湖北荆门郭店村一号楚墓中出土了 800 余枚竹简，全部为学术思想史材料。[2] 随后，上海博物馆从香港购回 1200 余支战国楚简，内容涉及古史、诸子思想等[3]。河南新蔡葛陵楚墓出土 1500 余枚竹简，内容包括祭祀、卜筮等。[4] 近年来，清华大学收藏、整理并陆续公布了一批价值较高的战国竹简，内容包括若干篇尚书类文献、史书等珍贵典籍。[5] 简帛文献的大量出土，为研究春秋战国时期的社会状况、人们的思想观念、诸子的学术思想，提供了新的宝贵材料。

第二节　春秋战国时期的政治演变

一、平王东迁与王权衰落

平王东迁标志着当时政治上的巨大变动。公元前 770 年平王东迁，自此至齐桓公称霸的 90 年间，为列强争霸的准备时期。王室式微与霸局奠基，是这一时期的主要特征。

---

① 商承祚编著：《战国楚竹简汇编》，济南，齐鲁书社，1995。

② 荆门市博物馆编：《郭店楚墓竹简》，北京，文物出版社，1998。

③ 马承源主编：《上海博物馆藏战国楚竹书》(一)～(九)，上海，上海古籍出版社，2001—2012。

④ 河南省文物考古研究所编著：《新蔡葛陵楚墓》，郑州，大象出版社，2003。

⑤ 李学勤主编：《清华大学藏战国竹简》(一)～(八)，上海，中西书局，2011—2018。

(一)平王东迁

公元前771年周幽王被杀，申侯、鲁侯及许文公在申(今河南南阳北)地拥立原太子宜臼为王，这就是周平王。与此同时，虢公翰为了抵制平王而拥立王子余臣于携，称作携王。但携王未得到诸侯的支持，而周平王则取得了郑、卫、秦、晋等国的支持。平王虽立，但无力驱逐犬戎，在东方诸侯的支持下，他决定放弃易受犬戎侵扰的首都镐京，并于公元前770年把周的都城东迁到雒邑(今河南洛阳西)，史称"平王东迁"。周东迁以后，平王把岐西之地赠予秦伯，河西之地赠予晋文侯。平王东迁，"晋郑焉依"[①]，周天子依附于诸侯，王室衰微的大局已定。

(二)王权式微

东迁之后的周王室，地位骤跌，所辖地区不断缩小。关中故地大片丧失，先为犬戎所占，后为秦人所有。王畿面积比过去大大缩小，它以雒邑为中心，东不过荥阳，西仅至潼关，南不越汝水，北仅抵沁水南岸，方圆不过600余里。王室辖区的缩小必然导致财政收入的减少，加之许多诸侯已拒不向天子纳贡，王室财政极为困难。公元前720年，周平王死，因为随葬品不足，新继位的周桓王只得派人去向鲁国乞求，史称"求赙"。西周以来"天子不私求财"[②]的传统从此打破。

周室东迁以后，以前天子巡狩的事也不进行了。西周时天子每隔几年要到各地巡视，祭祀名山大川，考察诸侯政绩，称为"巡狩"。郑国原来有参与周天子祭泰山的义务，故在泰山脚下有一块田，田亩收入专用于祭祀，叫作"祊田"。鲁国在许国(今河南许昌)也有一块田，是赐给周公在王室做官的采地，称为"许田"。天子无力巡狩，郑的"祊田"无用，便与鲁国的"许田"交换。这次换田标志着天子巡狩礼的崩溃。王室衰弱之后，过去诸侯必须朝会天子的礼仪也已名存实亡。相反，天子却要向诸侯进行聘问。周桓王在位20多年，曾5次聘于鲁国。过去诸侯死了，继位者必须先赴王都朝见天子，请求赐爵，称为"受命"。东迁后诸侯治丧完毕新君即位就不再朝见天子，改由天子派人去向诸侯送册命，称为"锡(赐)命"。

周室无力号令诸侯，于是诸侯开始要求与天子平起平坐，竟然发生了

① 《左传》隐公六年。
② 《左传》桓公十五年。

"周郑交质"的事件。公元前720年(周平王五十一年),郑庄公正充任周王室卿士,平王因见郑庄公权力甚大,就想让虢公与庄公分为左右卿士共掌一职。不想事情还在策划之中已被郑庄公得知,郑庄公就去责问平王。平王见问,害怕起来,不仅矢口否认此事,而且提出与庄公相互交换儿子作为人质,以保证不会削弱他的权力。这次"君臣交质"就把君臣关系降为国家的并列关系了。此后郑国与周室关系越发紧张,以致发展为兵戎相见。公元前707年,周桓王率领王师与郑军在缙葛交战时,竟被郑将一箭射伤。王师败退,周天子更加威严扫地。

周天子权威的衰弱,使一些强大诸侯国想要取代天子地位。但依当时条件,公然夺取天子位,必然激起各国反对,于是他们打出"尊王"的旗号,"挟天子以令诸侯,天下莫敢不听"。从此,周天子成为大国争霸所利用的工具。

(三)霸局奠基

春秋列国是西周诸侯国的延续,同时也是春秋霸局奠定的基础。传统说法西周封国有70多个,经相互兼并,至春秋时势力较强的国家只有14个,它们是郑、卫、秦、晋、虢、楚、燕、齐、鲁、宋、陈、蔡、吴、越。

平王东迁主要依靠郑、卫、秦、晋4国,这4个国家在东、西、北3面环绕着东周王室,春秋初年它们与王室的关系最为密切。

郑国都城在郑(今河南新郑),居今河南中部靠北,与以雒邑为中心的周王畿的东南部相接;北靠卫,南连陈蔡,东与宋相接。西周时它是诸侯中受封较晚的,始封君是周厉王的小儿子、宣王的弟弟王子友,即郑桓公。周王室西边的秦国,是在周平王元年,因为秦襄公护送平王东迁有功而被封为诸侯的。秦居岐西之地,国都在雍(今陕西宝鸡附近),东与晋交界,处诸戎包围之中。周室的东北是卫国,国都在朝歌(今河南淇县),居今河南黄河北岸,东与鲁相连,西邻晋。在周王室北面的晋国,始封君是周成王的弟弟叔虞。叔虞的儿子燮父改国号为晋,有说法认为他把都城迁至今太原附近的晋水旁而得名,居今山西南部的汾、浍二水之间,西与秦交界,东连卫。

周、晋、秦3国交界的地区,即今河南三门峡一带,是周文王同母弟所建立的虢国。它是东周王室西边的屏障,后被晋所灭。春秋初年周室的南边是颇不驯服的楚国。楚发祥于丹阳(今河南淅川丹江以北),后沿汉水南下,都于郢(今湖北江陵),又都鄀(上鄀)。活动在汉水和长江中游之间,处于百蛮的包围之中。

在今天中国的东半部，从北到南分布有燕、齐、鲁、宋、陈、蔡、吴、越等国。燕的国都在蓟（今北京地区），是召公初封的地方。居今河北北部，东边是孤竹国，东北边是肃慎，东南与齐国接界。齐国是姜太公之后，建都临淄（今山东淄博），居今山东半岛。齐的东边是纪国（在今山东寿光），再往东是莱夷，北接燕国，东北临渤海，西与鲁相连。鲁国在今山东西南部，泰山是它与齐国的天然分界，国都为曲阜。鲁东北与齐相邻，西与卫相接，西南与宋交界。鲁宋之间有曹国，都陶丘（今山东定陶）。宋国是商朝的后裔。周初分封舜的后代为陈国，都宛丘（今河南周口淮阳区）；分封夏代之后为杞国，初都雍丘（今河南杞县），后都淳于（今山东安丘）。陈、杞、宋就是后来所谓“三恪”，以示对先代王朝的敬意。“三恪”之中以宋国为最大，都商丘，居今豫鲁皖3省交界地区，在郑的东面，北与鲁相连。蔡国，国都在上蔡（今河南上蔡）。武王灭商后将弟弟叔度封于此，成王时蔡叔度因参加武庚叛乱被流放。后来成王又封蔡叔子胡于蔡。蔡居今河南东南部，位于陈的西南，与楚相邻。

在东南有吴、越两国。吴国的都城在吴（今江苏苏州附近），居于楚之东，辖今江苏南部。吴是周太王的长子、周文王的伯父吴太伯之后。越国据有今浙江北部，旧说始封君是夏少康之子无余，建都会稽（今浙江绍兴）。

二、大国争霸

古人曰：“春秋无义战”，指的是春秋列强之间长期进行的那种旨在掠夺土地、人口、财物的争霸战争。争霸，就是强国以武力去争夺成为诸侯盟主的霸权。春秋各国在争霸角逐中曾出现过所谓“春秋五霸”，有认为是齐桓公、宋襄公、晋文公、秦穆公、楚庄王[1]，也有认为是齐桓公、晋文公、楚庄王、吴王阖闾、越王勾践[2]。无论如何，春秋大国争霸的时代特征在于：初期有齐桓公在黄河流域称霸30余年；随后是晋楚之间80多年的争霸中原，晋文公和楚庄王都曾一度有过辉煌霸业；在晋楚争霸的时候，他们东边宋国的襄公曾争霸而不成，西方秦国则在秦穆公时因东进未果转而称霸西戎。公元前579年和公元前546年列国的两次弭兵盟会既反映了中原

---

① 《孟子·告子下》汉赵岐注。
② 《墨子·所染》《荀子·王霸》。

各国的厌战要求,又是大国争霸的时代转折。从此,春秋进入晚期,长江下游崛起的吴、越,曾先后向黄河流域进兵争夺霸权。

(一)齐桓首霸

齐国位于今山东半岛,靠山临海有渔盐之利,进可攻退可守,居战略要地。齐襄公在位时,灭纪伐卫,征服鲁国,曾一度强盛。但襄公终因为政昏乱,于公元前686年被齐大夫所杀。早在襄公即位之初,他的两个弟弟就因内乱逃往国外,公子小白逃到莒国,公子纠逃至鲁。襄公既死,公子小白在鲍叔牙的策划下,抢先返齐,路遇公子纠的师傅管仲放箭刺杀,幸因箭中带钩方免于难,最终夺得君位,即齐桓公。经鲍叔牙推荐,齐桓公不记一箭之仇,起用政敌管仲为相开始了争霸大业,史称齐桓称霸,"管仲之谋也"①。

齐桓公一面任用管仲推行改革、整顿内政,一面对外实施武力扩张。最初争霸的过程很艰难。公元前684年,齐出师不利,在伐鲁的长勺之战中,被鲁庄公用曹刿"彼竭我盈"战术击溃。公元前681年,齐约8个诸侯国会盟于北杏(今山东东阿北),意欲成为盟主。结果,8国中鲁、卫、曹、郑拒不出席,在到会的宋、陈、蔡、邾中,宋国国君又中途退席,北杏会盟没有成功。一再的挫折并未使齐桓公丧失称霸信心。很快,齐便借口鲁不出席会盟,再度伐鲁,并迫使鲁与齐结盟。公元前680年,齐又以宋"背北杏之会"为由,联合陈、曹伐宋,并请周王室派军相助,桓公以天子之命伐宋,宋被迫求和。终于在公元前679年,齐、鲁、宋、卫、陈、郑在卫国的鄄(今山东鄄城北)会盟,齐桓公主盟为诸侯长,这是他称霸的开始,史称"齐始霸也"②。

齐桓公称霸后,用管仲建议,打出"尊王攘夷"旗号,目的是利用周室的正统地位,团结诸侯,以对抗经常威胁中原的楚和戎狄。公元前664年,北戎侵燕,齐桓公就率军北伐,保卫燕国。公元前662年,狄人攻邢(今河北邢台),于是桓公救邢,并将邢人迁居夷仪(今山东聊城)。公元前660年,狄人犯卫,齐桓救卫,安置卫余民于楚丘(今河南滑县),史称"邢迁如归,卫国忘亡"③。以上诸举使齐桓公在诸侯中赢得了很高的威信。

---

① 《史记·管晏列传》。
② 《左传》庄公十五年。
③ 《左传》闵公二年。

正当齐桓公称霸中原之际，南方楚国迅速壮大，开始北上中原争霸，楚不仅兼并了许多小国，而且连年伐郑。为了阻挡楚国北上的锋芒，公元前656年齐桓公率齐、鲁、宋、郑、陈、卫、许、曹等国联军侵蔡伐楚，直抵楚边境陉地（今河南郾城区南）。楚成王只得求和，两方订立"召陵之盟"，楚实际上承认了齐的中原霸主地位。公元前651年，齐在葵丘（今河南兰考东）召集鲁、宋、卫、郑、许、曹等国会盟，商订了有关各国共同遵守的条约。在这次盛会上，周襄公还派特使送来祭肉，正式承认了齐桓公的霸主地位。公元前643年，齐桓公死，国内发生君位争夺。不久，霸权移至晋国。

(二) 晋楚争霸

晋国本是汾水下游一个小国，至春秋前期晋献公兼并周围小国和戎狄，才逐渐强大。献公晚年，因废嫡立庶，迫使公子重耳在国外流浪了19年。献公死后，晋国政局动荡，60多岁的重耳于公元前636年返晋，在惠公、怀公之后继位为晋文公。文公是当时各国君主中最熟悉社会情况的，跟随他流亡的狐偃、赵衰等大臣也都很有能力。晋文公即位的当年，周王室内乱，王子带赶走了周襄王。晋文公抓住这一时机约会诸侯，平定叛乱，迎周襄王复位，博得了"尊王"的名誉，提高了自身威望。公元前632年，楚因宋国附晋，率陈、蔡、郑、许之兵伐宋。晋则率宋、齐、秦之兵进攻楚的盟国曹、卫，诱楚北上。双方大战于城濮（今山东鄄城临濮集），楚方溃不成军。这是春秋前期规模最大的一场战争。城濮大捷使楚国向北发展的兵力第一次受到沉重打击。战后，晋文公在践土（今河南荥泽）会盟诸侯，周襄王正式册封他为侯伯。至此，晋文公"取威定霸"，成为中原霸主。以后80年间，晋楚间的斗争成为大国争霸的主要内容。

晋文公死后，灵公继位，霸权受到来自南楚和西秦的威胁。晋人虽阻止了秦的东进，却没能挡住楚庄王称霸中原。据说楚庄王自公元前613年即位起，作乐3年，不理政事，待完全了解国务之后，他"一鸣惊人"。首先平定国内贵族叛乱，征服周边百濮各部；继而任用平民出身的孙叔敖为令尹，举贤荐能，整饬内政，兴修水利，加强国力，然后开始其争霸中原的大业。公元前606年，楚庄王进攻雒邑附近的陆浑之戎时，在东周京畿阅兵示威，并派人向周王询问九鼎的轻重。鼎是王权的象征，楚庄王此举意在表示他有吞周企图。楚要称霸中原，郑国首当其冲，公元前598年，楚围郑3个多月，郑被迫投降。郑降对晋是很大的威胁，晋派兵救郑，但于公元前597年在邲(今河南郑州北)之战被楚打得大败。两年后，楚又围宋达 9 个月之久，宋只得屈服。楚征服了郑、宋之后，鲁、陈等中原小国也先后依附了楚国，楚庄王遂成为中原霸主。

春秋中期以后，晋楚之间势均力敌，疲于攻战，进入二强相持阶段。此时中原小国也因饱受大国争霸战争之苦，而普遍厌战。于是出现了以宋国发起的两次"弭兵"(和平)会盟。第一次是公元前 579 年由宋大夫华元提倡的，晋楚在宋订立盟约，双方保证不交兵。然而公元前 575 年，晋楚之间即爆发了鄢陵(今河南鄢陵北)之战。这一年，晋国攻打依附楚国的郑国，楚人派兵救郑。晋厉公集中优势力量进攻楚国的左右军，双方混战中，晋将射中了楚共王的眼睛，楚国败退。鄢陵之战后，公元前 546 年宋大夫向戌倡议第二次"弭兵"，会盟仍在宋召开，除晋、楚两大国外，另有 14 国代表到会，会上确立了晋楚共为霸主的地位，规定小国要对晋楚同样纳贡，齐、秦大国分别与晋、楚联盟。至此，晋、楚平分了霸权，黄河流域的争霸战争基本上告一段落。

(三)宋襄公图霸未成与秦穆公称霸西戎

早在晋楚争霸初期，还曾有过宋襄公、秦穆公欲染指中原霸权未遂的情况。公元前 650 年，宋襄公即位，他很有一番雄心，试图称霸。齐桓公死后，诸子争位，是宋襄公护送齐孝公继齐国君位的。宋襄公自以为定齐乱有功，企图继齐而称霸，但他又自知诸侯不服，于是欲借齐、楚之力压服中原各国。公元前 639 年他约齐、楚盟会于鹿上(今山东巨野)，提出召集诸侯大会的倡议。于是这年秋楚、陈、蔡、郑、许、曹邀宋襄公大会于盂(今河南睢县)。结果，楚竟在会上将他抓获，随后伐宋。宋襄公本想当霸主，反做阶下囚。后来宋襄公虽被放还，却未吸取教训。公元前 638 年，在泓水(今河南柘城北)之滨与楚军交战中，他不但不正视现实社会，反而大讲"君子不重伤，不擒二毛"的古训，致使宋军惨败，他本人负伤，不久身亡，其称霸之梦破灭。

晋楚争霸之时，秦在西方崛起，虎视中原。秦穆公在位的 39 年是秦史的重要阶段，他任用百里奚、蹇叔等名臣治国，成一时"富国强兵"之势。晋文公死后，秦穆公企图向东发展，争霸中原。公元前 627 年(秦穆公三十三年)，秦、晋大战于崤山(今河南西部)，秦全军覆没。秦东进受挫后改变战略，转而西向，进攻戎地，"益国十二，开地千里"①。周襄王为此还曾派特使祝贺，秦在西方取得"独霸西戎"的地位。

（四）吴越争霸

弭兵会盟之后，春秋的历史进入晚期。这一时期东南吴、越之间的争斗构成了春秋争霸的尾声。吴国地处今江苏南部，越国地处今浙江北部，两国在中原各国的影响下得以迅速发展。在晋楚争霸时，晋为利用吴来牵制楚，曾于公元前584年派巫臣向吴人传授先进的射法、御法和战车阵法。吴王阖闾于公元前515年即位后，重用伍子胥、孙武整顿、治理国家，并于公元前506年大举攻楚，5战5胜，攻占楚国郢都。吴见楚势已衰，转而与越争雄。公元前496年，吴、越战于槜李（今浙江嘉兴南），越王勾践战败吴军。阖闾受伤而死，其子夫差继位后于公元前494年打败勾践。夫差以为已解后顾之忧，便挥师北上，争霸中原。当夫差在黄池（今河南封丘）会诸侯，与晋争霸时，不料勾践刻苦自砺，在大夫文种和范蠡辅佐下，经"十年生聚，十年教训"，壮大力量，乘机攻入吴都姑苏（今江苏苏州），并于公元前473年灭吴。此后越王勾践亦北上会诸侯于徐州，一时号称霸主。但是吴越的称霸已是争霸战争的尾声，远不及晋楚争霸影响之大。

春秋大国争霸战争旷日持久，中小国以及广大人民深受其苦。但也正是争霸战争沉重地打击了西周以来的贵族统治体系，小国的被兼并换来了区域性的统一；竞争促使各国开始内政改革，重用出身庶民的贤能；时代也造就了齐桓、晋文、楚庄、秦穆、夫差、勾践等一大批富于开拓进取精神的领袖人物。

三、七国争雄

古人用"战国"一词概括春秋之后250年的历史，主要因为这一时期的争霸战争不仅次数有增无减，而且规模越来越大。春秋时代五霸称雄的局面转化为七大国相互对抗的形势，它们是秦、楚、齐、魏、赵、韩、燕，即所谓"战国七雄"。其中齐是卿大夫田氏以相位夺君权而有国的，史称"田氏代齐"；魏、赵、韩3国本是魏氏、赵氏、韩氏3个卿大夫瓜分晋国而形成的，所以又称"三晋"。事实上"战国七雄"除燕国外，都曾是春秋的霸主，

①　《史记·秦本纪》。

且多数是卿大夫僭越原来的诸侯而起的新兴政权,它们具有很强的生命力,相互间进行着以兼并为目的的争霸战争,直至秦灭六国,统一中国。七国的方位是:齐在东,秦在西,楚在南,赵在北,燕在东北,魏、韩夹在中间。七国间关系是:韩、魏、赵、楚与秦接壤,受秦威胁最大;而燕、齐距秦最远且不为毗邻。七国争雄过程阶段特征在于:经战国初几十年酝酿之后,先是出现了百年之久的魏霸中原局面;而后经过齐、秦与魏的争雄,迎来齐、秦对峙的70余年;长平之战以后的战国最后40年,是秦向东方大发展并最终兼并六国,统一全国的时代。

(一)魏霸中原

战国初年,魏用李悝变法,迅速成为中原霸主,继承了晋的霸业。由于魏地处各大国中间,魏文侯和魏武侯两代君主为能既扩充地盘,又不至于四面树敌,因而采取了联合赵、韩,一面出击的战略。魏首先西向与秦多次交战,于公元前409年攻占秦河西地,阻止了其向东的发展。进而向北,于公元前406年灭中山国。随后与韩、赵联合向东,于公元前404年大败齐军。这时周天子不得不于公元前403年承认了魏、赵、韩的诸侯地位。此后,魏向南伐楚,并于公元前400年大败楚军于大梁、榆关。魏攻占了楚大梁(今河南开封)及其外围襄陵(今河南睢县),随后又攻占了楚的鲁阳(今河南鲁山县),夺取了楚在黄河以南的广大地区,遏制了楚的北上。

魏与韩、赵之间既有联合,亦有攻战。公元前362年魏在浍水北岸击败韩国,同年又进攻了赵国。魏惠王继承了文、武侯的霸业,为了便于向东方发展,公元前361年他把都城从安邑迁到了大梁,因此又称梁惠王。公元前359年魏又以武力迫使韩献出大片土地。由于魏国力大大增加,公元前356年韩、鲁、宋、卫前往朝魏。公元前344年,魏在大梁附近的逢泽发起并主持了"逢泽之会",率领十二诸侯朝见周天子,成为盟主。至此,魏已成为称霸中原的唯一大国。也就在魏霸主地位达到高峰的同时,齐、秦开始与魏争雄,因而"逢泽之会"也就成为魏逐渐中衰的转折点了。

(二)齐秦并峙

齐、秦是在魏霸中原的同时迅速崛起的,它们的称霸过程包括与魏争雄和齐秦对峙两个阶段。

齐在魏文、武侯时代,常被三晋打败臣服于魏。但齐是中原大国,公元前386年田齐列为诸侯,齐更成为参与中原争雄的重要角色。所以,魏的霸主地位最先遇到的是来自齐的挑战。公元前 354 年赵向魏的属国卫国进攻，卫战败，臣服于赵，引起魏的不满，魏、宋军队包围了赵都邯郸。公元前 353 年，赵求救于齐，齐允诺出兵援赵，终于导致了齐、魏桂陵之战的爆发。

公元前 353 年齐威王派田忌为统帅、孙膑为军师率兵救赵。孙膑认为魏以精锐伐赵，内部空虚，如"引兵疾走大梁"，魏军必然回救本国，齐可攻其疲惫，并能解邯郸之围。于是齐军向大梁急进，魏将庞涓闻讯果然匆忙回师。齐军以逸待劳，在魏军必经之地的桂陵（今河南长垣）大败魏军，这就是历史上著名的"围魏救赵"战例。

就在齐向魏的霸权提出挑战的同时，秦也开始了与魏的霸权争夺。桂陵之战以后，秦趁魏失败，于公元前 352 年攻入魏的河东，攻取魏旧都安邑；次年又占领固阳，并越过洛水，收复了被魏占去的部分河西地。然而，魏毕竟是战国初的最强国，桂陵战败后很快稳定了局势，并对齐、秦展开反击，迫使齐、秦与其讲和，放缓争霸步伐。但是，如果说公元前 344 年由魏主盟的"逢泽之会"还只是魏霸权由盛而衰的转折的话，那么随着马陵之战的爆发，齐、秦最终取代魏的霸主地位则已成定局。

"逢泽之会"韩没有参加，魏认为这是背叛，于是在公元前 342 年攻韩，韩告急于齐，齐威王命田忌、田婴为将，孙膑为师出征援韩。齐仍用救赵的战术，举兵直趋大梁。魏将庞涓闻讯，连忙释韩回魏。魏以太子申为上将军，与庞涓 10 万兵迎击齐军。孙膑采用"减灶诱敌"计，故意示怯，不断撤退，制造假象，麻痹魏军。第一天营地造军灶 10 万，次日减为 5 万，第三天减为 2 万。庞涓中计，误以为齐军"士卒亡者过半"，仅率轻骑追赶。追至马陵（今河南范县西南），天黑道狭，地势险要，遭到伏击，庞涓自杀，太子申被虏。马陵一战，魏国元气大伤，从此一蹶不振，遭到齐、秦、赵三面夹攻。

马陵之战后，东齐、西秦两强对峙了约 60 年之久。齐威王因马陵之战提高了威望，魏只好"变服折节而朝齐"[①]，向齐妥协。公元前 334 年，魏惠王到徐州朝见齐威王，尊齐为王，齐威王不敢独自称王，又尊魏为王，史称"徐州相王"。从此，魏的霸权彻底丧失。秦国地处西陲，中原国家"不与盟会"。秦献公时，开始转弱为强。秦孝公继位后，任用商鞅变法，国力大增，开始东进攻魏。公元前 330 年，秦败魏于雕阴（今陕西甘泉南），迫使魏

① 《战国策·魏策二》。

将河西地献给秦。公元前 329 年秦又攻取魏河东的汾阴(今山西万荣西南)、皮氏(今山西河津西)、曲沃(今河南三门峡西南)等地。公元前 328 年秦攻取魏蒲阳(今山西永济北),魏被迫将上郡 15 县献给秦国。此时秦已占有今陕西黄河以西广大地区,以及黄河以东、以南部分地区。秦控黄河天险,国富兵强,声震山东各国。随着魏国霸权的衰落,强秦崛起于西方,公元前 325 年秦继魏、齐之后开始称王。公元前 316 年秦惠文王接受司马错的建议,向西南发展势力,攻灭蜀国和巴国。秦获巴、蜀"天府之国"后,更加强大。接着秦向西北扩展势力,兼并了西戎的义渠部,解除了东进的后顾之忧。

至此,齐秦对峙局面形成,魏、赵、韩三晋地处中原,成为齐秦必争之地。由此展开了复杂激烈的合纵连横战争。

(三)合纵连横

在齐秦对峙时期,各诸侯国间产生了"合纵"与"连横(衡)"的斗争。因为南北方向为纵,东西方向为横,故以三晋为主,北连燕,南连楚,以抗击秦或齐,叫作合纵;而以三晋为主,东连齐而西抗秦,或西连秦而东抗齐,叫作连横。就策略而言,"合众弱以攻一强"谓之合纵,"事一强以攻众弱"谓之连横。随着斗争的发展,合纵连横的含义也在逐渐变化。至战国后期则变为六国联合抗秦是合纵,六国分别投靠秦国是连横了。

魏、齐"徐州相王"之后,尽管魏的实力削弱,但秦仍以魏为"腹心疾"[1],不断向魏进攻。公元前 329 年张仪来到秦国,游说秦惠文君联合魏国,实行连横之策。公元前 325 年秦惠文君举行称"王"的仪式,同时也承认魏、韩二君的王号,旨在巩固秦与魏、韩的连横关系。

当张仪入秦推行连横策略不久,公孙衍就离开秦国入魏为将,图谋拉拢别国,实施合纵政策。公元前 323 年,张仪和齐、楚大臣相会,目的在于拉拢齐、楚,防止公孙衍合纵。在这样的形势下,公孙衍为了合纵,发起了"五国相王"[2]活动,试图和秦对抗,但结果没有取得什么成就。

公元前 322 年秦又攻取了魏的部分土地,这时魏惠王由于采取魏相惠施"欲以魏合于齐、楚以按兵"[3]的策略失败,不得不采用秦相张仪"欲以秦、韩与魏之势伐齐、荆(楚)"的策略,任用张仪为魏相。张仪兼为秦魏之相

---

① 《史记·商君列传》。
② 《战国策·中山策》。
③ 《战国策·魏策一》。

后，实施了联合秦、韩、魏以伐齐、楚的举措。公元前320年秦借道韩、魏攻打齐国，齐人奋勇反击，秦军大败。这一结果使张仪的连横行动受到挫折，公孙衍的合纵之策得以展开。魏惠王重新采用公孙衍的合纵建议，把张仪赶回秦国。

公孙衍得到东方各国的支持而成为魏相，合纵的形势便形成了。公元前318年，公孙衍联合魏、楚、燕、韩、赵，实行"五国伐秦"，并推楚怀王为纵约长。但由于五国不能合作，仅韩、赵、魏出兵，结果于公元前317年联军在修鱼（今河南原阳）被秦军击败，合纵被瓦解。此后，秦国的势力进一步发展，秦、齐两大国又开始各谋兼并土地。

楚国"地方五千里，带甲百万"①，在当时几乎与秦、齐成鼎足三分之势，所以楚的向背直接左右着合纵连横的斗争。秦为了牵制齐国，必须与楚联合，破坏齐楚联盟。公元前313年，秦派张仪入楚，游说楚怀王。诈称如楚能"闭关而绝齐"，秦愿归还楚"商于（今河南淅川西南）之地方六百里"。怀王信以为真，便与齐断交，而与秦和解。当楚向秦索地时，张仪却改口说当初许下的只是"广袤六里"。楚怀王方知被骗，怒而发兵攻秦。结果先后在丹阳（今河南淅川）和蓝田（今陕西蓝田）两次战役中为秦所败。后来，秦昭王约楚怀王至秦会盟，怀王受骗被扣押，死于秦。在接连不断的失败之后，楚逐渐衰落了。

楚衰落以后，赵国成为秦东进的主要障碍。公元前307年赵武灵王实行"胡服骑射"改革后，赵以其强大的骑兵而增强了抗秦实力。秦为打击赵国而谋取与齐的联合。公元前288年秦昭王约齐湣王同时称帝：秦昭王称西帝，齐湣王称东帝，并订立盟约，准备联合五国伐赵。但齐湣王后来又接受苏秦劝告，主动放弃了帝号以孤立秦国。齐甚至联合了韩、魏、燕、赵合纵攻秦，迫使秦昭王废弃帝号，并将部分侵地归还魏、赵。

宋国是七雄之外一个中等国家，地处中原，与齐、楚、魏等大国接壤，历来是大国争夺的对象。公元前286年宋国内乱，齐乘机灭宋，引起三晋及楚国的不安，秦国便乘机组织合纵攻齐。秦王先后与楚、赵、魏、韩等国国君相会，并于公元前285年派秦将蒙骜率兵借道韩、魏去攻占了齐的9座城池。而"诸侯害齐湣王之骄暴，皆争合纵与燕伐齐"②。合纵攻齐的局面形成。

---

① 《战国策·楚策一》。
② 《史记·乐毅列传》。

当年齐国曾乘燕内乱征伐过燕国，两国就此结怨。燕昭王即位后，励精图治28年，国富兵强。公元前284年燕国上将军乐毅与燕、秦、赵、魏、韩五国合纵攻齐，在济西大败齐军。随后，乐毅果决进兵，攻克齐都城临淄后，分兵5路，迅速平定、攻占了绝大部分齐地。齐国只剩下莒和即墨两城未被攻下，齐湣王逃至莒，不久被人杀死。

公元前277年，燕昭王死，惠王即位，疑忌乐毅，以骑劫代乐毅为将，乐毅被迫逃往赵国。燕军易帅，士卒涣散，到处抢劫，齐人纷纷反抗。齐将田单在人民的配合下，用火牛阵破燕军于即墨，燕军溃退，齐军收复了全部失地。但齐国被燕军蹂躏5年之久，损失极大，从此一蹶不振，齐秦对峙的局面也最终被打破了。同时，在长期伐齐战争中，燕国国力亦消耗过甚。齐、燕的厮杀大大削弱了东方的抗秦力量，使秦得以抽出力量对付楚国，公元前278年秦将白起率兵攻克楚都郢，楚被迫迁都于陈（今河南周口市淮阳区）。楚国进一步衰落下去。此后，合纵连横就逐渐演变为六国并力抗强秦为合纵，六国分别投降秦国为连横了。

（四）远交近攻

公元前266年秦昭王用范雎为相，采纳了范雎的"远交近攻"之策，即远交齐、楚，近攻三晋。范雎认为，如此"得寸即王之寸，得尺即王之尺"。这样既能破坏东方各国的合纵，又能巩固所攻占的土地。同时，范雎又向秦昭王提出"毋独攻其地而攻其人"的策略，意在打击东方六国的战斗力。远交近攻之策对秦最终统一六国具有深远意义。当时，秦主攻的三晋之中，其实唯有赵尚具单独抗秦之力。公元前269年秦曾在阏与之战中被赵将赵奢击败过。所以秦、赵之间的冲突无可避免，这才有著名的长平之战。

公元前262年秦攻占韩的野王（今河南沁阳），使韩的上党郡和韩的本土隔绝。韩欲献出上党向秦求和。但上党郡守降赵献郡，引发了秦和赵争夺上党郡的长平之战。公元前260年，赵派大将廉颇援韩，驻守长平（今山西高平）。秦派白起、王龁猛攻长平，廉颇森严壁垒，尽管秦军多次挑战，仍坚守不应，以逸待劳。双方坚持了3年，不分胜负。秦施反间计扬言："秦之所恶，独畏马服君赵奢之子赵括为将耳"，还说廉颇善守不善攻。赵王中计，于公元前260年以赵括取代廉颇。但赵括是个"徒能读其父书传，不知合变"的空谈家，他为将后立即全线出击。秦军佯败，待赵军追至营垒前，分兵切断赵军后路，粮草断绝，将赵军分割包围长达46天。赵括突围不成，战死，40万赵军尽被坑杀，赵括也被后人讥为"纸上谈兵"的将军。

公元前 259 年秦乘胜包围赵都邯郸，两年未攻下。赵向魏国求援，魏派将军晋鄙率 10 万大军进驻邺（今河北临漳），因惧秦而等待观望。公元前 257 年魏公子信陵君通过魏王宠姬如姬窃得兵符，刺杀晋鄙，率魏军救赵，秦兵大败而去。这次解邯郸之围，虽使赵转危为安，但长平一战毕竟是战国最大、最残酷的战役，赵损失惨重，此后再也无法成为强秦的对手了。

（五）秦灭六国

战国七雄的兼并战争，至长平、邯郸之战已是尾声。公元前 247 年，秦庄襄王去世，其子嬴政 13 岁即位，丞相吕不韦揽权。公元前 238 年，22 岁的嬴政镇压了大宦官嫪毐的叛乱，次年又罢免了吕不韦的相权。从此嬴政亲理国政，他接受了韩非的法家思想，重用李斯、尉缭，定下了先灭韩、魏，断山东六国合纵之脊，而后予以各个击灭的统一战略，自公元前 230 年起，发动了秦灭六国的战争。

秦东进的正面敌人是三晋，其中赵最强，韩最弱。秦自公元前 236 年起连续攻赵，使其失去救援韩、魏能力之后，转而攻韩。公元前 230 年派内史腾率军东进，俘虏韩王安，灭韩。次年，秦将王翦带兵攻赵，赵将李牧迎战。正在双方相持不下时，赵王中秦反间计，以谋反罪斩李牧，使赵军心涣散。公元前 228 年秦攻克邯郸，擒赵王迁，仅赵公子嘉逃往代郡（今河北蔚县）称代王，赵基本灭亡。

灭赵过程中，秦已兵临燕境。危急中，燕太子丹于公元前 227 年遣荆轲刺秦王，未遂。秦随即命王翦、辛胜挥师攻燕，在易水以西歼灭燕军主力。公元前 226 年攻克燕都蓟（今北京城西南），燕王喜逃往辽东。

在伐燕的同时，秦王命王翦之子王贲率兵南下伐楚，攻占楚 10 余城。公元前 225 年王贲以胜楚之师回军伐魏。魏军困守大梁，王贲引黄河、鸿沟水灌城，同年三月大梁城破，魏王假被杀，魏国灭亡。

灭三晋后，秦欲攻楚，青年将领李信主张出兵 20 万，老将王翦认为非 60 万不可。秦先用李信出征，结果大败。秦又于公元前 224 年命王翦率 60 万兵攻楚，楚则倾全力抗秦。王翦至楚坚壁不战，伺楚求战不得，引兵撤退时，挥师追击，大破楚军，杀楚将项燕。次年，攻破楚都，俘虏楚王负刍，楚亡。继而渡江作战，于公元前 222 年平定楚国江南各地。

灭楚以后，秦派王贲出兵扫除燕、赵残余。公元前 222 年攻辽东，擒燕王喜。随后回兵攻打代郡，俘代王嘉。燕、赵彻底灭亡。

公元前 221 年，王贲率军由燕南下攻齐。齐因长期"事秦谨"，"不修攻战之备",在秦大军压境时,未能做任何有效抵抗就不战而降了。至此,秦以 10 年之功兼并六国,结束了春秋、战国 500 余年的分裂割据局面,建立了第一个统一的多民族的中央集权国家,这是中国历史上具有划时代意义的伟大事件。从此,人民获得一个比较安定的生活及生产环境,这是有利于社会经济、文化进一步发展的,也为我国的长期统一奠定了基础。

第三节　各国的变法改革

一、春秋时期各国的改革

春秋时期,社会激烈动荡。周室式微,诸侯壮大,周政权以血缘宗法维系的政治系统出现崩溃趋向。在严酷的争霸过程中,一些统治者眼见"礼崩乐坏"的局面不可逆转,便审时度势,开始起用出身低微但有政治才能的人,进行各种社会改革,以便取得霸主地位。

（一）管仲相齐

齐国能在春秋时首霸中原,重要的一个原因就是齐桓公任用杰出的政治家管仲为相,实施了一系列的改革。

一是内政上实行"三国伍鄙"制。当时周人把自己所居之地称"国","国"之外的广大地区称为"野"。"三国",即把"国人"分为 3 部分,设三官管理。国又分为 21 乡,其中 6 个工商之乡,15 个士乡。西周时,国中住士农工商"四民",各有定居。现在居住混乱了,管仲改革管理办法,要四民定居原处,"勿使杂处",以确保士农工商各业世代相承。"伍鄙",即把郊外分为五属,设立五大夫管理。每年考核,惩劣择优。

这一改革表明,春秋初年,齐国的国野关系开始破坏,出现"四民"杂处的情况。如此整顿内政,为的是集权于贵族,加强统治。

二是军事上实行兵民合一组织。因为"国人"才有当兵的权利,所以管仲规定在"国"中五家为轨,十轨为里,四里为连,十连为乡。按此系统组织的国人,平时生产,战时出征。既扩充了军队编制,增强了战斗力,又减少了养兵的兵赋负担。

三是经济上主张大力发展农业、手工业和商业。在土地制度方面,提倡"相地而衰征"①。衰（cuī）是等差的意思，实行分田到农户，按照土地质量和产量，让农民将收获的一部分以赋税的形式交给国家。他还主张"无夺民时，则百姓富"②，在农时季节不打扰百姓。在手工业方面，管仲设置"工正""工师"等管理手工业的机构，使国家加强对冶铜、纺织等手工业的管理。还对山海渔盐的管理进行改革，免除官税以鼓励出口。在商业方面，主张设立市场，对商人施行"弛关市之征，五十而取一"③，以招徕商贾，发展商业。

四是外交上建议齐桓公树起"尊王攘夷"旗帜，打击了戎狄侵扰，在保卫北方中原小国的战役中，树立了自身威望。

管仲治齐进行的富国强兵改革，使齐很快强大，奠定了齐国建立霸业的基础。

（二）晋、楚整顿内政

晋文公在位期间，重用一直跟随他在外流亡的赵衰、狐偃等，大力整顿内政，以图夺得霸主地位。他们一方面注意维护西周以来的宗法制，另一方面开始推行新措施。一是整顿吏治，将 11 个晋旧族，委任为国君身边的近官；从姬姓中选任中官，作为中央朝廷的官员；选拔异姓，去做地方上的远官。如此重新分配权力，使贵族之间尊卑有序，提高了统治效率。二是在维护"旧族""贵宠"地位的同时，开始"明贤良"。即按功劳起用庶族，对世卿世禄的贵族政治加以改良。三是奖励农业，发展商业，节省费用，以便增加财政收入。四是扩充军队，以适应争霸战争的需要。先是把原有的二军扩大为"三军"，2 年后又增编"三行"，即增设了 3 个相当于军的步兵单位；又过 3 年，改为"作五军以御狄"。

晋文公死后，晋灵公继位时，正值楚国的楚庄王在位。庄王初即位时，面对内忧外患，首先平息了几起贵族暴乱和群蛮、百濮的骚扰，继而着手整顿内政。一是选拔人才。任用平民出身的孙叔敖为令尹（相），发展经济，使农、工、商各守其业。二是重用旧贵。遵循"楚国之令典"，注意选用旧贵族，增强了楚旧贵族对统治者的支持。三是整顿军事。重新提倡楚武王制定的"荆尸"阵法，使士兵在作战时团结一致。以上措施为楚庄王的霸业

---

① 《国语·齐语》。

② 同上书。

③ 《管子·大匡》。

奠定了基础。

(三)子产改革

春秋中期,社会变化加剧,一些国家的统治者开始了更自觉的变革,公元前543年,子产在郑国执政,实行了一系列的改革。

一是让国、野有所区别,上下尊卑各有所职,称为"使都鄙有章,上下有服"①,以维护宗法等级制度与国家的秩序。二是作封洫,改革田制。在农田制度方面,使"田有封洫,庐井有伍"②,对原来的井田沟洫加以整理,以巩固井田系统,但又对私田加以承认,以"伍"编制起来,并加以管理。三是作丘赋,改革兵赋制。公元前539年下令在1丘(16井)田地上缴纳过去1甸(64井)所负担的兵赋。这不仅保证了国家军费,扩大了兵源,而且对以往仅贵族服兵役的限制有所突破。四是铸刑书,改革司法制。公元前536年把法律条文铸在鼎上予以公布,一改过去旧贵族掌握律令、不公开刑法的做法,从而剥夺了旧贵族在法律上的特权,限制了贵族的权力。五是在统治方针上采用宽猛相济、疏导为主的方法,"小决使道",不使"大决所犯",表现出政治智慧。

子产的改革虽然曾受到来自贵族和平民两方面的反对,但是确使郑国得以在这20年间,免遭大国欺凌,这反映了春秋中后期,小国改革图强的迫切需要。

(四)吴、越改革

吴、越能在春秋末年争霸中原,是与它们国内不同程度的改革图强分不开的。吴、越的改革是春秋末年后来居上的典型。

公元前514年,吴王阖闾夺得政权以后,很快在国内进行了有限的改革。一是整顿经济。任用从楚国逃至吴国的伍子胥为客卿,把楚国相对先进的技术传于吴,"立城郭,设守备,实仓廪,治兵库"③。动员垦荒,大兴农桑,修筑水利。二是整顿军队。重用军事家孙武,对军队进行了严格训练,主张"合之以文,齐之以武",强调教育与法纪相结合的治军之道。

公元前493年越败于吴后,聚保于会稽,越王勾践卑辞求和,为报仇雪

---

① 《左传》襄公三十年。
② 同上书。
③ 《吴越春秋·阖闾内传》。

耻，打败吴国，他发愤图强，"苦身焦思，置胆于坐，坐卧即仰胆，饮食亦尝胆也。曰：'汝忘会稽之耻邪！'"①他用范蠡、计然、文种进行改革，措施有四。一是举用贤能，"有道者进"。二是奖励忠谏，赏罚分明。三是积极发展农业生产，使得"田野开辟，府仓实，民众殷，无旷其众，以为乱梯"②，并且"身自耕作，夫人自织……与百姓同其劳"③。四是广积厚蓄，防备灾荒。如此改革，"十年生聚"，终于跃居霸主地位。

二、战国时期各国的变法

历史进入战国时代，周王室已衰落至极。春秋时期周天子和中小国家在大国争霸中所起的一些制约作用此时已消失殆尽。在这个时代，"诸侯力政，争相并"的主要手段是战争，而赢得战争的关键是实力，"强，则能攻人者也；治，则不可攻也。治强不可责于外，内政之有也"④。而要把国家治理好，墨守成规是不行的，于是兴利除弊、变法改制便成为列国迫切需要解决的大课题。

(一)李悝变法

魏国是在公元前 453 年"三家分晋"后形成，而在公元前 403 年正式受封为诸侯国的，新政权的巩固要求变法图强。魏文侯曾先后任用魏成子、翟璜、李悝等人为相，并任用乐羊为将，吴起为河西郡守，西门豹为邺县令，对政治、经济、军事进行改革。同时又尊儒家子夏为"师"，对田子方、段干木等时贤予以优厚待遇，首开战国养士之风。

李悝，魏国人，约生活于公元前 455 年至公元前 395 年，是战国初期法家的始祖，被魏文侯任用为相，主持变法。李悝变法的主要内容可归纳为以下几点。

一是废除世卿世禄制。实行"夺淫民之禄以来四方之士"⑤。"淫民"是指那些凭借世袭制无功受禄的贵族。李悝主张取缔他们的特权，把他们的财

---

①　《史记·越王句践世家》。
②　《国语·越语下》。
③　《史记·越王句践世家》。
④　《韩非子·五蠹》。
⑤　(西汉)刘向：《说苑·政理》。

产、权力没收，按"食有劳而禄有功"的原则重新分配，使众多的贤才为魏供职。此举使一些无功旧贵丧失地位，而大批出身庶族能为魏国做贡献的士人登上政治舞台。

二是推行"尽地力之教"。李悝认为 5 口农户，种田百亩，亩产一般每年是 1 石 5 斗。但如果农民精耕细作以"尽地力"，则每亩可增产 3 斗；反之，则会减产 3 斗。这一增一减，全国就相差 180 万石粮食。所以他做出规定：一是"必杂五种，以备灾害"①，要求同时播种稷、黍、豆等，以防单一粮食作物遭遇灾害难以补救；二是"还（环）庐树桑，菜茹有畦，瓜瓠果蓏，殖于疆场"②，住宅附近要栽树种桑，菜园要多种蔬菜，田地空隙处多种瓜果，总之，要充分利用空闲土地，扩大农副生产。魏国地少人多，李悝制定"尽地力之教"适应了魏国国情，促进了农业生产的提高。

三是推行"平籴法"。这是李悝在经济方面的又一个重要举措。他认为粮价太贱，农民就会贫困；粮价太贵，则一般百姓负担不起。无论哪种情况出现都不利于国家稳定与发展。因此，为防止商人盘剥小农，调动小农生产积极性，李悝推行了重农抑商的"平籴法"，由国家控制粮食的购销和价格：政府在丰年以平价收购农民余粮，防止商人压价伤农；在灾年则平价出售储备粮，防止商人抬价伤民。李悝的措施行之有效，巩固、发展了小农经济，使魏国很快富强起来。

四是制定《法经》，以加强法治。为了巩固魏国已有的变法成果，维护新的财产关系和统治秩序，李悝研究、总结了当时各国的法律，并集其大成，制定了《法经》这部新法典。

《法经》是我国古代第一部较完整的成文法典，共 6 篇，分别是《盗法》《贼法》《囚法》《捕法》《杂法》《具法》③。前 4 篇主要对所谓"盗""贼"施以关押、拘捕等处罚之法。例如，规定杀人者不仅要处死，而且全家罚没为奴；对"大盗"，或充军或处死。后两篇，《杂法》主要规定了对轻慢法令、偷越城墙、赌博、盗窃、欺诈、贪污贿赂、荒淫奢侈等违法行为的惩治办法；《具法》则是对量刑轻重的有关规定。《法经》并不单纯是防范和镇压人民反抗的，也有相当一部分是针对官吏腐败的，如规定丞相以下的贪污受贿官

---

① （宋）李昉等：《太平御览》卷八百二十一"资产部一"引《史记》；（唐）杜佑：《通典·食货二·水利田》。

② （唐）杜佑：《通典·食货二·水利田》。

③ 《晋书·刑法志》。

吏要杀头，太子赌博要受笞刑甚至被废。因此，《法经》对清明吏治、严肃法纪、安定社会是有积极作用的，并在一定程度上保证了改革的顺利进行。

李悝开创的改革纲领，如废除旧贵族特权、发展农业、提倡法治等，在当时都是具有普遍性的革新原则。变法为魏国一跃成为战国初年最强盛的国家奠定了基础。

(二)吴起变法

吴起，卫人，曾为曾子的学生。先为鲁君供职，因遭猜忌转到魏国。魏文侯任他为西河守，因善用兵，颇有名声，后受魏武侯猜忌，大约在公元前390年离魏入楚。一年后楚悼王任用吴起为令尹，主持变法。内容如下。

一是"明法审令"。公布法律，对各级官府的命令严加审查，实行层层监督，以保证新法的贯彻执行。二是"实广虚之地"。将旧贵族迁往地广人稀的边地，变相收回旧贵族的土地，以打击旧贵族势力。三是"收爵禄"。针对"大臣太重，封君太众"①的局面，为削弱旧贵族对国王权力的严重威胁，规定被分封的旧贵族经过三代的，就将其子孙的爵禄收回，取消分封。四是"绝灭百吏之禄秩，损不急之枝官，以奉选练之士"②。坚决裁减无用之官，减少俸禄开支，节省经费用于练兵。五是"塞私门"，禁止旧贵族以私门招引食客，以防其结党反对变法。

吴起改革7年，冲破了旧贵族的反对，使楚国强盛起来，造成"诸侯患楚之强"③的态势。但是公元前381年，楚悼王病逝，以阳城君为首的旧贵族立即发动叛乱，包围王宫，乱箭射死了吴起。吴起在楚国变法时间较短，成效不大，此后，楚国的军政大权仍落在屈、景、昭三家贵族之手，政治上比较腐败。

(三)商鞅变法

战国中期，列国都急于在兼并战争中占据优势，变法改革运动也被推向高潮。在秦、齐、韩、赵等国相继进行的改革中，秦孝公任用商鞅进行的变法是实行最彻底、对旧贵族打击最严重、变法措施最全面、为期最长

① 《韩非子·和氏》。
② 同上书。
③ 《史记·孙子吴起列传》。

久、影响最深远的变法。

秦孝公继位后，奋发图强，"下令国中求贤者"，商鞅就是在这种情况下来到秦国的。商鞅约生活于公元前390—公元前338年，出身于卫国旧贵族，公孙氏，名鞅，又叫卫鞅。后因在秦变法有功，被封为商君，史称商鞅。他从小"好刑名之学"，后来遍学儒、墨、道、兵、阴阳各派学说。他于公元前361年入秦，曾三次求见秦孝公。前两次求见时，他故意大谈儒家的"王道"治国理论，孝公对他所言无兴趣，"时时睡，弗听"；第三、四次他见孝公时才说出自己治理国家的真正主张，"说公以霸道"，引起孝公浓厚的兴趣，君臣投机，"语数日不厌"①。

公元前359年，秦孝公任商鞅为左庶长，命他实行变法。但变法将要付诸实施之际，却遭到甘龙、杜挚等旧贵族的反对，他们认为"知者不变法而治"，"法古无过，循礼无邪"。② 双方展开论战，商鞅批驳道："三代不同礼而王，五伯不同法而霸。智者作法，愚者制焉；贤者更礼，不肖者拘焉。"又说："治世不一道，便国不法古。"③经过辩论，秦孝公以更坚定的决心支持商鞅开始变法。变法共有两次，第一次变法在公元前359年，其主要内容如下。

一是奖励军功，打击世卿世禄制。新制规定：即便是国君亲属，若无军功也不得列入宗室属籍，破除了以往贵族"无功可以得尊显"的"故俗"。奖励军功，对立功者，依功劳大小分别授予爵位、田宅。规定在战争中杀敌一人赐爵一级，或授予50石俸禄的官职。杀敌军官一人，赏爵一级，田一顷，宅地9亩。实行军功爵制。爵位共分二十等级，最高为彻侯，最低为公士。按爵位高低相应地可占有土地、住宅、奴婢，以及享用车骑、服饰等。没有军功的人虽可以富有，但不能尊贵。禁止私斗，私斗者视情节轻重，处以不同刑罚。

二是编制户籍，实行什伍连坐法。凡境内居民均须登记于户籍，五家为伍，十家为什，互相监督。一家犯法，若别家不告发，则十家同罪连坐；告发人，如同杀敌一人受奖，赐爵一级。旅店不能收留没有官府凭证者住宿，否则店主连坐。

三是奖励耕织。规定凡使粮食和布帛产量超常的，可免除本人劳役和

---

① 《史记·商君列传》。
② 《商君书·更法》。
③ 《史记·商君列传》。

赋税；以农业为"本业"，以工商为"末业"，凡因弃本求末，或游手好闲而贫穷者，全家罚为官奴。还招徕三晋无地农民到秦垦荒，不但给予田宅，而且免除三世劳役。为鼓励小农经济，还规定凡一户有两个儿子，到成人年龄必须分家，独立谋生，否则要出双倍赋税。

商鞅新法实施 10 年，取得显著成效，秦国日益富强。公元前 350 年，秦都从雍迁至咸阳后，商鞅开始了第二次变法。其主要内容如下。

一是推行县制。合并乡邑等为县，全国统一划分为 31 县①，县设令和丞，由国君任免，代替了以往的分封采邑制。二是废井田，开阡陌。平毁井田中的纵横疆界。奖励垦荒，承认土地私有，允许买卖土地，按土地多少纳税。三是统一度量衡。制造标准的度量衡器，要求全国统一施行。1 标准尺约合今 0.23 厘米，1 标准升约合今 0.2 升。促进了国内经济联系。四是制定秦律。参照李悝《法经》制定了秦国的法律，公布于全国实行。五是烧诗书，禁游学。打击儒家复古思想，以便确立法家思想的统治地位。

秦国变法是一场艰巨的斗争，商鞅不仅在变法之前同保守派有过激烈辩论，在变法之初有过"南门徙木，取信于民"的表态，而且在变法过程中，还遇到了太子师傅公子虔、公孙贾等人唆使太子犯法的故意破坏行为，结果商鞅秉公执法，对此二人分别治以劓刑和黥刑，确保了新法的实施。

公元前 338 年，秦孝公死，太子继位为秦惠王。公子虔等人诬告商鞅"欲反"，商鞅被迫逃亡，最后在自己的封邑抵抗失败，被处以车裂而死。商鞅虽死，而"秦法未败"，变法已深入人心，"秦妇人婴儿皆言商君之法"②，商鞅的主张仍得以贯彻实行，并成为秦国巨变的重要原因。

(四)齐国邹忌改革

在西秦商鞅变法的同时，东方的齐国也正经历着齐威王的改革。公元前 356 年，齐威王即位。在位 9 年他沉湎酒色而不问政事。后来在邹忌、淳于髡等谋士的劝谏之下，立志革新，振兴齐国。他任用邹忌为相，改革包括以下内容。

一是整顿吏治，制订对官吏的考核标准，用人"谨择君子，毋杂小人其间"，要求依法"督奸吏"。二是广开言路，提倡进谏。下达"求谏令"，宣布"群臣吏民，能面刺寡人之过者，受上赏"，以致临淄王宫外，门庭若市，

---

① 一说 41 县。
② 《战国策·秦策一》。

争相进谏；一年后，百姓"虽欲言，无可进者"①。三是把传统的义务兵制和雇佣兵制相结合，放手起用田忌、匡章、孙膑等大批良将。四是发展生产，改进国家授田制，采用份地长期使用制以调动生产积极性。

改革使齐国迅速强大，成为"最强于诸侯"的东方大国。

(五)申不害相韩

在秦、齐变法前后，三晋中最弱小的韩国，在韩昭侯、申不害君臣为政时期，进行了以"术"为特征的政治改革。公元前354年，韩昭侯任申不害为相，申不害开始了以"修术行道"为指导思想的改革，强调君子以权术驾驭群臣。具体措施有两个：一是改组、整顿官吏队伍，对各级官吏的职权、任务做了明确规定，以此为标准衡量、选拔人才；二是对官吏加强考核、监督，实行"操契以责其实"。

韩国改革最大的局限在于，以权术之变代替制度改革，所以尽管能使韩国政治一度清明，但毕竟无法像其他国家的改革那样，迎来国富兵强的大发展。

(六)赵武灵王"胡服骑射"

赵国居北方，东与中山国相连，东北邻东胡；北方、西北与林胡、楼烦、匈奴接壤。战国以来，赵在与边族"胡人"的战争中，屡遭失败，以致成为各国中国势较弱的一个。

赵武灵王是赵国第六位国君，他奋发图强、立志变法，决心推行"胡服骑射"的军事改革。当时中原各国战争，以车战为主，甲士身着宽袍大袖，再披上笨重的铠甲，山地作战很是不便。而同赵接壤的胡人都善于骑马射箭，衣服简便可体。但赵武灵王提出实行"胡服骑射"时，却遭到了公族中守旧势力的强烈反对。反对的理由是，中原"衣服有常"，是"礼之制也"，向来是"蛮夷"学习的榜样；现在反而搞"胡服骑射"，这是"变古之教，易古之道"。赵武灵王和他们反复辩论，指出："服者，所以便用也；礼者，所以便事也"，必须"观时而制法，因事而制礼"，于是自己带头"胡服骑射"。②改革的主要措施有两点。

一是把原来宽袍大袖的服装，改为胡人那种短装紧身服饰，束皮带，

---

① 《战国策·齐策一》。
② 《战国策·赵策二》《史记·赵世家》。

穿皮靴，以适合马上训练、作战。二是通过3种不同途径组建骑兵：其一是"招骑射"①，改变以往按地区和兵籍征召和编组士兵的办法，而在接近边胡地区，招募有骑射基础的赵民当骑兵；其二是"建骑邑"②，在赵国境内一些水草丰盛、适于骑兵训练的地方，建设专门集训骑兵的军事基地；其三是"致胡兵"③，即收编胡兵，招引、改编胡人的骑士以补充赵军。

"胡服骑射"改革是成功的。新骑兵部队组建后不久，就战败林胡、楼烦，"辟地千里"④，还屡次攻陷并最终消灭了中山国。更重要的是，赵武灵王通过军事改革，建立起强大的骑兵部队这一举措，对中原国家军队的发展影响极大。从此，各国逐步以骑兵代替了车兵而成为军队主力。

（七）乐毅改革

燕国地处北方，拥地数千里，自春秋以来因恪守旧制而毫无生气，故"凡天下之战国七，而燕处弱焉"⑤，终于在公元前314年因内乱而遭齐军的侵略、掠夺。齐军撤出后，燕国燕昭王继位。这位新君立志雪耻，"未尝一日而忘报齐也"⑥。为此，他求贤若渴，"卑身厚币以招贤者"⑦。

大约在赵武灵王"胡服骑射"的同时，燕昭王起用乐毅作亚卿，开始了燕国的内政、军事改革。改革的措施主要有四。一是"明奉法，审官断"⑧，制定法律，严厉法制，加强对官吏的审查与考核。二是确定"察能而授官"⑨的用人原则，只将官爵、禄位授予有功、有能的人，以克服"亲亲""贵贵"的用人传统。三是"循法令，顺庶孽者，施及萌隶"⑩，对于遵法守纪的顺民，包括贫民和奴隶，都依制度给予奖励，以促使燕民自觉守法，安定社会秩序。四是在军事上着重进行战法和纪律训练，以便提高燕军的军纪和战斗力。

---

① 《史记·赵世家》。
② 《战国策·赵策二》。
③ 《史记·赵世家》。
④ 《战国策·赵策二》。
⑤ 《战国策·燕策一》。
⑥ 《史记·乐毅列传》。
⑦ 《战国策·燕策一》。
⑧ 《韩非子·饰邪》。
⑨ 《战国策·燕策二》。
⑩ 同上书。

燕昭王用乐毅改革，28 年兢兢业业，使国家富强，民气高涨。终于在公元前 284 年，以乐毅为将军，率秦、三晋、燕五国之师伐齐，破临淄，一雪前仇。

三、列国政治制度的变化

春秋战国时代，各国为适应战争、竞争的需要，都先后在不同程度上进行了内政方面的变法改革。而在政治制度方面，列国经改革而出现的最显著变化，就是从血缘宗法政治向官僚政治变化和发展。

(一)春秋时期宗法制的破坏

春秋时期，周王室权力的衰落，使得盛行于西周的宗法分封制也动摇了，并逐渐被破坏。其主要表现有如下两个方面。

其一，以往由周天子分封建国的制度被破坏了。春秋时期的大诸侯，对周王的政治、经济的独立性都大为增强，他们不仅不听命于周王，而且可以公开与周王交战。春秋时期一些大诸侯分封了一些在政治、经济和军事上都脱离本国而独立的国家，这些新封国家甚至威胁到公室的安全。

大诸侯擅自分封新国，这是对西周"诸侯不得专封诸侯"制度的破坏。晋封曲沃就是一例。曲沃对晋来讲虽是小宗，但从它开始被分封直到它代晋之前，事实上完全是个独立国家，而不是一般从属于诸侯的大夫的"家"。所以后来它的势力才能迅速超过晋公室，最后取而代之，并迫使周王承认它为诸侯。

其二，春秋晚期，宗法分封制已处瓦解之势，并大致呈现如下两种情况。第一种情况表现为，一些受诸侯分封而形成的国家，由于经济、政治实力的逐渐强大，最后篡夺了诸侯国的君位或分割了公室，这是宗法分封制度崩溃的一种。例如，齐国异姓田氏以大夫之位受封得势以后，在公元前 494 年田桓杀了齐君，至战国前期田氏就代替了齐国。类似的情况在晋国最终导致了"三家分晋"。第二种情况发生在宗法势力较顽固的鲁、宋等中原国家。当宗法势力受到动摇的时候，某些大贵族企图在不动摇宗法贵族根本统治地位的前提下，实行改革，但是这种改革是无法挽救宗法制的瓦解的。

总之，春秋时期作为国家基本政治制度的宗法分封制被破坏了。这种破坏一方面表现为分封权力在周王、诸侯、卿大夫、陪臣等级间的不断下移，另一方面则表现在同级诸侯、同级大夫之间所发生的依附臣属关系上。到了战国时期，由于各国变法和兼并战争对宗法制贵族的打击，以血缘为纽带的宗法分封制最终趋于瓦解。

(二)战国时期官僚制的建立

战国时期，随着西周以来宗法政治的瓦解，一种新型的，以地域关系为特质的，中央、地方两级划分的官僚政治体制形成了。这就是中央君主集权制和地方郡县制。在这种新的政治制度中，国与国、中央与地方之间不再是以往的血缘宗法关系，而只是不同地域之间的政治集团关系，上下级隶属关系。

春秋时期各国的国君一般称公或侯，进入战国，随着割据称雄的加剧，各国国君纷纷自称为王，并进而带来政体的变化。这不仅反映了各诸侯国独立主权的形成，而且反映了君主集权体制的形成。国王是最高政治权力的代表，总揽国家的统治权。

国王之下是丞相，称相、相国、令尹。相的意思是辅助；丞通"承"，即承上峰旨意办理事务。丞相是最高级的幕僚，是协助国王承办全国行政的最高级官职。丞相由国王任免，不世袭也不享受封邑。地位仅次于丞相，但掌握最高军政大权的长官是将军。将军也由国王任免和调遣。丞相与将军，一文一武最高职能的分设和专业化，是对宗法制中卿大夫文武一身二任的改变，是官僚制度的特点，是战国形势发展的客观需要，也是政治制度的大改革。

战国时期各国中央政府的机构设置虽情况不一，但它们都具有一些共同的特点。其一，废除了政府官员职位的世袭制，实行了任免制。任免制采取论功行赏，克服了世袭制"任人唯亲"、不问德才的弊端。其二，部门权力分工加细，职掌划分明确。以文武分职代替了以往文武官职不分的旧制；且根据需要建立了许多新的职能部门，如尉官、御史、尚书、郎中、少府等。其三，以王权为核心，各职能部门直接隶属于国王，各职分司，互不统属。

战国时期地方郡县制的确立来自春秋的县郡制，是战国兼并战争发展的结果。此制使郡上升为地方最高一级政权，并确立了郡辖县，县为基层政权的体系。郡的性质原来是特设行政区，它或是与县同级的单位，或是军事区划，或是边地行政单位，现在成为普遍的一级地方行政单位，对于促进统一、加强中央对地方的控制意义重大。

郡的行政长官是郡守，掌管一郡军政；副职是郡尉，专司军事。县政府基本职能是管理兵、刑、钱、农四事。县长官称县令，副职是县丞。郡守、县令均由国王任免。县以下的地方基层组织是乡、里、什伍。郡、县、乡、里、什伍的地方行政区划和组织建制，开创了我国地方行政系统的先例。

随着官僚政治的出现，各国还建立、健全了一套选任、考核制度。为了适应官僚制的需要，至战国中期，各国已建立了俸禄制。君主对官僚按职位等级，以一定数量的粮食作为俸禄，有"月俸"，也有"年俸"，均由国家税收中支出。俸禄制否定了世卿世禄制，保证了官僚制的稳定。上计制是国家地方政府对中央政府承诺、担负、履行赋税义务的制度，也是中央政府用来对地方政府实行财政监督、行政得失的政绩考课制度。此制度规定：地方长官每年要把所辖地区的户口、垦田、赋税等预算数字分别写在两片木牍上，一片交给君主，一片留给自己。年终，官吏必须去见君主汇报任务完成情况，君主根据木牍进行考核，并按考核结果给予赏罚或升级降职。战国各国还普遍建立了玺符制度。国王任命官吏时，发给玺作为凭证，免职时将玺收回，称为"夺玺"。调兵要有虎符，虎符是以铜铸虎形，分左右两半，有子母口扣合。国王掌握右符，将领掌握左符；将领得不到国王的右符不得发兵。玺符制使国王有效地控制了国家的行政、军事权力。

第四节　社会经济的发展变化

一、农业、手工业经济的发展

春秋战国间社会经济的巨大发展变化突出表现在当时的农业和手工业方面。从考古学上来看，这是由青铜器进入铁器的时代。铁农具的使用促成牛耕和水利事业的发展，带来冶金业和其他手工业的进步。

（一）铁农具和牛耕的使用

在农业生产力的发展上，铁农具的使用具有划时代的意义。有了铁农具，农民才能进行深耕，使过去不能开垦的土地得以垦殖。铁农具的使用又和耕牛的使用相互关联，耕牛使铁农具的深耕效能得以更好地发挥。

有关春秋时期铁器的记载见于文献，如《经诗·秦风·驷骥》"驷骥孔阜，六辔在手"，《国语·齐语》载，管仲曾向齐桓公建议："美金以铸剑戟，试诸狗马；恶金以铸钼夷斤斸，试诸壤土。"《管子》载，管仲对齐桓公说："今铁官之数曰，一女必有一针一刀，若其事立；耕者必有一耒一耜一铫，若其事立；行服连轺辇者，必有一斤一锯一锥一凿，若其事立。不尔而成事者，天下无有。"①但是这些文献中记载的"镈""恶金"等是否就是铁器，是否可以作为春秋时期人工炼铁的证明，学术界长期以来存在争论。从考古材料来看，春秋时期已出现铁器，但早期多为兵器，直到春秋晚期铁制工具的数量才有所增加。②

据《左传》昭公二十九年记载，春秋晚期已出现铸铁。公元前513年，"晋赵鞅、荀寅帅师城汝滨，遂赋晋国一鼓铁，以铸刑鼎，著范宣子所为刑书焉"。能铸刑鼎说明冶铁技术的发达，人类使用铁，最初阶段是块铁，然后才有铸铁。因为铸铁必须解决高温冶炼的技术。以铁为赋向民间征收，也说明民间铁器很多。

战国时期，铁矿已很多。《管子·地数》和《山海经·中山经》都记载天下"出铁之山三千六百九十"。铁矿开采得多，铁的产量自然就多，至战国中期孟子时代铁农具的使用已很普遍了。孟子与许行的农家学派辩论时，曾发问曰："许子以釜甑爨，以铁耕乎？"③可见以铁农具耕作在当时已像以釜甑爨一样普遍了。

牛耕与铁农具可能是同时出现的。据说甲骨文中已有"犁"字，但可以肯定的是，西周时期的主要农具是耒耜而不是犁。西周的耕作方式是耦耕，即二人两足同踏一耒耜协力翻土耕作。春秋时虽仍保留着这种落后的耕作方式，但已有了犁耕，犁是从耜演变而来，并改为铁制。据《国语·晋语九》记载，祭祀宗庙的牺牲可以用作"畎亩之勤"。孔子弟子司马耕字子牛，冉耕字伯牛，把牛和耕连在一起，说明牛耕是春秋后期社会上引人注意的事情。

铁农具和牛耕的使用是农业生产力的一个飞跃，这个飞跃时期就在春秋战国之际。

---

① 《管子·海王》。

② 参见黄展岳：《关于中国开始冶铁和使用铁器的问题》，见《先秦两汉考古与文化》，15～28页，台北，允晨文化实业股份有限公司，1999。

③ 《孟子·滕文公上》。

(二)水利灌溉和施肥

水利灌溉和农业生产是有密切关系的。周代施行井田的同时，建有一套用于灌溉、排水的沟洫制度。春秋时期，大国在兼并战争中，疆域扩大，为了便利交通、提高灌溉水平，大国纷纷开凿运河。运河所经过的地区，"往往引其水益用溉田畴之渠，以万亿计，然莫足数也"①。可见当时水利灌溉之盛。

战国时期有三大著名的水利工程，即魏国引漳溉邺、李冰开离碓溉成都平原和秦国开凿郑国渠以溉关中。

据《水经·浊漳水注》载，魏文侯时西门豹为邺令，引漳水以溉邺，至魏襄王时史起为邺令，又堰漳水以溉邺。邺城在今河北临漳县境，漳水南岸。西门豹、史起引水灌溉之前，这一带的土壤并不肥沃。经两次引水灌溉之后，这一带"咸成沃壤"②。邺从战国起能成为后代北方一重要城镇，与水利灌溉是有很大关系的。

秦国蜀郡太守李冰，开凿离碓，引郫江、流江二水灌溉成都平原。离碓在今四川都江堰市。四川自古号称"天府之国"，这也是和成都平原的水利灌溉分不开的。

郑国渠在关中。战国末秦王当政时，韩国苦于秦的侵扰，派水工郑国至秦劝其开凿水渠，以便消耗秦国国力，钳制其对外侵略。工程进展到一半时阴谋败露，秦王欲杀郑国。郑国说，开渠是个阴谋，这阴谋虽使韩国苟延几年，却给秦国开万世基业。秦王认为他的话有理，便让他继续开渠。郑国渠是一条引泾水东流入洛河的运河，即从现今的甘肃礼县东北谷口起，引泾水往东至今三原北汇合浊水及石川河道，再引向东经过富平、蒲城而后导入洛水。干渠全长达300里左右，灌溉面积约合今120多万亩。郑国渠的兴建，不仅使关中地区战胜了干旱，而且改良了土壤，从而使关中地区成为"无荒年"的"沃野"之地，亩产粟可达1钟(6斛4斗)，这在当时是极高的产量，为秦最后统一六国提供了有利的物质条件。

春秋战国农业生产力发展的另一方面是施肥的推广。

春秋战国的文献里，常有"粪"和"粪土"的记载。孔子见学生宰予白天

---

① 《史记·河渠书》。

② (北魏)郦道元：《水经·浊漳水注》。

睡觉，骂曰："朽木不可雕也，粪土之墙不可圬也。"①孟子也说过"百亩之粪"②。人们最初懂得施肥，除与人粪畜粪有关外，使用草肥或草灰肥亦较早。开始人们从休耕中渐渐知道草地经过翻耕、水淹、腐化，可以起到肥田的作用。《周礼·秋官·司寇》"薙氏"条："掌杀草，春始生而萌之，夏日至而夷之，秋绳而芟之，冬日至而耜之。若欲其化也，则以水火变之。"所谓"欲其化也，则以水火变之"，即以水淹草或以火烧草，使其腐败变作肥料。《吕氏春秋·季夏纪》载："是月也，土润溽暑，大雨时行，烧薙行水，利以杀草，如以热汤，可以粪田畴，可以美土疆。"《周礼》《吕氏春秋》都成书于战国，所记水化和火化野草肥田的情况，应该符合战国时的情况。

　　春秋战国时期人们对于用不同肥料针对不同土壤，也积累了经验。《周礼·地官·司徒》"草人"条说："掌土化之法以物地，相其宜而为之种。凡粪种，骍刚用牛，赤缇用羊，坟壤用麋，渴泽用鹿，咸舄用貆，勃壤用狐，埴垆用豕，强㯺用蕡，轻爂用犬。"骍刚、赤缇、渴泽、咸舄、强㯺、轻爂等是指不同色性的土，不同色性的土，就要用不同的肥料。对土壤、肥料有如此细致区分，可见当时施肥技术的普遍性。

（三）冶金、盐业、纺织、漆器业

　　春秋战国时期，手工业生产部门已经比较繁复，分工也开始细密。据成书于春秋战国之际的《考工记》记载，当时手工业不仅有木工、金属工、皮革工、上色、刮磨、陶工等工种，而且各工种内又分若干部，如"攻木之工"分为七部，"攻金之工"分为六部，"攻皮之工"分为五部，"抟埴之工"分为二部。每部都有特定的名称和范围，如"攻木之工"的七部是"轮、舆、弓、庐、匠、车、梓"，其中"轮"即"轮人"，主造车轮和车盖；"舆"即"舆人"，管造车舆的架座之类。可见，分工既细密又明确。

　　不论是在文献记载，还是在考古发现中，我们都可以看到春秋战国各种手工业突飞猛进的发展。从采矿冶炼等大型手工业生产到人民日常生活必需品，如煮盐、纺织、日用竹木漆器等，都出现了一种前所未有的发达景象。

　　春秋战国时代的人，已注意到了总结勘探、采掘矿藏的方法，并对全国各地的铜、锡、铁等主要矿产地，有过约略的估计。在现今湖北大冶市

---

① 《论语·公冶长》。

② 《孟子·万章下》。

的铜绿山，发掘有一处春秋末至战国时期的铜矿采掘和冶炼遗址。从发现的竖井、斜井、平巷、斜巷看，当时已具有很高水平的采矿方法。遗址的矿井已掘至地下 50 多米深的地方，而且初步解决了井下的通风、排水、提升、照明等复杂技术问题。已发现的采掘工具有铜斧、铜锄、木槌、筐篓、木铲等，属于战国中后期的工具有铁斧、铁锤、铁耙、铁锄等。

春秋战国时代青铜业仍有进一步发展。当时人对青铜的取材、配料、冶铸的火候都有精密的分析记录，对不同用途青铜器成分中铜与锡的比例掌握得十分科学。甚至对冶炼过程中不同火候的辨认标准也有着明确的记载。

春秋战国之间，人们已发明可锻铸铁。可锻铸铁又称展性铸铁，是把硬度强而易碎断的生铁入火烧至一定程度，使它氧化脱碳之后，它就变得比较易于延展而可以锻打不碎了。欧洲出现可锻铸铁是 18 世纪，我国的铁器冶铸走着一条和外国不同的独立发展道路。按照一般冶铁的发展，是先炼得熟铁，即通常讲的块炼铁，它不像炼生铁那样要求的温度高，出炉时是呈海绵状的铁块。生铁则需较高炉温，铁熔成液态，是可以进行铸造的。国外生铁的冶炼约始于 14 世纪，而我国在战国时期就不仅可以冶炼生铁，而且还可以对其进行脱碳柔化处理，制成可锻铸铁。

盐业生产在春秋战国时期已很发达，并且分为海盐、池盐和井盐。海盐多产于东部沿海地区，池盐多产于西北地区，井盐生产至迟在李冰做蜀郡太守时已出现于四川。这一时期还出现了专门贩运食盐的商贾，把盐从产地运销到不产盐的地方。

我国的纺织业历史悠久，西周春秋时关于丝麻纺织已见于文字记载，战国时的许多纺织品屡有出土。春秋战国时代已出现一些盛产纺织品的地区。齐鲁之地在历史上称为"冠带衣履天下"，就是说各国人身上穿的都有齐鲁出产的纺织品。因为这里产品质量高，所以有"强弩之末不能穿鲁缟"的说法。这一时期的纺织原料虽然仍是传统的丝麻纤维，但是由于印染业的发展，花色品种比以前丰富多了。

铁工具的使用极大地促进了竹、木、漆器手工业部门的发展，出土的战国时期的竹席、竹笥，木案、木箱、木棺椁等比起春秋时又更加精致美观了。漆器生产历史悠久，亦我国一大发明。从殷商到春秋战国的漆器都有实物出土。由实物研究得知，战国时油漆工艺的一项重大改进即采用桐油作稀释剂，此工艺一直流传至现代。在漆器胎质方面的创新表现为，除一般的木质施漆外，又有薄木加裱麻布，或是皮的，或是夹纻的。

除上述手工业情况之外，这一时期在玉石雕刻、金银骨器的加工制造以及酿酒等方面，也都有较大的发展。

(四)私人手工业

春秋战国之间，手工业生产的一大改变在于私人手工业的出现。西周春秋时代，我国的主要手工业生产都由官家经营，称为"工商食官"。当时的官府手工业设专人管理，称为"工正"。工正管理着许多手工业作坊，如铜器作坊、骨器作坊、玉石器作坊、兵器作坊等。约在春秋战国之际，从旧的官营手工业中分化出了各种私人手工业。

据《史记·货殖列传》记载，春秋战国时期有一些很有名的私营手工业主。例如，以冶铁成业的赵国邯郸人郭纵，以煮盐起家的鲁国穷士猗顿。还有秦国女手工业主寡妇清，她是继承家业以开采丹砂成为巨富的。另如蜀卓氏、宛孔氏的先人都是战国时的私人冶铁手工业主。

除大型私人手工业者外，至战国时社会上已存在大批个体小手工业者和普通农户家庭手工业生产者。当时一般人使用的生产、生活用具，不少都是那些小手工业者生产的。这些人脱离了农业生产，而以自己的手工业产品换取粮食。孟子讲的"以粟易械器""以其械器易粟"①的情况，反映了这种交易。这些个体小手工业者为数不少，或在都市开店摆摊，边生产边出售；或在农村走乡串户。他们有的打制工具，有的造车，有的生产炊具，有的盖房，有的做棺椁。此外，战国统治者提倡耕织，且在征谷物赋税之外开征布帛，从而促进了家庭手工业，诸如纺织和编制竹器、草鞋的发展。

二、城市交换经济的繁荣

在农业和手工业两大部门发展的同时，春秋战国时期地区间的交换经济繁荣发展。商业交换活动明显发展，商人活跃，货币的流通量骤然增加，水陆交通空前发达，新的城市不断产生，市场的发展使城市有了经济意义。

(一)商业交换与商人的活跃

交换经济最初产生于氏族部落间的以物易物形式，在我国历史上形成极早。但是，春秋以前的商业交换活动，基本上还是那些远距离的各地土

---

① 《孟子·滕文公上》。

特产和装饰品的交换，在整个社会经济中地位有限。商业交换活动的显著发展，是从春秋战国之际开始的。

山东半岛是古代商业交换活动出现较早的地区。早在西周初年，该地区就因鱼盐之利和纺织业的活跃，而"人物归之，繦至而辐辏"①。春秋时这里更为齐桓公称霸创造了良好的物质条件。

郑、卫中原地区，也较早地出现了商业交换活动。郑国在西周时期郑桓公受封时所带领的商族人中就有经商活动。这一部分商族人至春秋后期子产时还在经商。所以子产曾对他们说："昔我先君桓公与商人皆出自周，庸次比耦以艾杀此地，斩之蓬蒿藜藋而共处之，世有盟誓以相信也，曰：'尔无我叛，我无强贾。毋或匄夺。尔有利市宝贿，我勿与知。'恃此质誓，故能相保，以至于今。"②《左传》中记载了两个郑国大商人的事迹。一个叫弦高，公元前627年春他去洛邑贩牛，行至滑（今河南偃师），遇上前来偷袭郑国的秦军。此时他知回去报告已来不及，就谎称自己是郑国派来的使者，给秦军献上4张皮革和12头牛。秦将孟明见"郑有备矣"，偷袭不成，于是就把滑国灭掉，班师回国了。另一个是到楚国做生意的郑国商人，他在楚经商时曾想营救被楚人俘去的晋国大贵族荀罃。这两个郑国商人的活动范围很广。弦高是从郑到周，另一个商人是从郑到楚。他们在政治上地位不低，弦高能冒充郑国的代表去犒秦师，另一个商人能参与援救荀罃，说明他们政治活动能力很强，也说明郑国地区商业交换的活跃。

邻近郑国的卫国，也是个商业交换活跃地区。卫国在春秋早期曾一度被狄人所灭，后来在齐的援助下，得以复国。卫文侯迁往楚丘，采用"务材训农，通商惠工"③政策，很快复兴，足见工商在卫国社会经济中的地位。

晋国是戎狄地区与中原相互贸易的中介地区，商业经济地位重要。这一经济条件是晋国称霸春秋诸国的直接因素。事实上，春秋战国时晋、秦、楚、齐等边地国家的强盛，与它们边贸经济的发展，都是有一定关系的。

春秋时期，诸侯国家"遏籴""壅利"的政策已造成各国间经济交往的障碍。公元前651年，齐桓公在葵丘与鲁、宋、卫、郑、许、曹各国诸侯会盟。盟约中有一条规定："无遏籴。"④公元前562年，鲁、晋、宋、卫、曹、

---

① 《史记·货殖列传》。
② 《左传》昭公十六年。
③ 《左传》闵公二年。
④ 《孟子·告子下》。

齐、莒、邾、滕、薛、杞、小邾、郑在亳订立的盟约中规定："毋雍利。"①
两次参加会盟的国家，多在中原地区，盟约的规定反映了这一地区经济生
活的要求，主要是要求不以国界限制人们生活中所需物资的流通。

　　春秋战国的商业交换活动无非是两大类：一类是远距离的货物运输，
另一类是某个区域内货物的聚散。前者是所谓"行商"，后者是所谓"坐贾"。
远距离各国的交换物主要是各国的土特产，如春秋时楚国使臣声子自晋还
楚，对楚令尹子木说："杞梓皮革，自楚往也；虽楚有材，晋实用之。"②楚
国的特产木材、皮革，经运输交换至晋国变成商品。春秋末越国大臣范蠡
退隐后在陶经商，变名易姓为朱公，他认为："陶，天下之中，诸侯四通，
货物所交易也。乃治产，积居，与时逐而不责于人。"③范蠡是个坐贾，囤积
居奇，看机会买进卖出以谋大利。

(二)货币流通与城市发展

　　中国最早的货币是贝。"贝"字在甲骨文中也常见，可能贝在殷商已具
有了货币职能。从目前考古发现来看，春秋时期金属货币已开始流通，最
早发现的是青铜铸币空首布，其后有青铜铸造的刀币，其后又有青铜贝
等。④尽管春秋时期已出现金属货币，货币交易也比较普遍，但可能没有完
全代替以物易物的交换方式。

　　战国流通的货币种类有刀、布、钱和爰金。刀币流通地区以齐国为主。
随着齐国经济的繁荣，刀币的流通扩大到了赵、燕并远及辽东和朝鲜北部。
布贝的流通是在黄河中游地区，包括卫、郑、晋、宋等诸侯国。圜钱比较
后起，它的流通地区即刀、布流通的地区。爰金是楚国的货币，流通于楚
国的长江、淮河流域。

　　水陆交通是交换经济发展的重要条件。春秋以前，诸侯国家多是些城
邦小国，以城邑为中心加上周围的郊野就构成一个国家，国与国之间是荒
野，而以道路连接。西周时期已注重对道路的修整和沿途馆舍的设置。进
入春秋，各国间争伐、会盟频繁，更加注意路政。周定王时单襄公奉使自
宋至楚，路过陈国，见陈国道路不修，馆舍不整，就断定陈要亡国。鲁襄

① 《左传》襄公十一年。
② 《左传》襄公二十六年。
③ 《史记·货殖列传》。
④ 参见王献唐：《中国古代货币通考》，济南，齐鲁书社，1979。

公时郑子产到晋国，曾称赞晋文公为盟主"司空以时平易道路"①。战国时期的道路交通发展很快。魏、赵、齐三国之间有一条交错的大道称为"午道"。从成皋(今河南荥阳西北)沿黄河到函谷关则有一条"成皋之路"。在上党(今山西东南部)和河内(今河南黄河以北及河北、山东3省之间毗连地)之间，有"太行之路"。甚至在闭塞的汉中和巴蜀之间，也架起了"栈道千里"。

水路交通在古代非常重要。除江、淮、河、济四大水系外，在今河南、山东、安徽、江苏北部又有汝水、颍水、菏水、泗水。为提高水运能力，春秋时开始兴修运河，济水与泗水之间开凿了黄沟。著名的鸿沟西起荥阳，东经大梁，转东南入淮水，贯通宋、郑、蔡、曹、卫诸国，而与济、汝、淮、泗会合，形成一个大面积的水上交通网。春秋末吴国开凿了邗沟，通江淮，经鸿沟，北会济、汝、泗水而达黄河，扩大了以鸿沟为主的水上交通网。

商品交换促进了交通运输，便利的交通又推动了交换经济的发展和商业城市的兴起、繁荣。

直到春秋初年，城邑的规模仍不很大，遵守着西周以来的等级限制。但是随着争霸攻伐日益加剧，各国逐渐打破等级制度，竞相建筑城邑。鲁是小国，仅春秋时就筑城19座之多。过去国与国之间荒凉的隙地，原约定互不占用，也开始出现了新兴的城邑，如宋、郑之间的弥作、顷丘、玉畅、岩、戈、锡等。还有一些位于交通要道的城邑，更因军旅频繁、商旅不断而繁荣起来。例如，定陶处齐、宋、鲁、卫之交，居"午道"之上，是四方交通枢纽，"货物所交易"的地方。不过，春秋时的城市仍处于兴起阶段，规模不大，农业人口较多。只是战国时期，原来作为政治军事据点的城市中商业成分才迅速加大，有些城市甚至成为工商都会。

齐都临淄经春秋以来200多年的经营，至战国，据苏秦描述，其繁荣景象已是街道"车毂击，人肩摩，连衽成帷，举袂成幕，挥汗成雨，家敦而富，志高而扬"②。尽管描述有所夸张，但临淄工商活跃，人口较多，确是事实。赵都邯郸位于太行山东麓的南北通道，也是冶铁中心。战国初年，"邯郸之仓库实"③，已是一重要都会。燕下都(今河北易县)是战国中期兴起的城市，从考古发掘得知其分内外城，内城的西侧是专门的手工业区，分

① 《左传》襄公三十一年。
② 《战国策·齐策一》。
③ 《资治通鉴》周威烈王二十三年。

布有冶铁、铸铜、烧陶等作坊，是联系中原通向北方的重要工商城市。楚郢都(今湖北江陵纪南城)是南方一繁华都会，战国时期它已被描述为"车挂毂，民摩肩，市路相交，号为朝衣新而暮衣敝"①。春秋战国时期的城邑，逐渐有了市。市是农副产品和手工业品的交易场所。在每个较大的城市里，都设有市。市区四周有"市门"出入，市有"市吏"管理，并征收市税，市中经商者都有"市籍"。县、邑的大都也设置了市，韩上党地区，其中 17 邑有市，魏国有市的县有 30 余个。这些市都沟通着城乡、地区间的商品交换。市的兴起和发展，使得城邑的性质，除政治性之外开始具有了经济意义。

三、土地所有制的变化

西周春秋土地所有形式，主要是王和诸侯所有的世袭贵族土地所有制。这是氏族土地公有制破坏后，土地所有制的第一次大变化。春秋战国之际，土地所有制又一次出现变化，即贵族土地所有制扩大到新兴军功贵族所有、货币持有者所有和农民所有。

(一)井田制的破坏

铁农具与牛耕的使用直接破坏着井田制。因为先进农具的使用提高了农业生产效率，公社农民得以开辟更多"私田"，而不肯"尽力于公田"②。春秋时各诸侯国"公田"荒芜现象十分普遍，鲁国"公田不治"③，陈国"田在草间，功成而不收"④，农民对"私田"耕作有极大的兴趣。诸侯、贵族和周天子争夺"公田"的斗争也屡屡发生，有些"公田"被变成"私田"，井田制普遍遭到破坏。在这种情况下，国家对公社农民的剥削，仅用助耕公田的方式已远远不够了，因而许多诸侯国开始改革赋税制度。

公元前 645 年，晋国"作爰田"，接着"作州兵"。爰田即辕田、趄田，爰、辕、趄都是交换的意思。具体规定："不易之地家百亩，一易之地家二百亩，再易之地家三百亩。"这就废除了西周以来对私田定期分配的那种"三年一换土易居"的制度，而改为"自爰其处"。这样，土地的使用权固定了，

---

① (宋)李昉等：《太平御览》卷七百七十六"车部五"引桓谭《新论》。
② 《公羊传》宣公十五年，何休注。
③ 《汉书·食货志》。
④ 《国语·周语中》。

土地私人占有变为了私人所有。接着"作州兵"，2500 家为一"州"，规定每州出兵若干，按"州"服兵役。州是远郊，即"野"的行政区划，过去"野人"不当兵，现在"野人"也服兵役，增加了兵源。

公元前 594 年鲁国实行"初税亩"，即"履亩而税"。也是不论公田、私田，一律按田亩收税，承认了私田的合法性。公元前 592 年，鲁国又"作丘甲"，16 井为丘，按丘出军赋，增加了国人的军赋负担。公元前 483 年鲁季康子"用田赋"，进一步增加赋税，按田亩缴纳赋税。

公元前 548 年，楚国"芳掩书土田"，即把土田分为九等，最上等是"井衍沃"，然后按土地面积、质量"量入修赋"，增加了军赋收入。

公元前 543 年，郑子产实行"田有封洫，庐井有伍"的改革，把井田上的居民按什伍制编制，以便"履亩而税"。

秦国改革最晚，直至战国的公元前 408 年才实行类似鲁"初税亩"的"初租禾"，比东方国家迟了一个多世纪。

实行这些赋税改革，各国统治者虽然在主观上都是为了增加国家收入，但是在客观上促进了井田制的瓦解和新型土地所有制的发展。

(二)新型土地所有制的出现

春秋及战国初年，井田制的破坏使农民对自耕份地的占有关系加强，出现自耕农小土地所有制；贵族阶级的分化，也使一部分贵族下降为自耕农。战国初期之后，军功贵族通过赐予和买卖取得土地；同时，商人、货币持有人也通过买卖取得土地，他们和军功贵族一起成为新兴大土地所有者。

经过春秋时期的变化，战国初期土地所有制已出现新面貌。

战国初，魏是第一经济强国。魏文侯用李悝尽地力之教，发展生产，改革地制，使农民进一步摆脱了井田制的束缚。以家为单位，"一夫挟五口，治田百亩"的农民小土地所有制成为社会经济一大显著特征。

商鞅变法在土地制度方面的改革是：有军功才能占有土地，依军功大小占有不同数量的土地和臣妾。即使是国君的宗室，没有军功也不能做贵族，这就打击了旧贵族。军功贵族土地所有制代替了以往的世袭贵族土地所有制。商鞅废井田，明令土地可以买卖，打破了世袭贵族土地所有制时期"田里不鬻"(《礼记·王制》)的老例。农民解脱了氏族土地所有制残余的影响，成为独立的小土地所有者。农民的土地所有权确定了，也就使军功贵族、商人和货币持有者通过买卖取得土地成为可能。商鞅变法进一步推动了战国时期土地私有制的扩大。

春秋战国时期，商人的活动主要在商业、手工业和高利贷等方面。他们所追求的是积累货币财富。他们在把货币投资于工、商、高利贷的同时，也开始了土地投资。商人趁井田制瓦解之际，采取了以末致财、用本守之的办法，以资金购买土地，所谓"贾田，任近郊之地"①，就是商人占有的土地。在土地投资方面，持有货币的贵族、官吏更加活跃，如赵将赵括把赵王"所赐金帛归藏于家，而日视便利田宅可买者买之"②。当时情况正如东汉仲长统所认识到的那样："井田之变，豪人货殖，馆舍布于州郡，田亩连于方国。"③总之，春秋战国时期，是军功贵族、商人、货币持有人通过买卖取得土地所有制代替以往旧贵族世袭土地所有制的时期，是一夫一妻的个体小农经济蓬勃发展的时期。

第五节　文化史的黄金时期

一、"士"的兴起与学术发展

春秋战国的社会动荡、政治分裂为中国最早的知识分子阶层——士的兴起创造了条件。春秋战国之际，士人以办"私学"的形式纷纷创立学派，促进了中国学术文化的大发展。

(一)士阶层的兴起

在西周宗法分封制中，士是最下层贵族。士隶属于上一级贵族，行为不自由；经济上可以不劳而"食田"；文化上"士竞于教"，享有受教育的权利，他们身通"六艺"，怀有文韬武略。春秋以前的士"大抵皆有职之人"，既有武士又有文士。

春秋时期，社会动荡、变革，作为政治结构的宗法制逐渐瓦解，首当其冲的贵族成员显然是处于贵族最底层的"士"。他们当中的许多成员在这次历史大动荡中跌入庶民的世界，在失去封土、爵位、职官的窘况下，他

---

① 《周礼·地官·司徒》。
② 《史记·廉颇蔺相如列传》。
③ 《后汉书·仲长统列传》。

们虽不如平民胼手胝足可维持生计，但是可以把出卖智力、技艺作为新的谋生手段。随着低级贵族"士"流落民间，他们所掌握的文化也被传播、普及，原来集中于周王室和社会上层的文化逐渐扩散，为思想文化的活跃创造了条件。

(二)学术文化的新时代

西周时代，文化教育为贵族所垄断。无论是中央国学还是地方乡学，均由官府开设，而且学校就设在官府中，教育的特点也是"政教合一"，因而叫作"学在官府"，亦称"官学"。

春秋时代，官学瓦解，士从贵族中分离出来而游散于民间。官学的衰落、学术文化的下移，使民间逐渐兴起私人教育，出现"私学"。春秋战国时期，私学中著名的教师几乎都是思想家，他们不拘泥于传统，而是根据自己的学识、意愿自由安排教育的内容、方式，自由发表对各种自然和社会现象的不同观点，从而形成儒、墨、道、法、阴阳、名、纵横、杂各种学派。各学派为了探索客观世界及人类社会的奥妙，相互竞争，自由论战，以空前的规模和速度，把人们的认识推向新的高度，终于迎来了春秋战国诸子百家的灿烂文化局面。

二、思想领域的诸子百家思潮

春秋战国时期，官学的没落和私学的兴起推动了"诸子蜂起""百家争鸣"的思想大解放。所谓诸子百家之中，最重要的学派有道家、儒家、墨家、法家、阴阳家、名家和杂家。

(一)老子其人其书

老子是中国古代最有影响的思想家之一。

关于老子的生平，文献记载很少。司马迁在《史记·老子韩非列传》中曾列出老聃、老莱子、太史儋3人，一般认为老子即老聃。

老子的著述分为上下两篇，即流传至今的《老子》，也叫《道德经》。有关《老子》一书的成书时代，学术界曾有战国说、春秋末期说、西汉说。1993年湖北省荆门郭店村一号楚墓中出土800多枚战国竹简，其中包括《老子》甲、乙、丙3篇，这是迄今所见的最早的老子写本，楚简《老子》的出土直接证明《老子》至晚成书于战国中期。

仅有 5000 余字的《老子》，阐述了一个较完整的思想体系。在自然观上，老子以"道"为世界的本原，认为道产生天地万物，并决定着万物的存在发展及其具体特征。在认识论上，老子首倡直觉主义的认识方法，反对一般的感官活动或思维作用，认为"其出弥远，其知弥少"，主张"不出户，知天下，不窥牖，见天道"①，认为关门闭户，静观体验便可直接认识世界的根本原理。这是对直觉认识作用的夸大，有神秘主义色彩。老子对中国古代哲学最大的贡献是他提出了丰富的辩证法思想，他以"反者道之动"的论点肯定了对立面的相互依存和转化，提出了如何利用矛盾转化的理论，他的学说是中国古代辩证法的重要内容。

在社会政治方面，老子反对统治者的苛暴，主张以"无为"治国，提出"民不畏死，奈何以死惧之"②，反对"损不足以奉有余"③，指出"民之饥，以其上食税之多"④。老子还揭露了统治制度的道德虚伪性和欺骗性，指出"夫礼者，忠信之薄，而乱之首"⑤。老子推崇保守落后的"小国寡民"的社会理想，向往"邻国相望，鸡犬之声相闻，民至老死不相往来"，主张"使民复结绳而用之"⑥。这种社会政治思想既有反抗强权统治的一面，又有狭隘守旧的一面。

(二)孔子的生平和思想

孔子，名丘，字仲尼，生于公元前 551 年，卒于公元前 479 年，春秋末鲁国陬邑昌平乡阙里(今山东曲阜东南)人，是中国古代最重要的思想家、教育家和政治家，儒家学派的创始人。

孔子的远祖是商代贵族的后裔，祖上原是宋国的贵族，先辈孔父嘉和华氏成为政敌，曾祖孔防叔为了躲避华氏的迫害逃亡到鲁国。孔子出世时，他的家族已经破落贫贱了。正因为如此，他与下层社会接触较多，知识面较广。他自己说："吾少也贱，故多能鄙事。"⑦乡里之人亦谓其"博学而无所

---

① 《老子》第四十七章。
② 《老子》第七十四章。
③ 《老子》第七十七章。
④ 《老子》第七十五章。
⑤ 《老子》第三十八章。
⑥ 《老子》第八十章。
⑦ 《论语·子罕》。

成名"。① 据说他自幼喜欢传统的礼仪制度，常与小朋友演习典礼仪式。他15 岁时就立下了学习的志向，决心学习关于社会人生的根本道理。然而为了谋生他曾做过鲁国执政季氏家的"委吏"，管理账目。又做过公家的牲畜管理员"乘田"，工作很负责。

三十几岁时，孔子开始以讲学为业，他是最早创立私学的人之一，是第一个大规模招收弟子的教育家。他主张"有教无类"，招收学生不考虑其社会地位，他的学生中既有贵族子弟，又有许多贫贱之士。传说他一共收过三千弟子，其中成就突出的就有 72 人，如子路（仲由）、子贡（端木赐）、颜渊（颜回）、子游（言偃）、子夏（卜商）都是佼佼者。孔子曾整理上古的文化典籍，并以《诗》《书》《礼》《乐》《易》《春秋》等书教授弟子，《上海博物馆藏战国楚竹书》中《诗论》一篇，就记载了孔子和弟子讨论《诗经》的情况。孔子的教育重视德行的培养，性情的陶冶，鼓励学生闻道济世。他经常与学生讨论社会政治问题。在几十年的政治、教学实践中，孔子及其弟子逐渐形成一个颇具影响的儒家学派，揭开了战国时期百家争鸣的序幕。

孔子很重视参与政治活动，以便实现自己强烈的政治抱负。然而直到56 岁，他才担任了鲁国的司寇。最后他在认清贵族统治者是不允许他彻底实施自己的主张时，就率弟子离开鲁国，开始周游列国，在 14 年的游历生涯中努力宣传自己的政治见解，但终不见用。晚年回到鲁国后以全力从事文化教育事业，直到病亡。

孔子治学，讲求"述而不作"，在解释"六艺"过程中阐述自己的思想。他搜集了鲁、周、宋、杞等国的文献，整理出《易》《书》《诗》《礼》《乐》《春秋》6 种书。汉代把这 6 种书称为"六经"，而把孔子和其他诸儒解释经义的文字叫作传。有关孔子的思想资料主要保存在《论语》中，《论语》是弟子对孔子言行的一本记录。《春秋左传》中也记载了孔子的一些言行。在孔子思想中，关于"礼""仁"的阐述是主要内容。孔子自青年时代就推崇周礼，30岁以后曾到处考察三代礼制，最后得出结论：只有继承并发展了夏礼、殷礼中的最丰富多彩的周礼，应当发扬，故曰："周监于二代，郁郁乎文哉！吾从周。"②为此他提出了"克己复礼"的思想。仁学是孔子思想体系的核心。"仁"的含义，孔子自己解释为"爱人"③。他把"仁"作为人际关系的崇高伦理

---

① 《论语·子罕》。

② 《论语·八佾》。

③ 《论语·颜渊》。

准则，并要求人们努力做到"己所不欲，勿施于人"①。孔子还认为，任何事情都有一个适当的标准，即"中"，既不过分也非不够。善于运用"中"这一标准，在后来即发展为"中庸"思想。

孔子思想在后代流传久远，在一定程度上缔造了华夏民族的共同心理，是我国传统文化当中极其宝贵的一部分。

(三)墨子和墨家

墨子，名翟，约生于公元前468年，卒于公元前376年，生活于孔子之后、孟子之前的战国初年。他曾是造车的工匠，自称"贱人"，先后向史官的后代和儒家求教学习，庄子称他"好学而博"②。墨子创立了一个与当时儒家名气相近的墨家学派，这个学派在整个战国时代十分活跃。墨子开创的思想体系有10大内容："兼爱""非攻""尚贤""尚同""节用""节葬""非乐""非命""天志""明鬼"。其中"兼爱"是墨子学说的核心，其他许多观点都是围绕"兼爱"展开的。"兼爱"就是爱一切人，视人如己，所谓"视人之身，若视其身"③，是一种不别亲疏、不分远近的普遍之爱，称为"爱无差等"④。

墨家与其他诸子学派有一个很大的不同点，就是在逻辑学、数学和其他自然科学方面很有建树。例如，他们较早提出了有关逻辑学的"名辩"思想。认为"名"可分为3类："名，达、类、私。"⑤"辩"，则是通过争论来辨别是非的方法："辩，争彼也。辩胜，当也。"⑥可惜的是墨家学派在秦统一以后就中绝了，成为学术史的一大损失。

(四)儒家的孟子和荀子

孟子、荀子都是孔子儒家学说的继承人，所以司马迁在《史记》中将此二人合传。但二人师承各异，思想分歧也很大。

孟子名轲，约生活于战国中期的公元前385年至公元前304年，邹国(今山东邹县)人。孟子本是鲁国贵族孟孙氏的后代，后因家道衰微，自鲁

---

① 《论语·颜渊》。

② 《庄子·天下》。

③ 《墨子·兼爱中》。

④ 《孟子·滕文公上》引墨者语。

⑤ 《墨子·经上》。

⑥ 同上书。

迁到邹。从"孟母择邻教子"的传说看，孟子幼年受到严格的家庭教育。孟子景仰孔子，学习孔子，曰："乃所愿，则学孔子也。"①受业于孔子的孙子子思，终于成为儒家第二个最重要的理论家。

孟子很有政治抱负，先后游历宋、滕、魏（梁）、齐诸国 20 年，希望以其"仁政"学说辅佐大国之君。然而各国忙于攻伐之事，尽管国君都很尊重孟子，但终无人采纳他的主张。晚年的孟子只好回故里从事教育，著书立说。

孟子思想对于儒家学说的最大发展在于开始探讨人性问题，并提出了"性善"论的主张。孟子认为"人之所以异于禽兽者"，在于具有道德意识，他称之为"四端"，即"恻隐之心""羞恶之心""辞让之心""是非之心"②，因为这种道德属性是"善"的，所以人性是善的。因此他肯定："人性之善也，犹水之就下也。人无有不善，水无有不下。"③另外，孟子还提出了"民为贵，社稷次之，君为轻"④的政治思想和"制民之产"⑤的经济思想，以及"舍生而取义"⑥的价值观念。他所提出的"富贵不能淫，贫贱不能移，威武不能屈"⑦的观念更是后代志士仁人所遵循的道德标准。

荀子，名况，字卿，又称孙卿，约生活于战国后期的公元前 313 年至公元前 238 年。赵国郇（今山西临猗）人。他 15 岁便游于齐国的稷下，后来游历楚、赵、秦等国，又回到齐，在稷下学宫三任"祭酒"。晚年出仕于楚国，为兰陵令。公元前 238 年春申君黄歇死，荀卿也罢了官，家居兰陵，著书数万言而卒。

"性恶"论是荀子考虑问题的出发点。他说"人之性恶，其善者伪也"⑧。认为人生来有利己性，自私是人的本能，人能弃恶从善完全是后天人为修养的结果。所以他说，人性"生而有好利焉"，"生而有疾恶焉"，"生而有耳目之欲，有好声色焉"⑨。但他认为人性恶正是人希望为善的原因，他说：

---

① 《孟子·公孙丑上》。
② 同上书。
③ 《孟子·告子上》。
④ 《孟子·尽心下》。
⑤ 《孟子·梁惠王上》。
⑥ 《孟子·告子上》。
⑦ 《孟子·滕文公下》。
⑧ 《荀子·性恶》。
⑨ 同上书。

"凡人之欲为善者，为性恶也。"①因此，荀子强调后天人为的努力，主张"化性起伪"，通过人为的努力转化"恶"的人性，获得善的品质。荀子提出"法后王"的政治思想，推崇"周道"，提出"制天命而用之"的自然观，主张充分发挥人的力量去控制、利用自然。

与孔子、孟子的思想不同，荀子将"礼法"并举，提高了"法"的地位。荀子的礼法思想显示出与儒家礼学观念的区别，具备了法家法治思想的因素。他的弟子韩非、李斯进一步发展了他的法治思想，成为法家的代表人物。

(五)《易传》对儒家思想的发展

《易传》是解说和发挥《易经》的著作，产生于战国中期至晚期，内容包括《彖》上下、《象》上下、《系辞》上下、《文言》、《说卦》、《序卦》、《杂卦》10篇。它相对经而言称为传，又称《十翼》或《易大传》。从《易经》到《易传》的发展反映了西周到战国末年人们思想水平提高的过程。

《易传》发展了儒家积极有为的生活态度，奠定了中国思想文化"刚健自强"的基本精神；总结发展了老子的辩证法思想，提出了"一阴一阳之谓道"的精湛命题，确立了中国古代辩证法的大部分范畴。《易传》还从抽象与具体的角度讨论规律与现象的关系，看到规律是无形的、抽象的，现象是有形的、具体的。《系辞上》说："形而上者谓之道，形而下者谓之器。"《易传》认为要善于随着规律的变化而进行变革，《革卦·象传》说："天地革而四时成，汤、武革命顺乎天而应乎人，革之时大矣哉！"

(六)道家与庄子

战国秦汉间所谓道家学派，指的是祖述黄帝、老子清静无为一派的思想家。战国时期这一学派主要活动于齐国的稷下，其具代表性的有两派。一派以宋钘、尹文为首，他们主张宇宙源于"道"，"道"是一种超越时空、无声无臭的东西。"道"也可以称为"精气""灵气"或"神"。以田骈、慎到为首的是另一派，主张人民要"役法"，即受法的役使；官吏要"守法"，即使国君也不能徇私违法。法家代表韩非受到他们的影响。但是，在道家中能与老子齐名，对后世影响极大的并不是以上两派的人物，而是庄子。

庄子，名周，约生活于战国中期的公元前369年至公元前286年，宋国

---

① 《荀子·性恶》。

人。曾做过蒙这个地方的漆园吏，与梁惠王、齐宣王同时。传说楚威王曾派使者带着贵重礼物聘他做宰相，庄子却说："我宁游戏污渎之中自快，无为有国者所羁，终身不仕，以快吾志焉。"①可见，他是不肯与统治者合作的。庄子生活贫穷，曾穿着带补丁的粗布衣，用带子系着破鞋去见魏王。晚年的他曾不得不靠打草鞋谋生，过着一介贫穷知识分子的生活，但著书十余万言。

庄子继承老子有关"道"的基本哲学立场，说："夫道，有情有信，无为无形；可传而不可受，可得而不可见；自本自根，未有天地，自古以固存。"②他继承了老子的辩证法，但把对立面的统一推到了极端，提出了自己最有特色的"齐物论"。"齐物"就是齐一万物，认为任何事物在本质上都是相同的，无差别的。庄子洞察了人生的苦难，提出"逍遥"作为人生追求的境界，认为无思无虑、无欲无求、无知无识、无所待而与万物同然一体，才是真正的幸福和自由。他揭示了人的认识中有限与无限的矛盾，说："吾生也有涯，而知也无涯。"③并且认识到空间、时间的无限性，说："夫物量无穷，时无止。"④在政治上他提出"不闻治天下"⑤的无为而治思想；在自然观上他提出"天与人不相胜"⑥的思想。

庄子不仅在思想史上有重要贡献，而且在文学、美学方面很有建树，他的寓言、散文都以其浪漫主义风格深刻影响着后世。

（七）法家与韩非

战国法家有两派：一派以李悝、吴起、商鞅为代表，主张以法制代替礼制；另一派以申不害为代表，由黄老道家中慎到一派发展而来，讲究"循名责实"，以权术控制臣下，从而统治百姓。到韩非，不但集两派之大成，成为"法术家"，并继承了荀卿的某些观点，甚至对以往的统治思想都有总结吸收。

韩非，约生活于战国末年的公元前 280 年至公元前 233 年，是韩国的公

---

① 《史记·老子韩非列传》。
② 《庄子·大宗师》。
③ 《庄子·养生主》。
④ 《庄子·秋水》。
⑤ 《庄子·在宥》。
⑥ 《庄子·大宗师》。

子，与李斯同是荀子的学生。秦始皇看到韩非所著的书非常高兴，为了召请他，竟发兵攻韩。韩非到了秦国，尚未得任用，就为李斯所忌妒而被迫自杀于狱中。但他的思想受到秦始皇、李斯和秦二世的尊崇，并成为秦王朝的指导思想。

韩非最主要的思想贡献在于提出了一整套法、术、势相结合的君主专制理论。这是他对商鞅的法论、申不害的术论、慎到的势论加以认真总结综合之后，创造的政治思想。他认为法律是处理政事的唯一准绳，说："法者，事最适者也。"①他认为权术乃君主"御群臣者也"②。他认为势力是君主的政权、威势，即权威，说："威势者，人主之筋力也。"③而君主应该明白：势是法和术的前提，法是要求臣所必须遵守的，术是君主时刻不能离开的。

韩非在历史观方面提出了"新圣"说，认为历史是发展变化的，厚古薄今的观点是新时代圣人们所不取的。他明确提出了"理"的范畴，并与"道"做了区分。他认为"道者，万物之所然也，万理之所稽也"，"理之为物之制"④，以"道"和"理"区别了事物普遍规律与特殊规律。对于社会矛盾的解决，他指出一方战胜另一方最有效的手段在于"务力"，靠实力。他说："力多则人朝，力寡则朝于人，故明君务力。"⑤

（八）阴阳家

阴阳家是战国时提倡阴阳五行说的学派。《汉书·艺文志》说："阴阳家者流，盖出于羲和之官。"认为阴阳家最早出于古代传说中唐尧时执掌天文、历数的官吏。阴阳家的代表人物是战国末齐国人邹衍等。

邹衍，约生活于公元前 305 年至公元前 240 年，是齐国海滨的方士，他创造了"大九州"说和"五德终始"说。"大九州"说认为，除去当时人们所居住的禹域九州外，世界上还有 8 个这么大的州。这一地理宏观思想有进步意义。"五德终始"说，可能源于《尚书·洪范》的早期五行之说，认为金、木、水、火、土五行与白、青、黑、赤、黄五色，西、东、北、南、中央五方相应。古代的天子，各体一行而五，是为五帝德。于是有白帝、青帝、黑

---

① 《韩非子·问辩》。
② 《韩非子·难三》。
③ 《韩非子·人主》。
④ 《韩非子·解老》。
⑤ 《韩非子·显学》。

帝、赤（炎）帝、黄帝。他们的改朝易代依照金克木、木克土、土克水、水克火、火克金的顺序，或者依照金生水、水生木、木生火、火生土、土生金的相互顺序而更替。也就是把原来自然界物质的五行思想社会化、神秘化了。五行更始，"道"是主宰一切的规律，周而复始地循环。阴阳学说对秦汉时期的社会思想影响极大。

（九）名家

名家，是战国时以辩论名实问题为特征的学派。春秋战国，由于社会的大变革，"名实相怨"的情形十分严重，因此许多学派都提出了"正名"的主张，即按照自己的观点来校正每件事物的名和实，以调整其矛盾。至战国发展为专门的学派，其代表者有惠施、公孙龙等。

惠施，生活于战国中期的公元前 370 年至公元前 310 年，宋国人，曾做过魏惠王的相国。他博学多才，"其书五车"，能言善辩。他的基本观点是提出了所谓"小同异"和"大同异"的命题。"小同异"属于常识范围之内的同异，是人所共知的；"大同异"则是超出常识范围的，属于哲学的领域。惠施能把这二者区别开来并引导人们深入哲学的领域，是其重要的贡献。惠施还定义了数学上无穷大、无穷小的概念，说："至大无外，谓之大一；至小无内，谓之小一。"①惠施认为只有包括了一切空间的体积才是无穷大的，即"大一"；只有不包含任何空间的体积才是无穷小的，即"小一"。惠施还认识到高与低、平与陂都是相对的，且可以互相转化。总之，惠施学说的要义是"合同异"，既强调对立物间的同一，又强调同一体内部的对立。他充分发展了相对主义，只是尚未认识到相对与绝对的统一。

公孙龙，生活于战国中后期的公元前 325 年至公元前 250 年，赵国人。他与惠施同是以名辩出名的"辩士"，他所讨论的主要是"名"与"实"的关系和"指"与"物"的关系。"名"是名词，"指"是名词的内涵，即概念。他认为"名"是客观事物的称谓，而"指"可以离开实物，以一种潜伏的可能而存在。公孙龙的主要观点是所谓"离坚白"说。他认为，在一块坚硬的白石上，坚和白是两个概念：坚是指硬度，白是指颜色。人只能看到"白"，而触到"坚"。"白""坚"在人的感觉中是分离的。而"坚""白"既是分离的，就要用坚石和白石两个名称分别称呼它们，而不能称之为"坚白石"。类似的问题，公孙龙还提出了"白马非马"的观点。公孙龙的这种观点虽是错误的，但仍

---

① 《庄子·天下》。

是有意义的：第一，他提出了感觉与客观实际的关系问题；第二，他提出了实体与属性的关系问题，促进了先秦逻辑学的发展。

（十）杂家

杂家是战国时期产生最晚的学派。"杂"是兼收并蓄的意思，"家"即一家之言。所谓杂家无非是既兼采各家又自成一家的学派。所以《汉书·艺文志》说："杂家者流，盖出于议官。兼儒墨，合名法。知国体之有此，见王治之无不贯，此其所长也。""议官"是陈说利害，权衡得失，为统治者出谋献策之职。所以，"杂家"思想就是综合百家思想，提炼其中"国体""王治"等政治主张为一家之言的学说。其代表著作有吕不韦召集门客编写的《吕氏春秋》一书。

吕不韦，生年不详，卒于公元前 235 年，战国末卫国濮阳（今河南濮阳西南）人。曾至韩国阳翟（今河南禹州）经商，"家累千金"。在邯郸结识为质于赵的秦公子异人（后改名子楚），认为"奇货可居"，遂弃商从政，数次入秦游说华阳夫人，促使秦孝文王（即安国君）立子楚为太子。秦庄襄王元年（公元前 249 年），子楚继位。吕不韦被任为相国，封为文信侯。秦王政立，他继任相国，号称"仲父"。他决策和指挥了一系列的军事进攻，取得胜利。秦王政十年（公元前 237 年），他被免相，出居封地河南（今河南洛阳），一年后，迁往蜀郡，于途中饮鸩自尽。他有家僮万人，门下宾客三千。召集宾客在秦王政八年编成的《吕氏春秋》，大体反映了吕不韦的思想。

《吕氏春秋》书名定为"春秋"，是因为吕不韦视其为史书，但就其内容来看却是一部以道家思想综合诸子百家的政论之书。其核心部分又是十二纪中的政纲思想。十二纪的主旨按吕不韦的说法，是以道家"人法地，地法天，天法道，道法自然"的准则为指导思想和方法，以政论之学为具体内容，来衡量国家政治"是非""可不可"的总纲。其中论述了君主必须"去私"而"贵公"，以国家利益为重的思想；提出贵在"论人"的君臣关系思想，要求君主应任贤无为，臣下要公而不私；认为君主应"出乎众也"，即要得到群众支持才能得以自立。此外，书中还提出了"顺其理，平其私"的经济思想，"尊师""劝学"的文教思想，以及用"义兵"统一天下的军事思想。

《吕氏春秋》所提出的清静无为的政治主张反映了战国末年思想界的呼声，是较符合时代潮流的施政纲领，可惜没有被坚持法家理论的秦始皇所采纳。

三、史学、文学与自然科学

在思想领域出现了前所未有的"百家争鸣"新气象的同时，史学、文学、自然科学等方面也呈现出一派繁荣景象。

(一)史学

我国自古重视总结历史经验，春秋以前的甲骨卜辞和《尚书》中都保存了大量史料。然而系统性的史书，大约到春秋战国才出现。迄今我们所见到的第一部史书，应该说是《左传》。

《春秋左氏传》简称《左传》。它与《公羊传》《穀梁传》一样，都是《春秋经》的传，但写法不像《公羊传》《穀梁传》那样专门探索《春秋》笔法，而是原原本本地写出《春秋》中所记载的每一件事的详情本事。起于鲁隐公元年(公元前722年)，终于鲁哀公二十七年(公元前468年)，其中叙事则至鲁悼公十四年(公元前454年)为止，即春秋时期史事。《左传》是我国第一部编年体史书。

《国语》是和《左传》差不多同时写成的春秋时期的国别史。其编撰体例，以"国"分类，以"语"为主。据说《国语》和《左传》的作者都是左丘明。

和《国语》体裁相近的《战国策》是后人编辑的，主要是战国后期纵横家的言论记录，而非史书。但因同时并无其他史书，所以《史记》有关战国史事，多取材其书。

《世本》是战国末年赵人所作。原书至南宋已大部分散失，目前有一个辑本。《竹书纪年》是魏国的编年史，记载从黄帝到魏王的史事。此书以魏为主，略涉其他各国。

(二)文学

《诗经》既是儒家经典，又是文学作品，是我国古代第一部诗歌总集，共305篇。内容包括民歌、士大夫抒情感事诗以及史诗性的颂歌，即《风》《雅》《颂》三部分。

《风》又称《国风》，即十五国风，保存有大量民歌，是《诗经》的精华。《雅》分《小雅》和《大雅》，多是贵族歌颂帝王功绩的作品，有些篇章与后世的叙事诗很接近。《颂》分《周颂》《鲁颂》《商颂》，内容是在祭祀或大朝会时用于歌功颂德的颂歌。

　　《诗经》经过秦火之后，汉代传习《诗》的有齐、鲁、韩三家学派。另有毛亨、毛苌一派，史称"毛诗"。后来三家诗亡佚，仅毛诗盛行，遂成为今日所传的"诗三百篇"。

　　《楚辞》是《诗经》以后出现于我国南方的韵文体诗歌，以楚语写成。这种文体一直流传在民间，诗人屈原继承了南方优秀的诗歌传统，取材于民间神话传说，以丰富的想象力和浪漫主义气质，写成了热情奔放、照耀世界的抒情长诗《离骚》《天问》等 15 篇。同时的作家还有宋玉、景差、唐勒等。后人把他们所创作发展的这一文体称为"楚辞"，或简称为"辞"或"骚"。

　　春秋战国的散文，有历史散文和诸子散文两种。前者如《左传》《国语》，后者以《论语》《孟子》《庄子》《荀子》《韩非子》为代表。诸子百家的著作大部分是议论文。他们为了进行论战，所以大多语言丰富，文字流畅，比喻生动，大大推动了散文的发展。例如，荀况的文章气势磅礴，论点鲜明，说理透析。韩非善于结合具体的历史和现实政治给各种空论以鞭挞。庄子的文章汪洋恣肆，仪态万方。孟子善辩，文如江水，滚滚而下。

（三）自然科学

　　天文学的发展在春秋战国很突出，在星象的观测和记录上做出了极大贡献。我国二十八宿体系的创立有可能始于春秋时期。二十八宿是将天球赤道附近的天空划为 28 个不等的部分，各有名称。再将二十八宿分属四方，称为东方苍龙七宿，北方玄武七宿，西方白虎七宿，南方朱雀七宿。二十八宿的作用在于标志月亮、太阳、五星、彗星等运行的位置和各恒星所在的位置，并用它规定季节，编制历法，指导生产。

　　对于彗星的观测和记录，可靠的最早记载见于《春秋》。第一次在文公十四年（公元前 613 年）："秋七月，有星孛入于北斗。"这是世界上最早的一次哈雷彗星记录，比欧洲的记录早了 670 多年。从《左传》看，春秋时期我国对日食、陨星已有准确记录，对冬至时刻和回归年长度也有准确的测定。战国时期我国已出现了天文学专著，楚人甘德作《天文星占》，魏人石申作《天文》。后人把二书合一为《甘石星经》。

　　数学在春秋时有一定的发展。现今通行的九九乘法口诀，这时已经出现。至迟在春秋末已有了度量衡器。春秋战国时期，已出现了筹算计算法，算筹是一种 10 多厘米长的竹棍。在元代出现珠算法之前，我国一直使用这种筹算法。

　　医药学在春秋战国时期进步显著。从 1973 年发掘的长沙马王堆 3 号汉墓出土帛书看，至迟在春秋末年我国已出现了专讲医药、经脉的专著。至战国，诊断学在实践基础上形成了"切脉""望色""听声""写形"等理论。医疗器材有"箴"（针）、"石"、"熨"等。《山海经》中记载的药物已有百种以上。治病已有多种分科：内、外、小儿、妇、针灸科等。当时出现的名医如秦的医缓，齐的秦越人（号扁鹊）等。代表性的医学专著有《黄帝内经》等。

东周世系表

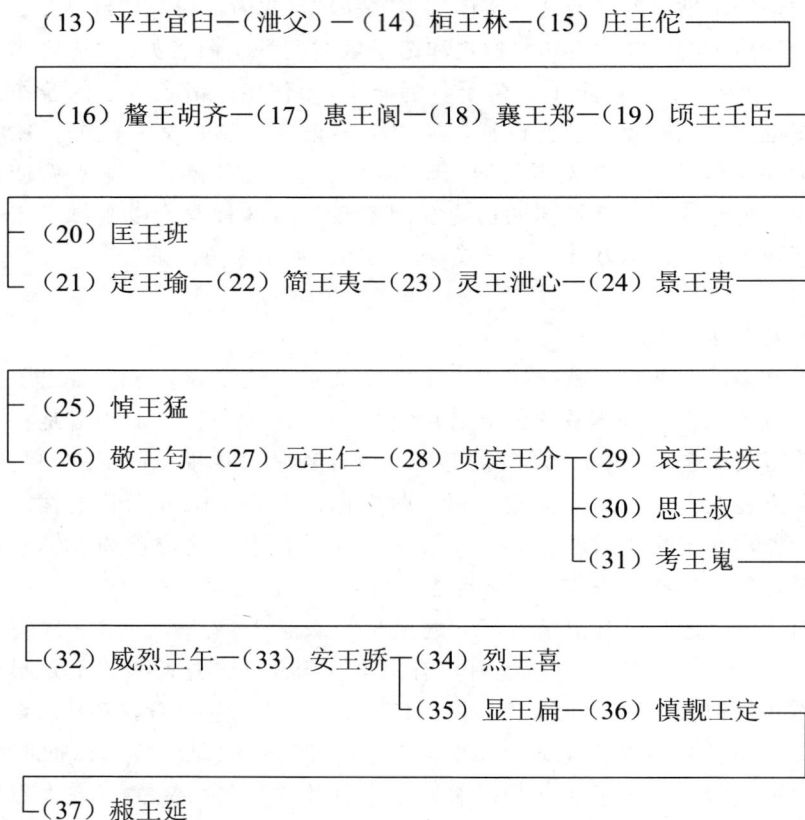

（13）平王宜臼—（泄父）—（14）桓王林—（15）庄王佗———

└（16）釐王胡齐—（17）惠王阆—（18）襄王郑—（19）顷王壬臣

├（20）匡王班

└（21）定王瑜—（22）简王夷—（23）灵王泄心—（24）景王贵—

├（25）悼王猛

└（26）敬王匄—（27）元王仁—（28）贞定王介┬（29）哀王去疾

　　　　　　　　　　　　　　　　　　　　├（30）思王叔

　　　　　　　　　　　　　　　　　　　　└（31）考王嵬—

└（32）威烈王午—（33）安王骄┬（34）烈王喜

　　　　　　　　　　　　　　└（35）显王扁—（36）慎靓王定—

└（37）赧王延

第四章　秦汉时期封建社会的成长

第一节　叙　说

秦汉时期(公元前221—公元220年)，是中国封建社会的成长时期，包括秦、汉两朝，以及西汉、东汉之际的王莽和更始政权。

秦朝(公元前221—公元前206年)，是中国历史上第一个统一多民族的专制主义中央集权的封建国家，传2世2帝15年。

公元前221年，秦王嬴政统一六国，结束了长期封建诸侯割据的局面，建立了一个以咸阳为首都的幅员辽阔的封建国家。其疆域东至大海，西至陇西，南至岭南，北至阴山、辽东。为了统治这个前所未有的大国，秦王嬴政在列国政治制度的基础上，建立了专制主义中央集权的政治制度。他创立皇帝制度，自称始皇帝。皇帝之下设丞相、太尉和御史大夫以及分管具体行政事务的中央机构。地方建立郡、县、乡各级行政组织。秦王朝中央集权统治机构的建立，确立了以后历代封建统治机构的基本形式。

秦始皇为巩固统一，加强中央集权，在政治上颁行了严密繁苛的法律，下令收缴全国私人所藏兵器，迁徙六国豪富于咸阳，拆除六国境内城防和山川险阻地区的军事设施，修筑以首都咸阳为中心的驰道、直道和通西南夷的"五尺道"，5次出巡六国故地和边境地区，刻石宣扬秦的威德。在经济文化上，颁发"使黔首自实田"的法令，确认土地私有权；统一度量衡、货币、文字；实行"焚书坑儒"的思想统制政策；在军事上，北击匈奴，南开五岭，继续进行扩大统一的战争。

秦始皇建立和巩固的统一封建王朝，把历史推进到了一个新阶段。但是，秦始皇的事业是在残酷剥削压迫人民的条件下，在短短的十几年中完成的，这就使秦朝的统治具有急政暴虐的特色。公元前210年秦始皇病死后，继位的秦二世胡亥进一步加重对农民的剥削和压迫，造成赋敛愈重，戍徭无已，广大农民困苦达于极点。公元前209年，爆发了陈胜吴广起义。公元前206年，秦朝被推翻。原来作为农民军领袖的刘邦和项羽，为争夺农民起义的果实，进行了长达4年之久的"楚汉战争"。结果，刘邦夺得了胜利。

西汉（公元前206—公元8年），是继秦朝而出现的强大的统一的封建王朝。公元前202年，刘邦称帝，国号汉，初建都洛阳（今河南洛阳），不久迁到长安（今陕西西安），史称前汉或西汉。西汉初年，汉高祖刘邦吸取秦二世而亡的教训，实行黄老无为政治，与民休养生息，注意恢复和发展生产。经过汉初几代的治理和劳动人民的辛勤劳动，汉朝社会经济很快得到恢复和发展，出现了社会比较安定、经济比较繁荣富庶的局面，史称"文景之治"。

西汉政权建立后，恢复和健全封建国家机器，在推行郡县制的同时，又没有完全摒弃分封制。刘邦先是封异姓王，后在消灭异姓王的过程中，又封同姓王。同姓王后来发展成为地方割据势力。经过景帝平定吴楚七国之乱以后，王国势力才有所削弱。

汉武帝统治时期，是西汉的鼎盛时期。汉武帝在政治、经济、军事和思想文化等方面都有建树。在政治方面，汉武帝颁布"推恩令"，"作左官之律，设附益之法"①，大大削弱和打击了诸侯王的割据势力；建立新的选官制度，用"察举""征召"的办法选拔人才，创刺史制度，加强中央集权。在经济方面，汉武帝注意发展农业生产；改革币制，将铸币权收归中央；实行盐铁官营和平准均输政策；颁布算缗、告缗令，增加了财政收入。在军事方面，汉武帝3次大规模出兵打败了匈奴，解除了对北方安全的威胁，并多次派人通西域；向南方用兵，奠定了现代中国疆域的初步基础。在思想方面，汉武帝实行"罢黜百家，独尊儒术"的政策。儒家学说成为封建社会的统治思想。

西汉时期的文化也有很大发展。史学家司马迁著有我国第一部纪传体通史《史记》。赋和散文、乐府诗是这时期的主要文学形式。此外，天文、历法、数学、地理学、医学等都有所发展，造纸术的发明，是我国古代劳动人民对世界文化所做的卓越贡献之一。

西汉时期各民族间的经济、文化联系进一步加强，尤其是西汉中叶以

---

① 《汉书·诸侯王表》。

后，西域归于汉朝版图，西南、东南、东北地区与内地联系更加密切，从而促进了我国多民族国家的发展和巩固。同时，对外关系也有很大发展。张骞两次出使西域，到达过大宛（今乌兹别克斯坦境内）、大月氏（今中亚阿姆河流域）、安息（今伊朗）等国。汉朝还开辟了两条通往西亚各国的"丝绸之路"。

西汉后期，豪强地主和官僚贵族疯狂兼并土地，阶级矛盾十分尖锐，社会危机日益加深。公元8年，外戚王莽代汉称帝，国号新。王莽实行的托古改制措施，不仅未能挽救社会危机，反而给社会经济带来极大的破坏，使阶级矛盾更趋激化。公元17、18年，先后爆发了绿林、赤眉农民起义。经过数年反复较量，农民军于公元23年攻入长安，王莽被杀，新朝灭亡。

东汉（公元25—220年），是西汉远支皇族刘秀夺取绿林、赤眉农民起义胜利果实后于公元25年建立的豪族地主政权，都洛阳。史称后汉或东汉。

光武帝刘秀在位期间，先后9次颁布释放奴婢和禁止虐待奴婢的诏令；组织军屯，减轻赋役，兴修水利；下令裁并郡县，精减吏员；在中央削弱三公的权力，加重尚书台的职权，使其成为皇帝发号施令的机构；废除掌握地方军权的郡国都尉，取消地方军。以上措施加强了中央集权的政治体制，有效地保证了对全国人民的剥削与统治，同时也有利于社会经济的恢复和发展。东汉统治者还大力加强思想统治，儒家谶纬神学成为官方的统治思想。杰出的唯物主义思想家王充，对此进行了大胆的揭露和批判，《论衡》是其不朽著作。班固及其《汉书》开创了纪传体断代史的体例，是继《史记》之后的又一部历史巨著。蔡伦总结前人经验，改进造纸技术，对文化传播有重要意义。张衡发明浑天仪、地动仪，对天文学和地震学做出了重要贡献。张仲景、华佗在医学上也有突出的成就。

在东汉政权的保护下，豪族地主势力迅速膨胀。他们一方面大量兼并土地和财产，控制大量的依附农民，建立起地主田庄，拥有雄厚的经济实力；另一方面又通过察举和征辟，把持中央和地方各级政权。豪族地主势力的发展，引起了统治阶级内部的长期争斗，外戚与宦官轮流专政以及"党锢"之争，都是这一斗争的表现。东汉后期统治更加腐朽，阶级矛盾十分尖锐。184年，由张角组织和领导的黄巾大起义，沉重地打击了东汉统治。后因割据势力增长，统一国家逐渐走向瓦解。220年曹丕代汉称帝，东汉灭亡。

秦汉是中国历史上一个特别重要的时期，它对以后两千年中国历史的发展产生了深远的影响。

秦汉是中国封建统一国家的形成时期，后来的封建大一统是秦汉时期奠定的基础。秦的统一及其统一后的一系列巩固统一的措施，是中国古代史上划时代的大事。此后的两千年中，尽管出现过许多分裂时期，但统一一直起着主导作用，统一国家不断扩大，直到现在，中国的地大物博和统一是分不开的。

秦汉是中国专制集权制度的确立时期。秦汉专制集权制度为历代王朝所继承和发展，有着深远的影响。其作用有积极的方面，也有消极的方面。中央集权的封建国家在一定时期和条件下，对于大规模地兴修水利、发展农业、加强防御力量、发展民族关系、促进中外经济文化交流，都起过不同程度的积极作用。但中国封建社会发展长期迟缓也与专制集权有关。

秦汉是中国封建地主土地所有制的确立时期。封建地主土地所有制的特点是地主土地私有，允许土地买卖，承认租佃关系。地主土地所有制的形成和发展，一直贯穿于两千年的封建社会。

秦汉是中国封建社会大规模农民起义开始发生的时期。随着专制主义中央集权国家的建立以及专制制度的日益强化，封建专制主义的残暴统治和地主阶级的剥削压榨，引起了农民的不断反抗。这些农民起义和农民战争起了推动历史前进的作用。

秦汉是中国汉民族形成和多民族国家开始出现的时期。后来以汉族为主体的国家不断发展。

秦汉时期的文化成就，如秦统一文字，司马迁开创、班固继承并发展的纪传体通史、断代史著作体例，汉赋及汉乐府，蔡伦改进造纸术，张衡的天文学等，都是中国古代的珍贵文化遗产，对后世产生了很大影响。西汉董仲舒提倡的以儒为主、糅进阴阳等思想的新儒学，最终成了中国整个封建时代的统治思想。

秦汉时期世界大势又是怎样呢？

当秦始皇统一中国，建立专制集权统治之时，在意大利半岛崛起的罗马与西部地中海的强国迦太基之间爆发了第二次布匿战争。公元前218年，迦太基著名将领汉尼拔率军从西班牙出发，越过阿尔卑斯山突入意大利，在特列比亚河与罗马军交锋，首战告捷。次年，又在特拉西美诺湖附近重创罗马军队，击杀罗马执政官。公元前216年，汉尼拔又与罗马主力决战于坎尼平原，以少胜多，歼灭罗马军54000人，俘虏万余人。罗马统治者急忙扩充军队，组织反攻。公元前211年，罗马派兵攻陷与汉尼拔结盟的西西里主要城邦叙拉古（著名科学家阿基米德卫国而死），开始了对迦太基的反攻。公元前204年，罗马将领西庇阿指挥罗马大军从非洲登陆，攻入迦太基本土。在刘邦称帝的公元前 202 年，罗马与迦太基在扎玛附近展开了一场决战，迦太基被战败。次年双方签订和约，罗马获得大量赔款和西西里岛及其与意大利之间的所有岛屿。迦太基不经罗马允诺，不得与任何国家交战。从此，迦太基实际上已处于罗马附庸国的地位。

第二次布匿战争结束后，罗马又把矛头对准了东地中海的马其顿、叙利亚和埃及等希腊化王朝。公元前 200 年，罗马发动第二次马其顿战争，迫使马其顿王腓力五世承认罗马有权干涉希腊事务。公元前 168 年，罗马发动第三次马其顿战争，在皮德纳战役中俘虏马其顿王百尔修斯，将马其顿分割为 4 个"自治区"，使之成为罗马的属地。参与百尔修斯反罗马同盟的其他希腊城邦也遭到罗马的残酷镇压。此后，希腊长期处于罗马统治之下。

公元前 190 年，罗马在小亚细亚的马格尼亚战役中击溃叙利亚的安条克三世，迫使其放弃色雷斯和小亚细亚的一切领地，叙利亚亦沦为罗马属国。

公元前 149 年，罗马发动了第三次布匿战争，攻下迦太基城，灭掉了迦太基，将其辖地划为罗马的"阿非利加行省"。

公元前 133 年，罗马派兵攻陷西班牙北部的努曼西亚城，将西班牙大部地区并入了罗马版图。

罗马通过一系列战争，由意大利的统治者扩张成为东起小亚细亚、西抵大西洋岸的地中海世界的霸主。此时，罗马原来建立在城邦基础上的共和政体已不再能够适应这一变化了的形势，一种新的统治形式——代表更广泛的奴隶主阶级利益的帝制，便应运而生。在这一过程中，罗马奴隶制长期酝酿的各种矛盾便充分地暴露出来，使整个社会阶级斗争达到尖锐的程度。公元前 137 年和公元前 104 年，先后两次爆发了西西里岛奴隶大起义。公元前 73 年，又爆发了世界史上有名的斯巴达克领导的奴隶大起义。罗马奴隶主阶级为了维护自己的统治，便把权力集中在少数军事统帅手中，进而集中到一个军事独裁者之手，这样罗马共和国终为罗马帝国所取代。在转变中，罗马统治者克拉苏、庞培、恺撒等相互火并，篡弑相承，至屋大维时，罗马帝国最终成型。

当此之时，帝国的扩张目标指向了中欧和西欧一些地区。从公元前 16 年起，罗马进军阿尔卑斯山东部和多瑙河上游地区，并于次年建雷提亚（今瑞士）、诺里克（今奥地利）两省；公元前 12 年以后，又在多瑙河中游、下游一些地区，建潘诺尼亚（今匈牙利）、美西亚（今南斯拉夫）两省。公元 5 年，罗马在经过连年征战后终于在莱茵河流域建日耳曼行省。但是，罗马在这些被征服地区的统治并不稳固。公元 6 年，潘诺尼亚省爆发了 20 万人的大起义，屋大维费了很大力气才将这次起义平息。但不久莱茵河畔又掀起了更加汹涌的日耳曼人起义的高潮。公元9年，屋大维派去镇压起义的罗马军队被全部歼灭。从此，罗马的日耳曼各行省的边界始终以莱茵河为界。

公元66年，东部巴勒斯坦的犹太人发动起义，全歼耶路撒冷的罗马驻军。罗马统治者派军前往镇压。起义群众为保卫耶路撒冷城坚持了4年的殊死战斗，到公元70年，罗马军队重新占领这个城市，对起义群众进行了残酷的镇压，被钉在十字架上处死的起义者不计其数，以致"无地再立十字架，无木再作架钉人"，而被卖为奴者达7万之众。131年，犹太人再度起义，攻城陷镇，其势迅猛。罗马派大批军队前往镇压，费时3年，屠杀犹太人达58万。135年，耶路撒冷被彻底破坏，残余的人民多被掳掠为奴，整个巴勒斯坦田园荒芜，庐舍为墟，于是开始了犹太人背井离乡、流散异地的长期民族漂泊史。

公元前2世纪至公元1世纪，西亚的安息帝国迅速兴起，成为当时欧亚大陆上与中国的汉朝和欧洲的罗马并存的3个强大国家之一。在安息国王密特里达提一世和二世统治时期，安息在驱逐塞琉古势力的斗争中不断扩张自己的领土。公元前175年，安息得到中亚的马尔吉安那；公元前155年攻占伊朗的米底，打开了向两河流域进军之路；公元前141年攻占塞琉古在两河流域中部的重要据点塞琉西亚，把塞琉古势力逐出两河流域。公元前120年左右，中亚游牧部落塞种人被匈奴打败，移入伊朗东部，安息将其赶至伊朗的东南部和印度的西北部。公元前115年，安息占领木鹿绿洲，阿姆河成为安息领土。公元前94年，又占领亚美尼亚，并扩张到南高加索和小亚细亚一带。安息国都随着国土的扩张而不断西移。到公元前1世纪中期，安息国都迁移到泰西封，在底格里斯河东岸，与塞琉西亚隔河相望。

罗马为谋求夺取西亚和两河流域，不断发动向东扩张的战争。安息进行了长期的抗击罗马的战争。

公元前65年，罗马将领庞培率军东征，与安息交锋，互有胜负，形成对峙之势。公元前53年，罗马统帅克拉苏率7个军团，渡过幼发拉底河，侵入安息内地，安息采用诱敌伏击之策，佯装退却把罗马大军引入荒无人烟的草原而歼灭之，克拉苏亦被俘杀。公元前36年，罗马将军安东尼率军10万再度入侵安息，安息王弗拉特斯四世大力反击，罗马又遭惨败。公元51—63年，罗马东侵亚美尼亚，安息出兵应战，经过激烈的争夺，最后双方签订和约，亚美尼亚国王由安息王族充任，由罗马加冕，实际上安息仍占优势。115—116年，罗马皇帝图拉真又率兵侵占亚美尼亚，并进占两河流域及泰西封。但与此同时犹太人等发动反罗马起义，图拉真被迫撤军，病死于塞利努斯。此后，双方仍常起战端，但无决定性战役。安息西部国境基本上保持在幼发拉底河以西邻接叙利亚一线。安息与罗马长期较量，阻止了罗马向东扩张，使西亚大部地区如两河流域、亚美尼亚和伊朗免受罗马奴役，为以后波斯萨珊王朝和伊斯兰文明的发展提供了条件。

公元 1 世纪初，在安息与汉朝之间，兴起了一个贵霜王国。贵霜建立后，不断向外扩张，曾"侵安息，取高附地。又灭濮达，罽宾"①。在阎膏珍统治时代，贵霜进一步侵入印度，占领了西北部的旁遮普地区。在其子迦腻色伽一世统治时代（78—101 年），进一步向印度扩张，其势力达恒河中游地区。迦腻色伽通过多年的对外扩张，建立起一个纵贯中亚和南亚的庞大帝国，其领土的范围包括中亚的锡尔河与阿姆河直到波罗奈以西的北印度大半部地区。这时，帝国的首都也由中亚迁至富楼沙（今巴基斯坦白沙瓦）。

贵霜作为丝绸之路的中介桥梁，其作用在迦腻色伽时期发挥得最为充分。此时，东方匈奴势力已被东汉逐出塔里木盆地，班超经营整顿西域局势甚有成效，因此，丝路畅通，商旅频繁往来，国际贸易有很大发展。东汉的丝绸、漆器、铁器，以及纸、镍等新技术发明，桃、梨、杏、橘等优质水果和大黄、肉桂等名贵药材，都运销和传入贵霜，其中国际市场上需求最殷的丝绸、药材等皆由此转运安息、叙利亚、埃及直至罗马；另一方面，大月氏和中亚的名产善马、毛毯、裘皮、玉石，以及印度的玳瑁、珠宝、象牙、香料，西亚和埃及的玻璃、水晶、珊瑚、琥珀等也循丝绸之路运入中国。在对外关系上，贵霜曾遣使西访罗马，罗马皇帝图拉真将贵霜人的图像刻于纪念物上。贵霜使者亦曾东来中国，贡奉珍宝、狮子等物，中国也有使者去贵霜，带去梨、桃等物。中西文化随着这些使节往来而相互交流，中外友好关系肇始展开。

学习和研究秦汉史所依据的文献资料，主要是二十四史中的前四史，即纪传体的《史记》《汉书》《后汉书》《三国志》。此外，还有一些为数不多的典籍，如政治制度方面的政书，思想方面的诸子书，经济方面的农书，宗教方面的典籍，科技方面的历法、医书等。

多年来发掘的大批秦汉考古资料和文物，也是学习、研究秦汉史的重

---

① 《后汉书·西域传》。

要史料。首先要提到的是秦简。1975 年年底在湖北云梦县城关西边睡虎地发掘了一批秦墓，其中 11 号墓出土了一批竹简，有 1115 枚，还有 80 片残简。这是我国首次发现的秦简，是研究秦史非常珍贵的资料。1978 年文物出版社出版的《睡虎地秦墓竹简》一书对秦简进行了分类整理，有释文、注释、索引、地图，可以使用。此外，2002 年湖南龙山县里耶古城一号井发现秦代简牍 36000 多枚，主要为秦洞庭郡迁陵县档案文书，史料价值极大。2012 年文物出版社出版《里耶秦简》，至 2017 年已出 2 册。

汉简也是重要的资料。近一个世纪以来，不断发现汉代遗存的简牍，累积起来有 4 万枚左右，绝大部分出土于我国西北甘肃、新疆地区，相当于汉代河西四郡和西域一带。这一广阔地区发现的简牍，根据出土的具体地点，大体上可分为三类：一是敦煌汉简。英国人斯坦因于 1906 年至 1908 年在甘肃敦煌附近汉代边塞遗址得到汉代木简 705 枚，其中 100 枚可确切考知具体年代。这批汉简简影见于法国沙畹《中国古文书》、王国维《流沙坠简》。1913 年至 1915 年，斯坦因又一次在敦煌发现汉简 84 枚，在酒泉发现 105 枚。简影见于法国马伯乐《斯坦因在中亚细亚第三次探险的中国古文书考释》、张凤《汉晋西陲木简汇编》第二编。1944 年，夏鼐等赴甘肃考古，在敦煌获得汉简 43 枚，简影见《新获之敦煌汉简》，收在夏鼐《考古学论文集》中。二是居延汉简。1930 年至 1931 年，中国和瑞士组成的西北科学考察团在内蒙古额济纳河两岸和额济纳旗黑城东南的汉代遗址里，采获汉简 1 万枚左右，这就是闻名中外的居延汉简。简影见《居延汉简甲乙编》。劳干有《居延汉简》，分为图版之部和考释之部。1973 年至 1974 年，甘肃居延考古队在额济纳河流域破城子等 3 处汉代遗址掘获汉简 2 万余枚，初步整理出 70 多个完整或较完整的簿册，内容涉及汉代社会的政治、经济、军事、文化、法律、哲学、宗教、民族等各个领域，是研究汉代历史的宝贵资料。三是罗布泊汉简。1930 年和 1934 年，黄文弼在新疆罗布泊北岸的汉代防戍遗址里，发现汉简 71 枚，见黄文弼的《罗布淖尔考古记》。这批汉简出土地点在汉代属于西域都护辖地，靠近楼兰遗址。所以又把罗布泊汉简称为西域汉简或楼兰汉简。

近 30 年来，在汉代墓葬中也多次发现汉简。这些墓葬汉简，与汉史研究关系密切的主要有以下几种：

1972 年长沙马王堆 1 号汉墓出土汉轪侯妻辛追随葬物遣册，共有竹简 300 余枚，记载了随葬的葬具、食物、谷物、菹醢、酒、用器、燕乐器、内具、燕器和一些明器等。简影见《长沙马王堆一号汉墓》。

　　1972 年山东临沂银雀山 2 号墓出土汉武帝元光年间古历简，见陈久金、陈美东《临沂出土汉初古历初探》(《文物》1974 年第 3 期)。

　　1972 年甘肃武威旱滩坡汉墓出土一批医方，简影见《武威汉代医简》。

　　1973 年湖北江陵凤凰山 8、9、10 号汉墓出土 400 余枚竹简和木牍，其中 10 号汉墓出土的 170 余枚竹简和 6 枚木牍，记载了西汉初期赋税、徭役、借贷、商业等方面的情况。

　　1973 年河北定县(今定州市)八角廊 40 号汉墓中，发现大批曾被焚烧的简牍，主要为先秦古书，也有《六安王朝五凤二年正月起居记》《日书》等，有助于了解汉时的社会生活状况。

　　1978 年青海大通上孙寨 115 号汉墓出土有关军法的汉简。

　　1983—1984 年湖北江陵张家山 247、249、258 三座西汉前期墓出土一批竹简。其中 247 号墓出土竹简最多，达 1200 余枚，简文约 3 万字。这是我国汉简的一次重要发现，其重要性可与睡虎地秦简相埒。简文内容有一半以上是汉初律令。这批汉律的发现，可对萧何制定的"九章律"内容有较具体的了解，为探讨汉初社会制度开拓了新的眼界。竹简中还有 5 部佚书。其中的《算数书》是早于《九章算术》成书的一部数学著作。

　　1993 年江苏连云港尹湾村发现木牍 24 枚、竹简 133 支，以簿籍文书为主，有助于今人理解汉代郡级行政文书档案情况。

　　1990—1992 年敦煌悬泉置遗址发现大量出土遗物，其中简牍 35000 余枚，有字者 23000 余枚，有大量诏书、各级官府的上下行文书，以及律令等，史料价值巨大。

　　2009 年，北京大学接受捐赠由海外抢救回归的大量汉简，共 3300 余枚，皆为古代典籍，对研究先秦秦汉历史思想、文化、科技等皆有重要学术价值。

　　此外还有帛书。1976 年、1977 年、1979 年文物出版社分别出版了马王堆汉墓帛书整理小组编的《法经》《古地图》《导引图》。2014 年出版的《长沙马王堆汉墓简帛集成》(全 7 册)，极大地方便了相关研究的深入开展。其他文物考古资料，如秦始皇陵兵马俑坑、始皇陵、铜车马、秦代玺印、遗址、遗迹以及碑石等，均陆续被发掘、公布，可供研究。

第二节　统一的秦王朝

一、秦始皇统一中国

公元前 221 年，秦王政从乱世纷争中以军事手段横扫六合，削平宇内，建立了中国历史上第一个统一的多民族的中央集权的封建国家——秦朝，结束了混战割据的局面，将中国历史推进到了一个崭新阶段。

秦统一六国后，在全国范围内的军事行动虽已结束，但在边疆，秦国的军队仍在继续进行着战斗。当时南有"百越"，北有匈奴，对秦王朝造成一定的威胁。秦始皇对这些地区用兵，是巩固和扩大统一成果的必要步骤。

(一)统一岭南

越人是我国南方的古老民族，分布在东南沿海和华南地区，面积很广，各自独立，互不相属，称为"百越"。主要有闽越、南越和西瓯。秦灭楚后，派国尉屠睢率兵 50 万，分 5 路向越人发动进攻。秦军很快攻占闽越，但在南越和西瓯却遇到抵抗。他们利用当地山青林密、河谷纵横的地形，不断袭击秦军，使秦军遭到重大挫折，连统帅屠睢也被击杀。后来，秦始皇派戍卒增援，才取得胜利。战争前后进行了 8 年。在战争过程中和取胜后秦始皇主要办了 3 件事。一是开凿灵渠，主要是为了解决运输粮饷的困难。灵渠在今广西兴安县境，全长 34 千米，现在叫兴安运河。兴安境内发源两条河，一条是湘江，向北流入长江；另一条是漓江，向南流入珠江。灵渠是把湘江水截住流到漓江。灵渠设计灵巧、技术复杂，是我国古代运河建筑史上的奇迹。灵渠开凿后把长江与珠江水系连接起来了，打通了南方的水上交通。两千多年来灵渠一直作为南北水路的重要通道，在沟通南北、维护统一上起着很大作用。二是征发 50 万刑徒罪犯到岭南支援，取得胜利后又陆续征发几十万人到那里戍守，他们带去了中原地区先进的生产工具、生产技术和文化，对开发珠江流域做出了贡献。三是战争结束后，秦在越地设置了闽中、南海、象、桂林 4 郡，把分散的越族基本上统一起来了。

(二)开通西南夷

西南夷按照分布地域的不同，区分为西夷和南夷两部，每部又有若干族属。主要地区包括今贵州西部，云南东部、中部、西部，四川西部和西北部，西藏东部。这些民族的族属复杂，语言和风俗不同，主要有夜郎、滇、邛都、嶲、昆明、徙、笮都、冄駹、白马等。战国中期以前，这些民族尚处于原始社会末期。楚顷襄王时，楚将庄蹻曾平定滇池地区，于该处称王。庄蹻带去了先进的楚文化，促进了这一地区经济、文化的发展。

秦灭六国后，派将军常頞征调巴、蜀士卒，经略西南夷。常頞自今四川宜宾至云南昭通一线的崇山峻岭上，开凿了5尺宽的道路，通于西南夷，并在一些民族地区设置了行政机构。《史记·西南夷列传》载：秦于"诸此国颇置吏焉。十余岁，秦灭。及汉兴，皆弃此国"。秦经略西南夷，开五尺道，对促进巴蜀乃至中原和西南夷地区的民族间的往来，以及促进经济、文化的交流起了重大的作用。

（三）对匈奴的战争

匈奴是北方的游牧民族。战国时强大起来，不断向南侵扰。秦在灭六国时期，匈奴头曼单于乘中原地区的战争方炽，赵、燕的北部边防松弛，就率领控弦之士进占河南地（今内蒙古鄂尔多斯）。秦灭六国以后，于秦始皇三十二年（公元前215年）派将军蒙恬率士卒30万人北击匈奴，把匈奴势力赶到阴山以北，收复了河南地。秦在这里设置了34个县①，重设九原郡，又从内地移民3万户到这一地区戍守和垦荒。蒙恬又北渡黄河，据守于阳山（狼山之西）和北假（阴山下）一带。

（四）修筑长城

为防止匈奴贵族的侵扰，秦始皇下令又修筑了举世闻名的伟大工程——长城。在战国时期，秦、赵、燕三国都曾在北边"筑长城以拒胡"②。秦始皇三十四年（公元前213年），秦始皇征调大量的人力、物力，把过去秦、赵、燕三国长城连接起来，修筑了一条从临洮（今甘肃岷县）一直到辽东郡碣石的万里长城。长城作为工程建筑体系是由关隘、城墙、城台、烽燧4部分组成的。关隘，也称关城，往往设在高山峡谷等险要处，扼守要冲，以极少兵力抵御较多敌人，达到"一夫当关，万夫莫开"的目的。城墙，是长城的主体，一般随地势而筑。城台，分墙台、敌台和战台3种。烽燧，

① 《史记·秦始皇本纪》载为34县。《史记·匈奴列传》和《汉书·匈奴传》均作44县。
② 《史记·匈奴列传》。

也叫烟墩、烽火台。大部分建在高山顶上或平地转折处，专为传递军情之用。秦始皇派大军在长城沿线驻守，并在这一线设立 10 余个郡，管辖和开发长城沿线地区，又大量移民前往开垦，以保证边防的供应。长城的修建，耗费了巨大的人力物力，给人民带来了极大的痛苦，但是对保护北部边疆人民生活和农业生产也起了积极作用。

(五)秦都咸阳

咸阳位于渭水北岸，水陆交通都很方便；南有终南山为屏障，北靠九峻山，地势险要，利于防守；地近原西周镐京，附近人口密集，土地开发较早，终南山又有取之不竭的物产。这一切都为咸阳的发展提供了条件。根据考古发掘，秦咸阳故城址在今咸阳市以东。这里原是北依高原，南临渭水，境内宫殿林立，楼阁相连。宫殿主要分布在北原上，其范围大约东西 6 千米，南北 2 千米，宫殿主要有咸阳宫、兰池宫。渭水之南还有阿房宫、诸庙、章台、上林苑。

咸阳宫是秦的皇宫，营建在北原上，通过渭桥与南岸的兴乐宫相通。秦始皇在统一战争中，每打败一国，便模仿该国的宫殿形式，在咸阳北原上重新建造，号称"六国宫殿"，建筑各具特色，式样繁多。共有宫室 145 处，藏美女 1 万多人。

秦始皇灭六国以后，以咸阳人多，先王之宫殿小，又在渭南上林苑中作朝宫。朝宫即阿房宫。其规模宏大，仅前殿东西就有 500 步，南北 50 丈，殿上可以坐万人，殿下可建立五丈旗，周驰为阁道，自殿下直达南山。宫前立 12 个铜人，各重 120 吨。阿房宫遗址在今西安市西郊赵家堡和大古村之间，殿基为夯土，台址东西宽约 2 千米，南北长约 1 千米。

渭河横贯咸阳城，把咸阳分为南北两部分，渭北的咸阳宫原是秦王朝政治活动中心，自从阿房宫兴建后，便向渭南转移。南北有渭桥相通。秦始皇又引渭河水为池，筑蓬、瀛，称兰池宫。

秦始皇二十六年(公元前 221 年)徙天下豪富于咸阳 12 万户，如每户以 5 口计算，至少有 60 万人。

二、专制集权制度的建立

秦统一六国后，在秦国原来政权机构的基础上，调整和完善统一的中央集权的封建国家机器，创建了一套从中央到地方的严密的统治机构和封建的专制主义制度。

（一）皇帝制度

　　商周时期，最高统治者一般都称"王"。秦王政统一中国后则提出："天下大定，今名号不更，无以称成功，传后世。"①他认为"王"的称号与自己统一天下的功业不相称，已不足以显示自己的尊贵，于是令臣下议帝号。丞相王绾、御史大夫冯劫、廷尉李斯和博士官们议论后认为：古时有三皇——天皇、地皇、泰（人）皇，其中以泰皇最为尊贵。因此，向秦王政上尊号叫"泰皇"。秦王政考虑后做出决定：去掉"泰"字，保留"皇"字，再采用上古帝位的称号，号称"皇帝"，意思是"德兼三皇，功包五帝"②。从此，"皇帝"代替"王"，成了封建社会历代最高统治者的称号。

　　秦始皇采用五德终始说神化皇权。五德终始说是战国末年齐人邹衍创立的。他把阴阳与五行相胜配合起来，提出五德终始的循环论和命定论，认为土、木、金、火、水五行就是五德，历史上的每个朝代代表其中一德，按照五行相胜的次序，互相更替，周而复始。秦始皇是第一个实行这种学说的，认为周得火德，秦得水德，水能克火，故秦代周。秦始皇用五德终始说证明他代周的必然性和实行法治的合理性，为专制主义皇权寻找思想理论根据。秦始皇还进行封禅。战国时齐鲁一些儒生认为五岳中泰山最高，帝王应到泰山祭祀，这叫"封禅"。封是到泰山顶上祭天，禅是到山下祭地。秦始皇在统一后第3年来到泰山上筑坛祭天，又在山南梁父山上辟基祭地。其目的在于宣扬天命论，把皇帝与天帝联系起来，以更好地维护其统治。

（二）郡县制

　　秦统一后，就如何巩固对六国地区的统治，把全国权力集中到中央，在朝廷内曾展开一场争论。丞相王绾认为六国刚平定，燕、齐、楚故地离秦都遥远，不实行分封难以控制。因此，主张封子弟为王，以加强对边远地区的统治。许多大臣都赞成王绾的意见。廷尉李斯则反对分封，主张实行郡县制。他说："周代分封子弟同姓很多，后来封国之间日渐疏远，以致互相攻伐，如同寇仇，结果周天子也难以禁止，分封引起了战乱。如今海内统一后，已普遍设置郡县，对皇帝诸子及功臣，只要让他们坐食租税并

---

　　①　《史记·秦始皇本纪》。
　　②　（东汉）蔡邕：《独断》，《抱经堂丛书》本。

重加赏赐就足够了。这样天下无异心，才是永久安宁之术。"秦始皇最后采纳了李斯的意见。他说："天下共苦战斗不休，以有侯王。赖宗庙天下初定，又复立国，是树兵也，而求其宁息，岂不难哉！"①于是，下令在全国范围内尽罢诸侯，建立起单一的由中央政府直接管辖的郡、县二级地方行政体制。郡县制的推行，在中国历史上起过重要的作用。郡县制有利于集权和统一。由郡县控制地方，集中了政治、经济、军事、司法等权力。正如柳宗元所称赞的那样，郡县制是"摄制四海，运于掌握之内，此其所以为得也"②。

(三)封建中央集权的官僚制度

秦朝在中央设置辅佐皇帝处理政务的左右丞相、主管军事的太尉以及掌管重要文件、监督百官和司法审判的御史大夫。他们互不相属，互相牵制，从而保证决断权集中在皇帝手中。此外，还设置分管具体事务的其他中央高级官吏，主要有奉常、郎中令、卫尉、太仆、廷尉、典客、宗正、治粟内史、少府等。

在地方设置郡、县两级行政机构。郡设郡守全面负责郡的政务；郡尉辅佐郡守掌管郡的军事；郡监又称"监御史"，掌监郡，是隶属于中央御史大夫的特殊官吏，任务是代表皇帝监察地方官吏等。县设县令(长)，掌管一县政事；县尉掌军事；县丞掌司法。在县以下还有乡、亭、里等基层机构，负责教化、治安和征收赋税、组织生产等。

以上从中央到地方这些大大小小的官员都由皇帝任免，对皇帝负责，从而保证了国家的军政大权独揽于皇帝一人之手。皇帝的权力又通过从中央到地方的这个严密的封建统治网和各级官吏最后到达一家一户的农民，大大加强了对全国农民的剥削和统治。秦始皇所创立的这套封建专制主义中央集权制度，对中国两千余年的封建社会产生了极为深远的影响。秦以后的封建朝代，其政治制度的具体组织形式虽有不同，但基本上是秦朝所建立的这套封建专制中央集权制度的演变和发展。

(四)秦律

秦始皇统一六国后，对商鞅变法以来的法、律、令加以补充和修订，

---

① 《史记·秦始皇本纪》。
② (唐)柳宗元：《封建论》。

颁布全国，对六国原有的法、律、令，除吸收有用的条文外，其余都予废除。湖北云梦出土的秦律竹简中，不仅有对商鞅制订的秦律的解释和案例，还有自商鞅变法以来先后修订的各方面的律令，如田律、厩苑律、仓律、金布律、关市律、工律、徭律、司空律、军爵律、置吏律、效律、游士律、牛羊律、傅律、捕盗律等，不下数十种，虽远非秦律的全部，却可以看出从农业到手工业、从徭役到交换、从经济到政治等多方面的内容。这说明封建地主阶级为了维护自己的政治统治和经济剥削，极为广泛地使用刑罚手段对劳动人民进行压榨。秦律是加在农民身上的沉重枷锁。

三、巩固统治的政策和措施

(一)"使黔首自实田"

秦始皇三十一年(公元前 216 年)，秦政府颁发"使黔首自实田"[①]的法令，进行全国性的土地登记。这是由于统一战争中，土地占有情况变更较大，尤其是东方六国的土地占有情况，秦国很难掌握。这次登记，在于承认现实土地占有状况，以稳定赋税收入。这样，也就以国家统一法令的形式，确认了土地的私有权。

(二)上农除末

秦统一六国后，李斯就提出："今天下已定，法令出一，百姓当家则力农工。"[②]秦始皇采纳了李斯的建议，实行"上农除末"的政策。他曾下令不断把农民迁到农业劳动力不足的地方去，用定期免除徭役的办法来加以奖励。秦始皇二十八年(公元前 219 年)把 3 万户农民迁到了沿海的琅邪台，免除他们的徭役 12 年。秦始皇三十五年(公元前 212 年)又迁 3 万户到丽邑(今陕西西安临潼区西)，迁 5 万户到云阳(今陕西淳化西北)，一律免除他们的徭役 10 年。秦始皇三十六年(公元前 211 年)又迁民 3 万户到榆林(今内蒙古鄂尔多斯黄河以北地)，都拜爵一级。迁徙农民的目的在于充实边地郡县的户籍，开垦荒地，发展生产。与此同时，秦始皇又采取打击不法商人的政策。秦始皇二十八年(公元前 219 年)的琅邪台刻石上有"皇帝之功，勤劳本事，

---

① 《史记·秦始皇本纪》裴骃集解引徐广语。
② 《史记·秦始皇本纪》。

上农除末，黔首是富"①的记载。秦始皇三十二年(公元前 215 年)碣石刻石又称："天下咸抚，男乐其畴，女修其业。"②这里反映出秦始皇确实实行了打击非生产性活动，鼓励从事农业、手工业生产的政策。这一措施对保护封建土地所有制，发展经济无疑起着重要作用。

(三)迁徙豪富

秦统一六国以后，秦始皇于始皇二十六年(公元前 221 年)，将全国各地的豪富之家 12 万户迁到咸阳。三十五年，又"徙三万家丽邑，五万家云阳"③。此外，秦还不断强迫个别的豪富、贵族进行迁徙，如灭赵后，将赵王迁徙于房陵④，并将当地的豪富迁于临邛；破魏后，又将魏的豪富孔氏迁于南阳。

秦始皇迁徙豪富的目的，一是在政治上对豪富进行打击。这些豪富虽然在社会大变动中丧失了政治特权，但经济上和宗法上还有很强的实力，他们是同中央王朝闹分裂的潜在力量，采取迁豪政策是为了从根本上使他们不能"成奸伪之业，遂朋党之权"⑤。二是促进首都咸阳经济的发展。散居全国各地的豪富，都有大笔财富，也有丰富的经营之道，把他们集中到咸阳，对促进咸阳经济发展和增加秦王朝的剥削收入也是有利的。

(四)统一货币、度量衡和文字

秦统一前，货币非常复杂，各国货币的形状、大小、轻重都不相同，计算单位也很不一致。例如，齐、燕等国主要使用刀形的刀币；魏、韩、赵等国主要是流通铲形的布币；楚国使用郢爰和形若海贝的蚁鼻钱；秦国使用圆钱。秦始皇统一后以秦国货币为标准，统一全国货币。具体措施是：规定货币为两等，上等为黄金，以镒(旧说 20 两或 24 两)为单位，下等为铜币，圆形，重半两，上有"半两"二字。

统一度量衡制度是秦始皇发展经济的重要措施。秦统一前，各国度量衡制度各不相同。秦统一后，秦始皇在统一货币的同时也实行了统一度量

---

① 《史记·秦始皇本纪》。
② 同上书。
③ 同上书。
④ 《淮南子·泰族训》。
⑤ (西汉)桓宽：《盐铁论·复古》。

衡的措施。具体内容是：以秦国原来的度量衡为基础，制定了新的度量衡制度，废除六国旧制。新的度和量都以十进位，度的单位有寸、尺、丈、引；量的单位有合、升、斗、桶（斛）。衡制规定铢、两、斤、钧、石，24铢为1两，16两为1斤，30斤为1钧，4钧为1石。官府制作统一的度量衡器发至全国，以作为标准器。为了有效地统一全国度量衡，秦始皇还采取了定期检查和大力宣传的措施，并规定对不按统一度量衡制度办事的人依法处置。秦始皇统一度量衡制度的措施是有力的，而且这一制度也比较合理和简单易行，因此给后世留下了很大的影响。在秦以后的两千多年中，各种度量衡单位的数值，虽然由于历史条件的不同而发生很多变化，但各种基本单位及其相互的比值等制度都长期继续下来，而且基本保持着全国范围的统一，这也是秦始皇对国家统一事业的一大贡献。

战国时期各国文字异形和混乱，不但妨碍政令的执行，而且影响着经济、文化的发展。因此，秦始皇在统一六国后即进行了文字的统一和规范化工作。秦始皇宣布以秦小篆为统一书体，罢"不与秦文合者"①，令李斯、赵高、胡毋敬分别用小篆书体编写了《仓颉篇》《爱历篇》《博学篇》。此3篇既是儿童初学的识字课本，又是推行小篆标准的文字范本。篆书通行的同时，广大人民群众又创造出一种比小篆更加简便的新书体，这就是隶书。秦始皇派程邈对隶书进行整理，在全国推行。隶书的出现，是汉字由古文字阶段走向今文字阶段的重要里程碑。

秦始皇统一文字，使小篆和隶书成为全国通用的字体，适应了当时社会经济、政治、文化发展的需要，对中国两千多年来汉语书面语言的统一，对文化的传播和发展，对古籍的保存和流传，尤其是对于巩固封建国家的统一，都起了重要的作用。中国幅员辽阔，在秦之后的漫长历史过程中，汉字发展有演变，但汉字始终相对统一，汉字的统一对经济、政治的统一和发展又起着重要的作用。

(五)收天下之兵器，通川防，修驰道

秦统一的当年，秦始皇下令将缴获的六国武器和没收的民间所藏兵器运到咸阳，加以销毁，铸成12个各重千石的钟镰铜人。还下令拆除了战国时期各诸侯国之间阻碍交通的关塞、堡垒和长城，决通川防，并修筑了以咸阳为中心的四通八达的驰道。这些措施，对于消除分裂割据，巩固国家

---

① （东汉）许慎：《说文解字叙》。

统一，促进社会经济和文化的发展，加强各民族之间的联系，都起着重要的作用。

(六)焚书坑儒

为了加强皇权，维护秦王朝的政治体制及其统治秩序，在文化领域，秦始皇也采取过加强思想控制、反对是古非今、打击异己势力的严厉措施。其中最主要的就是史籍经常提到的焚书坑儒。

秦始皇三十四年(公元前 213 年)，始皇在咸阳宫置酒宴饮，博士 70 人向前祝寿。博士仆射周青臣当面颂扬始皇，称其"神灵明圣，平定海内"，"以诸侯为郡县，人人自安乐"，"自上古不及陛下威德"。① 博士淳于越不以为然。他提出：古时殷周分封子弟功臣，故能长有天下，"今陛下有海内，而子弟为匹夫"，一旦有事，何以相救？他进而说道："事不师古而能长久者，非所闻也。"②面对"师古"与"师今"的大问题，秦始皇下诏公卿百官集议。丞相李斯当即指出："五帝不相复，三代不相袭。"不同的时代有不同的治国措施。"今陛下创大业，建万世之功"，三代之事，何足效法？"今诸生不师今而学古，以非当世，惑乱黔首……私学而相与非法教，人闻令下，则各以其学议之，入则心非，出则巷议……率群下以造谤"，如不加以禁止，结果必然是"主势降乎上，党与成乎下"。③ 因此，李斯建议焚烧《诗》《书》，禁止私学，"史官非《秦记》皆烧之。非博士官所职，天下敢有藏《诗》、《书》、百家语者，悉诣守、尉杂烧之。有敢偶语《诗》《书》者弃市。以古非今者族。吏见知不举者与同罪。令下三十日不烧，黥为城旦。所不去者，医药、卜筮、种树之书。若欲有学法令，以吏为师"④。秦始皇认同李斯的建议，并付诸实施。于是，发生了焚书事件。

秦始皇三十五年(公元前 212 年)发生了坑儒事件。起初，秦始皇十分迷信方术，宠信方术之士，认为他们能找到神仙真人，求得长生不死之药。方士侯生、卢生之徒，投其所好，设置种种骗局。后来，侯生、卢生畏罪，密谋逃亡。他们议论秦始皇"刚愎自用""专任狱吏""贪于权势"，不能为他寻求仙药。秦始皇得知侯生等逃亡便大怒，令御史审讯在咸阳的方士和儒

---

① 《史记·秦始皇本纪》。

② 同上书。

③ 同上书。

④ 同上书。

生。诸生辗转告发，犯禁者460余人全部被坑杀于咸阳，接着又增迁了到北方边地的人。

秦始皇焚书坑儒，意在维护统一的集权政治，反对是古非今，打击方士荒诞不经的怪谈异说，但并未收到预期的效果。焚书坑儒的残暴做法，给民族文化造成了不可弥补的损失。

四、秦末农民大起义

(一)秦王朝的暴政

秦始皇的统治实行全面法治的原则，也就是"事皆决于法"①，上至军政大事，下至人民日常生活，都有法律的限制。他把法看成治理国家唯一有效的工具，为此颁行了规范类型完全、结构较为严密的法律。秦始皇为了实行对人民的严密控制，不仅将六国的百姓重新编入户籍，五家为伍，十家为什，一家犯罪，其余四家连坐，而且还把连坐法作为司法的普遍原则，对同居、同里、同行政组织内的成员也依法规定了连带的刑事责任，在这个范围内，他人的犯罪行为也被看成自己的犯罪行为，如果不告发，就分情况给予相应刑罚。为了更有效地实施法令，秦始皇还普遍推行"赏告奸"的原则，不仅鼓励邻里之间告发，而且还鼓励夫妻之间、父子之间相互告发，若不告发，则要受到惩罚。秦始皇还从韩非轻罪重罚的理论出发，实行严酷的刑罚。如一人犯法，罪及三族；"盗马者死，盗牛者加"②；"誉敌以恐众心者戮"③等。秦始皇实行严刑峻法，使劳动人民动辄触犯刑律，以致"赭衣塞路""囹圄成市"④。

秦朝的赋税十分繁重。由秦律有关"入禾""入禾稼"的规定可知，广大农民必须向政府交纳很重的田租。秦朝还按人口多少征收户赋，严禁"匿户"逃避户赋。《汉书·张耳陈馀传》云："秦为乱政虐刑……头会箕敛，以供军费。"服虔注："吏到其家，人人头数出谷，以箕敛之。"田租户赋之外，还有种种杂税苛捐。樵采渔猎的要交纳"山泽之税"，甚至在禁苑打死一条

---

① 《史记·秦始皇本纪》。
② (西汉)桓宽：《盐铁论·刑德》。
③ 睡虎地秦墓竹简整理小组编：《睡虎地秦墓竹简》，173页，北京，文物出版社，1978。
④ 《汉书·刑法志》。

狗，也要"皆完入公"，或"食其肉而入皮"①，诚所谓"竭天下之资财以奉其政，犹未足以澹其欲也"②。

秦朝的徭役更是繁重到极点。秦始皇大兴土木，连续不断修筑宫室殿观，还煞费苦心经营他死后的地宫。统一六国后，他征发全国各地的刑徒70余万大规模修阿房宫和骊山墓。秦始皇修长城、开灵渠、戍边塞、修直道、陵墓等，在短期百役并举，旷日持久，给劳动人民造成极大的灾难。据统计，秦朝人口约2000万，而每年被迫服役的不下200万，以至于丁男不足，又征丁女。徭役之繁重，由此可见一斑。

秦始皇的残暴统治，加剧了各种社会矛盾。在统一后的10余年中，他先后五次巡行全国，到各地耀武扬威，以图加强对全国的控制。然而就在秦始皇巡行过程中，反秦烈火却越烧越旺。秦始皇三十七年（公元前210年），秦始皇第五次出巡，途中病死于沙丘平台。

秦始皇死后，中车府令行符玺事赵高与秦始皇少子胡亥、丞相李斯密不发丧，并诈称受始皇诏立胡亥为太子，并赐长子扶苏及大将蒙恬死。扶苏受诏后即自杀，于是胡亥袭位于咸阳，为二世皇帝。秦二世上台后，其统治之残酷，较秦始皇有过之而无不及。他为了巩固自己的最高统治地位，诛杀了大臣蒙毅等，又罗织罪名，杀秦公子、公主23人，其他宗室大臣相连坐者不可胜数，使得宗室振恐，群臣人人自危，统治集团内部出现了分崩离析的状态。

残忍昏暴的秦二世，对劳动人民的剥削、压榨也更加残酷。在埋葬秦始皇时，二世下令，始皇后宫凡无子者，均须为秦始皇殉葬，这成为秦史上规模最大的一次人殉。他还唯恐修陵的工匠泄露陵墓内部机密，竟于始皇尸体下葬后将所有在墓内劳作的工匠统统埋于墓内，制造了中国历史上罕见的惨剧。二世又继续修建秦始皇统治时期未竣工的阿房宫，还不断地治直道、驰道，又征发人民戍边，还调集各郡县"材士五万人为屯卫咸阳，令教射狗马禽兽"③。秦二世如此恣意挥霍，当然必定要向劳动人民加紧榨取。因此在他统治期间"赋敛愈重，戍徭无已"，"法令诛罚，日益刻深"④，

---

① 睡虎地秦墓竹简整理小组编：《睡虎地秦墓竹简》，26页，北京，文物出版社，1978。

② 《汉书·食货志上》。

③ 《史记·秦始皇本纪》。

④ 《史记·李斯列传》。

这使原来就挣扎在死亡线上的人民彻底断绝了生路，超乎寻常地加剧了被压迫阶级的贫困和灾难，阶级矛盾已空前激化。秦王朝的最高统治者已为自身政权的迅速崩溃准备好了条件。

(二)陈胜吴广起义

秦二世元年(公元前 209 年)七月，一队开赴渔阳(今北京密云)的闾左戍卒 900 人，遇雨停留在大泽乡(今安徽宿州境)，不能如期赶到渔阳戍地。按秦法"失期当斩"，这 900 戍卒面临死刑的威胁。为了死里求生，他们在陈胜、吴广的领导下举行反秦起义。陈胜自立为将军，吴广为都尉，先后攻占了大泽乡、蕲县，队伍迅速扩大，到攻下楚的故都陈(今河南周口淮阳区)时，已有兵车六七百乘，战马千余匹，战士数万人。

陈胜以陈为都城，号为张楚，建立了农民政权，还提出了"伐无道，诛暴秦"的口号以号召群众。

陈胜称王后，以吴广为假王，率主力军西击荥阳(今河南荥阳)；另派起义军南取九江(今安徽寿县)，东南取广陵(今江苏扬州)，西南取南阳，北取魏地。

吴广围攻荥阳遇阻，陈胜又以周文为将军，率军直取关中。周文军进展顺利，及至函谷关时，已拥有兵车千乘，步兵数十万人，直攻到戏(今陕西西安临潼区)，逼近咸阳。秦政府慌忙赦免修骊山墓的刑徒及奴产子，编为军队，由章邯率领迎击周文军，同时从边塞调王离率兵 20 万作后援。周文被章邯击败后退出函谷关。

武臣占领了旧赵都邯郸后，在张耳、陈馀怂恿下自立为赵王。韩广在燕地贵族的拥立下称燕王。周市也在魏地立魏贵族魏咎为魏王。旧贵族势力的立国活动，涣散了农民起义队伍。周文与章邯军相持 3 月之久，不见援军，最后在渑池决战，因众寡悬殊，兵败自杀。

章邯东逼荥阳，吴广部将田臧杀吴广，迎击章邯，一战败死。章邯进到陈，陈胜败退到下城父(今安徽涡阳东南)，被叛徒庄贾杀害。陈胜领导的农民起义只有半年就失败了，但是反秦的浪潮却被他激起，继续不断地冲击秦的统治。

(三)项羽刘邦领导的反秦斗争

陈胜起义后，旧楚名将项燕之子项梁和梁侄项羽在吴(今江苏苏州)，杀掉秦会稽郡守，起兵响应。不久项梁率八千子弟兵渡江北上，队伍扩大到六七万人，连战获胜。原沛县亭长刘邦和一部分刑徒逃亡山泽，这时也袭击沛令起事，后归入项梁军中。项梁立楚怀王之孙为楚王，继续与秦军战斗。以后，项梁在定陶败死，秦章邯军转戈北上，渡河击赵。这时，王离率边防军由上郡(今陕西榆林东南)东出，包围了张耳和赵王歇驻守的巨鹿城(今河北平乡)。楚王派宋义、项羽率起义军主力北上救赵，同时派刘邦率一支义军西入关中。

宋义北至安阳(今山东曹县)，逗留不进。项羽杀宋义，引兵渡漳水，破釜沉舟，每人只带 3 天粮食，表示决死。项羽军在赵地经过激战，在畏懦的燕、齐等诸侯军的环顾下解了巨鹿之围，威名大振，被推为诸侯上将军。项羽继续追击章邯部秦军，后章邯率 20 万人在殷墟(今河南安阳)投降项羽。项羽怕降卒有异心，行至新安(今河南渑池)，把这 20 万降卒全部坑杀。

巨鹿之战是秦末农民大起义中最激烈的、具有决定意义的一场战斗。这场大战的胜利，基本上消灭了秦王朝赖以存在的军队，扭转了整个战局，为最后推翻秦王朝的反动统治奠定了基础。

(四)秦的灭亡

在项羽解巨鹿之围时，刘邦奉命西击秦。刘邦起初只有数千人，一路收集散于各地的起义军，以扩大自己的势力，又对秦军避实攻虚，经过一年多的迂回进军，于秦二世三年(公元前 207 年)八月攻入武关。九月，进抵蓝田。在农民起义军节节胜利的形势下，秦朝统治集团内部发生了火并。起初是赵高与秦二世勾结，杀掉李斯。不久，赵高又杀掉秦二世，取消皇帝称号，另立二世之侄子婴为秦王。子婴又杀赵高。十月，刘邦军至霸上(今陕西西安东)，子婴投降，秦亡。

第三节　西汉的盛衰

一、刘邦建立汉朝

(一)楚汉战争和西汉的建立

刘邦率军进入咸阳后，"约法三章"，规定"杀人者死，伤人及盗抵罪"[①]，废

[①] 《史记·项羽本纪》。

除秦的苛法。项羽在河北消灭秦军主力后，随即率领大军入关，企图消灭刘邦在关中的势力。当时项羽拥兵 40 万，刘邦军队不过 10 万，力量悬殊。刘邦听从张良的意见，亲赴项羽驻地鸿门（今陕西西安临潼区东），卑辞言好，表示屈服。项羽率军进入咸阳，杀秦降王子婴，烧秦宫室，收财宝妇女，然后发号施令，分割天下。他尊怀王为义帝，后又遣英布将其杀害，而自立为西楚霸王，并按照亲疏依次分封反秦的各军首领。封六国贵族后裔和秦降将 18 人为诸侯王。为抑制刘邦，项羽将他封为汉王，居巴、蜀、汉中，又三分关中，封秦降将章邯等 3 人为王，以牵制刘邦。

项羽的分封引起了人们的不满，其中尤以刘邦、田荣、彭越、陈馀 4 人最为突出。汉元年（公元前 206 年）五月，田荣即自称齐王，与彭越联合举兵反楚，陈馀也在田荣帮助下起兵击常山王张耳。遭受最大压抑的刘邦，拜项羽亡将韩信为大将，乘陈馀、彭越反楚之机，引兵出陈仓（今陕西宝鸡），击溃项羽所封三王，重返关中。

汉二年（公元前 205 年），刘邦乘项羽攻齐、彭城空虚之机，令萧何守关中，韩信取魏、赵，自将 56 万大军东下攻入彭城。项羽回兵与汉军大战。在彭城、灵璧会战中汉军大败，士卒死 20 余万，刘邦退据荥阳。刘邦后由于得到关中萧何兵粮补给和九江王英布的归降，才又重新振作。此后，汉与楚相持在荥阳、成皋之间，以阻止楚军西进。这期间，彭越在梁地往来游击楚军，断楚粮道，韩信又攻下燕、齐，从东方威胁楚军，遂使项羽处境渐趋不利。汉四年（公元前 203 年），项羽为赢得喘息时间，向汉求和，约定双方以鸿沟为界，鸿沟以西属汉，以东属楚，双方罢兵。

原来居于优势的项羽，目光短浅，囿于贵族世家狭隘鄙习，刚愎残暴，烧杀掳掠，失去民心，又兼缺乏智谋，不能采纳部下的正确意见，致使许多有才能的人物，在汉的利诱之下，投归刘邦。唯一谋臣范增，也因项羽中了汉的反间计而被罢斥不用，项羽势力遂由强转弱。与此相反，刘邦心胸豁达，深谋远虑，先取富饶的关中为根据地，在争夺战争中又机智善断，并有一套笼络部下的手段，于是由弱变强。

汉四年十二月，刘邦围项羽于垓下（今安徽固镇界），项羽溃败后突围至乌江（今安徽和县东北）自杀。

汉五年（公元前 202 年）二月，刘邦即皇帝位于定陶附近的汜水之南，国号汉，五月迁都于长安（今陕西西安），是为西汉。

（二）稳定封建秩序

西汉王朝建立之初，秦的暴政和连年征战，造成人口大量散亡，土地荒芜，生产凋敝，粮食奇缺，物价飞涨，农民生活十分困苦，被迫卖妻子儿女甚至自卖为奴，一些地方还出现"人相食"的惨状。国家的库藏也十分空虚，"天子不能具醇驷，而将相或乘牛车"①。建立在这个残破的经济基础上的西汉王朝，如不迅速采取措施安抚流亡、恢复和发展农业生产，尽快医治战争的创伤，那么政权终将不能巩固，有得而复失的危险。汉高祖刘邦以政治家的远见，令儒生陆贾总结秦朝失天下以及古代得失成败亡国的历史经验。陆贾于是作《新语》12篇，指出"秦非不欲为治，然失之者，乃举措暴众而用刑太极故也"②。他建议改变秦朝的政策，实行"宽舒""中和""无为而治"的政策，具体地说就是"与民休息"，减轻赋税、徭役和刑法，缓和阶级矛盾，恢复发展生产，以巩固封建统治。陆贾的《新语》受到刘邦极大赞赏，史称：陆贾每上书一篇，刘邦都连声叫好，左右也高呼万岁。③ 刘邦根据陆贾建议制订了"与民休息"的基本国策，并付诸实践。

首先减少大规模的修筑和用兵。汉高祖五年（公元前202年），刘邦下令罢兵归田，组织军队复员。规定这些复员官兵，愿留在关中的，免除12年徭役；回归原籍的，则免除6年徭役。同时又下令招抚流亡，释放奴婢。规定凡在战争中流亡山泽的人口，各归原籍，恢复他们过去的爵位、土地和房屋，当地政府官吏要好好安置他们，不得对他们进行歧视和刁难。对于因饥饿而自卖为奴婢者，免为庶人。对于罪犯，除死罪者外，一律给以释放，让他们回到生产中去。与此同时，根据国家的各项总开支，来制订赋税收入的总额。田租只收产量的1/15。对于遭受战乱比较重或临时受灾的地区，则免除其租税。刘邦这些轻徭薄赋政策的实行，使大批农民回到了土地，并大大提高了农民的生产积极性，有利于社会的安定和生产的恢复。

为了防止商人剥削农民、兼并土地，保护小农利益，刘邦又实行抑商政策。规定：有市籍的商人一律不准穿丝织品的衣服，不得乘车骑马，不得携带兵器，不得做官，而且还要交纳加倍的人口税。商人的投机倒把、囤积居奇活动受到抑制，这对社会安定和农业生产有利。

---

① 《汉书·食货志上》。
② （西汉）陆贾：《新语·无为》。
③ 《史记·郦生陆贾列传》。

　　汉高祖刘邦为了增加劳动力，还实行鼓励发展人口的政策。汉高祖七年（公元前200年）下令，凡民产子，可以免除徭役2年。

（三）消灭异姓王

　　在楚汉战争过程中，刘邦为了集中力量战胜强大的对手项羽，遵从张良、陈平等人的建议，不得不分封韩信、英布、彭越等人为王以取得他们的支持。汉初保留并调整了他们的分封。当时被分封的异姓王有7个：楚王韩信、梁王彭越、淮南王英布、赵王张敖、韩王信、燕王臧荼、长沙王吴芮。此外，在边地还有闽越王无诸、南粤王赵佗。吴芮、无诸、赵佗诸王在当时主要在自己统辖的区域内起保境安民的作用，而其他6个异姓王，特别是韩信、彭越、英布三王，他们手握重兵，占据广大地盘，对于西汉中央威胁严重，也是刘邦集团要在全国范围内实行有效统治的障碍。对于这个内忧，刘邦不能不保持高度警惕。

　　最先反叛的是燕王臧荼。汉高祖五年（公元前202年）七月，臧荼反汉，刘邦亲自征伐，九月臧荼兵败被杀。刘邦改封时任太尉的长安侯卢绾为燕王。

　　汉高祖六年（公元前201年）十月，有人揭发韩信阴谋叛乱。刘邦采用陈平的"伪游云梦"之计，假装到云梦巡狩，通知各诸侯到陈县（今河南周口淮阳区）相会，乘机将韩信逮捕，带回洛阳，贬为淮阴侯。汉高祖十一年（公元前196年），当刘邦带兵征讨陈豨反叛时，吕后与萧何合谋，以韩信勾结陈豨叛乱为由，将其秘密处死于长乐宫钟室，并夷其三族。彭越亦因谋反被刘邦逮捕诛杀。

　　韩信、彭越等相继被诛杀后，淮南王英布十分恐惧，于是密令部下集中兵马，等待时机进行反抗。他的动向被人告发，英布遂公开举兵反叛。刘邦带病亲征，最后平定叛乱，英布亦被杀。

　　汉高祖十二年，燕王卢绾逃入匈奴，后"死于胡中"。赵王张敖因有人告发赵相贯高欲谋害高祖而受牵连，被贬为宣平侯。韩王信也因与匈奴勾结反汉，被刘邦派兵征讨，兵败被杀。

　　刘邦消灭这些异姓王后，为加强对所在地的控制，又将自己一些年幼子侄分别封为王，并与大臣约定"非刘氏而王，天下共击之"①，规定同姓诸侯王国的重要官吏都由朝廷委派，以加强控制。

---

　　① 《史记·吕太后本纪》。

(四)加强军队与完善法律

汉初建立了比秦朝更为完备的武装力量，在中央设立南、北军，分别由卫尉、中尉统领，作为守卫皇宫和京师的常备军。在地方，有经过训练的预备军，根据地区的具体条件，分别设材官(步兵)和骑士(骑兵)，这些预备军皆由郡守和郡尉(后改为都尉)掌管。常备军和预备军的兵源都由郡国征调来的"正卒"充任。

汉初还制定了法律。刘邦入关之初的"约法三章"，只是稳定社会秩序的临时措施。西汉政权建立后，刘邦认为"三章之法，不足以御奸"①，令萧何根据秦律制定汉律。萧何除去秦律夷三族及连坐法，在秦律的基础上，又增加《兴律》《户律》《厩律》3章，合为9章，故称《九章律》。后来，叔孙通作《傍章》18篇，以补《九章律》之不足。

二、文景之治

汉文帝和景帝在位共41年，继续实行轻徭薄赋、奖励生产、与民休息的政策，扭转了汉初以来经济落后、政局不稳的局面，出现了"吏安其官，民乐其业，畜积岁增，户口浸息"②，"海内安宁，家给人足，后世鲜能及之"③的繁荣景象，史称"文景之治"，"文景之治"奠定了汉代民富国强的雄厚物质基础，为汉武帝时期西汉盛世的出现创造了条件。

(一)薄赋劝农

汉文帝吸取秦朝因"赋敛无度"④而亡的教训，在汉初"十五税一"的基础上，进一步减省田租。文帝二年(公元前178年)，下诏免除天下田租之半，次年又下诏免除晋阳(今山西太原)和中都民众3年的赋税。文帝十二年又规定只收当年租税的一半。十三年又再次下诏"除田之租税"⑤。向人民征收的

---

① 《汉书·刑法志》。
② 同上书。
③ 《资治通鉴》卷十五。
④ 《史记·秦始皇本纪》。
⑤ 《汉书·文帝纪》。

算赋也由每人 120 钱减为"民赋四十"①。在征徭役方面，汉文帝曾"减外徭卫卒"②，又将原来成年男子一年服一次徭役改为 3 年一次，即"丁男三年而一事"③。此外，还有一些特殊规定，如"九十者一子不事，八十者二算不事"④。为了减轻戍边之役给内地人民带来的压力，汉文帝又采纳晁错的建议，改变了戍边的办法："选常居（边塞）者，家室田作，且以备之"，再"募罪人及免徒复作令居之；不足，募以丁奴婢赎罪及输奴婢欲以拜爵者"；如果仍不足，也不是强摊，而是"募民之欲往者"，并且"皆赐高爵，复其家，予冬夏衣，廪食，能自给而止"。⑤ 这种既安边又减少农民徭役的办法的实行，取得一定的效果，到文帝十三年（公元前 167 年）"除肉刑及田租税律、戍卒令"⑥，一度解除了内地农民长期背井离乡戍守边防的痛苦。汉文帝还实行抑奢尚俭的政策。他改革宫廷制度，认为繁礼饰貌无益于治而罢免朝仪。

汉文帝即位后，多次下诏，劝民归农。文帝二年（公元前 178 年）诏："农，天下之大本也，民所恃以生也。"十二年诏曰："道民之路，在于务本。"次年又诏："农，天下之本，务莫大焉。"⑦汉文帝还恢复了天子"籍田"劝农制度，于每年春耕开始举行籍田仪式，用以"导民""劝农"，引起全社会对农业生产的重视。更为重要的是，汉政府又采取了许多有利于农业发展的具体措施，如令地方官吏务必"殴民而归之农，皆著于本"⑧，"郡国务劝农桑"⑨，对劝农成绩坏者给予处罚；在基层政权机构内，按一定户口数量比例推举努力生产的人任"力田"官，具体指导农业生产；给缺乏种子口粮的贫民"贷种、食"，对其中确有困难而不能按期偿还者，"皆赦之"，遇到自然灾害则"发仓庾以振民"⑩。

汉景帝继续实行薄赋劝农政策。景帝前元元年（公元前 156 年）正月，下

---

① 《汉书·贾捐之传》。
② 《汉书·贾山传》。
③ 《汉书·贾捐之传》。
④ 《汉书·贾山传》。
⑤ 《汉书·晁错传》。
⑥ 《史记·汉兴以来将相名臣年表》。
⑦ 《汉书·文帝纪》。
⑧ 《汉书·食货志上》。
⑨ 《汉书·景帝纪》。
⑩ 《汉书·文帝纪》。

诏准许民户由耕地缺少的地方迁到耕地有余、水利条件好的地方。五月，下诏民半出田税，实行三十税一，从此三十税一成为汉朝定制，使农民的负担较前朝明显减轻。七月，禁止官吏贪受财物，贱买贵卖。后元二年(公元前142年)四月，下诏不受郡国贡献锦绣等奢侈物品，以省徭赋，"欲天下务农蚕，素有畜积，以备灾害"①。后元三年正月，又诏令郡国务劝农桑，多种树，禁止官吏采买黄金珠玉，否则以盗窃论处。

(二)宽减刑罚

汉文帝即位后即对刑法进行改革，以进一步完善封建法制。首先废除了"诽谤妖言"法。这与他广开言路、"通治道"选拔人才的措施是紧密相关的。与此同时，又下令"尽除收律、相坐法"②。他说："今犯法者已论，而使无罪之父母妻子同产坐之及收，朕甚弗取。"③废除这一苛法，对放宽统治尺度、积蓄民力、发展生产、缓和阶级矛盾都起了很大作用。文帝十三年(公元前167年)又下诏废除肉刑。汉景帝时又下令减轻笞刑，还规定被判处犯罪而不服者可以申诉核实定案，即使申诉不当也不为过失。这个时期，许多官吏断狱从轻，但责大指，不求细苛。

文景时期的法制改革带来了"刑罚大省，至于断狱四百，有刑错之风"④的局面，拯救了不少无辜受害者，免除了很多冤案，赢得了民心，"平狱缓刑，天下莫不说喜。……刑轻于它时而犯法者寡"⑤。这对于缓和阶级矛盾、稳定社会秩序有重要作用。

(三)改革任官制度

汉文帝为广求贤才，改革了任官旧制，不拘一格选拔人才，量才任用。他"闻河南守吴公治平为天下第一……乃征为廷尉"。吴公荐洛阳人贾谊，帝"召以为博士"。"是时贾生年二十余"，帝爱其辞博，"超迁，一岁中至太中大夫"。⑥汉文帝不仅选拔有闻见的人才，还实行新的取士方法，以便在

---

① 《汉书·景帝纪》。
② 《汉书·刑法志》。
③ 同上书。
④ 《汉书·刑法志》。
⑤ 《汉书·贾山传》。
⑥ 《史记·屈原贾生列传》。

更大范围内求选贤才。文帝十五年(公元前 165 年)九月"诏诸侯王、公卿、郡守举贤良、能直言极谏者，上亲策之，傅纳以言"①，这种取士方法开了汉代察举制的先河。

(四)实行民族和睦政策

汉文帝时期在与南越和匈奴这两个边疆民族的关系上，存在着历史遗留的矛盾和问题。汉文帝非常重视处理好这些问题，并把它同实现发展经济、安定社会、巩固封建统治这一治国方针紧密联系起来。

南越与西汉的关系，在高祖、惠帝之时一直是友好的。但是，到高后时，对南越禁关市，"毋予蛮夷外粤金铁田器；马牛羊即予，予牡，毋与牝"②。另外，赵佗听说他父母在真定(今河北正定)的坟墓被毁，兄弟被戮，乃与西汉决裂。高后五年(公元前 183 年)，赵佗自称南越武帝，开始发兵攻长沙。从此，越汉交战不解。文帝即位之初，赵佗依然"发兵于边，为寇灾不止"③。面对南疆如此严峻的形势，汉文帝一反高后以武力相争的政策，而采取重修旧好的民族和睦政策。

汉文帝根据赵佗转给隆虑侯周灶的书信，洞察其有谋求结束战争的愿望，于是抓住时机，对赵佗提出的"求亲昆弟，请罢长沙两将军"的要求进行落实，"乃为佗亲冢在真定置守邑，岁时奉祀。召其从昆弟，尊官厚赐宠之"。④ 然后，派高祖时曾出使过南越的陆贾再使南越，并赐赵佗书。赐书主动承担了"和辑"关系破裂的历史责任，说"高后自临事，不幸有疾，日进不衰，以故悖暴乎治。诸吕为变故乱法"；对赵佗"求亲昆弟，请罢长沙两将军"的要求做了明确答复，以消除其积怨。接着晓之以义，谴责了不利于越汉两族人民利益的战争，"闻王发兵于边。为寇灾不止。当其时，长沙苦之，南郡尤甚，虽王之国，庸独利乎！必多杀士卒，伤良将吏，寡人之妻，孤人之子，独人父母，得一亡十，朕不忍为也"。⑤ 赐书表示，在越汉交界问题上，尊重历史，以高皇帝制定的"介长沙土"为准；承认南越王的自治权，"服领以南，王自治之"，但必须取消帝制。赐书最后还表达了汉文帝

① 《汉书·文帝纪》。
② 《汉书·西南夷两粤朝鲜传》。
③ 同上书。
④ 同上书。
⑤ 同上书。

"愿与王分弃前患，终今以来，通使如故"的诚恳愿望。赵佗接到汉文帝这封深明大义、不卑不亢、有理有节的赐书，非常感动地说："汉皇帝贤天子。自今以来，去帝制黄屋左纛。"①就这样，兵连祸结的越汉衅端，仅凭一介之使和一尺之书就顺利地解决了，从而安定了南疆。

汉文帝时，匈奴势力更加强大。当时汉朝的军力、物力不足，需要一个安定的环境发展经济、增强国力。因此，"至孝文帝初立，复修和亲之事"②。与此同时，汉文帝又奉行积极防御的政策。他一方面采纳晁错募民实边、入粟塞下、屯田积谷、备战守边的建议，使大批徙民充实边塞，组成一支亦兵亦农的垦戍队伍，使边塞不毛之地得到开发，边防得到巩固。另一方面对于来犯的匈奴采取防御反击、逐匈奴出边而不追杀的军事原则。汉文帝统治时期，匈奴几次大规模进犯，汉文帝都是"令边备守，不发兵深入，恶烦苦百姓"③，每次都迫使匈奴不利而退，同时也体现了汉文帝对待匈奴的来犯击退、既退而不追的政策。汉文帝依靠这种以防御为后盾，同时通使和亲的修好政策，使此数十年间汉与匈奴一直保持往来，战争破坏尚未到惨剧的程度。

景帝年间，又连续 3 次与匈奴和亲，时间分别是景帝前元元年(公元前156 年)夏、二年秋、五年。此后匈奴虽有数次入雁门、上郡一带，但未引起大规模作战。这就使中原地区经济生产的上升趋势能继续得以保持。

(五)削藩与平定吴楚七国之乱

文帝即位后，同姓诸侯王的势力日益膨胀，他们"出入拟于天子"，甚至"不听天子诏"④，时刻想举兵夺取皇位。文帝三年(公元前 177 年)，济北王刘兴居发动武装叛乱。3 年之后，淮南王刘长又步刘兴居后尘。虽然这两次叛乱被消灭，但拥有 53 城的吴王刘濞又露出不臣的形迹。面对中央集权与地方封国势力之间的尖锐矛盾，贾谊给文帝上了《治安策》，提出了"众建诸侯而少其力"⑤的主张。当时文帝并未立即实行。在贾谊死后，文帝十六年(公元前 164 年)，文帝追思贾谊前言，分齐地为 6 国，分淮南王地为 3

---

① 《汉书·西南夷两粤朝鲜传》。
② 《史记·匈奴列传》。
③ 《史记·孝文本纪》。
④ 同上书。
⑤ 《汉书·贾谊传》。

国，实际上就是贾谊"众建诸侯而少其力"之议的实现。景帝时，吴王刘濞叛乱的形迹更加明显。御史大夫晁错建议削夺诸侯王的封地。景帝采纳了晁错的"削藩"建议，开始削夺王国的一部分土地，划归中央直接管辖，吴、楚等7国遂于景帝前元三年(公元前154年)举兵叛乱。景帝派太尉周亚夫等率大军前去迎击，同时命袁盎为太常去吴国劝刘濞退兵。但刘濞不仅不退兵，反而扬言："我已为东帝，尚何谁拜。"①于是景帝决心讨平叛乱。周亚夫采用重兵坚守，用轻兵断绝吴、楚粮道策略，使吴楚军不能持久作战。下邑(今安徽砀山东)一战，"吴大败，士卒多饥死叛散"②。周亚夫率精兵追击，吴王刘濞仅率千人南逃，被东瓯杀死。其余诸国也被打败。七国之乱经过3个月就平定了。

吴、楚七国之乱的爆发和平定，是西汉藩国割据势力恶性发展的最后溃败。反叛平定后，吴、胶东、菑川、济南、赵等国除。朝廷趁平乱的余威，免除了各诸侯王的行政权力，规定诸侯王不再治民，削减了王国官吏，改称王国的丞相为相。从此，诸侯王强大难制的局面大为缓和，西汉统一国家得到进一步巩固。

三、汉武帝的盛世

汉武帝统治的50余年(公元前140—公元前87年)，是西汉王朝的鼎盛时期，也是封建制度下中华民族的一个蓬勃发展时期。在经济繁荣、府库充溢的基础上，汉武帝在政治、经济、军事等方面采取了一系列改革措施，力图加强专制主义中央集权，以适应统一国家的需要。

(一)政治体制的改革

为了加强专制皇权，汉武帝在继承汉初以来的专制制度的基础上，对中央和地方的政治体制进行了某些重要的改革。

首先，限制丞相权力，形成"中朝"决策机构。

西汉以来，由于历史的原因，丞相多由功臣列侯充任，权力极大，他们既能参与制定国家重要政令，辅佐皇帝总管全国政务；又能督察中央百官和地方二千石郡守、王国相，大大影响皇帝的集权。

---

① 《史记·吴王濞列传》。
② 《汉书·荆燕吴传》。

为了加强皇权，限制丞相权力，汉武帝提拔了一批中下层官员，作为自己的高级侍从和助手，替他出谋划策，发号施令。这样，在朝官中有了"中朝"(或称内朝)和外朝之分。由侍中、常侍等组成的"中朝"成为实际的决策机关，而以丞相为首的"外朝"官，逐渐成为执行一般政务的机关。

其次，设置十三州部刺史和司隶校尉。

汉武帝时，中央统辖郡国数达百余个，比汉初大为增加。为了加强对二千石郡国守相的督察，武帝于元封五年(公元前106年)，将全国地区分为13个监察区域，称"十三州部"，每州部设刺史1人。刺史没有固定治所，每年八月巡视所部郡国，考察吏治、惩奖官员，"断治冤狱，以六条问事"①，这6条详细规定了刺史的督察范围，其中第1条是督察强宗豪右，第5条是督察郡国守相。刺史所举劾者，由丞相遣使当验。刺史秩六百石，但出使时代表中央，可以监察二千石和王国相，也可以监察诸王。刺史权责虽重，但不直接处理地方行政事务。所以刺史的设立，得小大相制、内外相维之宜，比秦朝的御史监郡制度周密。

征和四年(公元前89年)，武帝又于首都长安设立司隶校尉，率兵"捕巫蛊，督大奸猾"②。后罢兵，负责纠察京师百官和三辅(京兆、冯翊、扶风)、三河(河东、河内、河南)、弘农七郡，职权和州部刺史相似。刺史和司隶校尉的设立，加强了专制皇权对地方官吏的控制，起了强干弱枝的显著作用。

最后，实行察举制和兴太学。

汉初，官吏主要有两个来源：一是按军功爵位的高低，选任各级官吏，故景帝以前，有"吏多军功"③之说。二是选自郎官，即郎中令属下的中郎、侍郎、郎中、议郎等。郎官的职责是守卫宫殿和做皇帝随从，经过一段时间，中央或地方官有缺额，即可由郎官中选用，所以董仲舒说"夫长吏多出于郎中、中郎"④。到武帝时，军功地主已经没落，而郎官多出自"任子"或"赀选"，难于选拔到真正的人才。因此，新儒学的代表者董仲舒提出正式建立察举制度的主张。他建议由列侯、二千石郡守，每年从地主阶级中推举茂才、孝廉各1人。武帝采纳董仲舒的建议，于元光元年(公元前134年)冬，初令郡国每年举孝廉各1人。从此之后郡国每年推举孝廉的察举制度正

① 《汉书·百官公卿表上》颜师古注。
② 《汉书·百官公卿表上》。
③ 《汉书·景帝纪》。
④ 《汉书·董仲舒传》。

式确立了。除孝廉一科为察举取士的主要科目外，武帝还不定期设立茂才、贤良方正、文学等察举取士，以广泛地吸收地主阶级优秀人才。这些被察举到中央的人员，一般都在郎署供职，由郎官再逐渐升迁。

为了有计划地培养人才，汉武帝先后采纳董仲舒、公孙弘的建议，在元朔五年（公元前124年）于长安西北部设立太学，"为博士官置弟子五十人"①，免其徭役。由太常选择18岁以上的优秀地主子弟充当博士弟子；又由郡国经常选拔一些有条件的青年到长安同博士弟子一起学习。这些太学生学的都是儒家经典，一年考试一次，合格的可在掌管文书的部门补缺，成绩优秀的可做郎中。除在长安设立太学外，武帝还令各郡国皆立学官，即郡国学，就地培养人才。

（二）财经制度的改革

汉初经过六七十年的恢复和发展，至武帝时，封建经济出现繁荣的景象。但是，没过多久，国家财政经济却发生了很大的困难，出现了国库空虚的局面，造成这个情况的主要原因有3点。第一，伴随着封建经济的发展，封建经济结构和阶级关系逐渐发生变化。地主阶级中占优势的军功地主逐渐让位于以经学起家的官僚地主和以田农起家的素封地主。他们和贵族、商人阶层竞相兼并土地，使自耕农日益减少，以致国家税源逐渐枯竭。第二，长期战争消耗了大量人力和物力，每次出兵打仗，往往调用数万、十余万乃至数十万人，而用于战争的钱财、器械、粮食、马匹更无法估计。除了在战争中的直接消耗外，其他辅助的消耗也十分惊人，如在边境上修筑工事、开凿道路、给养降卒、犒赏将士等。第三，武帝本人的奢靡挥霍和官僚集团的膨胀大大增加了国家的开支，如大兴土木营建宫殿园池、离宫别馆，以及巡狩、封禅、郊祀等活动，都消耗了大量财力。

为了解决财政困难，武帝采取了一系列财经改革措施。

第一，实行盐铁官营。

元狩四年（公元前119年），汉武帝任用大盐商东郭咸阳和大冶铁商孔仅为大农丞，专门负责管理盐铁事宜，从此盐铁由政府专卖。在盐业方面，由政府招募煮盐工从事生产，在各地设立盐官进行管理，当时在28郡国设立了35处盐官。在铁业方面，一是强制刑徒到产铁区开采铁矿，铸造铁器；二是征发丁男定期参加开采铸铁工作。在产铁区设立铁官进行管理，当时

---

① 《史记·儒林列传》。

在 40 个郡国设立了 48 处铁官。这些盐铁官吏大都由盐铁商人充当，他们精通盐铁业务，在盐铁专卖中起了重要作用，这使盐铁之利为国家所垄断。

第二，颁布算缗令。

算缗就是向工商业主征收财产税。元狩四年（公元前 119 年），武帝颁布算缗令，规定商人、手工业者、高利贷者向政府自报资产，并按值按物纳税。凡财产 2000 钱纳税 1 算（120 钱）；凡手工业产品每 4000 钱纳税 1 算；轺车 1 辆纳税 1 算，商人加倍；船 5 丈以上纳税 1 算。同时又规定凡隐瞒不报或报而不实者，一经查出，处罚戍边 1 年，没收全部财产。并鼓励知情者检举揭发，规定凡揭发者，奖给所没收财产之一半，叫作"告缗"。

元鼎三年（公元前 114 年），武帝令杨可主持"告缗"，结果中家以上商人大都被告发，说明隐匿财产者众多。由于隐匿财产者一经揭发，即没收其全部财产，因此，通过"算缗""告缗"，封建政府没收的财物以亿计，奴婢以千万数，田地大县数百顷，小县百余顷，还有很多宅第，这大大打击了工商业主。

第三，实行均输法和平准法。

这是在治粟都尉桑弘羊的建议下，汉武帝颁行的一项经济政策。所谓均输法，就是在中央主管国家财政的大司农之下设立均输官，由均输官到各郡国收购物资，把各地应当运交中央的物资运到售价较高的地区出卖，再买该地物产，易地出售，辗转交换，最后把中央所需货物运回长安。所谓平准法，就是在大司农之下设立平准官，总管全国由均输官转来的货物，除去供给皇帝需要的一部分外，余下的作为平抑物价之用。用官物在市场上随物价涨落贵卖贱买以营利。实行均输和平准的结果是京师所掌握的物资大大增加，平抑了市场的物价，贩运商和投机商也无利可图。

第四，改革币制。

西汉初年，国家财力不足，铸币时轻时重，汉初用较轻的荚钱，文帝时又用四铢钱，武帝初用三铢钱，后又改用半两钱。货币的大小、轻重、规格不一样，造成币制混乱，加上民间地主、商人和各郡国私自铸钱，更加剧了币制不稳。

为了解决私人铸劣钱营利造成的币制紊乱问题，汉武帝决定从统一货币种类、统一货币发行权入手。元狩五年（公元前 118 年），武帝初令郡国铸五铢钱。元鼎四年（公元前 113 年），武帝下令改由上林三官（钟官、技巧、辨铜）铸造五铢钱，故亦称"上林三官钱"。规定"三官钱"为全国通行的统一货币，旧时的货币一律作废。由于"三官钱"质量较好，私铸无利可图，从而政府达到了统一钱币的效果。

（三）罢黜百家，独尊儒术

　　汉武帝为加强封建专制集权的统治，在思想文化领域实行了"罢黜百家，独尊儒术"的专制政策。汉初，统治阶级所面临的主要任务是恢复生产，稳定封建统治秩序。因此，汉政府在政治上主张无为而治，经济上实行轻徭薄赋，在思想上主张清静无为的黄老学说。当时，儒家学说虽从秦代的摧残压抑中逐渐复苏，但并未得到重用。武帝即位后，社会经济已有很大的恢复和发展。随着地主阶级及其国家力量的强大，他们对农民的剥削和压迫也逐渐加重，农民和地主阶级之间的矛盾逐渐加剧。因此，从政治上和经济上进一步强化专制主义中央集权制度，已成为封建统治者的迫切需要。在这种情况下，汉初所奉行的"清静无为"的黄老思想已不能满足上述需要，更与汉武帝的好大喜功相抵触；而儒家的春秋大一统思想、仁义思想和君臣伦理观念，显然与武帝时所面临的形势和任务相适应。于是，汉武帝开始提倡儒学，"黜黄老刑名百家之言"，而延聘"文学儒者以百数"，引起天下学士"靡然乡风"。[①]　元光元年（公元前134年），武帝召各地贤良方正文学之士到长安，亲自策问，得董仲舒所上《天人三策》。其中主张"诸不在六艺之科孔子之术者，皆绝其道，勿使并进"[②]。董仲舒提出的适应政治上大一统的思想统治政策，受到武帝的称许。元朔五年（公元前124年），布衣出身的儒生公孙弘擢居相位。同年，武帝又批准为五经博士官置弟子50人，根据成绩高下补郎中、文学掌故，吏有通一艺者则选拔担任重要职务。此后，公卿、大夫、士吏都为文学之士，通晓儒家经典成为做官寄禄的主要条件。儒学得到了独尊的地位，成为法定的封建统治思想。汉武帝"独尊儒术"有其时代特点。他推崇的儒术，已吸收了法家、道家、阴阳家等各种不同学派的一些思想，与以孔孟为代表的先秦儒家思想有所不同。汉武帝把儒术与刑名法术相糅合，形成了"霸王道杂之"[③]的统治手段，对后世有深远的影响。

---

　　①　《汉书·儒林传》。
　　②　《汉书·董仲舒传》。
　　③　《汉书·元帝纪》。

(四)打击和削弱地方割据势力

汉武帝时期，诸侯王虽然不像以前那样强大难制，但是有的王国仍然连城数十，地方千里，威胁着西汉中央政权。元朔二年(公元前127年)，汉武帝采纳主父偃的建议，颁布"推恩令"：诸侯王除了由嫡长子继承王位以外，可以推"私恩"，把王国土地的一部分分给子弟为列侯，由皇帝制定这些侯国的名号。按照汉制，侯国隶属于郡，地位与县相当。因此王国析为侯国，就是王国的缩小和朝廷直辖土地的扩大。推恩令下后，王国纷纷请分邑子弟，于是诸侯王的支庶大多得以受封为列侯，西汉王朝不用黜陟的办法而使王国的辖地缩小。武帝以后，每一王国辖地不过数县，其地位相当于郡。这样，诸侯王强大难制的问题，就进一步解决了。

诸侯王问题解决后，全国还有列侯百余。于是，汉武帝又采取"酎金夺爵"的措施，削夺列侯的爵位。汉制每年八月，举行饮酎大典，诸侯王和列侯献"酎金"助祭。元鼎五年(公元前112年)，武帝以列侯酎金斤两成色不足为名，削夺106个列侯的爵位。还有一些列侯因其他各种原因而被陆续削爵。但此后仍不断有功臣侯、恩泽侯之封，列侯的数量还是不少。

汉初贵族养士的风气很盛，强大的诸侯王都大量招致宾客游士，扈从左右，其中有文学之士，有儒生、方士，还有纵横论辩之士。诸侯王策划反汉时，宾客游士往往是他们的重要助手，汉武帝时期采取措施对此加以压制。当淮南王刘安和衡山王刘赐被告谋反后，武帝于元狩元年(公元前122年)下令尽捕他们的宾客党羽，牵连致死的据说达数万人。接着，武帝颁布《左官律》和《附益法》，前者规定王国官为"左官"，以示歧视；后者限制士人与诸王交游。从此以后，诸侯王惟得衣食租税，不能参与政事，其中支脉疏远的人，就与一般富室无异了。

西汉初年，随着封建制度的发展，地主阶级中出现了一些豪强，他们宗族强大，武断乡曲，既欺凌农民，也破坏封建法制。豪强大族同封建王朝之间，除了上下依恃以统治人民的关系以外，显然还存在着一定的矛盾。

景帝时，曾用酷吏打击豪强。郅都、宁成是当时最出名的酷吏。

汉武帝即位后，除迁徙强宗大姓，不许他们族居以外，还大批地任用酷吏，诛锄豪强。例如，张汤为御史大夫，诛锄豪强并兼之家。周阳由为郡守，所居郡必夷其豪。酷吏打击豪强的活动，对于压抑豪强气焰，加强专制皇权，起了显著作用。

四、昭宣中兴

　　长期用兵和统治阶级的挥霍，造成武帝后期百姓困乏，户口减半，社会危机日益严重，迫使武帝采取某些恢复生产，稳定社会的措施。

　　昭帝8岁继位，由大司马大将军领尚书事霍光辅政，继续实行武帝后期以来的政策，多次下诏赈贷农民，减免田租、口赋等税收；还减省郡国漕运关中的粮食300万石，以减轻农民的力役负担。

　　宣帝即位后，更着力整顿吏治，推行招抚流亡、安定民生的措施，使社会生产重新得到一定程度的恢复和发展，政治又出现新的局面，史称"昭宣中兴"。

(一)整顿吏治

　　宣帝注意整顿吏治，慎选人才，赏罚分明，对官吏考核注重名实相符。他针对武帝以来地方郡治日益败坏的情况，重视对中央到地方各级官吏的考核，经常亲自听取刺史、二千石郡守和王国相的条奏，有名实不相符者，必知其所以然。对政清者给予褒奖。例如，颍川太守黄霸"养视鳏寡，赡助贫穷"①，于是下诏褒奖为"贤人君子"，赐爵关内侯，黄金百斤，秩中二千石。对于公卿大臣，多从有政绩的地方官中选拔。例如，黄霸由郡太守升迁为御史大夫，北海太守朱邑"以治行第一入为大司农"②，史称"是时黜陟有序，众职修理，公卿多称其位"③。

(二)招抚流亡，劝民农桑

　　宣帝数下诏书，使民归农。本始四年(公元前70年)诏令"乐府减乐人，使归就农业"，地节三年(公元前67年)又下诏"流民还归者，假公田，贷种、食，且勿算事"。④ 同时，还奖励地方官吏就地安置流民，如胶东相王成就因安置流民八万余口而被宣帝"最先褒之"。

　　宣帝还赈济受灾，通过局部的蠲免租税和徭役，以求恢复农业生产，

---

　　① 《汉书·循吏传》。
　　② 同上书。
　　③ 《汉书·魏相丙吉传》。
　　④ 《汉书·宣帝纪》。

防止劳动力的流失。他多次下令减免租赋，如甘露三年(公元前 51 年)"减民算三十"，五凤三年(公元前 55 年)"减天下口钱"，流民还归者免除算赋；还先后削减徭役 6 项，赈贷 5 次。本始四年(公元前 70 年)，为了解决长安地区的粮荒，令"丞相以下至都官令丞上书入谷，输长安仓，助贷贫民"。① 这些措施，多少给了受灾人民一点实惠，对鼓励农民抗灾度荒、迅速恢复生产是有好处的。

五凤四年(公元前 54 年)汉宣帝又采纳大司农中丞耿寿昌关于设置常平仓的建议，"令边郡皆筑仓，以谷贱时增其贾而籴以利农，谷贵时减贾而粜，名曰常平仓"②。这样，既省农民转漕之苦，又稳定了边郡地区的粮价，保证了粮食供应，对于巩固边防、开发边疆，都起到了积极的作用。

五、王莽改制和农民起义

(一)西汉末年的社会危机

西汉后期的社会问题，主要是土地和奴婢问题。加剧这两个问题的主要原因，一是土地兼并，二是政治黑暗。

西汉后期的土地兼并迅速发展。带头的就是西汉统治阶级的最上层——贵族和大官僚地主。成帝时，皇舅王立与南郡太守李尚相勾结，占垦草田数百顷。丞相张禹"内殖货财，家以田为业。及富贵，多买田至四百顷，皆泾、渭溉灌，极膏腴上贾(价)"③。不仅贵族、官僚地主霸占大量土地，地方豪强地主也加强了对土地的兼并。成帝时，"关东富人益众，多规良田，役使贫民"④。平帝时，汝南人戴遵家中食客常有三四百人，其地产之多可以想见，时人谓之"关东大豪戴子高"⑤。

商人的势力这时又大为抬头。成都罗裒，临淄姓伟，洛阳张长叔、薛子仲，长安和附近诸县的王君房、樊少翁、王孙大卿、樊嘉、挚网、如氏、苴氏，都是资财数千万的大商人。罗裒除了垄断巴蜀盐井之利以外，还往来长安、巴蜀之间，厚赂外戚王根、幸臣淳于长，依仗他们的势力，在各

① 《汉书·宣帝纪》。
② 《汉书·食货志上》。
③ 《汉书·张禹传》。
④ 《汉书·陈汤传》。
⑤ 《后汉书·戴良传》。

郡国大放高利贷，没有人敢拖欠。这些大商人与地主、官僚结合在一起，吸尽了人民的膏血。

随着贵族官僚、地主、商人势力的膨胀和财富的增加，他们的生活日益腐化。他们广宅第、治园池、衣锦绣、设钟鼓、备女乐，尽情挥霍，甚至豢养的犬马，也因食粟过多，只得天天牵去溜达，免得过于肥胖。

地主阶级的享乐生活建筑在残酷压榨劳动人民基础之上，广大农民虽然终日含辛茹苦，仍然过着牛马不如的悲惨生活。成帝时，因饥饿而惨死在道路上的贫苦农民竟达几百万之多。到哀帝时，封建官僚鲍宣曾供认，那时的农民身受"七死"（七条死路）、"七亡"（七种损失）的威胁。所谓"七亡"，主要有"县官重责，更赋租税"；"贪吏并公，受取不已"；"豪强大姓，蚕食亡厌"；"苛吏徭役，失农桑时"等，说明封建国家的赋役剥削和豪强兼并是农民"七亡"的主要原因。① 所谓"七死"，主要有"酷吏殴杀""治狱深刻""冤陷亡辜"②等。说明封建国家的严酷刑法和执法官吏的残酷是农民"七死"的主要原因。广大农民在"七亡"和"七死"的煎熬下，纷纷破产流亡，变成无家可归的流民，他们实在生活不下去了，纷纷起而反抗。

成帝时，在今陕西、河南、四川、山东等广阔的地区内，铁官徒和农民群众不断掀起反抗浪潮。建始三年（公元前30年），在关中终南山（今陕西西安南）一带，倛宗率领数百人首先起义，严惩当地的官僚和地主，历时年余，连京城长安都为之震动。接着，在鄠县（今陕西西安鄠邑区）有梁子政领导的起义，也与统治阶级进行了长久的斗争。阳朔三年（公元前22年），有颍川（今河南禹州）铁官徒申屠圣等180人起义，他们到处夺取官府兵器，攻杀官吏，矛头直指封建政府，在很短的时期内势力迅速扩大到9郡。鸿嘉三年（公元前18年），广汉（今四川梓潼）有郑躬等60余人举行起义，他们人数虽少，但英勇善战，锐不可当，经历4县，广大农民纷纷响应，人数迅速发展到上万人。永始三年（公元前14年），在尉氏（今河南尉氏）又有樊并率领13人起义；同年，山阳（今山东金乡）铁官徒苏令率众228人举行起义，他们席卷19个郡国，给西汉地方官吏以沉重打击。这些起义虽然先后被封建统治者镇压下去，但有力地震撼了西汉王朝的统治。

面对严重的社会危机，西汉统治集团想方设法要摆脱困境。哀帝时，师丹建议限田、限奴婢。孔光、何武等人拟定了一个办法，规定诸王、列

---

① 《汉书·鲍宣传》。

② 同上书。

侯以至吏民占田均以 30 顷为限；占奴婢则诸王最多不超过 200 人，列侯、公主 100 人，以下至吏民 30 人；商人不得占田，不得为吏。这个办法受到当权的外戚官僚们的反对，被搁置而没法实行。

当时，有些方士儒生根据"五德终始"说，编造出"汉历中衰，当更受命"①的说法，于是哀帝决定实行"再受命"的改制。建平二年（公元前 5 年），哀帝宣布"再受命"，改元为"太初元将"，自号"陈圣刘太平皇帝"②，表示刘汉政权又重新受命于天，以便起死回生。然而，哀帝玩弄的这套"再受命"把戏并不灵验，很快收场了。最后，地主阶级决心抛掉刘汉这块破烂招牌，从统治集团中另找一个代表人物来支撑摇摇欲坠的封建统治。在这种形势下，出身外戚世家的王莽便破门而出，充当了这场统治集团内部改代易姓丑剧中的主角。

（二）王莽代汉及改制

王莽是元帝皇后王政君的侄子，他的伯、叔曾先后在元、成时候担任大司马大将军，轮流执政。成帝时，王氏兄弟 5 人曾同日封侯，显赫一时。王莽因父亲早死，在王氏家族中被认为是比较"贫寒"的。他凭借王家的声势，广泛结交权贵和士人。他平日显得"谦恭俭朴""勤学博览"，得到统治阶级中不少人的好感和信任。哀帝死后，幼小的平帝继位。王太后临朝，王莽以大司马大将军的身份掌握了大权。王莽在执政后，恢复汉宗室和功臣后裔的封爵，给年老退职的二千石以上的官吏以终身食三分俸禄的享受；并且扩充太学，增加博士、太学生名额，为学者"筑舍万区"③，在郡、县、乡聚都设立学校，设置经师；又网罗通晓逸礼、古书、天文、历算、乐律、兵法、文字训诂、医学方术以及能教授五经的士人前后数千人。这样，他就进一步争取到了官僚贵族、地主及其知识分子的支持和拥护。对于人民，王莽也施行了一些小恩小惠，企图以此来缓和当时的阶级矛盾。元始二年（公元 2 年），郡国发生旱蝗灾害，农民四出流亡，王莽上书"愿出钱百万，献田三十顷，付大司农助给贫民"④，不少公卿大臣也不能不表示慕效。

在严重的社会危机面前束手无策的统治阶级把希望寄托在王莽身上，

---

① 《汉书·眭两夏侯京翼李传》。
② 《汉书·哀帝纪》。
③ 《汉书·王莽传》上。
④ 同上书。

人民对王莽也产生过一些幻想。王莽的声誉蒸蒸日上，吏民因王莽辞受新野田的封赏而上书的前后竟达 48.7 万余人。各地官吏再三向王莽献祥瑞，歌功颂德。一些在王莽羽翼下的官僚和知识分子便假托符命为他制造代汉的理论。王莽经过长期的策划，由"安汉公"而"宰衡"，由"宰衡"而"摄皇帝"，终于在居摄三年（公元 8 年），代汉称帝，改国号为"新"。

西汉王朝结束了，但西汉社会遗留下来的阶级矛盾仍然十分尖锐。王莽为了解决这个矛盾，陆续颁布法令，附会《周礼》，托古改制。

始建国元年（公元 9 年），王莽发布了实行王田的诏书。诏书中历数西汉社会兼并之弊，其中最主要的是土地问题和奴婢问题。诏书说到权势之家占田无数，而贫弱之人连立锥之地都没有；又置奴婢市场，把奴婢同牛马关在一起，专断奴婢性命。针对这种情况，诏令宣布：天下的土地，一律改称王田；天下的奴婢，一律改称私属，都不许买卖。男口不足 8 人而土地超过 1 井（900 亩）的人家，把多出的土地分给九族、邻里、乡党。无田者按一夫百亩的制度受田。有敢表示违抗者，流放四裔。①

王莽颁布这个诏令的目的，不是也不可能是真正改变私人的封建土地所有权，不是也不可能是改革奴婢的社会地位，而只是冻结土地和奴婢的买卖，以图缓和土地兼并和农民奴隶化的过程。在此以后，地主官僚继续买卖土地和奴婢，以此获罪的不可胜数，因此他们强烈反对这个诏令。始建国四年（公元 12 年），王莽不得不改变这个诏令，宣布王田皆得买卖；犯买卖奴婢罪者也不处治。这样，王莽解决当前最主要的社会矛盾的尝试，很快就失败了。但是，王莽所定王田、私属之制，名义上还存在，直到地皇三年（公元 22 年），即王莽政权彻底崩溃前夕，才正式宣告废止。

始建国二年（公元 10 年），王莽下诏实行五均六筦，企图以此节制商人对农民的过度盘剥，制止高利贷者的猖獗活动，并且使封建国家获得经济利益。五均是在长安以及洛阳、邯郸、临淄、宛、成都等大都市设立五均司市师，管理市场。每季的中月，司市师评定本地物价，叫作市平。如果商人售货物价高过市平，司市师就强制按照市平出售；低于市平，则听民买卖。民因祭祀或丧葬需钱，可向政府借贷，不取利息；欲经营生产而缺乏本钱的，也可低利借贷。

六筦是由国家掌握盐、铁、酒、铸钱、五均赊贷 5 项事业，不许私人经营；同时控制名山大泽，向在名山大泽中采取众物的人课税。六筦中除五

---

① 《汉书·王莽传》。

均赊贷一项是平准法的新发展外，其余 4 项都在汉武帝时实行过。王莽用来推行五均六筦的，多是一些大商贾，这也同武帝以贾人为盐铁官一样。但是武帝凭借强大的国家力量，能够基本上控制为国家服务的商人；而王莽则没有这样的力量可以凭借，无法对这些商人加以控制。因此，他们乘传巡行，与郡县通同作弊，盘剥人民，损公肥私。王莽实行五均六筦，同武帝实行同类措施相比，其结果也就各异了。

王莽改制中还屡次对币制进行改革。居摄二年（公元 7 年），王莽加铸错刀、契刀、大钱 3 种钱币，规定错刀一值五千，契刀一值五百，大钱一值五十，与原有的五铢钱共为四品，同时流通。始建国元年（公元 9 年），王莽废错刀、契刀与五铢钱，另作小钱，与大钱一值五十者并行，并且颁令禁挟铜钱，以防盗铸。始建国二年，王莽改作金、银、龟、贝、钱、布，名曰宝货，凡五物（钱、布皆用铜，共为一物）、六名、二十八品。人民对王莽钱币毫无信任，都私用五铢钱，王莽又严加禁止，人民反抗不已。王莽迫于民愤，暂废龟、贝等物，只行大、小钱，同时加重盗铸的禁令，一家铸钱，五家连坐，没人为奴婢。地皇元年（公元 20 年），王莽又尽废旧币，改行货布、货泉二品。

货币不合理的变革引起了经济混乱，加速了王莽财政的崩溃和人民的破产。王莽滥行五家连坐的盗铸法，实际上恢复了残酷的收孥相坐律。犯法的人没为官奴婢，铁索系颈，传诣钟官，多达十万数。到达钟官以后，还被易其夫妇，以致愁苦死者十之六七。这项法令增加了汉末以来奴隶问题的严重性，使人民受苦最深，人民的愤恨最大。

在政治制度方面，王莽也大事更张。他把中央和地方官名、郡县名和行政区划，都大大加以改变。他还恢复五等爵，滥加封赏。官吏俸禄无着，就想方设法扰民。

为了转移各阶级对改制的不满，王莽还挑起与四周各族的民族斗争。他为了显示自己的威风，故意贬低少数民族的地位，无理加以侮辱，如把匈奴单于改名为"降奴服于"，改高句丽为"下句丽"。其后，又连续发动对东北、西南各族和匈奴的非正义战争。曾派 10 余万人镇压西南的钩町族，其中有十分之六七死于饥饿病困之中；又从各地征发 30 万人进攻匈奴。沉重的徭役、兵役负担，战争的骚扰，使各族人民遭到了极大的痛苦与灾难。

当时广大农民"摇手触禁，不得耕桑"①，谷价腾贵，百姓流离。到王莽

① 《汉书·食货志下》。

末年，"流民入关者数十万人……饥死者什七八"①。

(三)绿林赤眉大起义

王莽改制后，法令苛刻，徭役繁重，加以天灾相因，民不得耕桑，阶级矛盾非常尖锐。天凤四年(公元 17 年)，荆州一带发生饥荒，饥民数百人共推新市(今湖北京山)人王匡、王凤为领袖，发动起义。不久，南阳人马武，颍川人王常、成丹等率众参加。起义军以绿林山为根据地，称"绿林军"。

地皇二年(公元 21 年)，王莽的荆州牧发兵进攻绿林军，绿林军出山迎击获胜，部众增至数万人。次年，绿林山中疾疫流行，绿林军出山，下江兵的一支由王常、成丹等率领，西入南郡(今湖北江陵)，另一支由王匡、王凤、马武等率领，北上南阳，称新市兵。新市兵攻随县时，平林人陈牧、廖湛率众响应，于是绿林军又增添了一支平林兵。汉宗室刘玄此时也投身于平林兵中。

西汉宗室、南阳大地主刘縯、刘秀兄弟，以"复高祖之业"相号召，联络附近各县地主豪强，并且把宗族、宾客组成一支七八千人的军队，称为舂陵军，参加反对王莽的行列。舂陵军与王莽军接战不利，乃与向北折回的下江兵约定"合纵"。这时绿林军连败莽军，发展到 10 余万人。绿林军领袖为了扩大影响，于宛城南面的淯水上拥立刘玄做皇帝，恢复汉的国号，年号更始(公元23 年)。

绿林建号以后，王莽发州郡兵 42 万，由王邑、王寻率领，阻击绿林军。六月，王莽军前锋 10 余万人，围绿林军于昆阳(今河南叶县)。绿林军八九千人由王凤、王常率领，坚守昆阳，刘秀则突围征集援军。那时昆阳城外围兵数十重，列营百数，围兵发掘地道，又用撞车攻城，积弩乱发，矢下如雨。刘秀等 13 骑突围后，发郾、定陵义军数千人援昆阳，王邑、王寻一战失败，王寻被杀。城中守军乘势出击，中外合势，莽兵大溃，士卒相践踏，奔走百余里。绿林军在此役中获军实辎重车甲珍宝，不可胜数。昆阳战后，海内闻风响应，起兵诛杀牧守，自称将军，用汉年号，以待更始诏命。显然，这次战役对于绿林军入关和王莽覆灭，起了决定性的作用。

刘秀在昆阳之战中立了功绩，刘縯又夺得宛城，他们兄弟的势力逐渐凌驾于农民军之上，因此新市、平林诸将劝更始帝把刘縯杀了。接着，绿林军

---

① 《汉书·食货志上》。

分兵两路进击王莽。一路由王匡率领，攻克洛阳。更始帝在洛阳派遣刘秀到黄河以北去发展势力，刘秀北上后，就逐步脱离了农民军的控制。另外一路绿林军由申屠建、李松率领，西入武关。析县人邓晔起兵攻下武关，迎入绿林军，合兵直取长安，关中震动。这时长安发生暴动，王莽被杀，长安被绿林军迅速攻克。更始二年初，更始帝刘玄迁都长安。

进入长安的绿林军纪律严明，府库宫室一无所动，长安市里不改于旧。绿林军瓦解了一批关中的豪强武装，迅速平定三辅。但是不久以后，更始帝自己首先沉醉在腐化的宫廷生活中，地主儒生乘机大肆活动，起义军内部离心离德的现象便逐渐出现了。

在绿林军起义的第二年，琅邪（今山东诸城）人樊崇率领百余人在莒县（今山东莒县）起义，不久转入泰山。次年，逢安、徐宣、谢禄、杨音等也聚众数万与樊崇会合。他们在泰山、北海一带进行斗争，击败田况所部莽军。为了作战时与敌人相区别，起义军用赤色染眉，故称"赤眉军"。地皇四年（公元23年），王莽派太师王匡、更始将军廉丹率10万官兵前来镇压。赤眉军在成昌（今山东东平）大败莽军，廉丹被杀，王匡逃命。成昌大捷后，赤眉军乘胜向西发展，人数已达10万人。他们转战黄河南北，有力地动摇了王莽政权在东方的统治。当绿林军攻占洛阳时，赤眉军首领樊崇等曾前往联络，但刘玄排斥赤眉军。更始二年（公元24年），赤眉军分兵两路西攻长安，讨伐刘玄。次年春两路军会师弘农（今河南灵宝），拥立一个15岁的汉宗室刘盆子为帝，建立了政权。接着西进至高陵（今陕西西安高陵区），与绿林军将领王匡等联合。同年九月，攻入长安，刘玄投降，不久被绞死。由于豪强地主隐匿粮食，聚众反抗，长安城中粮尽，赤眉军被迫退出长安。东归途中，在宜阳（今河南宜阳西）遭刘秀大军包围阻击，全军覆没。坚持10年之久的绿林、赤眉大起义至此失败。这次起义推翻了王莽政权的腐朽统治，沉重打击了地主阶级，具有不可磨灭的历史功绩。

第四节　东汉王朝的建立和动荡

一、东汉初的稳定和发展

(一)东汉王朝的建立和统一全国

刘玄移都洛阳后，以刘秀为破虏将军行大司马事。不久，刘秀被派往河北镇抚州郡。

当时，河北到处是农民起义力量和地主武装割据势力，最大割据势力是在邯郸称帝的王郎。刘秀势单力薄，率领部众到处流窜，后因得到信郡（今河北衡水冀州区）太守任光、上谷（今河北怀来）太守耿况、渔阳（今北京密云区）太守彭宠等人的支持，经过一年多时间，才拼凑起一支武装。击灭王郎后，他把地主武装统一起来。但真正使刘秀崛起的条件，还是他吞并了为数众多的农民军。他首先在"鄡"（今河北辛集）、馆陶（今河北馆陶）、蒲阳（今河北定州）几次战役中，吃掉了铜马、高湖、重连等起义军。接着又在射犬（今河南沁阳）击败青犊、大肜10余万部众以及尤来、大抢、五幡等部。刘秀把收编的农民军部众分隶自己部将属下统管，用利禄收买义军首领，封他们为列侯。铜马、重连的首领们被封侯之后，犹不自安，刘秀立即把他们遣归旧部，然后他自己单骑前往营中看望他们，以表示自己的真诚。刘秀这套手法确实起了迷惑作用，首领们感到"萧王（刘秀）推赤心置人腹中，安得不投死乎！"①刘秀控制河北之后，于公元25年六月，即皇帝位于鄗（今河北柏乡）南，国号称汉，年号建武，以当年为建武元年。不久，朱鲔投降刘秀，遂以洛阳为都，并遣邓禹引兵尾随赤眉军入关，企图趁赤眉、绿林冲突之机，消灭起义军主力。建武二年（公元26年），赤眉军退出长安东归时，陷入刘秀早已设下的陷阱。建武三年（公元27年）正月，起义军先遭冯异袭击败于崤底（今河南渑池南），东南走宜阳（今河南宜阳西），遂被刘秀重兵包围，樊崇以下投降。同年夏，樊崇、逢安计谋再举义旗，终被害。赤眉等农民军瓦解后，刘秀因得到陇西大官僚地主窦融的合作，黄河上游尽归其掌握之中。然而这时还有许多地主割据势力，其中，尤以天水隗嚣、巴蜀公孙述最为强大。北地卢芳诈称自己是武帝曾孙刘文伯，并与匈奴贵族勾结，一时也难以动摇。对此，刘秀采取各个击破，拉拢与打击并用的手段，先陆续削平了彭宠（后反对刘秀）、秦丰、刘永、张步、李宪等一些力量较弱的关东地主割据势力，而对西方割据者则实行笼络，使之暂时中立，同他们保持和平交往。及至关东平定之后，刘秀便加兵陇蜀，先灭隗嚣，次平公孙述，最后卢芳投降，实现了东汉王朝在全国的统一。

(二)恢复生产安定社会的措施

东汉初年，社会经历了长期战乱和伴之而来的饥荒疫疾，生产破坏，

---

① 《后汉书·光武帝纪上》。

人口锐减，经济凋敝。为了及时解决当时的社会问题，光武帝刘秀采取了一系列恢复生产、稳定社会秩序的措施。

奴婢问题是西汉中后期以来一直严重存在的社会问题。为了缓和阶级矛盾，使封建政府控制更多的劳动力，以增加赋税收入，光武帝刘秀从建武二年(公元 26 年)到十四年，先后下达 6 次有关释放奴婢和 3 次有关禁止虐待奴婢的诏令。释放奴婢的范围包括：(1)凡自王莽以来因贫穷而嫁妻卖子者；(2)王莽时因故沦为奴婢者；(3)王莽以来在青、徐、凉、益州等地被人掠卖为奴婢者。奴婢主人如果拘留不放，按西汉的"卖人法"或"略人法"治罪。禁止虐待奴婢的诏令内容包括：(1)杀奴婢的不得减罪；(2)废除奴婢射伤人弃市律；(3)残害奴婢的按法律治罪。尽管这些诏令有很大的局限性，也不可能彻底实行，但也在一定程度上阻止了自耕农沦为奴隶的发展趋势，对增加社会劳动力、缓和阶级矛盾有一定作用。

东汉政府于建武十五年(公元 39 年)下诏州郡，清查核实天下的田地以及户口、年纪，即所谓"度田令"。在实行度田过程中，豪强大姓都反对清查，隐瞒不报。而刺史、太守惧怕他们的势力，不敢按章如实查核。光武帝于建武十六年秋九月，以"度田不实"罪处死河南尹张伋等郡守 10 余人。

(三)封建专制统治的加强

光武帝刘秀鉴于西汉一朝中诸侯强横、权臣跋扈和外戚篡位相继发生的严重教训，采取各种措施，进一步加强专制主义中央集权制度，以巩固皇权。

刘秀在争夺封建统治权的角逐中，不能不用利禄笼络臣下。他刚即皇位不久，即封邓禹、吴汉等人为列侯，食四县之地，超过了西汉初年汉高祖刘邦对萧何的封赏。建武十三年(公元 37 年)平定巴蜀公孙述后，功臣增邑更封共达 365 人。刘秀对功臣虽给以优礼厚禄，却并不委以重任，改变了西汉初年那种由功臣相继出任丞相在朝居政的情况。刘秀对外戚的控制，自始就较严厉。在分封功臣爵邑时，阴乡侯阴识虽有军功，然以贵人阴丽华之兄身处外戚，竟不得增邑。当时，外戚授官也以九卿为限。明帝时，沿袭光武帝旧制，同时还明令规定"后宫之家，不得封侯与政"[①]。伏波将军马援功勋很大，但由于身为外戚，不得列入"云台二十八将"功臣图像之内。并且刘秀还令外戚阴、邓等家互相纠察，不使有越轨行为。对于宗室诸王，

---

① 《后汉书·明帝纪》。

刘秀则仅封与狭小国土，严加控制。光武帝时，申明西汉武帝所订"阿附蕃王法"，以限制宗室诸侯王势力的增长。建武二十八年（公元52年），刘秀下令郡县搜捕诸王宾客，坐死者数千人。明帝时，原来国土最为贫小的楚王刘英，被告交通方士作金龟玉鹤刻文字以为符瑞图书，暗中封侯置吏对抗朝廷，遂以此被废自杀。穷治楚王之狱的结果，被株连而死的外戚、诸侯、官吏、豪强数以千计，被收捕者达数千人之多。

为进一步加强专制主义封建皇权，光武帝刘秀对官僚机构做了比较明显的变动。他扩大西汉成帝开始设置的尚书四曹为尚书台，置尚书令、尚书仆射，下设尚书6人，称为六曹，分掌行政、人事、司法、外交等事宜。尚书台遂从秦代主管殿中传达诏令的少府属下的卑小官署，逐渐演变成为"出纳王命，赋政四海"的朝廷中枢机构，朝廷和地方的诸般政务完全通过尚书台，最后总揽于皇帝。与此同时，他还加强州部刺史制度。西汉刺史奏事须经三公审核按验，再转给皇帝裁决，东汉则刺史权力增大，并直接奏事于皇帝，而不再经过三公。尚书台的设置和刺史制度的改革，使三公行政权限大为缩小，变成名义职位。此外，皇帝脚下京畿地区的军政长官司隶校尉的权柄也被加强，它除掌管京城洛阳及其附近三河、弘农和三辅地区的军政大权外，还握有纠察三公以外公卿大臣的权力，甚至在廷议中的位置也尊处九卿之上。

此外，光武帝刘秀为了加强中央朝廷对地方的控制和减少行政财务开支，还裁减合并许多地方官衙，计有郡国10所，县邑道侯国400余所。建武六年（公元30年），他下令罢除郡国都尉官，废除都试制度。次年，又罢轻车、骑士、材官、楼船士及军假吏。全国武备与对外征讨，由京师卫军担当。这时卫军除卫尉所统卫士外，虎贲、羽林、五营校尉兵均为父子相袭的世袭兵，已不同于西汉轮番宿卫制。这些方面的变化表明，在军制上亦反映出皇帝集权的强化，同时也标志着秦、西汉以来的征兵制，已开始走向解体。

二、东汉中后期的政治动荡

（一）外戚、宦官擅权

东汉和帝开始，各族人民的反抗斗争迭起，朝廷内部出现外戚宦官交替专政局面，整个封建统治呈现出腐朽景象。

东汉时皇帝专制权力更加集中。朝廷机构中设尚书台，总揽行政权柄，丞相一职变成徒具其名的空衔。在正常情况下，皇帝裁决政事，然而一旦皇帝早死太子年幼时由谁来辅政，便成了新的问题。太子年幼即位，年轻的太后临朝，不便直接接触大臣，不得不重用娘家父兄来协助处理政事，这就为外戚窃取大权制造了机会。外戚自恃亲贵，骄横擅权，无视幼主，朝中大臣均仰承其鼻息行事。及至皇帝成年，不甘忍受外戚胁持，为了把大权夺回到自己手中，就联合在自己身边的心腹宦官，发动政变，除掉外戚。皇帝亲政后，自然重用夺权有功的宦官，于是又演变成宦官掌权的局面。可是，当皇帝死后，新主即位之时，宦官又因政治身份卑贱不能辅政，于是接着又有新的外戚上台。这种外戚、宦官的交替专权，便成为东汉后期封建政权的一个特点。

章帝死后，和帝即位，年仅 10 岁，窦太后临朝，其兄窦宪以大将军位加官侍中，出入宫廷，"威权震朝廷"。窦氏一门富贵，其子弟亲戚，飞黄腾达，"刺史守令，多出其门"。① 和帝年龄稍长，对窦氏弄权不满，他倚靠宦官中常侍郑众等，于永元四年（92 年），诛除窦氏集团在太后身边的党羽，下令收缴窦宪的大将军印绶，遣归封国，迫令自杀。郑众因功封侯，参与政事，宦官势力开始增长起来。

和帝死，邓太后为了长期把持政权，废和帝长子，立生下仅百日的婴儿为帝，即殇帝。殇帝死后，她又迎立 13 岁的安帝，继续由自己掌握大权，其兄邓骘辅政。从窦氏的失败中，邓太后吸取教训，她比较注意抑制其兄弟子侄的过分骄横，在控制政权方面，则更多地依靠宦官。邓太后死后，安帝亲政，重用宦官李闰、江京，皇后阎氏兄弟阎显也在朝居位，形成了外戚、宦官共同把持政权的局面。

安帝 32 岁死。阎太后与阎显迎立章帝孙北乡侯刘懿（少帝），不终年而死。宦官孙程等 19 人拥立废太子刘保即位，是为顺帝。阎显被杀，阎太后被迁，阎氏倒台，孙程等均被封侯，宦官权势一时增强。

顺帝以后，外戚梁氏掌权。后父梁商、兄梁冀相继任大将军，历冲帝、质帝、桓帝四朝，成为外戚执政的极盛时代。在梁冀掌政的 24 年中，梁氏一门出了七侯、三皇后、六贵人、二大将军，卿相尹校共 57 人。梁冀所立质帝在上朝时目指梁冀对朝臣说："此跋扈将军也！"②遂被梁冀毒死。太尉李固等主张建立长君，以安定帝位，触犯了梁冀的忌讳，遂被诬陷下狱死。

---

① 《后汉书·窦宪传》。
② 《后汉书·梁冀传》。

梁冀扶立尚未成年而又昏庸无能的桓帝。从此，"威行内外，百僚侧目，莫敢违命"①。当时，朝廷大小政事，都由他决定；百官的升迁任免，都要先到他家里谢恩，才能到尚书台办手续；地方郡县每年进献的贡品，要先把上等的送给梁冀，然后才把次一等的献给皇帝。其专横暴虐，达到了极点。

梁冀及其妻孙寿，都穷奢极侈，大肆搜刮财富，强占洛阳周围大片土地兴修苑囿，还掳取民间子女做奴婢，多达数千人，诡称是"自卖人"。

延熹二年（159 年）梁太后死，桓帝与中常侍单超等密谋，除掉梁冀。公卿、列校、刺史被连及者数十人，故吏、宾客罢黜者 300 余人，以致"朝廷为空"②。

梁氏灭门之后，中常侍单超、徐璜、具瑗及小黄门左悺、唐衡，因参与谋诛梁冀有功，5 人同日封侯。他们执政后，骄横跋扈，"手握王爵，口含天宪"③，狐假虎威。灵帝时，宦官气焰更盛，曹节、王甫、张让、赵忠等把持朝廷。灵帝常说："张常侍（张让）是我公，赵常侍（赵忠）是我母。"④

外戚宦官专政时期，东汉封建政权日益腐朽，不论外戚宦官还是他们的党羽，都公行贿赂，贪赃枉法，搜刮财货。梁冀被诛，抄没的家财竟达 30 余万万，相当于东汉全年租税之半。宦官集团除本身穷奢极欲之外，又收养子传袭封爵，兄弟族人姻亲多任州郡长官，盘剥百姓。五侯秉政时期，他们的"宗族宾客虐遍天下，民不堪命"⑤。大宦官侯览前后强夺人宅 381 所，田 118 顷，起立宅第 16 区。他们的家人甚至公然劫掠行旅。

外戚宦官都是伴随专制皇权而来的产物。从统治机构来看，东汉皇权得到空前加强，专制体制进一步完备，然从东汉一朝全局来论，中央集权的约束力，已不可与西汉同日而语。豪族大地主出身的大官僚以及依附于他们的门生故吏，已形成官僚集团势力，并且日益加强。

（二）累世公卿官僚集团的出现

东汉时期，随着豪族大地主经济势力的发展，他们在政治上的地位也空前加强。东汉官吏的选举，基本上与西汉相同。一是定期的察举，每年

---

① 《后汉书·梁冀传》。
② 同上书。
③ 《后汉书·宦者列传》。
④ 同上书。
⑤ 同上书。

由地方举孝廉和茂才。另一是不定期的征辟，征就是由皇帝下诏特举，辟是二千石以上大臣自己可以聘入做手下的属官，叫辟召。这些办法在东汉初实行时还注意德才，参考门第，但很快就不讲德才，主要看门第了。章帝时韦彪上书指出当时的选举不重视德才，纯粹按门第，建议以后选举"不可纯以阀阅"①。顺帝时，官员李固指出："今之进者，唯财与力。"②当时地方推举的孝廉茂才多出自豪族。征辟更是如此。辟的大权属于公卿大臣和二千石，他们所辟的人都是豪族地主出身。当时郡守下面的属官一定要聘请当地的豪族来担任，结果出现了郡守往往无实权，而实权却控制在豪族地主出身的属吏手中。由于选举凭门第，因此，豪族地主垄断了仕途，把持各级政权，累世做高官。

由于选举被豪强大族垄断，一般地主要做官必须投靠他们，而上层豪族为了扩充势力，也拉拢一般地主，因此，出现了一个依靠豪族的特殊阶层——门生、故吏。门生，本指师徒授业关系，直接授业的叫弟子，间接授业的称门生。后来，凡是投靠豪族的也称门生，门生变为政治关系，实际并不授业，有的为主人服各种杂役，有的用钱贿赂，即可挂名为门生。做门生就有了做官的希望。故吏，指被公卿或郡守辟为属吏的人。他们被举主推荐，要报知遇之恩。主人死后，门生、故吏要服丧3年，主人犯法，门生、故吏也随着免官，主人犯罪流放，门生、故吏相随而去。这样，门生、故吏与主人的关系，政治上形成君臣关系，感情上形成父子关系，这就出现了两重君臣关系，豪强势力发展起来了。

东汉时期在地主阶级中出现一些累世专攻儒术，世代熟悉儒家经典的家族，他们的成员通过经学入仕，世代盘踞封建政府的重要职务，形成一些累世公卿的望族，在政府中拥有举足轻重的政治力量。例如，弘农豪族大官僚杨宝，于西汉传授欧阳《尚书》，杨宝之子杨震在东汉时官至司徒，杨震子孙杨秉、杨赐、杨彪，四世均以传"家学"同为三公官。汝南豪族大官僚袁安，因其祖父袁良传孟氏"易"，自他以后4世有5人位至三公。这些世代做高官的豪族，称为士族地主，到魏晋南北朝时期，发展成为门阀士族。

---

① 《后汉书·韦彪传》。
② 《后汉书·李固传》。

（三）党锢之祸

东汉后期，官僚士大夫中出现了一种品评人物的风气，称为"清议"。在当时政治极端黑暗腐败的情况下，这种清议在士大夫中间多少能起一些激浊扬清的作用。

安帝、顺帝相继扩充太学，笼络儒生，顺帝时太学生多至 3 万余人。太学生一般都出自地主阶级，同官僚士大夫有着密切的联系，因此太学生就成为清议的中心。太学生为安帝以来风起云涌的农民起义所震动，深感东汉王朝有崩溃的危险，他们认为宦官、外戚的黑暗统治是引起农民起义导致东汉衰败的主要原因，所以力图通过清议，反对宦官、外戚，特别是当权的宦官，挽救东汉统治。

桓帝永兴元年（153 年），冀州刺史朱穆奏劾贪污的守令，打击横行州郡的宦官党羽，被桓帝罚服劳役。太学生刘陶等数千人诣阙上书讼朱穆冤，桓帝不得不赦免朱穆。延熹五年（公元 162 年），中郎将皇甫规因"恶绝宦官，不与交通"①得罪宦官，论输左校，太学生张凤等 300 余人，跟大官僚一起诣阙陈诉，使皇甫规获得赦免。官僚、太学生的这些活动，对当政的宦官是一种巨大的压力，宦官集团遂伺机进行打击迫害。

延熹九年（166 年），司隶校尉李膺杀术士张成，张成生前与宦官关系密切，所以他的弟子牢脩诬告李膺与太学生及诸郡生徒结为朋党，诽讪朝廷，疑乱风俗。在宦官怂恿下，桓帝收捕李膺，并下令郡国大捕"党人"，词语相及，共达 200 余人。次年，由于尚书霍谞与城门校尉窦武等上表力争，李膺及其他党人被赦归田里，禁锢终身。

党人被处罚后，名声越来越高，受到广泛的同情和支持。灵帝建宁元年（168 年），名士陈蕃为太傅，与外戚大将军窦武共同执政。他们起用李膺和被禁锢的其他名士，并密谋诛杀宦官。宦官中常侍曹节、王甫等人劫持太后，矫诏捕窦武等人，双方陈兵对阵，结果陈蕃、窦武皆死，他们的宗室宾客姻属都被收杀，门生故吏免官禁锢。建宁二年，曾经打击过宦官势力的张俭被诬告"共为部党，图危社稷"②，受到追捕。李膺、杜密等复遭捕系，死于狱中，株连死徙废禁者六七百人。熹平五年（176 年），州郡受命禁锢党人的门生、故吏和父子兄弟。这就是著名的"党锢"事件。

---

① 《后汉书·皇甫规传》。
② 《后汉书·党锢列传》。

(四)阶级矛盾的进一步激化

桓帝、灵帝统治时期，统治阶级更加腐朽。后宫彩女数千人，衣食之资日费数百金。封建国家财政枯竭，经常减百官俸禄，借王侯租税，以应付军国急需。桓帝时公开卖官鬻爵，聚敛财货。到灵帝时，更变本加厉，拼命搜刮，他公布卖官的价格，二千石 2000 万钱，四百石 400 万钱。卖官时既收现钱，还可赊欠，规定"其富者则先入钱，贫者到官而后倍输"①。不同的对象也可以有不同的议价。既然可以用钱买官，贪污就成了合法行为，官员到任以后就拼命搜刮。灵帝还规定，郡国向大司农、少府上交各种租税贡献时，都要先抽一份交入宫中，谓之"导行钱"。又在西园造万金室，调发司农金钱、缯帛充积其中，作为他的私藏。他还巧立名目，任意科派。官吏的升迁都要缴纳"助军钱""修宫钱"，大郡至两三千万。

东汉王朝的腐朽统治，以及统治者对人民敲骨吸髓的压榨，严重地破坏了社会生产力，加上水旱蝗灾连年不断，人民更无法生活。永兴元年(153 年)，全国有 1/3 的郡县遭受水灾、蝗灾，有几十万户倾家荡产，流亡在外，冀州出现人相食的惨状。延熹九年(166 年)豫州发生大饥荒，饥饿而死者十有四五，"至有灭户者"②。到灵帝时，"河内(今河南武陟)人妇食夫，河南(今河南洛阳)人夫食妇"③。人民在毫无生活出路的情况下，只有起来反抗，争取生存。

东汉安帝以后 100 余年间，阶级矛盾尖锐，社会动荡不安，农民起义此伏彼起，连绵不断，多达 100 余次。起义的地区遍及青、徐、兖、豫、荆、扬、益各州，起义人数少则数百数千人，多则数万人，乃至数十万人。农民起义军所到之处，攻陷城邑，杀死官吏，给东汉统治者以极大威胁。这些大大小小的农民起义，虽然都被东汉统治者残酷地镇压下去了，但人民并没有屈服。一场全国规模的农民起义即将来临。

三、黄巾起义

(一)五斗米道和太平道

顺帝时，琅邪人宫崇(方士)手中传出一部书，称《太平清领书》，其主

---

① 《后汉书·崔骃传》。
② 《后汉书·桓帝纪》。
③ 《后汉书·灵帝纪》。

要内容是"以阴阳五行为家（宗），而多巫觋杂语"①，但有揭露统治者贪婪、虚伪的词句，也有一些主张平等、平均，反对不劳而食的思想。该书早已失传，它的主要内容可从《道藏》的《太平经》中看到一点轮廓。《太平经》记载说："积财亿万，不肯救穷周急，使人饥寒而死"，是人生六大罪之一，那是"与天为怨，与地为咎，与人为大仇"。又说，"人人自有筋力，可以自衣食者，而不肯力为之，反致饥寒，负其先人之体"，也是六大罪之一。②《太平经》还说"人无贵无贱，皆天所生"③，主张人人平等。如果剥去《太平经》中这些条文的神学外衣，就不难看出，上述思想反映了农民反对地主阶级不劳而食，反对土地兼并和财富高度集中的愿望。

到了东汉末年，五斗米道与太平道在民间流行。

五斗米道的创始人是沛人张陵。顺帝时张陵在四川鹄鸣山学道，自己作道书，并向群众传道医病，从受道或医病者出 5 斗米，遂被称为五斗米道。张陵死，传子张衡，衡死，传子张鲁。五斗米道在巴蜀一带传播很快。道徒的组织很严密。初入道者称"鬼卒"，首领称"祭酒"，更高者称"治头大祭酒"。祭酒负责在活动所在地的道路上设置"义舍"，中藏米肉，供给道徒和流民往来者食宿，可以"量腹取足"④，不收金钱。五斗米道还规定犯罪轻者罚筑道路，重者"三原，然后乃行刑"⑤，受到各族人民的欢迎。

太平道领袖是钜鹿（今河北平乡）人张角。他自称"大贤良师"，派弟子 8 人到各州郡传道，用符水治病。太平道被苦难人民视为救星，10 多年信道者增至 30 多万人，遍于青、徐、幽、冀、荆、扬、兖、豫八州。经过较长时间传道活动之后，太平道将流散各地的贫苦农民组织起来，全国共分 36 方，大方万余人，小方六七千人，各有首领。

（二）黄巾大起义

在经过长期的组织准备之后，张角决定于灵帝中平元年（184 年）即甲子年的三月五日，在全国同时起义，并提出了"苍天已死，黄天当立，岁在甲

---

① 《后汉书·襄楷传》。
② 《太平经·六罪十治诀》。
③ 《太平经·有过死谪作河梁诫》。
④ 《三国志·魏书·张鲁传》。
⑤ 同上书。

子，天下大吉"①的口号。这实际上是宣布汉家的天下已经灭亡，农民的天下应当建立，要变地主阶级的"天"为农民的"天"。张角还派人在京师洛阳及州郡的官府门上，都写上"甲子"二字，作为进攻的目标。张角又派大方首领马元义先召集荆扬地区徒众数万人到邺（今河北临漳）与冀州道徒会合，马元义亲自到洛阳活动。不料，在预定起义的前一个月，张角弟子唐周向东汉政府告密，马元义被捕牺牲，洛阳1000多群众惨遭杀害。东汉政府连夜下令到冀州搜捕张角。张角得到消息，马上派人驰告各方，立即发动起义。张角自称"天公将军"，他的弟弟张宝称"地公将军"，张梁称"人公将军"。起义群众都头裹黄巾为记，称为黄巾军。由于起义前已有长期组织，起义军声势浩大，"旬日之间，天下响应，京师震动"②，黄巾军到处焚烧官府，捕杀官吏，攻打豪族地主聚居的城池坞堡。许多州郡被起义军占领，东汉官吏纷纷逃窜。大起义迅速席卷长江以北广大地区。

黄巾军的主力主要集中在冀州、颍川、南阳三地，分别由张角兄弟、波才及张曼成领导，进攻矛头指向东汉首都洛阳。东汉统治者惊恐万状，急忙派何进为大将军，调集大军防守洛阳周围的8个要塞。同时，任命皇甫嵩、朱儁为左右中郎将，率主力镇压对洛阳威胁最大的颍川黄巾军。东汉政府还下令解除党锢，动员整个地主阶级的力量来对付农民起义；各地豪强地主也纷纷起兵，协助东汉政府围攻黄巾军。

黄巾军作战英勇，给敌人以沉重打击。三月间，张曼成领导的南阳黄巾军，一举攻克郡城，杀死太守褚贡。四月，波才领导的颍川黄巾军打败了朱儁率领的军队，并把皇甫嵩包围在长社（今河南长葛）。冀州地区的黄巾军，在张角兄弟的领导下，也把卢植、董卓打得狼狈逃窜。与此同时，汝南的黄巾军也大败太守赵谦，广阳的黄巾军击杀了幽州刺史郭勋和太守刘卫。黄巾军的一系列胜利，进一步扩大了大起义的声势。

但是，黄巾军提前仓促起义，打乱了原定的部署，特别是在首都发动起义的计划没有实现，使得东汉王朝能够有组织地进行镇压，把起义军分割在许多地区，以便各个击破。加上黄巾军缺乏作战经验，更易为敌所乘。波才领导的颍川黄巾军被皇甫嵩、朱儁等所败。颍川黄巾军的失败，解除了对东汉首都洛阳的直接威胁。东汉政府又调皇甫嵩率军北上，向冀州黄巾军主力发动攻击，朱儁则转向南阳，进行分割围剿。

---

① 《后汉书·皇甫嵩传》。
② 同上书。

正在决战关头，张角不幸病逝。冀州黄巾军在张梁的领导下，与皇甫嵩在广宗(今河北威县东)一带展开了血战。张梁阵亡，8万多黄巾军皆英勇牺牲。十一月，在下曲阳(今河北晋州西)的战斗中，起义军又失利，张宝壮烈牺牲，10余万黄巾军被杀害。冀州的主力黄巾军亦失败了。

朱儁进军南阳后，南阳黄巾军的领袖张曼成、赵弘相继牺牲，宛城陷落，南阳黄巾军被镇压下去。

黄巾军的主力经过9个月的激烈战斗先后失败，东汉政府进行了血腥的报复，"其余州所诛，一郡数千人"①。但是，分散在各地的起义群众仍继续进行艰苦卓绝的斗争，东汉政权处于摇摇欲坠之中。

第五节　汉代民族关系的发展

一、汉与匈奴的关系

匈奴是我国北方的一个古老民族，历史悠久，战国后逐渐向奴隶制转变，开始强大起来。秦末汉初，冒顿单于正式建立了奴隶制国家，征服了周围广大地区内的大小部落和国家，掳掠汉族和其他各族的人民为奴隶。当时匈奴人口约为150万，其中有由匈奴本族成员组成的30万军队和俘掠的各族奴隶50多万，前者是奴隶主贵族对外掠夺的工具，后者是从事各种繁重生产劳动的主要力量。

两汉时期，汉匈之间的关系大体可分为几个阶段。

西汉前期(刘邦到武帝即位前期)60多年，汉匈之间的关系以和亲为主。和亲是统治阶级之间的婚姻关系，实际上是一种出于统治需要的政治行为。汉高帝七年(公元前200年)，匈奴兵围马邑(今山西朔州朔城区)，南扰太原(今山西太原西南)；刘邦亲率军30余万出击，至平城白登山(今山西大同东北)，遇伏被困，不得已使刘敬往结和亲之约，以公主嫁单于，岁奉贡献，并开关市。实行和亲没能从根本上解除匈奴的威胁。匈奴一方面和亲，与西汉进行贸易；另一方面又派兵经常骚扰，抢掠财物。但是，和亲避免了汉匈之间大规模的战争，有利于西汉王朝集中力量解决内部问题，休养生息，恢复发展经济。因此，惠帝、吕后直到文、景，一直坚持实行对匈奴

---

① （东晋）袁宏：《后汉纪》卷二十四。

的和亲政策。同时，积极加强边防建设，增强防御力量。

西汉中期(武帝初年到宣帝后期)约 80 余年，西汉发动了对匈奴大规模的战争，和亲中断，处于战争状态。

武帝即位以后，由于西汉经济、军事、政治力量不断强大，对匈奴作战的条件成熟了，于是改变和亲政策，发动了对匈奴的战争。规模最大的有 3 次。第一次叫河南战役。元朔二年(公元前 127 年)，汉武帝派卫青率军出击，把匈奴赶出河套地区，并设立朔方、五原两郡，同时，修复了该地的秦长城，并移民 10 万在此开发防守。河套地区土地肥沃，宜耕作畜牧，是匈奴南下的根据地。收复河套地区，解除了匈奴从河套地区南下对西汉首都长安的威胁。

第二次战役是收复河西地区，称为河西战役。元狩二年(公元前 121 年)，汉将霍去病率军出陇西西击匈奴，汉军西进 1000 余里，攻克焉支(今甘肃永昌西、山丹东南)、祁连二山，杀掠匈奴 4 万余人，使匈奴遭到重大打击，匈奴浑邪王杀休屠王，率部众 4 万余人归降汉朝。西汉占领河西走廊，先后设张掖、酒泉、武威、敦煌 4 郡；从此自河西走廊至罗布泊一带无匈奴，匈奴与西羌的联系断绝，从而打通了汉通西域的道路。

第三次战役是在元狩四年(公元前 119 年)发动的漠北战役。这是汉武帝时规模最大的一次对匈奴用兵。统率汉军的将领是卫青、霍去病，他们分两路同时出击，穿过沙漠，进击漠北。卫青率军与匈奴单于大战于单于王庭附近，单于战败，率几百骑兵突围逃遁。汉军斩房匈奴 2 万人，前进到阗颜山(今蒙古杭爱山)赵信城。霍去病率军从东路出击，大败匈奴左贤王，杀房匈奴 7 万余人，一直前进到狼居胥山(今蒙古乌兰巴托附近)。此次战役汉军取得辉煌胜利，迫使匈奴放弃漠南地区，向西北边远地区迁徙。从而基本上解除了匈奴对整个西汉北边的威胁。

西汉晚期，汉匈恢复了和亲，实现了汉匈之间的初步统一。

汉匈之间的长期战争使匈奴遭受重大损失，主要表现在：一是人口、牲畜大量被俘和死亡，对其经济打击致命；二是匈奴失掉了河套和河西这两个适于农业、畜牧业的地区，退到自然条件不好的漠北，畜牧业受到限制，生产衰落萎缩，匈奴族的生活、生存受到威胁；三是匈奴在战争中的失败，使原来臣服于它的国家和部落纷纷摆脱其控制。匈奴在北方建立的统一帝国处于四分五裂的状态，大大削弱其力量。与此同时，匈奴统治集团内部又发生了争夺王位的争斗。宣帝时，匈奴五单于并立，互相混战，使人民、畜产死亡十之六七，匈奴面临绝境。在此情况下，五单于之一的呼韩邪单于登上历史舞台。宣帝五凤二年（公元前 56 年），呼韩邪单于被其兄郅支单于战败，遂与大臣商议归汉。甘露二年（公元前 52 年），呼韩邪单于率部众南下到阴山一带归降了西汉。甘露三年、五年又两次到长安朝见汉宣帝，受到热烈欢迎。宣帝授予其金质单于印，赏赐大量财物，并调拨粮食给匈奴人民。

元帝竟宁元年（公元前 33 年），呼韩邪单于第三次到长安，要求招亲。元帝将宫女王昭君嫁与他，并改元"竟宁"。呼韩邪称王昭君为"宁胡阏氏"，意思是将与汉家建立永远和好安宁的关系。从此，汉匈之间又恢复了和亲。呼韩邪归汉是一个重大历史事件，它使汉匈之间结束了长期的战争状态，转入和好，促进了汉匈关系的发展和中原与塞北的联系，初步实现了汉匈之间的统一。

王莽执政后，降低对匈奴单于的待遇，阻止乌桓等向匈奴纳税，于是匈奴重又入扰。王莽时北边一度空虚，不断为匈奴所蹂躏。直至东汉光武帝之初，汉与匈奴关系仍未好转。后因塞北连遭饥旱，又受乌桓等攻击，匈奴疲惫已极，内讧又起，日逐王比于建武二十四年（公元 48 年）自立，亦号呼韩邪单于，率漠南八部归降于汉。匈奴遂分裂为南北两部。

南匈奴部众驻牧于汉北边五原、云中、定襄、朔方、雁门、上谷、代、北地八郡之内；汉对匈奴岁赐丰厚，且于建武二十六年设"使匈奴中郎将"以监护之。明帝以后，更设度辽营于五原曼柏（今内蒙古达拉特旗），置度辽将军，协助南匈奴单于抵抗北匈奴来侵和镇压族人的叛乱。此后南匈奴或降或叛，然后节节南徙。至 2 世纪 40 年代多数集中于并州中部汾河流域一带。东汉末，曹操怕匈奴势力蔓延，始限制其居住地区，并采取分化政策，使上层贵族与部众脱离，部分匈奴人逐步沦为汉族地主的农奴。

明帝永平十六年（公元 73 年），汉将窦固、耿忠出酒泉塞，击败北匈奴呼衍王，追踪直至蒲类海（今新疆巴里坤湖），置宜禾都尉，屯田伊吾（今新疆哈密）。次年，窦固、耿忠又合兵击平车师前、后王，重置西域都护，切断北匈奴与西域的联系。北匈奴困窘，诸部南下归汉者逐年增多。和帝永元元年（公元 89 年），汉将窦宪、耿秉等得南匈奴之助，又大败北匈奴，逐北三千里，登燕然山（今蒙古杭爱山），刻石记功而还。永元二年、三年，汉军又连续大破匈奴，斩获甚众，单于遁逃，汉军出塞五千里始还。此后，鲜卑兴起，占有匈奴故地，北匈奴部分投汉，部分归降鲜卑。其余残众或降或叛，出没于天山南北，继续与汉争夺对西域的控制权，屡为边患。其踪迹直到 2 世纪中叶才不见于记载。

二、汉与西域各族的经济文化联系

西域的地理概念有广义与狭义之分，广义范围很广，除了中国新疆地区以外，还包括中亚、印度、伊朗、阿富汗、巴基斯坦一部分。狭义的概念指的是新疆地区，包括新疆西部巴尔喀什湖以东以南的一些地方，当时以天山为界，分为南北两部，分布了 36 个小国，大部分在天山南部。匈奴势力强大时占领了西域，匈奴单于把西域分给下面一个日逐王统辖，在西域设立了官吏——僮仆都尉，统治西域各国。这是匈奴第一次把西域地区统一起来，意义重大。但匈奴对西域的统治很残酷，把西域各国人民当僮仆（即奴隶）对待，因此，西域各国和匈奴的矛盾尖锐，希望摆脱匈奴的控制，并把希望寄托于西汉王朝。西汉为削弱匈奴，亦利用匈奴与西域各国的矛盾，与匈奴展开了对西域各国的争夺。

第一，张骞通西域。

张骞两次出使西域。第一次是武帝建元三年（公元前 138 年），第二次是元狩四年（公元前 119 年）。出使西域的目的：第一次要联合大月氏，第二次要联合乌孙。为什么联合这两族？因为这两族原来分布在河西地区，后来大月氏被匈奴赶到大夏（今阿富汗北部），乌孙迁到天山北边伊犁河流域。张骞出使的目的就是联合它们打匈奴，"断匈奴右臂"[1]。当时匈奴在西域势力很大，大月氏、乌孙不想再回原地，所以张骞原定的目的未能达到。但是，张骞第一次出使西域，对六七个国家的自然环境、物产、风土人情等进行了考察，回来后向武帝做了详细汇报。第二次出使到乌孙，并派副使到达许多国家。他回来时带了几十名乌孙人到长安，这是西域派使者第一次到中原来，受到隆重接待。不久，张骞的副使们也带着其他国家的使者一起回到长安。从此，西域不断派使到长安，西汉也遣使到西域各国去，每批数十至数百人，建立了和西域各国的联系。

第二，对西域的用兵。

张骞通西域后，汉与西域虽建立了联系，但匈奴势力很大，匈奴的影响在一些国家要超过西汉。武帝晚年，对西域用兵，影响较大的有两次。第一次是对楼兰和车师的用兵。这两国在新疆东部，扼丝绸之路的要冲，常替匈奴当耳目，并攻劫汉使，是汉通西域的障碍。元封三年（公元前 108

---

[1] 《汉书·西域传》。

年），武帝派兵 1 万打败这两国。第二次是太初元年（公元前 104 年）、三年先后派李广利攻伐大宛，最终取得胜利。此外，汉武帝还设立使者校尉，管理轮台、渠犁等地的屯田事宜。从此，西汉对西域的控制巩固下来。西域许多国家遣使到西汉，乌孙与西汉建立了和亲关系。

昭宣时期，西汉主要是与西域国家的军队联合起来进攻匈奴。宣帝本始三年（公元前 71 年），西汉与乌孙联合出兵 20 万共击匈奴，俘斩匈奴名王、都尉以下 4 万级，畜口 70 余万头。宣帝时匈奴统治者内部发生矛盾，日逐王投降西汉。宣帝任命郑吉为西域都护，这是西汉派驻西域的最高长官。从此，西汉确立了在西域的统治，匈奴基本上撤出了西域。

王莽统治时，西域诸国也纷起反对，西域各族和中原地区的联系中断了。此时，匈奴贵族乘虚而入，控制西域各族，向各族人民勒索苛重的赋税，统治极其暴虐。东汉王朝刚建立，莎车王康遣使至河西，问中原动静，表示思慕汉家。建武五年（公元 29 年），窦融承制立康为西域大都尉，统属西域 55 国。以后，莎车、鄯善、车师、焉耆等国，皆先后遣使朝贡，或派送侍子，请东汉王朝在西域设置都护。但刘秀因中原初定，无力经营西域，遂送还侍子。此后，西域呈现混乱状态，各种势力互相兼并攻杀，大部分国家皆役属于北匈奴。

明帝永平十六年（公元 73 年），东汉政府派窦固等率兵大败北匈奴，占领伊吾卢城，赶走了北匈奴在车师前、后王国一带的势力，着手恢复与西域诸国的政治关系。此时，班超奉命出使西域。他率吏士 36 人，首先到达鄯善，袭杀北匈奴使者百余人，鄯善为之震服。接着他又到于阗，于阗亦杀北匈奴使者归附于汉。次年春，班超又废北匈奴所立的龟兹人疏勒王，改立疏勒故王子。经过班超的坚决斗争，北匈奴的势力在南道诸国逐一被肃清。班超得到西域各国人民的支持。

明帝死后，北匈奴又乘机反扑。在匈奴贵族的支持下，焉耆等国攻杀西域都护，并联合龟兹、姑墨进攻疏勒。班超孤立无援，处境十分困难。东汉政府命令班超撤退。疏勒、于阗诸国坚决挽留，班超中途返回疏勒，克服重重困难，团结于阗、疏勒等国，并与乌孙通好，重新稳定了南道形势。永元二年（公元 90 年），大月氏派兵 7 万越葱岭进攻疏勒，企图控制南道，班超率诸国兵击退了大月氏的入侵，声威大振，遂乘胜经营北道。次年，北道的龟兹、姑墨、温宿皆归附东汉，班超设西域都护府于龟兹它乾城（今新疆新和县玉奇喀特古城），亲自坐镇北道；命西域长史徐干屯疏勒，与北道相呼应。永元六年秋，班超发龟兹、鄯善等 8 国兵 7 万余人，讨伐攻杀一直心怀二意的焉耆、危须、尉犁,俘其王侯贵族,"于是西域五十余国,悉皆纳质内属焉"①。从此,西域地区和中原的经济文化联系更加密切,通往西亚各国的"丝绸之路"重新畅通无阻。班超在西域 30 余年,于永元十四年(102 年)回到洛阳,不久逝世。

班超在西域的活动,为增进汉族与西域各地区政治、经济的联系,维护多民族国家的统一,立下了历史功勋。班超出使之所以获得成功,是因为符合汉族人民要求恢复与西域关系的愿望,符合西域各族人民要求摆脱北匈奴的奴役,增强与汉族人民历史联系的意愿。

班超返回以后,北匈奴又侵入西域,还进而骚扰河西地区,造成很大破坏。延光二年(123 年),东汉政府以班超之子班勇为西域长史,重新经营西域。班勇在鄯善、龟兹等国支持下,一举击败北匈奴伊蠡王,恢复车师前王庭。以后又连续击败北匈奴单于及呼衍王所部,平定车师等 6 国,取得节节胜利。但是,日益腐朽的东汉政府,竟以所谓"后期"的罪名,把班勇召还下狱。此后,东汉王朝在西域的政治统治日益削弱。但是,西域和中原地区的经济文化联系,汉族与西域各族人民之间的友好往来,仍然没有中断。西域始终是中国和西亚各国经济文化交流的通道。

三、汉与西南、东南各族的关系

西汉时期,在我国西南地区,今云南、贵州和四川西南部一带,居住着许多语言、风俗不同的少数民族,当时统称为"西南夷"。在今贵州西部有夜郎(今贵州桐梓)、且兰;云南滇池附近有嶲,洱海附近有嶲、昆明;四川西南部有邛都,成都西南部有徙、筰都,成都以北有冉駹。夜郎、滇、邛都等族人民习俗椎发,从事农耕,有邑聚和"君长";嶲、昆明等族习俗辫发,过着游牧生活,无"君长"。各族社会发展不平衡,有的尚处于原始社会,有的已进入阶级社会。云南晋宁石寨山发现大量滇人遗物,从中可以看出滇人已经具有很高文化,如尊、瓶、喇叭形器和笙等青铜器物,都具有很高的工艺水平。

巴蜀地区的汉族人民,和西南地区的少数民族很早就有频繁的交往。秦始皇统一六国后,在西南少数民族聚居地区建立了行政机构。此后,经济文化的联系更为密切。巴蜀商人常去那里进行贸易,贩回筰马和牦牛,

---

① 《后汉书·班超传》。

巴蜀的枸酱等常由夜郎人泛舟牂柯江贩运于南越。蜀布、邛竹杖，也由滇西各部落的商人运往身毒（即天竺）。

汉武帝时，西南各族人民与内地联系与日俱增。汉武帝曾派唐蒙到夜郎，厚送礼物，夜郎和邻近邑落归附汉朝，在那里设置犍为郡（今四川宜宾），并发卒修通向牂柯江的自僰道（今四川宜宾）。后又派遣司马相如到邛、筰、冄駹，设都尉，不久罢省。张骞从西域归来后，汉武帝想打开由西南地区通往身毒的道路，前后派出使者十几拨，到了昆明以西，遇阻而止。元鼎六年（公元前 111 年）西汉破南越之后，在西南设郡，以邛都为越嶲郡，筰都为沈黎郡，冄駹为汶山郡，白马为武都郡。元封二年（公元前 109 年）汉武帝发巴蜀兵至滇，降滇王，以其地为益州郡，并赐"滇王王印，复长其民"①。这颗"滇王之印"，已在云南晋宁石寨山滇族贵族墓中发现。此后西南大部分地区都归入西汉的直接管辖之下，西南各族和汉族人民之间的联系更加紧密了。

东汉时期，西南夷地区的经济文化有很大发展，物产十分富饶。在益州西部，居住着众多的哀牢夷人。永平年间，哀牢王柳貌率 55 万余人归附东汉王朝，汉明帝在其地设置哀牢、博南两县，与益州西部都尉所属 6 县合建为永昌郡。从此，他们与汉族人民的联系更加密切。哀牢人保持着原有的邑落组织，由本族的大小邑王进行治理，每年向东汉政府输纳一定的盐、布作为常赋。

东汉时期，四川、云南西部越嶲郡的邛都夷大羊诸部，蜀郡西部都尉的筰都夷白狼、槃木、唐蔌等百余部，都相继归附东汉王朝。

西汉初年，东南的越族同中原的经济政治联系有进一步发展。秦末农民大起义时，闽越的首领无诸和东瓯首领摇率越族人民参加反秦斗争，后又帮助刘邦打败了项羽。刘邦建国后，封无诸为闽越王，都于东冶（今福建福州）。汉惠帝封摇为东海王，都于东瓯（今浙江温州）。七国之乱时，东瓯助七国反汉，后受汉贿买又反戈袭杀吴王刘濞。刘濞儿子逃到闽越，助闽越攻东瓯。东瓯王为了免受威胁，率 4 万多人徙居江淮间。

在南越地区，秦亡后，原南海郡尉赵佗割据南海、桂林、象郡，自立为南越武王。建元六年（公元前 135 年），闽越王攻南越，南越向汉求救，汉武帝派兵救南越。闽越王郢被其弟余善所杀，向汉投降。武帝乃封无诸的孙子丑为越繇王，立余善为东粤王，分别统治闽越。

---

① 《史记·西南夷两粤朝鲜传》。

南越地区广大，经济文化发达，有犀、象、玳瑁、珠、银、铜、果、布等物产。秦汉时期，中原和南越一直保持着关市贸易，内地的铁器、耕畜通过关市输往南越，促进了南越农业生产的发展。

武帝建元六年（公元前135年），南越王赵胡派太子婴齐宿卫长安。后婴齐之子赵兴继为南越王，太后樛氏上书武帝要求自比诸侯内属，遭到越贵族势力代表人物丞相吕嘉的反对。汉遂派兵往南越，于元鼎六年（公元前111年）攻下番禺（今广东广州），吕嘉被俘斩，汉在南越地区分设儋耳、珠崖、南海、苍梧、郁林、合浦、交趾、九真、日南9郡。在吕嘉反汉时，东粤王余善投降，汉又徙闽越民到江淮一带。

东汉时期，江南地区同中原经济、文化联系较西汉时更加密切。这时，在洞庭湖以西以南，散居着武陵蛮、廪君蛮、板楯蛮等部族。武陵蛮居住在今天的湘西和贵州一带，原是以槃瓠为始祖的古老部落。他们很早就开发了这些山地，经营着"田作贾贩"①事业，原"无关梁符传，租税之赋"②。秦昭王时设黔中郡，西汉改称武陵郡，"岁令大人输布一匹，小口二丈"，称为"賨布"③，因而时常引起反抗。东汉建武二十三年（公元47年），精夫（首领）相单程起兵，大败官军，反抗斗争持续3年之久。东汉设吏管辖后，官吏贪虐，遂频频引起更大规模的反抗，直延续到东汉末年。

廪君蛮（巴郡南郡蛮）居于今鄂西、川东一带。共有巴、樊、瞫、相、郑五氏。其中巴氏子务相被立为廪君。秦惠王并巴中，以巴氏为蛮夷君长，世尚秦女。每年出赋2016钱，3年出义赋1800钱。民户出幏布8丈2尺，鸡羽30镞。东汉时，因收税不均，廪君蛮经常起兵反抗，此起彼伏。

板楯蛮，世居巴蜀阆中（嘉陵江中游）一带。"俗喜歌舞"（巴渝舞）。据说秦昭王时白虎伤人为害，他们用竹弩射杀虎，立了大功。王以"顷田不租，十妻不算，伤人者论，杀人者得以倓钱赎死"④作为嘉赏。楚汉相争时，他们协助刘邦夺取关中，成功之后被遣回巴中。渠帅免除租税，其余民户，"乃岁入賨钱，口四十"。⑤是后号称板楯蛮。东汉时，板楯蛮常被征兵役。

---

① 《后汉书·南蛮传》。
② 同上书。
③ 同上书。
④ 同上书。
⑤ 同上书。

"长吏乡亭，更赋至重，仆役箠楚过于奴虏"①，甚至被迫嫁妻卖子。汉末灵帝之后，经常奋起反抗，响应巴郡黄巾起义。

四、汉与东北各族的关系

两汉时期，在我国东北地区，除匈奴族外，还有乌桓、鲜卑、夫余、挹娄、高句丽等少数民族。

乌桓是东胡的一支，西汉初年以来，活动在西拉木伦河以北的乌桓山一带。乌桓人俗善骑射，以弋猎禽兽为事，随水草放牧，居无常处。他们也经营农业，种植耐寒耐旱的穄和东墙。乌桓男子能作弓矢鞍勒，锻金铁为兵器，妇女能刺绣，善于编织毛织品。乌桓部落分散，邑落各有小帅，但还未出现世袭的酋长。他们推举有勇健能理决斗讼者为"大人"。血族复仇的风习，在乌桓社会中还很盛行。乌桓部落中自大人以下各自畜牧营产，不相徭役，还未出现明显的阶级分化。

西汉初年，乌桓为匈奴冒顿单于所破，力量孤弱，臣服于匈奴，每年向匈奴输牛马羊和毛皮，过时不纳，要受到匈奴统治者的惩罚。武帝时霍去病率军击破匈奴左地后，把一部分乌桓人徙于上谷、渔阳、右北平、辽西、辽东5郡（今河北北部及辽宁南部），设护乌桓校尉监督他们，让他们替汉军侦察匈奴动静。昭帝以后乌桓渐强，常常骚扰汉幽州边郡，也常常攻击匈奴。

王莽时，为了进攻匈奴，曾令乌桓部落组建军队，出屯代郡，其妻子则由郡县留为人质。乌桓人民不愿为王莽卖命，纷纷逃亡，他们的妻子遂被郡县杀害，这激起了乌桓人民的反抗，许多乌桓部落重新迁居塞外。东汉初年，在匈奴贵族的诱迫下，乌桓各部不得不依附匈奴，并在匈奴的驱使下，不断寇掠东汉缘边郡县。

东汉建武二十二年（公元46年），匈奴内部发生分裂，乌桓各部乘机摆脱了匈奴贵族的控制。南匈奴归附汉朝后，乌桓也向东汉政府表示臣服。建武二十五年，辽东、辽西境外乌桓各部首领9000余人，至洛阳朝贡。刘秀封郝旦等大小酋长81人为侯王君长，使其居住于幽州、并州缘边10郡境内，招募乌桓族人内附，在上谷郡宁县（今河北张家口宣化西北区）设护乌桓校尉，监领乌桓各部。东汉王朝岁给乌桓人衣食，利用他们善于骑射的

---

① 《后汉书·南蛮传》。

特点，让其与南匈奴一样，助守边防，对付北匈奴和鲜卑的侵扰。乌桓各部世代为东汉守边，实际上成了一支世袭的雇佣军队，直到魏晋时期，乌桓铁骑仍名闻天下。

乌桓臣服东汉后，由于长期受汉族经济文化的影响，在与汉族人民相错居的密切联系中，社会性质有了变化，部落组织成了统治乌桓人民的工具，部落"大人"也变成世袭制。乌桓族封建化过程的逐步完成，使他们和汉族人民交融在一起，魏晋以后，就完全和汉族融合了。

鲜卑也是东胡的一支，原居住在鲜卑山(今黑龙江大兴安岭)一带，其言语习俗与乌桓大致相同。后南徙辽东塞外，南与乌桓相邻，没有同西汉发生直接关系。

东汉时期，乌桓归汉后，鲜卑亦渐有归降。建武三十年(公元54年)，鲜卑大人於仇贲等至洛阳，被封为王侯。鲜卑大人陆续至辽东接受赏赐，为此青、徐二州每年出钱2亿7000万。北匈奴西徙后，鲜卑人西居匈奴故地，同残留的10余万匈奴人相融合，势力强大起来。社会经济的发展和掠夺战争，使鲜卑上层分子变成富有贵族。鲜卑大人檀石槐于东汉晚期制订法律，统一各部，在高柳(今山西阳高西北)北300余里的弹汗山立庭，分鲜卑为东(右北平以东至辽东)、中(右北平以西至上谷)、西(上谷以西至敦煌、乌孙)三部，每部置大人为首领，成为世袭官职。光和四年(181年)檀石槐死后，鲜卑内部又发生分裂。

夫余人活动于松花江平原地区，从事农业生产，畜牧业也很发达，产名马，还有貂、赤玉、美珠等物产。东汉时他们已进入奴隶社会。国王之下置官吏，均称为"加"，还有城栅、宫室、监狱和用弓矢刀矛装备起来的军队。刑法残酷，一人犯罪，全家没为奴隶，犯盗窃罪者，罚所盗物12倍以为赔偿。贵族生活奢侈，杀人殉葬，多达百余人。建武二十五年(公元49年)，夫余人携礼物与东汉通好，同汉的政治、经济联系逐渐密切。

挹娄人还处于原始社会末期。他们常依山穴居，种植五谷，纺织麻布，饲养牛、马、猪，缝猪皮为衣。善用弓矢射猎，冬季以猪油涂身御寒。由于他们勇敢善战，据守山险，挹娄名义上臣属于夫余，但保持相对的独立性。

高句丽人居住在鸭绿江沿岸山谷中，居民以狩猎畜牧为主，兼营原始农业。分为五部，国王先出于消奴部，后由桂娄部所代。官吏也多称"加"。西汉武帝时，在高句丽设县属玄菟郡。王莽时，令高句丽王骓发兵助汉攻匈奴，骓不受命，以兵侵辽东。后来骓被莽军所杀，并贬高句丽王为下句丽侯。至公元1世纪中叶，高句丽王宫在位时，兵力复振，进攻玄菟郡，迫使该郡郡治自今日的新宾西迁至抚顺一带。高句丽在东汉年间势力逐渐扩张，但同时汉人徙入高句丽境内的也日益增多，对高句丽社会经济的发展起着很大作用。

第六节 汉代的社会经济

一、各地区经济状况

司马迁在《史记·货殖列传》中论述了战国到西汉中期的经济状况。他把全国划分为 4 个经济区：山西、山东、江南、龙门碣石以北。这 4 个经济区是按自然环境不同划分的，也显示出各地区的经济特点，通过这 4 个经济区可具体了解当时各地经济发展的状况，尤其是农业发展的状况。

(一)山西经济区

司马迁所说的山西和山东，即指今河南崤山以西和以东两个地区。崤山在函谷关附近，因而当时人们也有把这两个地区称为关西和关东的。崤山以西在战国时代属秦国。秦地除关中外，还包括巴蜀和西北的陇西、北地、上郡等。所以，司马迁在谈到山西的经济时，把这些地区都连带在一起叙述。崤山以西的关中和巴蜀地区，是汉代农业生产比较发达的地区。《汉书·地理志》说：关中之民"有先王遗风，好稼穑，务本业，故《豳诗》言农桑衣食之本甚备"[1]。传统农业在这里有悠久的历史，加之战国至西汉修建了不少有巨大效益的水利灌溉工程，如郑国渠建成之后，"溉泽卤之地四万余顷，收皆亩一钟"[2]，因而，"关中自汧、雍以东至河、华，膏壤沃野千里"[3]。武帝末年，赵过的代田法首先在关中推行，使这里的粮食产量有了较大的提高。终西汉之世，关中地区在全国经济生活中一直占有重要的地位。新莽末年的战乱给关中带来巨大的破坏。东汉建立后经过一个时期的恢复，关中的农业生产又呈现出其固有的优势。明帝时，有人建议迁都长安，其理由就是关中地区富饶，"五谷垂颖，桑麻敷棻"，"源泉灌注，陂池

---

① 《汉书·地理志下》。
② 《史记·河渠书》。
③ 《史记·货殖列传》。

交属，竹林果园，芳草甘木，郊野之富，号曰近蜀"①。

巴蜀地区在战国时期就以富饶著称。以成都为中心的川西平原，由于有都江堰水利工程的灌溉，更是号称"天府"的重要粮仓。《汉书·地理志》说："巴、蜀、广汉本南夷，秦并以为郡，土地肥美，有江水沃野，山林竹木疏食果实之饶。南贾滇、僰僮，西近邛、笮马牦牛。民食稻鱼，亡凶年忧。"这个地区不仅有得天独厚的自然条件，而且在秦汉之际受战乱的影响不大，社会经济得以持续而稳定的发展。楚汉战争期间，刘邦使萧何"留收巴蜀，填抚谕告，使给军食"②，对于保证汉军的供应起了重要的作用。新莽覆亡后，公孙述割据益州，当时中原满目疮痍，经济凋敝，而巴蜀却是"沃野千里，土壤膏腴，果实所生，无谷而饱。女工之业，覆衣天下。名材竹干，器械之饶，不可胜用"③。

西北的天水、陇西、北地、上郡，虽然同属秦国故地，而且风俗接近关中，但其经济生活与后者却有较大的差别。司马迁把这几个郡的经济生活和关中、巴蜀划在一起叙述，主要是基于地理的和政治的区分。其实，从经济条件考察，关中、巴蜀属农业区域，天水、陇西、北地、上郡则是畜牧业区域和半农半牧区域。所以司马迁自己也说："天水、陇西、北地、上郡与关中同俗，然西有羌中之利，北有戎翟之畜，畜牧为天下饶。"④《汉书·地理志》则说："天水、陇西山多林木，民以板为室屋。及安定、北地、上郡、西河，皆迫近戎狄，修习战备，高上气力，以射猎为先。"可见这个地区当时森林覆盖面积较大，畜牧和射猎在当地经济生活中具有重要地位。西汉太仆属官有"边郡六牧师苑令"，六牧师苑即设在北地郡和河西郡。为了充实这个地区的人口，西汉政府曾多次迁徙内地居民到那里去。例如，武帝元狩四年（公元前119年）一次徙关东贫民72.5万口，除一部分徙往会稽郡外，大部分迁徙到陇西、北地、西河、上郡。平帝元始二年（公元2年）"罢安定呼池苑，以为安民县，起官寺市里，募徙贫民，县次给食"⑤。迁到这个地区的内地居民，大多从事农业生产。

---

① 《后汉书·班固传》。
② 《汉书·萧何传》。
③ 《后汉书·公孙述传》。
④ 《史记·货殖列传》。
⑤ 《汉书·平帝纪》。

(二)山东经济区

　　崤山以东的广大地区，是汉代另一个重要农业区域。山东地区北至燕山山脉，南到淮河，西是黄土高原，东临大海，包括今河南、山东、河北3省和晋南、苏北、皖北一部分。历史上泛指中原，是中国古代文化的发祥地。这里自然条件优越，适于农业发展。其中三河(河东、河内、河南3郡)是山东经济区的中心地区。《汉书·地理志》说："河东土地平易，有盐铁之饶。"但整个三河地区"土地小狭，民人众，都国诸侯所聚会，故其俗纤俭习事"①。三河以东，直至东海之滨，是原来的梁、宋、齐、鲁之地。《史记·货殖列传》说："齐带山海，膏壤千里，宜桑麻，人民多文彩布帛鱼盐。……而邹、鲁滨洙、泗，犹有周公遗风，俗好儒，备于礼，故其民龊龊。颇有桑麻之业，无林泽之饶。地小人众，俭啬，畏罪远邪。及其衰，好贾趋利，甚于周人。夫自鸿沟以东，芒、砀以北，属巨野，此梁、宋也。……其俗犹有先王遗风，重厚多君子，好稼穑，虽无山川之饶，能恶衣食，致其蓄藏。"三河北面的魏郡、太原、上党，南面的汝南、颍川、南阳等郡，都可归入这个比较发达的农业区域。

　　山东地区幅员广大，农业生产在国家经济生活中的地位比关中更为重要。西汉中央政府每年都要从山东调运大量粮食到京师，支付官吏的俸禄和供应官奴婢的口粮。汉初"漕转关东粟以给中都官，岁不过数十万石"②。到汉武帝时，由关东运往京师的漕粟每年增至400万石，元封年间甚至达到600万石。汉政府用兵匈奴和经营西南夷，士兵的给养也大都依靠山东供给。荥阳东北的敖仓，是当时最重要的粮食集散地。山东的漕粮，就是先调运到这里，再由黄河运往关中的。东汉时期，山东的农业生产继续得到发展。但到了东汉末年，这一地区同样受到军阀混战的无情蹂躏，人民死亡流散，土地一片荒芜。由于农业生产遭到严重破坏，连大小军阀士兵的供应也无从解决。"袁绍之在河北，军人仰食桑椹。袁术在江淮，取给蒲赢。"③山东地区社会经济这次所受的破坏，其程度远远超过了西汉末年的战乱。

---

①　《史记·货殖列传》。

②　《汉书·食货志上》。

③　《三国志·魏书·武帝纪》注引《魏书》。

(三)江南

江淮以南,在西汉是属于农业生产比较落后的地区。《史记·货殖列传》说:"楚越之地,地广人希,饭稻羹鱼,或火耕而水耨,果隋蠃蛤,不待贾而足,地势饶食,无饥馑之患,以故呰窳偷生,无积聚而多贫。是故江淮以南,无冻饿之人,亦无千金之家。"与黄河流域不同,江南地势复杂,既有平原,又有丘陵、山地和沼泽地带。丘陵和薮泽的开发需要有足够的劳动力和锋利的铁农具,而这个地区在西汉时期不仅人口稀少,铁器的推广也远不及北方,这就使得当地自然条件的优势得不到发挥。西汉在全国设铁官40多处,长江以南只有桂阳郡一处,可见当时南方铁器的供应相当紧张。江南地区的生产技术也很落后,直到东汉初期,牛耕仍很不普遍。章帝时,王景为庐江太守,"先是百姓不知牛耕,致地力有余而食常不足。郡界有楚相孙叔敖所起芍陂稻田。景乃驱率吏民,修起芜废,教用犁耕,由是垦辟倍多,境内丰给"①。东汉时期,江南地区人口有了较大增长,为该地区农业生产的发展提供了重要条件。

(四)龙门碣石以北

龙门山在今陕西韩城与山西河津市之间。碣石山在今河北东北部的昌黎。以碣石到龙门画一条线,走向从碣石向西南经燕山山脉,再向西南经太行山、山西中部太原到龙门,线北地区大部分土地瘠薄,以畜牧业为主,或半农半牧。《史记·货殖列传》说:"龙门、碣石北多马、牛、羊、旃裘、筋角。"又说:"燕、代田畜而事蚕。"碣石、龙门以北还可分为塞内塞外,长城以内叫塞内,以外是塞外。汉代塞内农业有发展,一是大规模移民;二是实行屯田,使塞内许多地区开辟为农业区。例如,汉武帝时,在凉州西北的河西走廊先后设置了酒泉、张掖、敦煌、武威4郡,在那里实行屯田,并迁徙许多内地贫民去垦荒,这使"地广人稀,水草宜畜牧"的地区逐渐向农业经济转变。在有水利资源的地方,农业生产的发展更为显著。武帝时"用事者争言水利,朔方、西河、河西、酒泉皆引河及川谷以溉田"②。居延汉简有调西河郡以西11处农都尉官的积谷救济贫民困乏的记载,可见,河西四郡屯田区的粮食生产已自给有余。但到了东汉后期,因为对羌人用兵,

---

① 《后汉书·王景传》。
② 《汉书·沟洫志》。

凉州居民被迫内迁，这个地区的农业发展又衰落下去了。

二、农业

(一)牛耕与铁农具

西汉初期，牲畜比较缺乏，牛耕尚不普遍。《淮南子·主术训》说："夫民之为生也，一人蹠耒而耕，不过十亩。"大约在汉武帝以前，"蹠耒而耕"还是一种重要的耕作方式。为了促使牲畜繁殖，封建国家下令禁止杀牛，凡杀牛、盗牛、盗马者，要受很重的刑罚。法律规定："盗马者死，盗牛者加。"① 到汉武帝初年，民间牛马的数量有了很大增加，许多地区"牛马成群，农夫以马耕载，而民莫不骑乘"②。牛耕的主要方式是二牛抬杠，即《汉书·食货志》所说的二牛三人的"耦耕"。但在一些"地势温湿，不宜牛马"的地区，农民仍然"蹠耒而耕，负担而行，劳罢而寡功"。③

西汉时期，铁制家具在农业生产中已经被广泛使用。翻土用的有耒、铲、镢和锸，除草用的有锄，收割用的有镰，它们的形制和用途都配合得很好。辽宁抚顺曾发现西汉初期的铁镢 60 余件。河南汝州夏店西汉冶铁遗址发现大小铁镢 300 余件。铁口式凹字形弧刃或尖首的镢，以及"一"字形平刃耒，在北方一些地区出土不少。长沙西汉晚期墓中，曾发现持"两刃耒"的俑。锄和镰的形制，与战国末年比较，变化不大，但适于垄间中耕的弧刃锄发现较多，而且出现了钩镰。出土的犁铧，多数属于西汉中期以后。西安西郊一个铁农具窖藏中，曾发现大小铁铧、犁镜等农具达 85 件。全铁犁铧的特点是厚重耐用，破土力强，适于深耕。特别是犁镜的发明，在犁耕史上具有重要的意义。陕西陇县、河北满城和辽宁辽阳三道壕等地发现的巨型犁铧，至少需要两头壮牛才能牵引，估计大多用于开沟修渠。④ 根据考古资料可以了解，西汉中期以后，从整地、播种、中耕、灌溉、收获，到谷物的加工贮藏，一整套的农业生产工具已经配套，门类品种相当齐

---

① （西汉）桓宽：《盐铁论·刑德》。
② （西汉）桓宽：《盐铁论·未通》。
③ 同上书。
④ 中国社会科学院考古研究所编：《新中国的考古发现和研究》，459～461 页，北京，文物出版社，1984。

全。① 汉昭帝时，贤良在盐铁会议上说："农，天下之大业也。铁器，民之大用也。器用便利，则用力少而得作多，农夫乐事劝功。用不具，则田畴荒，谷不殖，用力鲜，功自半。器便与不便，其功相什而倍也。"②可见铁器与农业生产的关系十分密切。考古资料表明，东汉铁制农具出土地区比西汉进一步扩大。今人在边远的广西、甘肃、新疆等地都发现了犁铧，在宁夏还发现了犁镜。此外在山东滕州、安丘，安徽寿县，河北保定、石家庄、承德等地，都有巨型铁铧发现，说明犁铧的使用已较西汉普遍。从出土的画像石和壁画可以看到，东汉耕犁的结构比西汉也有了改进。江苏睢宁双沟东汉画像石牛耕图中的犁箭，已刻画出活动的木楔。陕西米脂东汉画像石牛耕图中的犁铧，装在犁床之上另一部件的前端与犁箭交叉，表明它可以上下移动，用于控制深浅。上述两处牛耕图反映出当时已用牛环、牛辔导牛，因而图中只绘刻一人扶犁驱牛。这种牛耕方式已超越了《汉书·食货志》中所说的"用耦耕，二牛三人"的阶段。东汉末年，应劭在《风俗通义》中说："牛乃耕农之本，百姓所仰，为用最大，国家之为强弱也。建武之初，军役驱动，牛亦损耗，农业颇废，米石万钱。"③由此可见牛耕在当时农业生产中的重要地位。

(二)水利工程

西汉的水利灌溉事业比战国时代有了重大的发展。文帝时，蜀郡郡守文翁在李冰兴修的灌溉工程的基础上，又"穿湔涘以溉灌繁田千七百顷"④。原先，关东漕粮从渭河运至长安，需要 6 个月的时间。汉武帝采纳大司农郑当时的建议，派水工徐伯主持开凿漕渠，由长安傍南山通黄河，渠长 300 余里，不仅使漕运时间缩短了一半，还使沿渠万余顷土地得到了灌溉。武帝还接受河东守番系建议，发卒穿渠，引汾水溉皮氏、汾阴下，引河水溉汾阴、蒲坂下。后来由于黄河移徙，水渠灌溉效益不大，汉政府把河东渠田交给迁居到那里去的越人耕种，由少府征收租税。临晋(今陕西大荔东)以西至重泉(今陕西大荔西)一带，土地瘠薄，当地人民要求引水灌溉。武帝发卒万余人开渠，由今陕西澄城西南引洛水至商颜山下。由于沿渠两岸土

---

① 中国社会科学院考古研究所编：《新中国的考古发现和研究》，463 页，北京，文物出版社，1984。

② (西汉)桓宽：《盐铁论·水旱》。

③ (唐)欧阳询等：《艺文类聚》卷八十五"百谷部·谷"引。

④ (东晋)常璩：《华阳国志·蜀志》。

地容易崩塌，水工们乃由地面凿井，深者 40 余丈，井下相通行水，这就是有名的井渠法。修渠过程中，因发现了"龙骨"化石，遂名龙首渠。其后，在关中还开凿了六辅渠、白渠等。六辅渠是郑国渠的支渠，用以灌溉郑国渠上游南岸的高地。白渠在郑国渠之南，因赵中大夫白公奏请穿渠得名。渠引泾水，首起谷口，尾入栎阳，溉田 4500 余顷。当地人民曾编了一首歌谣称颂它："田于何所？池阳、谷口。郑国在前，白渠起后。举臿为云，决渠为雨。泾水一石，其泥数斗。且溉且粪，长我禾黍。衣食京师，亿万之口。"①除关中以外，其他地区也开凿了不少灌溉渠道。"朔方、西河、河西、酒泉皆引河及川谷以溉田"，"汝南、九江引淮，东海引钜定（泽），泰山下引汶水，皆穿渠为溉田，各万余顷。它小渠及陂山通道者，不可胜言也"。②元帝时，南阳太守召信臣亲自巡视郡中水利资源，"开通沟渎，起水门提（堤）阏凡数十处，以广溉灌，岁岁增加，多至三万顷。民得其利，畜积有余"③。为了防止农民争水的纠纷，召信臣还刻石立于田畔，作均水约束。

东汉时期修复和扩建了许多已埋废的陂塘。汝南地区的鸿隙陂，西汉成帝时埋没，东汉初邓晨做汝南太守，命都水掾许杨主持加以修复，可以灌溉几千顷良田。后来鲍昱又加以扩建，溉田更多。和帝时太守何敞又在那里修治鲷阳旧渠，开垦良田 3 万多顷。杜诗任南阳太守，也注意修治原有陂池，开辟了不少良田。

东汉前期，各地还开凿了许多灌溉渠道，三辅、河内、山阳、河东、上党、太原、赵、魏及河西、江南地区，也都"穿渠灌溉"，有的地区还开辟了很多稻田。

黄河的治理，更是当时一项巨大的水利工程。公元 1 世纪初，黄河在魏郡（今河南、河北交界地区）决堤，河道南移，改从千乘（今山东高青以北）入海。河水横冲直撞，下游泛滥成灾，淹没了几十个县，"百姓怨叹"。汉明帝时，在著名的水利工程家王景、王吴的主持下，黄河流域的几十万劳动人民，先用"堨流法"修了浚仪渠，并从荥阳至千乘海口千余里间修渠筑堤，从而使河、汴分流，河不侵汴，使汴渠得安流漕运。黄河受南北两堤的约束，水势足以冲刷沙土，通流入海。此后 800 年间，黄河没有改道，水灾也减少了。

---

① 《汉书·沟洫志》。
② 同上书。
③ 《汉书·召信臣传》。

(三)耕作技术

西汉的农业生产技术在原有的基础上有较大的进步。武帝末年，搜粟都尉赵过在农民生产经验的基础上，总结出一种旱地作物的先进耕作方法，即代田法。其内容是：在1亩土地上开3条圳，圳的深、广各1尺；圳与圳之间的土地是垄，也宽1尺。圳垄相间，把种子播在圳里，苗发芽后，一面耨除垄上杂草，一面铲垄土培附苗根。一次又一次地除草培根，到盛暑时节，垄土铲平而圳中作物则深深扎根于土中。经过这样处理的作物，既耐风，又耐旱，因而生长茂盛。为了恢复地力，圳和垄的位置轮流调换，所以称为代田法。赵过还改进了农具，"其耕耘下种田器，皆有便巧"①。在太常和三辅所属农田试验的结果是使用牛耕的代田法，每亩产量可超过不作圳的缦田1斛到2斛。由于"用力少而得谷多"②，河东、弘农以及西北边郡的居延等地随后都推广了代田法。

成帝时，议郎汜胜之总结了一种新的耕作方法——区种法。这是一种园艺式的耕作技术，把土地划成许多小区，集中使用水肥，精耕细作，提高了单位面积产量。

东汉时期耕作技术又有提高，精耕细作的经营方法得到推广。崔寔的《四民月令》，记述了地主田庄内精耕细作经营农业的一些情况。这种田庄的农业经营，十分注意时令节气，重视除草施肥，根据不同土壤的性质，种植不同的作物，采用不同的种植密度，并能及时翻土晒田，双季耕作，提高土地的利用率。

(四)人口、垦田

西汉时期由于农业生产的发展，耕地面积不断扩大，到西汉末年垦田面积已达8270500余顷，人口达5900余万，比战国时期增加了2倍以上。

东汉时期农业生产又有较大发展。和帝元兴元年(105年)的垦田数字已达到7320170顷，人口达到53256229人。这个数字略低于西汉，但如果把东汉豪强地主隐瞒的田亩和人口包括在内，实际的垦地面积和人口数字肯定要超过西汉。

---

① 《汉书·食货志上》。
② 同上书。

三、手工业

汉代手工业的发展，主要表现在冶铁业、纺织业以及漆器业等部门。

(一)冶铁

冶铁业是各项手工业的先导部门，也是促进农业生产发展的主要手工业部门。随着农业对铁制生产工具需求的日益增加，冶铁业必然优先发展起来。

西汉冶铁技术有很大提高。西汉铁器出土的地点，已发现 60 多处。其中以河南南阳、巩义两处冶铁遗址规模最大，包括矿坑、冶炼工场、居住遗址及全部生产设备。对冶铁遗址的具体考察表明，西汉时铁器铸范已由战国时的单合范发展为双合范，燃料有木柴、原煤和煤饼等。尤其突出的是，西汉铁器已出现彻底柔化处理的黑心可锻铸铁，这一工艺比西欧国家早了 2000 年左右，并出现了高碳钢、中碳钢和锻铁制成的兵器。特别是河南巩义铁生沟村出土了一件铁镢，经化验，有良好的球状石墨，有明显的石墨核心和放射性结构，与现行球墨铸铁国家标准一类 A 级石墨相当。

战国时期铁制兵器尚属罕见，大多数只限于楚地。到了西汉，不仅能够生产铁制的长剑、长矛、环首大刀，而且也广泛使用铁制生活器皿和杂用工具，如灯、釜、炉、剪等都已在西汉中期的文化遗址中发现，这说明西汉铁器的使用已相当广泛。

东汉初，南阳地区的冶铁工人发明了水力鼓风炉(即水排)，利用河水冲力转动机械，使鼓风皮囊张缩，不断给高炉加氧，"用力少，见功多，百姓便之"①。水力鼓风炉的发明，是冶炼技术上的一大进步。欧洲直到 12 世纪才开始应用。在铁器铸造方面，东汉时已熟练掌握了层叠铸造这一先进技术。1974 年 9 月，河南温县发现一座烘范窑，出土 500 多套铸造车马器零件的叠铸泥范。人们把若干泥范叠合起来，装配成套，一次就能铸造几个或几十个铸件。与战国时期比较，东汉叠铸技术有重大改进，它由原来的双孔浇铸，改为单孔一次浇铸。叠铸技术的改进，进一步提高了生产效率，节省了原料。冶铁效率和铸造技术的提高，进一步促进了铁器的普遍使用。考古发掘资料证明，东汉时期铁制用具已普遍应用到人民生活的各

---

① 《后汉书·杜诗传》。

个方面。铁钉、铁锅、铁刀、铁剪、铁灯等的大量出土，就是有力的证据。

(二)纺织

西汉的丝织业比较发达，主要是官府经营的丝织业作坊，突出的有首都长安的东、西织室，齐郡临淄(今山东淄博)和陈留郡襄邑(今河南睢县)。西汉政府设有服官，负责管理作坊的织造，专为皇家和贵族织造各种昂贵精美的丝织品。作坊织工常常达数千人之多。丝织业发达的城市里，也有富商大贾经营的民间丝织作坊。据《西京杂记》所载，巨鹿人陈宝光的妻子纺织技术高超，善于织造花纹鲜丽的蒲桃锦和散花绫，要花费60天才能织成一匹，每匹值万钱。

西汉纺织品的种类很多，有锦、绣、纱縠等。1972年，长沙马王堆汉墓中出土了保存完好的绢、纱、绮、锦、起毛锦、刺绣、麻布等丝麻织品，这些绚丽多彩的高级织物用织、绣、绘、印等技术做成各种动物、云纹、卷草及菱形等花纹，这说明西汉的纺织技术已达到相当高的水平，特别是一件素纱禅衣，有如今日的尼龙纱，薄如蝉翼，轻若烟雾，其重量只有49克，充分显示了我国古代劳动人民的智慧和创造才能。据马王堆汉墓出土的绒圈锦的结构分析来看，当时的织造工艺已经使用分组的提花束综装置，以及用地经和绒经分开提沉的双经轴机构。[①] 由此可知，西汉不仅已用提花织机，而且提花技术已经达到了很高的水平。

东汉时期在纺织业方面亦有重大进步。东汉初年已经用织花机织成色彩缤纷、花纹复杂的织锦。当时，蜀锦已驰名全国；襄邑和齐(今山东临淄)的丝织业特别发达。王充曾说："齐部世刺绣，恒女无不能；襄邑俗织锦，钝妇无不巧。"[②]考古材料还证明，在边疆地区，丝织业也有很大的发展。新疆民丰汉墓中出土的流云花纹罗，织造匀细，花纹规整，这是在丝织工艺技术普遍提高的基础上才可能出现的。同一地区的另一东汉居住遗址，出土了组织细密的织花毛织品，颜色鲜丽，显示出当时西北地区高度发展的毛纺织工艺水平。

---

① 参见自然科学史研究所主编：《中国古代科技成就》，642页，北京，中国青年出版社，1978。

② (东汉)王充：《论衡·程材》。

（三）漆器

汉代的漆器业有很大的发展。在蜀郡（成都）和广汉等地都设有工官，监造皇室、贵族使用的精美漆器。漆器的制作过程复杂，《盐铁论·散不足》形容说："一杯棬用百人之力，一屏风就万人之功。"在贵州清镇出土的漆器耳杯上刻有素工、画工、雕工、清工、造工等字样，有力地说明了分工的细密。

漆器的种类很多，有耳杯、盘、壶、盒、盆、勺、枕、奁、屏风等。颜色有黑、红或朱红，大多色彩鲜艳，构思巧妙。长沙马王堆汉墓出土漆器 180 多件，不仅品种多样，而且造型美观，色泽光亮，充分显示了劳动人民的聪明智慧。

（四）手工艺制造

汉代手工业的发展，还表现在高超的手工艺水平上。1968 年，在河北满城西汉中山靖王刘胜夫妇墓中发掘出大量精美的器物。其中的"长信宫灯"，以一个宫女双手执灯为造型，形象十分生动，灯的设计更为精巧，灯盘可以转动，灯罩可以开合，还可随意调整灯光的亮度和照射的角度；宫女头部可以拆卸，体内空虚，右臂与烟道相通，通过烟道而来的蜡炬的烟被容纳于体内，以保持室内的清洁。墓中出土的两套完整的"金缕玉衣"，更是引人注目。都用 2000 多块玉片组成，每一块玉片四角穿孔，然后用黄金制成的丝缕编缀而成。玉片上的孔径仅 1 毫米左右。这些精美的手工艺品，是两千年前劳动人民智慧和血汗的结晶，也是封建统治阶级残酷剥削人民劳动成果的罪证。

汉代手工工艺的高超，从铸造的铜镜中也可以看出来。现在上海博物馆藏的两面西汉时期的透光镜，其外形与通常汉镜一样，但当其光亮的镜面承受日光或灯光（聚光）时，墙上就反映出与镜背相对应的图像。[①] 这说明了当时劳动人民已在铸造铜镜中，发现了由于应力所产生的"透光"现象，并掌握了必要的研磨技术。

---

① 陈佩芬：《西汉透光镜及其模拟试验》，载《文物》，1976(2)。

四、商业和城市

(一)商业的发展

汉代农业、手工业的发展，引起了商业的发展。虽然汉初对商人采取抑制政策，但从吕后、惠帝以后，禁令逐渐解消，地方诸侯王对商人优容，商人中有许多成为诸侯王国中的官吏。商人往来各地十分活跃，所谓"富商大贾，周流天下，交易之物，莫不通得其所欲"[①]。他们经营的范围很广，在当时的通都大邑里，至少经营30多种行业。除了经营冶铁、煮盐、酿酒、造醋、制酱、屠宰等业外，还贩卖大宗粮食、薪藁、竹木漆器、铜器、马牛羊猪、筋角、丹砂、帛絮、细布染料、榻布、皮革、糵曲、盐豉、鲐鲝鲰鲍、枣栗、果菜、狐貂裘、船车、旃席等货物。那些大商人每年的收入都相当于食邑千户的封君。一般的封君甚至还要向他们"低首仰给"。他们操纵着盐铁业的经营，囤积大量的粮食和货物，并依恃雄厚的财力物力，交通王侯，势力比一般的官吏还大。他们的经济活动也影响到封建政府的财政收入，因此自汉初至武帝时，一些政论家如晁错、董仲舒等，都提出过压抑商人的主张，汉武帝为了解决财政问题，曾经没收了商人的大量土地和财物。

(二)都市

商业活动主要在都市进行。由于各地经济发展不平衡，都市的分布也很不平衡。汉武帝时，全国比较著名的都市有20个左右，分布在关中、三河、燕赵、齐鲁、梁宋、楚越、巴蜀等地区，大多数集中在经济最发达的黄河中下游一带。

长安是西汉的都城，也是全国最大的商业都市。长安交通便利，是西北与巴蜀和内地贸易的枢纽，又是同西域通商的中心。长安城规模宏大，比当时西方的罗马城大3倍以上。20世纪50年代出土的汉长安城遗址规模巨大，它的周长为25100米，合汉代60里强。城墙每面各有3个城门，每个城门各有3个门道，各宽6米。在城门处发现当时车轨遗迹宽度为1.5米，可见长安城内街道十分宽阔。据《三辅黄图》记载，长安城中有九市，六市在道西，称西市；三市在道东，称东市。市有专职官员市长管理。市

[①] 《史记·货殖列传》。

内有手工业作坊，有出售一般居民生活用品的列肆。

长安以外，洛阳、临淄、邯郸、宛（今河南南阳）、成都等都是著名的都市。洛阳居中原之中，水陆交通都很便利。临淄是齐鲁中心，人口稠密。邯郸是黄河以北最大的商业中心。宛地冶铁业很发达，西通长安，东连江淮，是南北交通的要冲。成都是丰饶的巴蜀地区的物产集散地。此外，在长江流域和珠江流域，也逐渐发展起一些重要的都市，如寿春、会稽、番禺等。

第七节　封建关系的成长

一、封建土地所有制

土地所有制的形式问题，可以说是土地为谁所有的问题，也就是生产资料所有制问题。所以，了解当时土地所有制的情况，是了解阶级关系的基础。

汉代存在 3 种土地所有制形式：封建国家土地所有制、地主土地所有制、自耕农土地所有制。

（一）封建国家土地所有制

国有土地，是直接由国家政权掌握的土地，所有权归国家，当时叫公田或官田。据文献记载，有以下几类。一是分布在全国各地的森林、荒地、山川、河流，属可耕地，不属耕种土地，自秦以来，直接属皇帝所有，皇帝设少府管理，收入归皇帝。二是皇帝的苑囿、园池，就是林园。西汉首都长安附近苑囿占相当大的面积，最大的两个，一是甘泉，二是上林。甘泉周围有 440 里，上林周围有 300 余里，圈占了许多耕地，各地都有这样的园囿。三是分散在各地没收的富人、豪强、商贾的土地，主要是汉武帝实行告缗令，当时没收商人的土地，大县达几百顷，小县亦有百余顷。西汉全国 1314 县，按此计算，当时全国没收的土地数量相当大。四是屯田，在西北边疆、陕北、河西、新疆、河套地区。这都属国有土地。

公田一部分由少府管理，如山林川泽，收入归皇帝；另一部分由大司农管理，收入归国库。实际二者密不可分。

公田的经营主要有两种方式。一种是假田制，就是把国有土地出租给无地农民耕种，史书称为"假民公田"。政府向租种公田的农民征收地租，称为假税。这是在国有土地上采取租佃制方式进行经营。

另一种是屯田制。大规模屯田是从汉武帝开始的。一是大规模移民到边境地区屯田。武帝曾移民 10 万到朔方屯田，后来又把关东流民 70 余万迁到西北地区屯田。二是利用士卒屯田，主要在西北边境。《史记·平准书》载，武帝时从河套到河西走廊有 60 万士卒屯田。规模是空前的。宣帝时赵充国列举了屯田的 12 条好处，建议留 1 万士卒在西北屯田，从此屯田制度化了。东汉时不仅在边境屯田，而且还一度在内地屯田，如大将刘隆在武当(今湖北西部)屯田，马援在上林苑屯田。

屯田分民屯和军屯两种。

民屯同内地假民公田相似，公家收取地租。屯田者主要是内地迁徙的移民，还有士卒的家族。他们耕种的土地要交纳地租，据汉简记载，每亩收 4～5.5 斗，而当时亩产量为 1 石。所以屯田者交的地租正好与内地"见税什伍"差不多。民屯的劳动者是国家的佃农，依附于封建国家。

军屯由戍卒进行屯田，耕田有定额。赵充国在青海组织屯田，每个屯田卒耕田 20 亩①。汉简记载的数字超过 20 亩，甚至达到 30 亩。屯田卒由政府发给农具、耕牛，收获的粮食交公仓。屯田卒衣食由政府拨给。汉简记载，每人每月口粮 2 石左右，每年给钱 600。士卒屯田与民屯不一样，实际是一项徭役负担。士卒到边境戍守，期满可以回去，没有固定在土地上，所以是徭役性的，履行国家义务。

国有土地受私人土地的制约。从公田里的可耕地来看，大量土地来源于私人土地。政府采用行政手段，把私人土地充公，然后，皇帝又把这些土地赏赐给臣下，再转化为私有土地。所以，国有土地是不断变化的，它是受私人土地制约的，在封建土地所有制中不占主要支配地位。

(二)地主土地所有制

包括地主、豪强、大官僚、富商占有的土地。其来源，有的来自国有土地，是通过赏赐得来的，有的采用兼并手段，也就是通过抢占或者买卖将土地集中到地主手里。随着封建经济发展，土地兼并越来越激烈。土地买卖是地主土地私有的主要来源。汉代存在广泛的土地买卖现象。萧何曾贱价抢买民田数千万，这是西汉土地买卖的第一个记载。文景时商人兼并

① 《汉书·赵充国传》。

土地，到武帝时更加严重。董仲舒针对这个情况，提出"限民名田"，限制人民占有土地的数量，主要是限制官僚地主，但这个主张实行不通。到西汉后期，土地买卖和兼并更加扩大，成帝时张禹购田400顷，是西汉时官僚地主购买土地的最高纪录。皇帝也开始买地，成帝在民间买地作为他的私田，这是历史上的新纪录。西汉后期出现了买卖土地的契约。它是土地所有权的凭证，具有法律效力，社会、政府是承认的。

地主土地采用租佃方式经营。据载，有的地主家有租种土地的佃户几千家，他们要交纳收获物的一半作为租税，即所谓"耕豪民之田，见税什伍"①。土地买和卖，这是土地所有权的一种标志。地主出租土地收地租，这是土地所有权在经济形态上的表现。这种地主土地私有制在当时占支配地位。

(三)自耕农土地所有制

西汉时自耕农数量较多，是农民中的重要阶层，占有小块土地独立经营。晁错讲"五口之家，占田百亩"，这是典型的自耕农。有的还不到百亩之田。据湖北出土汉简载，21户平均24亩地。自耕农土地归自己所有，收获物也归己有，但要向国家缴纳赋税，服徭役，用来维持公共权力，这是政治权力的反映。我们不能把自耕农负担的赋税徭役说成是地租。因为一般地主也都要负担赋税和徭役。自耕农在封建赋税徭役和商人兼并下，往往破产，分化为3种人：一种人舍本逐末，成为小商小贩；另一种充当佃农，租种地主土地；还有一种是卖儿卖女，变为奴隶。自耕农土地所有制是封建地主土地所有制的温床。地主土地所有制就是在自耕农不断破产的基础上发展起来的。

二、赋役制度

赋役制度是汉代政府剥削农民的制度，是了解当时阶级状况，特别是农民阶级状况的重要内容。

西汉的赋役制度有3项：土地税、人头税、徭役。

(一)田租、薹税

田租，亦叫田税，性质和其他税收不同，是对土地所有者征收的土地

---

① 《汉书·食货志上》。

税，对象是土地，征税的标准是土地上的收获量。纳税人是土地所有者，征税的主要手段是实物，包括粮食、谷物。汉代田租的税率前后有变化。西汉建立至景帝元年（公元前 156 年）大体十五税一。《汉书·食货志》载："轻田租，十五而税一。"但这未成定制。惠帝即位后下令"减田租，复十五税一"①。这说明刘邦开始实行十五税一，不久又加重税收为十税一。所以十五税一到惠帝后才确定下来。文帝二年（公元前 178 年）、十二年减当年田租之半②，变为三十税一。文帝十三年又免除当年田租，直到十二年后，景帝二年（公元前 155 年）"令民半出田租，三十而税一"③。以后直至东汉末年均是三十税一（东汉初刘秀一度实行十税一，5 年后恢复三十税一）。总的来看，田租率不断减轻，是执行重农政策、发展农业生产的一项措施。三十税一按什么标准征收？是按固定数额进行征收。这个固定数额为一般年成的 1/30，丰收和歉收之年也按此数额交。这固定数额的数字史书无记载，《汉书·匡衡传》记载：元帝时的丞相匡衡，封侯，食邑 600 户，田 3100 顷，因划错了田界，多划了 400 顷，多收田租 1000 多石。400 顷多收 1000 多石租税，平均每亩是 3 升。当时三十税一，大概是每亩收 3 升。

汉代还征收刍税，秦时每顷地征收刍 3 石，藁 2 石，每石 120 斤。西汉初征收实物，后来感到不方便，折钱交纳，到西汉后期改为征收货币，具体数字没有记载。

总的来说，土地税是比较轻的，对占有小块土地的农民有一定保护作用，但得利最大的是地主，因为地主拥有许多土地。

（二）算赋、口赋

算赋和口赋是以人口为标准征收的人头税。

算赋是对成年人征收的人头税。汉四年（公元前 203 年）八月，刘邦正式宣布"初为算赋"④。汉律规定：民年 15 岁至 56 岁，不管男女都要出算赋，每人每年 1 算（120 钱）以充军费。另外还有一些补充规定，如刘邦为打击商人，限制奴隶制发展，规定商人、奴婢要加倍征收。惠帝时为奖励人口，规定妇女年 15 岁至 30 岁不出嫁者，每人要额外交纳 5 算人头税。武帝时为

① 《汉书·惠帝纪》。
② 《汉书·文帝纪》。
③ 《汉书·食货志上》。
④ 《汉书·高帝纪上》。

了优待老年人，规定民年满 80，复 2 算。子孙 2 人可免算赋。

口赋，也叫口钱，是对儿童征收的人头税。开始规定 3 岁至 14 岁都要交口赋。元帝时改为从 7 岁到 14 岁交纳。口赋征收数量开始是每年每人交纳 20 钱。汉武帝时改为每人交纳 23 钱，以后直到东汉一直未变。

算赋、口赋是封建国家最大的一项财源，在赋税中占重要比重。从制度内容看，算赋、口赋征收量远远超过田租。全国人头税总额可以计算出来。按 5900 万人计算，16 岁至 56 岁者至少半数以上。按 3000 万计算，每年算赋就达 36 亿。7 岁至 14 岁儿童也不会少于 1000 万，每年口赋可达 2.3 亿。两项合起来就是 38.3 亿。东汉桓谭在《新论》中讲到，西汉赋税收入每年 40 多亿(指西汉宣帝以后情况)，人头税就占了 38 亿多。所以人头税在西汉赋税中占有重要的地位。

人头税的主要负担者是人口众多的农民。封建官吏和地主，拥有免税的特权。这样就使农民承担的人头税很重。按 5 口之家计，每年应交 406 钱，而粮食每石才卖 30 钱，为交纳全家的人头税就必须支出 13 石半的粮食。而当时百亩土地的土地税只有 3 石。人头税相当于土地税的 4 倍。若粮价低的话，则多至 10 倍。到西汉末年，因人头税太重，农民有的杀死孩子以减轻人头税负担。人头税在实际征收中弊病很多：一是赋敛无度，在规定之外又增加征敛；二是赋敛不时，不按季节和农民生产情况征收。结果，统治者横征暴敛导致阶级矛盾激化。农民起义与赋的征收很重是分不开的。

(三)徭役

徭役包括兵役、力役、徭役。

汉景帝时规定，民 20 岁开始服兵役、徭役。昭帝时改为 23 岁至 56 岁为服役年龄。

徭役分正卒、戍卒、更卒。

正卒，一人一生在地方服兵役一年。兵种根据各地不同，有骑兵、步兵、水兵，服役期满回家，遇到打仗则随时征发。

戍卒，一人一生到首都或边境戍守一年。在首都戍守者称为卫士，到边境戍守者称为戍卒。不愿亲自服役者，每月出钱 300 钱，交政府，由政府雇人代役。

更卒，每人每年到政府服徭役一个月。亲自服役叫践更，不愿亲自服役者交 300 钱，由政府雇人代役，叫过更。

汉律规定，凡到法定年龄，人人要服役，但实际上有钱有势的人可以免役，叫复。享有免役权的人有贵族(宗室贵族、王侯)、有军功封爵者、六百石以上的文武官吏、博士弟子、三老、孝悌、力田以及买爵到第九等(五大夫)以上者役。免役的人越来越多，真正承担徭役的只能是贫苦农民。

以上徭役、兵役负担，在汉初轻徭薄赋政策下减轻了一些，到武帝后越来越重，成为农民的沉重负担。

三、阶级状况和阶级关系

(一)地主阶级

秦汉时期是地主阶级的发展时期。由于地主阶级的形成途径不同，政治地位不同，我们可以将其划分为不同的类型或阶层。居于地主阶级上层的，从秦到西汉中期是军功地主，从西汉中期到东汉是豪族地主。

军功地主形成于战国时期，是通过军功赐爵的途径形成的。从秦国到统一后的秦朝，各级政权掌握在军功地主手里。西汉建立后，汉继承了秦的军功爵制。汉高祖刘邦颁布的军队复员令和复故爵田宅令，一方面通过论功行赏，扶植了一批新的军功地主；另一方面又恢复和维护了原有的军功地主的地位。刘邦还对跟随他夺取天下的高级将相和助手进行大规模的赐爵封侯。他在世时封了143人。列侯的级别以户数来表示，大侯万户，小侯几百户、几千户不等。列侯和其他高爵的军功地主，在封邑或食邑内，凭借国家机器，强迫农民缴纳租赋，提供无偿劳役。西汉初从中央到地方军政大权都由他们掌握。

刘邦以后，随着和平局面的到来，军功爵制的历史使命完成了，从惠帝开始，赐爵制度发生了重大变化。赐吏爵、民爵，还有卖爵。有钱有粮就可买到爵位。随着军功爵制被破坏，军功地主集团也就衰败下去了。

豪族地主是秦特别是汉代社会引人注目的阶层或集团，是由战国六国贵族的后代以及西汉新兴的豪富大姓形成的。秦和西汉初年，政府都把打击关东贵族作为巩固中央集权的一项重要措施。汉武帝时除了采取迁徙豪强的措施外，还任用酷吏诛杀豪强。但是，豪族地主并未因此而退出历史舞台，相反，武帝以后他们都以前所未有的速度发展起来。原因是西汉是地主阶级政权，他们与豪强有矛盾的一面，但根本利益是一致的，他们一面在打击，另一面又在扶植豪强地主。文景时期采取的输粟拜爵，就是扶植豪强的一项政策。当时的大地主、大商人拥有粮食，把粮食运到边境就可得到爵位，实际是加强了他们的政治地位。另外西汉政府实行轻田赋、重人头税，这也是扶植豪强的一项政策。田租由十五税一减到三十税一，人头税却很重，这对于占有众多土地而人口少的地主有利。另外，汉武帝时开始起用商人做官，使商人与地主、官僚三位一体，加速了土地兼并，形成大土地所有制。随着土地兼并的加剧，新的豪族地主又继续形成并得到发展。东汉开国之君刘秀本人就是豪族地主，凭借地主豪强力量而取得政权。

东汉时豪族地主势力进一步发展，在经济上经营大地主田庄，"膏田满野，奴婢千群，徒附万计"，拥有控制依附农民的特权；在政治上，把持选举，垄断各级政权；在文化上，传习家学，通经入仕，累世高官，形成了门阀大族。

豪族地主的腐朽性、残暴性很突出。他们依仗势力兼并土地，残酷剥削人民，往往使生产力得不到发展。他们在政治上有强大势力，对抗中央集权，逐渐发展为割据势力。他们垄断文化，利用儒学作为奴役人民的精神武器。但是，豪族地主所代表的生产关系在汉代还是起到一定的进步作用的，这主要表现在它在一定程度上适应了生产力的发展。秦汉封建国家赋役很重，自耕农容易破产，而豪族地主田庄的依附农民在田庄主保护下逃脱了一些国家的赋役，生产者的地位比较稳定，不易因破产沦为奴隶。这在一定程度上堵塞了奴隶制残余关系发展的道路。豪族地主田庄经营范围很广，使各种生产互相促进，克服了一般地主单一经营的缺点。同时，田庄对生产精心策划和组织管理，在战乱期间，对生产发展也起一定的保护作用。

（二）农民阶级

农民阶级包括自耕农、佃农和雇农。手工业者的经济地位相当于农民。农民和手工业者是主要的被统治阶级，是社会财富的主要创造者。

西汉政权继续用户籍制度控制人户。举凡姓名、年纪、籍贯、爵级、肤色、身长、家口、财产都要在户籍上一一载明。汉代州郡，每年都要通过"上计"，向中央申报管内的户口数和垦田数。在列入户籍的编户齐民中，人数最多的是自耕农。

自耕农要承担封建国家的各种租赋，包括田租、算赋、口赋和各种徭役。碰上水旱之灾，或是急政暴虐、赋敛不时，有粮谷的人家被迫半价出卖，没有粮谷的人家只有倍息借钱。于是，有的人就不得不卖田宅、鬻子孙以偿债了。所以他们虽勤力耕作，仍不能免于饥寒。

破产的农民，多数被迫依附于大地主做佃客。大地主大量招纳逃亡农民，官吏畏势，不敢督责，反而加重对穷苦百姓的压迫。百姓不堪其苦，转相仿效，纷纷逃亡远去，他们的租赋徭役又被官吏转嫁给尚未流亡的中等农家。这样，就出现了未流亡者为已流亡者纳租服役的恶性循环。流亡问题越来越严重，而豪强地主所招纳的佃客和兼并的土地也越来越多，如豪强宁成役使贫民多至数千家。佃客一般以对分的比率向地主交纳地租。边地居延，有向屯田卒收取地租的记载，计田 65 亩，收租 26 石，每亩合租 4 斗。汉代不见佃客免徭赋的法令，佃客还要受徭役之苦。

还有一些破产农民，迫于生计，为佣工糊口。秦末陈胜为人佣耕，起义以后，故人为佣耕者都来谒见。西汉佣工种类，见于文献的除佣耕、仆役以外，还有采黄金珠玉、治河、筑陵、为酒家佣保等。武帝筦盐铁以前，豪强大家冶铸盐铁，一般都是招纳流亡农民为之，这些人有一部分是雇佣身份。筦盐铁后，盐铁生产除用官奴婢外，还用徭役劳动，由于道远作剧，农民无法自行服役，不得不出钱雇人代替，雇人所需，一说每人每月 2000 钱，一说每月 300 钱，后说似近史实。官僚地主甚至凭借权力，雇工而不给佣值。

在汉代社会里，雇佣劳动在社会生产中不占重要地位。佣工还要受种种封建束缚，庸和奴的称谓有时是混同的，表明庸工身份低下。汉昭帝始元四年(公元前 83 年)诏书里，有岁俭乏食，"流庸未尽还"[①]之语，可见在剥削压迫稍见缓和或年景稍佳之时，流亡为佣的人是可以返回乡里的。

(三) 商人

秦汉时期，各类商人的身份地位不尽相同，国家对各类商人的政策也不同。

在市内营业，有特殊户籍的商人（贾人）可称为有市籍商人，身份较一般平民低下。秦及西汉有所谓"七科谪"之法，7 类人中包括贾人，即有市籍者、父母有市籍者、祖父母有市籍者，其身份地位与吏有罪和亡命者并列。汉高祖时，禁止商人穿着丝织物、操持兵器和乘车骑马，市井之人的子孙不得仕宦为吏，又加倍征收商人的算赋。这些规定主要是针对有市籍的出身低贱的贾人而设。其目的主要是通过贬低中小商人的社会地位来遏制农民弃农经商的倾向。吕后时，弛商贾之律，但商人子弟仍不得为吏。文帝时"逐末"之风又起，一再下"务本重农"之诏，企图使一些小商贩弃商归农，

① 《汉书·昭帝纪》。

制止农村人口流入城市。这种以中小商人为抑制对象，旨在防止弃农经商的政策，在汉代曾反复提出，对汉以后也有一定的影响。

对于无市籍的大商人，秦汉时，国家的政策曾经有过曲折的变化。秦始皇继承商鞅思想，提出"上农除末"的口号。在统一战争的过程中，把原先在六国盘剥农民、兼并土地、掠买奴隶的富商大贾逼迁到他乡，没收其大部分家财，这是抑商政策的另一方面的内容，大商人由此受到一次重大打击。但汉高祖改变政策，抑商只抑小不抑大。为了争取六国时曾占工商山泽之利的反秦反项势力的支持，刘邦曾允许私人工商业自由发展。煮盐、冶铁、铸钱三大利开放私营，再加关梁无禁，不收关税，以盐铁贩运等为业的大工商主或大商人，其经济势力就迅速发展。贱商令中有关商人生活享受的种种限制本来就对他们不起作用，贱商令废弛后，商人更是淫侈日甚，竟至"与王者同乐"。他们"役财骄溢"，以大量的余财兼并土地，迫使农民破产流亡，影响国家的赋税征收和徭役支配。文帝时实行"入粟拜爵"的办法，景帝时商人不得做官的禁令又已废弛，这更有利于商人中富有者政治地位的提高。不过商人兼并农民的问题已日益严重，加深了他们同封建统治者的矛盾。到汉武帝中期，统治者终于把抑商的重点转向富商大贾，大大加强了对私人工商业的控制，除实行统一货币、盐铁官营和均输平准等新的财政贸易措施外，还曾采取过算缗、告缗之法，加重了对商人的税收和逃税者的处罚。法令还规定有市籍商人中的富有者及其家属不得占有土地，犯令者没收其土地和僮奴。这些政策不仅给国家增加财政收入，又有抑兼并、摧豪强的意义。武帝死后，政策逐渐变质，西汉末富商大贾势力又普遍抬头。王莽改制，任用大商人行五均六筦之法，律令苛细，处罚严酷，中小工商业者更受到前所未有的压迫。东汉时，豪强势力、经济放任思想占主导地位，政府对大商人已无抑商政策可言，结果富商大贾大肆兼并土地、捐买官爵，成了商人地主豪强，进一步促进了农民的贫困化。

（四）奴婢

奴婢是秦汉社会中身份最低贱的人。秦汉奴婢数量很大，有官奴婢和私奴婢之分。

官奴婢的来源，一为罪犯本人以及重罪犯的家属没官为奴者，秦有收孥相坐律，汉文帝元年（公元前179年）一度废除，不久即恢复；一为原来的私奴婢，通过国家向富人募取或作为罪犯财产没官等途径，转化为官奴婢；一为以战俘为奴，秦较多，汉代较少见。官奴婢主要从事宫廷和官府中各种劳役，如侍奉、洒扫、乐舞、豢养禽兽等，也有在官府手工业作坊中劳动或从事畜牧、营建和耕种公田的。据载，西北边地诸苑养马的官奴婢有 3 万人。元帝时长安诸官奴婢游戏无事者，有 10 万人之多。

私奴婢主要来自破产农民。他们有的是被迫自卖为奴，有的是被人掠卖为奴，有的是先卖为"赘子"，无力赎取而为奴。另一来源是封建国家将官奴婢出卖或赏赐给臣下，即转化为私奴婢。边境少数民族人民，也有为统治者掠为奴婢者，如来自西南夷中的"僰僮"。大官僚、大地主、大商人的奴婢成百成千。陈平以奴婢赠陆贾，数达 100。市场出卖奴婢，通常是与牛马同栏。卖奴婢者在市场上给被卖奴婢饰以绣衣丝履，以图高价。奴婢价格，1 万、2 万不等。经营奴婢买卖的大商人，每出卖 100 个奴婢，获利约 20 万。私奴婢主要从事家务劳动，有一部分则从事农业、手工业生产乃至经商活动。汉代奴婢多是从破产农民转化而来的，不事生产的奴婢的增加，不免加重了广大农民的负担，因此从保护封建生产关系、避免农民破产的需要出发，汉代统治阶级中的某些人曾提出改善奴婢地位的主张。汉政府亦有不许任意杀奴以及杀奴必须报官的法令，也有因违令杀奴被罚的事例。但在通常情况下，主人对奴婢有"专杀之威"，奴婢生命实际上是没有保障的。

第八节　秦汉时期的东西交通

一、丝绸之路的开辟

公元前 3 世纪，中国即以盛产丝织品而闻名于世界，被称为"丝国"。中国丝绸经西北各民族之手少量地辗转贩运到中亚、印度。汉初，河西走廊曾先后为乌孙、月氏、匈奴所占，西域绿洲各小国亦为匈奴所控制。汉与西方的道路难于通达。汉武帝元光二年(公元前 133 年)以后，连年派兵进攻匈奴，先后设立酒泉、武威、张掖、敦煌 4 郡，沟通了内地与西域的直接交往。元狩四年(公元前 119 年)左右，张骞第二次出使西域，携带的金、帛价值数千巨万，用作馈赠的礼物。汉使不仅到达了大宛、大月氏、大夏、康居，还到达了奄蔡、安息、条支、犁靬等国。此后，中亚、西亚各国也经常派使节到汉朝长安，进行贸易往来和文化交流。汉为了发展同中亚、西亚各国的交往，修筑了令居(今甘肃永登)以西的道路，设置亭驿，便利商旅。根据当时文献记载，通往中亚、西亚的大道，有南北两条。南路从长安、金城（今甘肃兰州）出发，经敦煌、楼兰（即鄯善）、于阗、莎车等地，越葱岭到大月氏。大月氏主要地区在今阿富汗境内。大月氏以西到达安息，即今伊朗。再往西即达条支，即今伊拉克一带，最后，直到大秦，即罗马帝国。北路从长安、金城出发，经敦煌、车师前王庭（今新疆吐鲁番）、龟兹、疏勒，越葱岭到大宛、康居，再往西经安息而达大秦。这两条中西交通大道就成为后来著名的"丝绸之路"，大量丝帛锦绣沿此路不断西运，同时西域的"珍奇异物"也输入了中国。

从 1959 年到 1969 年，我国境内的"丝绸之路"上发现了大批汉唐时期文物。在新疆民丰（汉时名精绝）这个当时曾是南路要冲的地点，发现了"汉司禾府印"，说明那时在当地曾设立了专为供应汉朝使者和行旅所需食粮的管理屯田事务机构。在当地发现的斜纹起花组织的毛毯，花纹图案有少数民族的人物形象，有写实的葡萄纹样，也有属于中原传统的龟甲四瓣花纹的图案，都具体表明了当时文化交流互相影响和往来密切的情形。

二、汉文化的远播

秦汉时期，随着经济文化的迅速发展和统一局面的出现，中外之间友好往来也更加密切。在频繁的友好往来中，汉族较高的封建文化，不断传播到世界各地，各国人民的优秀文化，也丰富了中国人民的生活内容，从而促进了中国和邻国经济文化的进一步发展。

(一)中国同日本、朝鲜等国的关系

中国在汉朝时期已与日本有了友好往来关系。汉武帝时，日本有 30 余部落国家派遣使者和汉朝往来。这是中日两国使节往来最早的记录。东汉时双方关系更为密切。建武中元二年（57 年），日本倭奴国派遣使臣与汉通好，光武帝刘秀遂以"汉委奴国王"金印相赠。这颗金印已在日本九州志贺岛叶崎村出土，成为中日友好的历史见证。

早在公元前 1000 多年，朝鲜和中国两国人民就有了经济文化的频繁交往。战国时邻近朝鲜的燕、齐两地人民，为了反抗封建统治阶级的压迫，曾成批地迁徙到朝鲜，带去了不少先进的生产技术和生产工具。西汉初，燕人卫满乘燕王卢绾逃入匈奴之机，率千余人，渡沮水（今鸭绿江），奔朝鲜，后来被立为朝鲜王，建都王险城（今平壤），统治朝鲜半岛西北部。惠

帝、吕后时，辽东太守"约满为外臣"①。到卫满孙右渠时，汉武帝因右渠"诱汉亡人滋多，又未尝入见，真番旁众国欲上书见天子，又拥阏不通"②，遂派使臣涉何到朝鲜责备右渠，右渠不服。元封二年(公元前 109 年)秋，武帝派楼船将军杨仆、左将军荀彘分两路进攻朝鲜。右渠率众抵抗，汉军屡败。最后，由于朝鲜统治集团内部分裂，右渠被臣下杀死，卫氏朝鲜亡。汉武帝在卫氏朝鲜统治区设置真番、临屯、乐浪、玄菟 4 郡。设郡后，朝鲜人民不断反抗汉朝的统治。但两国人民仍保持着密切的经济文化联系。在朝鲜出土了不少中国汉代的文物，如封泥、印章、兵器、漆器、织物以及瓦当等，充分说明汉文化对朝鲜有明显的影响。

东汉时期，朝鲜半岛的北部，陆续兴起高句丽、百济、新罗三个国家。在朝鲜半岛的南部有三韩，即西边的马韩，东边的辰韩，南边的弁韩。三韩中以马韩最大，有 50 多个部落，辰韩、弁韩各 12 个部落，各部落总和有 50 多万户。马韩的月支部酋长称辰王，名义上是三韩的大君长。

马韩人已知种田养蚕织布，住的是草屋土室，与汉人接触较多，受汉化影响较大。辰韩又称秦韩，相传秦朝人逃避苦役，流亡到朝鲜半岛东南部，与当地土著居民融合在一起，经济、文化水平最高，人民能种五谷，养蚕织缣布，能制造铁器。弁韩最小，经济、文化比较落后。从总的情况来看，三韩的发展水平虽略有不同，但都处在由原始社会向阶级社会过渡的阶段。它们在东汉王朝的强烈影响下，并没有向奴隶社会发展，而是模仿汉朝的剥削方式和政治制度，走上了封建化的道路。

(二)中国同南亚各国的关系

自古以来，中国同南亚各国在经济文化上有着密切的联系。战国末期，越南北部已有瓯骆国。秦汉之际，真定人(今河北正定)赵佗，占据南海、桂林等郡称王，灭瓯骆国，并通过瓯骆的骆侯、骆将和蒲政进行统治。汉武帝灭赵氏政权后，在越南北部设置交趾、九真、日南 3 郡，沿用赵氏统治方式。在此期间，中国人民同越南人民之间的经济文化交流很频繁。中国大量的铁制用品运往越南，越南的象牙、犀牛、玳瑁、珍珠等产品，也经常输往中国。

东汉时，在越南北部设置交趾、九真、日南 3 郡。东汉初，锡光任交趾

---

① 《史记·朝鲜列传》。
② 同上书。

太守，任延任九真太守，教越民耕种技术，设立学校，传播先进文化，对改变当地落后状态，起了很大的促进作用。但后来苏定充任交趾太守，对越人加重剥削，引起越人的强烈不满。建武十六年（公元 40 年）交趾麓冷县徵侧、徵贰起兵反抗，得到九真、日南等地人民的响应，很快攻占 60 多座城池。徵侧、徵贰自立为王，这就是越南历史上著名的二徵王。二徵王不久就被伏波将军马援的军队所镇压。东汉政府在镇压二徵王之后，在政治、经济等方面进行了一些改革，如穿渠溉田，发展农业生产，废除残暴的"越律" 10 余条等。东汉先进的经济文化给越南以深刻的影响。汉越人民在阶级斗争、生产斗争中，互相支援，建立了密切的关系。

中国和印度早在公元前 2 世纪就有经济往来。中国古书上称印度为"身毒"或"天竺"。汉武帝时，张骞第一次出使西域，在大夏曾看到中国的邛竹杖和蜀布，询问大夏人得知是从身毒贩运去的。后来，张骞的副使也到过身毒。

缅甸是中国西南的友好邻邦。公元前 2 世纪或更早的时候，两国人民之间就有往来，从四川经云南可到缅甸。当时中国的蜀布、邛竹杖就是由这条道路运往身毒、大夏等国的。同时从交州合浦郡徐闻县（今广东徐闻西）乘船去缅甸的海上航路已经开通，这使两国经济文化联系更加密切。

东汉时期，印度、缅甸等国与中国的关系更为密切。据历史记载：永元六年（公元 94 年），永昌境外的敦忍乙王莫延曾派遣使者来访，双方互赠礼物。永元九年，缅甸北部的掸国国王雍由调派遣使臣向汉王赠送珍宝。东汉政府则以金印回赠。永宁元年（120 年），雍由调再次遣使来汉，并"献乐及幻人，能变化吐火，自支解，易牛马头。又善跳丸，数乃至千。自言我海西人。海西即大秦也。掸国西南通大秦"①。缅甸的音乐和杂技，在当时深受欢迎。

永建六年（131 年），在今印度尼西亚境内的叶调国也遣使者到东汉赠礼。在印度尼西亚发现许多汉代的文物，说明当时两国间已有经济、文化往来。

秦汉时期，海外交通的重要口岸是番禺（今广东广州）和徐闻。据《汉书·地理志》载，从徐闻出发，船行约 5 月可到都元国（在今马来半岛），又船行 4 月可到邑卢没国（在缅甸海岸），继续航行 20 余天，即达谌离国（在缅甸海岸），由此如舍船登陆步行 10 余天可到达夫甘都卢国（今缅甸蒲甘城）。

_____

① 《后汉书·南蛮西南夷列传》。

夫甘都卢国人当时以"劲捷善缘高"①闻名。自夫甘都卢国再船行 2 月余则可到达黄支国(今印度东海岸的康契普腊姆)。黄支国自汉武帝以后,常遣使来中国。汉武帝亦曾招募使者偕黄门令属下的翻译人员同时出海去黄支,用黄金杂缯换取那里所产的明珠、璧、琉璃、奇石等珍异之物。从黄支国返船,约 8 个月到皮宗国(今马来半岛西南),再船行 2 月到日南回国。在黄支国之南还有已程不国(今斯里兰卡),这是汉朝使者所到达的最远之地。当时,南海、孟加拉湾海上交通已相当发达,大秦王安敦的使臣就是在东汉末桓帝延熹九年(166 年),从海路经日南来到中国的。

三、异域文化的传入

中国与中亚各国使节的往来和国际贸易的发展,促进了异域文化的传入。商人们在将中国的丝织品运往西方的同时,也将中亚一带所产的毛布、毛毡运入中国。此外,还有汗血马等动物以及石榴、胡麻(芝麻)、胡桃(核桃)、胡豆(蚕豆)、胡萝卜等植物传入。这些物产传入中国,丰富了中国人民的经济生活,增加了农牧产品的品种。

张骞第二次出使西域归国后,就有大宛的使臣带着大秦的魔术艺人到中国来。这些艺人的魔术非常精巧,能"吞刀吐火,植瓜种树,屠人截马"②。中亚的乐器、乐曲、舞蹈,也在这时传入中国。从这时候起,中国的雕刻绘画也受到某些外来的影响,如汉代石雕上就出现了西方特产的狮子等图像。

印度的佛教较早在中亚各国传播,西汉时,已传至中国的龟兹、于阗等地。汉通西域以后,佛教逐渐传入中国内地。关于佛教传入的最早记载,正式见于史籍的是:西汉哀帝元寿元年(公元前 2 年),有个名叫景卢的博士弟子,从大月氏的使臣伊存那里听讲浮屠经。至东汉初年,统治阶级中已有人供奉佛像,楚王英"为浮屠斋戒祭祀",得到汉明帝的赞许。有关翻译佛经的记载,最早是在汉明帝时,传说明帝派蔡愔等人去印度,以白马驮佛像及梵典回来,同来印度僧人摄摩腾、竺法兰在洛阳翻译佛经。但说法

---

① 《汉书·地理志下》颜师古注。
② 《汉书·张骞传》颜师古注。

不一，不很可靠。① 中国正式翻译佛经，是在东汉桓、灵二帝时。桓帝时，有安息僧人安世高来中国传译佛经；灵帝时又有印度沙门竺佛朔带梵典来洛阳，与大月氏人支谶合作译经。此后来中国译佛经的印度及中亚僧人逐渐增多，佛教逐渐广泛地传播开来。

第九节　汉代学术文化

一、哲学

(一)汉初的黄老思想

"黄老学说"，是道家学说中的两派。"黄"指"黄帝之学"，"老"指老子的学说。"黄帝之学"是在战国时期形成的一个学派。过去有关"黄帝之学"的著作均已佚失，只是《汉书·艺文志》记载有黄帝书5种，计有：《黄帝四经》4篇，《黄帝铭》6篇，《黄帝君臣》10篇，《杂黄帝》58篇，《力牧》22篇。1973年在长沙马王堆汉墓发现了帛书《十大经》《经法》《称》《道原》等，据考证，这些帛书属于"黄帝之学"的著作。黄帝学说与老子学说的根本区别是，它不仅讲道，而且讲法。汉初黄老糅合在一起，成为当时统治阶级的政治指导思想。

黄老之学有两个特点：一是黄老之学虽然对包括早期道家在内的先秦各家学说都有所批评和舍弃，但却在另一方面突出地表现了它以早期道家理论为基础，兼综杂采阴阳、儒、墨、名、法等各家学说之"善"的特点；二是在阐述道家的"自然无为"理论方面，强调的是"无为而无不为"，既有尊重自然规律反对盲目行动的一面，又有发挥人的主观能动作用，主张"待时而动""因时制宜"的另一面，是一种"积极无为"主义。

黄老之学主张实行"无为"政治，主张统治者"省苛事，节赋敛，毋夺民时"和"节用民力"等，要求统治者适当减轻人民负担，不要过度地剥削和压榨人民。这有利于缓和社会矛盾，使人民发挥生产的积极性，恢复和发展受到严重破坏的社会经济。这些基本主张既符合人民休养生息的愿望，也适合统治阶级巩固统治的需要。汉初的几任丞相，大都"治黄老之术"，实

---

① 此说可参见范晔的《后汉书·西域传》，但佛教史籍所载传说不一，此异甚多，未可确信。

行"无为而治"。汉初一些重要思想家，如陆贾、贾谊等人的政论著作，也明显地吸收了黄老之学的理论内容。陆贾《新语》中《道基》《无为》《至德》诸篇，贾谊《新书》中《修政语》《道德说》等篇，都打上了黄老之学的思想烙印，甚至一些文学作品也是这样。这表明黄老之学在汉初十分流行，有很大的影响。

汉初黄老之学促进了封建统治秩序的巩固，为社会生产的恢复创造了条件。但是，随着统治阶级本身力量日益强大以及社会矛盾日益尖锐，统治者必然要求强化和集中权力，不可能长期安于"清静无为"的自由放任状态。于是，西汉初期一度盛行的黄老之学，到了西汉中期的汉武帝时代，也就随着国家由弱到强的转变，走上了由盛而衰的道路，最后让位于为汉武帝"有为"政治服务的董仲舒的新儒学理论体系。

（二）董仲舒思想和经学谶纬

董仲舒，广川（今河北枣强）人，以传《公羊春秋》在景帝时为博士。武帝时诏举贤良文学之士，他以贤良身份上《天人三策》，系统地阐明了他的唯心主义哲学思想和尊君的政治思想。《春秋繁露》是其代表著作。

董仲舒认为人君受命于天，进行统治，所以应当"屈民而伸君，屈君而伸天"。如果人君无道，天即降灾异来谴告和威慑。如果人君面对灾异而不思改悔，就会出现"伤败"。因此人君必须"强勉行道"①。这就是他的"天人感应"学说。他认为《春秋》一书著录了长时期的天象资料，集中了天人相与之际的许多解释，所以后世言灾异要以《春秋》为根据。

董仲舒主张"道之大原出于天，天不变道亦不变"②。这是他的形而上学的宇宙观和历史观。同时他又认为朝代改换，有举偏补弊的问题。他认为秦朝是乱世，像"朽木粪墙"一样，无可修治，继起的汉朝必须改弦更张，才能"善治"，这叫作"更化"。更化不但应表现为改正朔、易服色、制礼乐，而且还应表现为去秦弊政。这就是他提出限民名田、禁止专杀奴婢等要求的理论根据。不过在他看来，"王者有改制之名，亡变道之实"③，所以改制并不影响天道不变的理论，不影响封建统治的基础。

董仲舒据《公羊春秋》立说，主张一统，认为《春秋》大一统是天地之常

---

① 《汉书·董仲舒传》。
② 同上书。
③ 同上书。

经，古今之通谊。他的所谓一统，就是损抑诸侯，一统乎天子，并使四海"来臣"。但是如果师异道，人异论，百家殊方，旨意不同，人君就无以持一统。因此他要求罢黜百家，独尊儒术。

对于人君应当如何统治的问题，他主张效法天道。在他看来，天道之大者在于阴阳，阳为德，阴为刑，所以人君的统治必须阴阳相兼，德刑并用。天道以阳为主，以阴佐阳，因此人君的统治也应当以德为主，以刑辅德。他的所谓德，主要指仁义礼乐，人伦纲常。他以君臣、夫妻、父子为王道之三纲，并认为三纲可求于天，与天地、阴阳、冬夏相当，不能改变。他主张设学校以广教化，因为这是巩固封建统治的最完备的堤防。

董仲舒的学说，基本上是借用阴阳家的思想重新解释儒家经典。这种新的儒家学说，适应文、景以来政治、经济发展的要求，对于巩固国家的统一有积极作用。他的更化和任德的主张，有助于防止暴政，缓和对农民的剥削压迫。但是董仲舒思想的核心是维护封建秩序，神化专制皇权，所以他的学说归根结底是地主阶级的统治工具。

董仲舒在宣扬他的主张时，大讲符瑞灾异，以此为发端，到西汉末年出现了谶纬之学。谶是以诡语托为天命的预言。纬是与经相对而得名的，是托名孔子以诡语解经的书。谶纬的内容有的解经，有的述史，有的论天文、历数、地理，更多的则是宣扬神灵怪异，其中充斥阴阳五行思想。这些内容，除包含一部分有用的自然科学知识和古史传说以外，绝大部分都荒诞不经，极便于人们穿凿附会，做任意的解释。王莽、刘秀称帝，都曾利用过谶纬。刘秀把谶纬作为一种重要的统治工具，甚至发诏颁命，施政用人，也要引用谶纬，谶纬实际上超过了经书的地位。建武中元元年（公元56年），光武帝颁布图谶于天下，更使图谶成为法定的经典。汉章帝会群儒于白虎观，讨论经义，由班固写成《白虎通德论》（又称《白虎通义》《白虎通》）一书，这部书系统地吸收了阴阳五行和谶纬之学，使之与今文经学糅为一体。《白虎通德论》的出现，是董仲舒以来儒家神秘主义哲学的进一步发展。

（三）王充朴素的唯物论思想

谶纬的流行，今文经学的谶纬化，使经学的内容更为空疏荒诞，降低了束缚人民的力量，所以统治阶级中一些较有见识的人如桓谭、尹敏、郑兴、张衡等，都表示反对谶纬。在反谶纬的思想中，卓越的思想家王充在哲学问题上跳出了经学的圈子，以唯物主义思想有力地攻击了谶纬的虚妄，批判了经学的唯心主义体系。

王充,会稽上虞(今浙江绍兴上虞区)人,生于建武三年(公元27年),卒于和帝永元年间。出身于"细族孤门",早年曾在太学受业,在洛阳书肆中博览百家之言。后来,他做过短时期的州郡吏,其余的岁月,都是"贫无一亩庇身","贱无斗石之秩",居家教授,专力著述,写成了《论衡》85篇(今存84篇),20余万言。

王充自称其思想违背儒家之说,符合黄老之义。他以道家自然之说立论,而对自然做了唯物主义的解释。他反对儒家的"天地故生人"之说,主张"天地合气,人偶自生"。他认为儒家天人感应说是虚妄的,因为天道自然无力,如谴告人,是有为,非自然。在他看来,天之所以无为,可以从天无口目不会有嗜欲得到证明。

王充认为精神依存于形体,形需气而成,气需形而知。根据这种道理,他反对人死为鬼之说。他说,人靠精气生存,精气靠血脉形成。人死后血脉枯竭则精气消灭,精气消灭则形体腐朽,形体腐朽就成了灰土,哪有什么鬼呢?他从无鬼论出发,反对厚葬,提倡薄葬。

王充犀利地破除天人感应和鬼神妖异之说,不但沉重地打击了谶纬迷信,而且在哲学的根本问题上树立了唯物主义的鲜明旗帜。

王充对于传统的思想和成见,具有极可贵的怀疑和批判精神。他甚至对孔、孟和儒家经典,也敢于提出怀疑和批判。他在《论衡·问孔》中反对世俗儒者对孔子的片言只语进行无穷无尽的推衍,并对孔子反复提出问难。他问道,如果有不明了的问题,追问孔子,何伤于义?要是真有传圣业的智慧,批评孔子之说,何逆于理?他在《论衡》的其他部分,还分别对孟子、墨子、韩非、邹衍等人进行了批判,在这些批判中所涉及的问题,有许多与汉朝的政治、文化设施有直接关系。

王充受当时生产水平和知识水平的限制,对于他自己引为论据的某些自然现象,有时理解错误,他同封建时期所有先进的思想家一样,无法透彻地阐明唯物主义思想并把它贯彻到社会历史分析中去。他无法了解社会的阶级构成,不能正确说明人的主观作用,所以他不得不用天命来解释社会事物变化的终极原因,用骨相来解释个人的贵贱夭寿,因而陷入了宿命论。

二、经学和今古文经

经学是训释或阐述儒家经典的一门学问。经学的起源，后世学者往往推到先秦时代的子夏和荀子。自汉武帝罢黜百家，尊崇儒术后，经学昌盛起来。汉初，儒家经典只能靠那些仅存下来的学者们背诵记录，再由当时通行的文字"隶书"抄写下来。后来在孔子旧宅与河间献王等处，又陆续得到许多战国时代遗留下来的儒家经典，字体是用秦统一前的篆书抄写的，因此被称为古文经。原来用隶书字体写的便称为今文经。

今文经和古文经不仅字体不同，篇章数量不同，而且对经学内容的解释也有很大差异。今文经学解释经义，主要在于"通经致用"，着重章句推衍，结合阴阳五行灾异和刑名学说来发挥"微言大义"，提倡大一统，尊君抑臣、正名分等思想。古文经学则看重章句训诂，把儒学经典视为古代历史资料，包括许多应该效法的古代社会政治制度。两派之间有着严格的界限。今文经出现较早，而且董仲舒以治今文经《春秋公羊传》得到汉武帝赏识，故在董仲舒的建议下陆续被立为学官，如《诗》有齐、鲁、韩三家，《书》有欧阳、大、小夏侯，《易》有施、孟、梁丘，《礼》有大、小戴，《春秋》有公羊、穀梁等，都先后被立为博士。古文经晚出，遭到今文经派的排斥，长期不得立为学官。学派门户之见与利禄之争交织在一起。成帝时命人搜求天下遗书，刘向、刘歆父子等先后担任对搜集到的大量图书的整理工作，又发现《春秋左氏传》《毛诗》《逸礼》等古文经书。两派之间遂起争论，前后延续了近200年。王莽当权时，由于托古改制的需要，刘歆借机把《左氏春秋》《古文尚书》《逸礼》《毛诗》立于学官，后又立《乐经》为博士，《周官经》6篇也立为博士。东汉光武帝时，取消古文经博士，复立今文经博士，共14博士。建武年间，韩歆又提出为《费氏易》《左氏春秋》立博士，又引起一场争论，最后由光武帝决定立《左氏春秋》为博士，遭到今文家的激烈反对，不久废去。终汉之世，古文经没有再立于学官。可是古文经学在内容上胜过今文经学，再加上章帝于建初元年(公元76年)令贾逵自选《公羊》严、颜的高才生20人教授左氏，八年，又诏诸儒各选高才生授业《左氏春秋》《穀梁春秋》《古文尚书》《毛诗》，又任贾逵的弟子为郎官，学者都欣欣向慕，古文经学的传播日益广泛。东汉最有名的学者，如贾逵、服虔、马融、许慎、郑玄都是古文家，或兼通今古。在马融、郑玄兼采今古文注经的影响下，今、古文渐趋于混同。东汉中叶以后，博士人选，亦不如西汉严格，古文家可以任今文学博士，如周防以治《古文尚书》为博士，卢植通今、古文经学为博士。东汉末，董卓之乱以后，博士失官守近30年，今文经学遂日益衰微。

三、史学

（一）《史记》

中国古代历史学在汉代有了卓越成就，出现了著名的史学家司马迁和他的杰出著作《史记》。

司马迁字子长，左冯翊夏阳（今陕西韩城）人，生于武帝建元六年（公元前135年）或景帝中元五年（公元前145年），卒年不详。其父司马谈为汉太史令，主管文史皇历和皇家图书。曾有志于编纂一部上接西周、中继孔子、下迄西汉当世的史学"论著"，惜未能实现而死去。司马迁从小受到熏陶，熟读史籍，曾从孔安国受《古文尚书》。20岁时遍游长江中下游和中原各地，考察风俗，采集传说。不久仕郎中，出使巴、蜀、邛、筰、昆明，并随汉武帝四出巡幸。元封三年（公元前108年），司马迁承袭父职，任太史令。太初元年（公元前104年）与唐都、落下闳等共同制定《太初历》。此后开始撰修《史记》。天汉二年（公元前99年），李陵败降匈奴，司马迁在朝廷为李陵辩护，触怒武帝，被下狱并处以腐刑。太始元年（公元前96年）被赦出狱，为中书令，发愤继续完成所著史籍，经过10余年的艰苦努力，终于完成了这部史学巨著，人称其书为《太史公书》，后称《史记》。

《史记》记事始于传说的黄帝，止于汉武帝太初年间，包括上下3000年的历史，尤详于战国、秦、汉。全书分为十二本纪、十表、八书、三十世家、七十列传，共130篇，526500字。本纪按年代顺序记述帝王的言行和政迹；世家记载诸侯国的兴衰；列传主要记载各种代表人物的活动；表则按年代谱列各时期的重大事件；书是有关经济、政治和文化制度的专篇。这5种不同的体例互相配合，广阔地反映了3000年的社会历史面貌。

司马迁写《史记》的宗旨是"究天人之际，通古今之变，成一家之言"①，即探索天道和人事之间的关系，研究历史的发展和变化。《史记》取材丰富，对《左氏春秋》《国语》《世本》《战国策》《楚汉春秋》及诸子百家多所采摘，又利用国家收藏的档案、民间保存的古文书传，并增添了亲身采访和实地调查的材料。作者在广泛取材的同时，又注意鉴别和选择材料，淘汰无稽之

---

① 《汉书·司马迁传》。

谈，表现了审慎的科学态度。在撰写过程中，"不虚美，不隐恶"，力求实事求是。叙述历史人物和事件，有褒有贬，爱憎分明。《史记》不仅写了帝王将相、世袭王侯、大小官员，而且以饱满热情的文笔，记叙了农民起义领袖陈胜、吴广和项羽的事迹。司马迁在《封禅书》《货殖列传》中敢于揭露统治阶级的暴虐、奢侈、愚昧，连汉武帝求神仙、信方士等事都给予冷嘲热讽，表现了分明的是非和强烈的爱憎。

汉代以前，出现过多种体裁的历史著作，但就记事的久远、内容的广泛、史事的翔实、材料的系统、组织的完善来看，都不如《史记》。在中国史学发展史上，《史记》堪称第一部规模宏大、体制完备的中国通史。由它开创的史书纪传体影响深远，后来历代的"正史"都采用了这一体裁。《史记》还是一部优秀的文学名著。司马迁的寓论于叙事之中的笔法，描写了许多历史人物，形象真切动人，洋溢着丰富的感情，具有强烈的艺术感染力。《史记》问世以后，两千年来，对史学和文学的影响是很大的。历代的史学家、文学家几乎没有一个不从《史记》中吸取丰富的营养，每个时代都出现了专门研究《史记》的大家，世界各国也不断出现研究《史记》的学者。

（二）《汉书》

东汉班固所撰《汉书》，是继《史记》之后的又一部史学名著。班固的父亲班彪作《后传》数十篇，拟将《史记》续至西汉末年为止。建武三十年（公元54年）班彪去世，班固继承父业，用了20余年时间，完成了这一西汉历史著作的绝大部分。和帝永元初年（公元89年），班固由于外戚窦宪之狱的牵连而免官入狱，永元四年死于狱中。据说和帝命班固之妹班昭补写八表，马续补写《天文志》，最后完成了《汉书》的编撰。

《汉书》体例与《史记》大略相同，都是纪传体。但《史记》是一部通史，《汉书》则是断代史，首创断代为史的编纂方法。同时，把《史记》的"本纪"省称"纪"，"书"改曰"志"；又不用"世家"，载入《史记》"世家"的陈涉、外戚和汉代诸王一律编入"传"内；"列传"简称为"传"。这些体例上的变化，对后来的一些纪传体史书影响很大。

《汉书》在中国史学上的主要贡献和影响，还在于它的十志。《汉书》十志取法《史记》八书，但规模宏大，记事丰富，对政治、经济和思想文化都有较详细的记载，特别是对汉代的记载更为详备，扩大了历史研究的领域。

《汉书》还第一次创立了《古今人表》和《百官公卿表》。《古今人表》收录人物从传说时代的太昊到秦朝的吴广，区分为九等，加以评价。《百官公卿表》叙述了秦汉分官设职的情况、各种官职的权限和俸禄的数量，反映了当时职官制度和官僚的变迁，是研究秦汉官制不可缺少的资料。

四、文学

(一)汉赋

赋是散文韵文并用、体物写志的一种文体，是直接从骚体演变而来的；与战国诸子的散文也有重要关系。西汉早期的赋为骚体赋，如贾谊的《吊屈原赋》《鹏鸟赋》等，都借物抒怀，文辞朴实。枚乘的《七发》，开汉武帝时散体大赋的先河。

汉武帝之世，是赋的成熟时期，赋家接踵而出，其中最著名的是司马相如。司马相如的《子虚赋》《上林赋》，是这个时期赋的代表作。这些赋都气势恢宏，景物迷离，辞藻华丽而奇僻，反映了西汉国家的宏伟辽阔，表现了物质世界的丰富多彩。西汉后期，最著名的赋家是扬雄；东汉时期，则以班固、张衡最有名。除了他们之外，两汉重要的思想家、文学家，几乎都是赋的重要作者。但是汉武帝以来的赋，以文字的雕琢和辞藻的堆砌取胜，思想内容贫乏。赋家扬雄慨叹作赋是"童子雕古篆刻"。有些赋家企图以赋作为讽谏统治者的工具，但是结果往往是劝而不止。武帝好神仙，司马相如作《大人赋》进行讽谏，武帝反而"飘飘有凌云之气"①。

东汉后期，散体大赋稍趋衰竭，各种抒情写物的小赋代之而兴，这类小赋多少摆脱了大赋的铺张刻板的格式，意境较为清新，但是仍然缺乏充沛的生命力。

(二)乐府诗

汉代的乐府民歌，是我国文学宝库中极有价值的遗产。乐府本来是政府的音乐机构，其设立在汉武帝以前。汉武帝以李延年为协律都尉，编制庙堂乐歌，歌词主要由文人写作。同时，乐府广泛地在民间采风配乐，后来就称为乐府诗或乐府。

乐府采集的民歌，大部分是"感于哀乐，缘事而发"②的民间优秀作品，它们的内容，广泛而深入地反映了当时的社会生活，如兵徭的痛苦、官府

---

① 《史记·司马相如列传》。

② 《汉书·艺文志》。

的掠夺、贫民的亡命生活、妇女的悲惨命运等。许多篇章有完整的故事性和强烈的浪漫主义色彩，感情发自内心，既细腻而又深刻，思想性和艺术性都很高。这一部分乐府，是两汉诗歌的最大成就。

西汉时已经有五言歌谣。东汉时期，在乐府民歌的影响下，出现了一些模仿乐府写成的五言诗。这些作品一般比乐府诗篇幅长，叙事较曲折。《文选》所录《古诗十九首》的大部分，都是东汉的五言诗。《古诗十九首》的思想内容纷纭复杂，一般说来很少触及最尖锐最根本的社会矛盾，所反映的生活是狭窄的。至于另一部分哀叹人生短促，要求早获荣华和及时行乐的作品，反映了一些士大夫的庸俗感情，是古诗中的糟粕。从艺术价值看，《古诗十九首》吸取了乐府的技巧，词句平易动人，意境隽永，可以和乐府媲美。

五、艺术

(一)绘画

汉代绘画艺术发达，今存的杰作是 1972 年在马王堆汉墓出土的帛画。画幅全长 205 厘米，上宽下窄，四角缀有飘带，应属旌幡一类的东西。图像采用单线平涂的技法绘成，线条流畅，描绘精细，在彩色处理上使用了朱砂、石青、石绿等矿物颜料，对比强烈，色彩绚烂。画面从下到上，表现了地下、人间、天上的景物，有的出自神话传说，有的是当时社会的生活，画家把它们完美地组织在一幅作品上，创作出我国古代帛画中前所未有的精品。

汉代常以历史故事为主题，在宫室、祠堂、墓室的壁上作壁画，王延寿《鲁灵光殿赋》曾描述这种壁画的图景。汉代的墓室壁画，保存到现在的为数不少，其中以平陆、望都、辽阳等处的东汉彩色壁画，艺术价值较高。这些壁画线条刚劲有力，色彩浓淡有度，画面的立体感很强。壁画内容多为人物车马、乐舞狩猎、饮宴祭祀等，是东汉官僚地主生活的反映。

汉代的画像石，是墓前供扫墓时祭奠用的石室中的石刻图画。它基本上有两种技法：一种是阴刻的浅画，形象线条比较朴素，以山东肥城孝堂山画像石为代表；另一种是阳刻的浮雕，以山东嘉祥武氏祠画像石为代表。这些画像石内容极其丰富，有宗教、神仙、怪兽、古代传说以及当时地主阶级的剥削生活，如日常起居、车马出行、建筑、享宴、庖厨、百戏、角抵、渔猎、战争，也有的反映出耕牛、纺织等劳动生产的画面。

近几十年来在四川出土的一种画像砖，表现了生产和生活的情景，线条逼真，与画像石均是宝贵的艺术遗产。

(二)雕刻

汉代雕刻艺术与绘画也是相辅而行的。统治阶级用石刻来装饰宫室、陵墓，以夸耀豪华，显示威严。陕西兴平霍去病墓前的石兽群，利用天然石的形态略为加工而成，制作古朴，浑厚有力。山西安邑（今山西夏县）的西汉石虎，技法简练，形象生动，可与兴平石雕媲美。东汉时期雕刻艺术更加成熟，南阳宗资墓和雅安高颐墓前的石兽，都神姿优美，气魄雄伟。

(三)音乐

西汉初年，盛行楚歌、楚舞，巴渝舞也传入了长安宫殿。武帝以后，琵琶、箜篌等乐器从西域或其他地区陆续传入中土，丰富了汉人的音乐。乐府在采风的同时，创造了不少新声乐曲，按音乐类别，除了郊庙歌词以外，主要有鼓吹曲词、相和歌词和杂曲歌词三大类。从此以后，中国古典乐舞比过去更为丰富多彩。汉朝人喜爱乐舞，民间酒会，"富者钟鼓五乐，歌儿数曹，中者鸣竽调瑟，郑舞赵讴"①。祭祀喜庆，也都载歌载舞。

六、科技

(一)天文历法

在先秦时期古代天文学发展的基础上，两汉时期的天文学在历法编制、天文仪器制造和天象观测、宇宙理论模式等方面都在世界上形成了独具特色的体系，影响到后世中国天文学的发展。

从汉武帝时的《太初历》到西汉末期的《三统历》，再到《后汉四分历》、刘洪《乾象历》，形成了自己特有的体系，其特点为：阴阳合成的形成（既考虑月象，又考虑太阳节气），其中包括气（廿四节气）、朔（合朔时刻）、闰（用放置闰月来调整月和年的周期）、五星（周期、位置）、交食（日、月、食计算）等各方面内容，构成了历法的基本框架，为后世历法所遵循。

秦汉时期天文测量仪器的进步也是十分突出的。在制定太初历时，落下闳改进了浑仪。汉宣帝时，耿寿昌以铜铸成了用以演示天象的仪器——浑象。这在我国天文仪器史上是一个创举。东汉时著名的科学家张衡是浑

---

① （西汉）桓宽：《盐铁论·散不足》。

天仪的集大成者。他发明的水运浑象仪，对浑天说得到广泛承认，起了重要作用，在天文仪器史上占有重要地位。

两汉时期，对天象的观测和研究也有重要进展。从《汉书·天文志》《五行志》等记载中可看出，汉代对于天象的观测和记录有两个明显的特点。第一，各种天象记录趋于完备，如出现了准确的太阳黑子记录。新星和超新星的明确记载也首见于汉代。第二，天象记录日趋详尽、精细，如对日食的观测，不但有发生日期的记载，而且开始注意到了食分、方位、亏起方向及初和复圆时刻等。1973年，长沙马王堆汉墓出土的《五星占》和《彗星图》又一次提供了汉初天文学发展情况的重要资料。

（二）数学

在春秋战国数学发展的基础上，秦汉时期出现了多部传留至今的数学著作和涉及数学方法的著作。有著名的《九章算术》和《周髀算经》，还有近年出土的简书《算数书》。这些书中包含了算术、代数和几何等丰富的数学内容，其中有不少算法取得了具有世界意义的先进成就。1984年1月在湖北江陵张家山出土的《算数书》，采用问题集形式，共有60多个小标题，90多个题目，包括整数和分数四则运算，各类比例问题，各类面积和体积问题等。这是一部比较完整的，也是目前可以见到的中国最早的数学专著。《周髀算经》是一部解释盖天说的天文学著作。在数学方面，《周髀算经》记述了矩的用途，勾股定理及其在测量上的应用。《九章算术》是我国现有传本的古算书中最古老的数学著作。《九章算术》对历代数学的发展，影响很大。它的出现，标志着我国古代数学以解决社会各种实际需要（计算田亩面积、仓窖沟堤体积，交易，税收，编制历法等）为主要内容，以算筹为主要计算工具，以当时世界上最先进的十进位值制的计数系统来进行各种运算，形成了一个包括算术、代数、几何等各种数学知识的体系。而且以算术（分数四则运算、比例问题等）和代数（负数的引入、一次方程组解法等）方面的成就最为突出。其中关于分数概念及其运算、比例问题的计算，负数概念的引入和正负数的加减运算法则等，都比印度早800年左右，比欧洲国家则早千余年。

（三）医学

中国医学的完整体系，也是在秦汉时期建立起来的。编撰于战国时期，西汉时最后写定的《黄帝内经》，包括《素问》与《灵枢》两部分，是我国现存最早的一部医书。《素问》假托黄帝与岐伯的对话，用阴阳五行思想阐述许多生理病理现象和治疗原则。《灵枢》则记述针刺之法。汉代还有《难经》一书，用问难法解释《内经》，对其中的脉法、针法内容，有所发挥。东汉出现的《神农本草经》，共收药物 365 种，是我国第一部完整的药物学著作。

西汉初年的淳于意(仓公)是著名的医学家。他少时受业于同郡老医家阳庆，学"黄帝、扁鹊之脉书，五色诊病，知人死生，决嫌疑，定可治，及药论，甚精"①。《史记》所载仓公诊籍 20 余例，为后世病历的起源。

东汉最著名的医家是张仲景和华佗。张仲景为治病救人，"勤求古训，博采众方"②，撰成《伤寒杂病论》16 卷。晋人王叔和析为《伤寒论》和《金匮要略》二书。《伤寒论》对伤寒诸症分析病理，提出疗法，确定药方。《金匮要略》一书，则是杂病的病症、病方的汇集。张仲景被后世称为医圣，他的著作是后世医家的重要经典。

与张仲景同时的华佗，精医道、方药和针灸等术，尤精于外科手术，用"麻沸散"麻醉患者，能打开腹背，为肠胃等内脏做手术。华佗所编"五禽之戏"是一套健身操，常练有祛病延年之效。

此外，1973 年出土于湖南长沙马王堆 3 号汉墓的帛书《五十二病方》为今人确切了解汉代医疗卫生方面的观念、行为等提供了确切的实例。

(四)地理学

汉代出现了中国第一部以"地理"命名的地学专著——《汉书·地理志》，记载了公元 1 世纪初的全国行政区划以及沿革、户口、山川、物产等。长沙马王堆汉墓出土的 3 幅绘制在丝帛上的地形图、驻军图、城邑图，在当时具有这样高的绘制水平，是世界地图史上罕见的。汉代地理学的另一个重要成就，是关于地震的测量研究。张衡发明并创制了世界上第一架测量地震方位的仪器——地动仪。中国从东汉阳嘉元年(132 年)开始有了准确的地震记录，这也是世界历史上最早的地震记录。

(五)纸的发明

纸的发明是中国人民对世界文化发展的伟大贡献。我国古代有文字以后，用作书(刻、铸)写文字的材料很多，有陶器器壁、龟甲兽骨、青铜器

---

① 《史记·扁鹊仓公列传》。
② (东汉)张仲景：《伤寒杂病论》。

皿以及绢帛、竹木等。汉代书写使用竹、木比较普遍，称为竹（木）简，但很不方便，西汉时期文化发展、文化传播需要更轻便的书写材料，于是便有了纸的发明。在甘肃金关、陕西扶风、甘肃天水放马滩等地的考古发掘中，考古学家先后发现了西汉古麻纸，从而说明我国至迟在西汉就已经发明了造纸术。东汉和帝时，任尚方令的蔡伦又改进了造纸方法，采用树皮、麻头、旧布和破渔网为原料，造出了质量更好的植物纤维纸，非常便于书写，时人称"蔡侯纸"。后来，造纸术逐渐传到朝鲜、日本和中亚各国，又经阿拉伯传往欧洲，对世界文化的传播发展起了重要的促进作用。

秦世系表

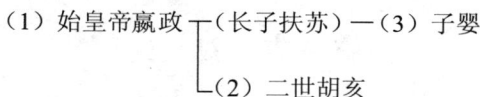

西汉世系表

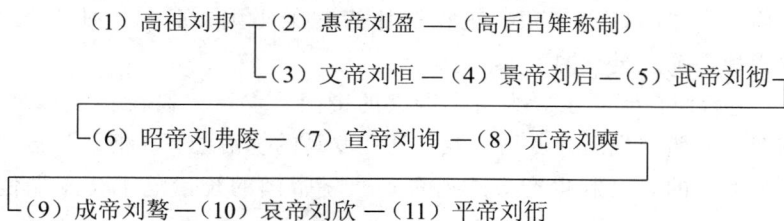

东汉世系表

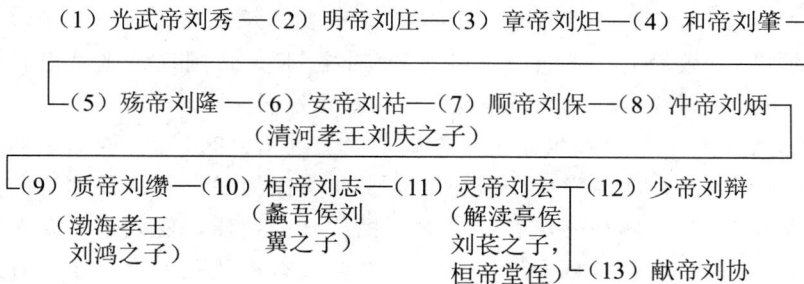

第五章 魏晋南北朝时期封建社会的
曲折发展

第一节 叙 说

本章所要叙述的历史从 2 世纪末开始，在世界范围内，这是一个剧变的时代。欧洲的罗马帝国，陷入了全面危机。中亚的安息，被萨珊王朝的波斯所取代。中亚的贵霜帝国，正在解体为若干小国。而我国的东汉帝国，也分裂为魏、蜀、吴三国。

1 世纪后期，罗马扩展为一个庞大的帝国，埃及、叙利亚、巴勒斯坦、小亚细亚、希腊都先后被罗马征服，处在罗马的统治之下。但是，自 2 世纪中期起，罗马的奴隶制生产方式盛极而衰，帝国的统治危机初露端倪。各省不断爆发起义，进而动摇了帝国的统治基础。"蛮族"也乘机发起攻击，日耳曼人诸部落开始越过多瑙河南下。3 世纪，罗马城市衰落，农村枯竭，政治经济全面混乱。3 世纪 30 年代，由军队拥立的塞维鲁王朝被军队推翻。此后的 30 多年，军人操纵政权，屡屡发动政变，长期割据混战，导致专制统治的加强，政治上从"元首制"过渡到"君主制"。帝国皇帝戴克里先和君士坦丁先后实行改革，使帝国的统治继续苟延残喘。

3 世纪以后，罗马奴隶制生产方式难以为继了。263 年，西西里岛爆发奴隶起义。其后是高卢发生的奴隶、隶农和贫民的联合起义，称为巴高达（意为战士）运动。罗马统治者加紧对人民群众的镇压，使奴隶、隶农和小农的境况进一步恶化。君士坦丁两次重申主人有权处死奴隶，加重对逃亡奴隶及其煽动者的刑罚。隶农的地位下降，他们没有自己的财产，不得离开主人和原居地，如想逃跑，就会像奴隶一样被戴上镣铐，强制劳动。凡窝藏隶农者处以罚金，逃亡隶农加镣押解回去。而农民因不堪国家税吏的压迫，宁可接受地主的"庇护"，沦为隶农。投奔大地主的还有皇帝的隶农和奴隶。

罗马统治者的暴虐和倒行逆施，激起帝国境内各族人民不断举行起义和进行反抗斗争。4世纪中叶以后，帝国西部的人民运动此起彼伏，不列颠、西班牙发生纳税人的起义，高卢的巴高达运动死灰复燃。在北非，奴隶、隶农和农民掀起阿哥尼斯特（意为争取正当信仰的战士）运动。这时，匈奴已经进入了欧洲，征服了日耳曼部落的东哥特人，而西哥特人因避难进入罗马，但遭受罗马官吏的欺凌，遂爆发起义。在战争、政变和人民起义中，罗马统治者已经耗尽了精力。395年，罗马帝国终于分裂为东、西两个部分。

帝国分裂后，西哥特人继续入侵西罗马，西罗马被迫迁都拉温那。410年西哥特人攻下罗马城，随后向西进攻高卢南部和西班牙北部，并于419年建立西哥特王国。5世纪中叶，西罗马帝国大部分被蛮族占领。不列颠被盎格鲁、撒克逊人占领，高卢北部全部被法兰克人占领，东部则被勃艮第人占领。至5世纪70年代，西罗马帝国的领土已经仅限于意大利部分，而且罗马皇帝只不过是被操纵的傀儡。476年，西罗马帝国终于灭亡。在日耳曼化的过程中，西方分裂了。

古代罗马曾经创造了灿烂的文化，但是进入"3世纪危机"以后，罗马在文化上已无所作为。西罗马的灭亡，更使作为上古时期在地中海地区出现最晚和影响最大的古罗马文明，在历史上中断了。

当罗马帝国危机四伏的时候，226年，安息王朝被萨珊王朝的波斯所取代了。罗马帝国曾经多次侵犯安息，遭到安息的顽强抵抗。安息阻遏了罗马向东扩张，使西亚地区免受罗马奴役，但自身也逐渐衰弱了。萨珊王朝的建立者原是安息属下的波斯王公，他乘机起兵夺取政权。萨珊王朝从建立伊始，就内争外斗，很不平静。内部阶级斗争尖锐，神庙和贵族的庄园使用奴隶劳动，矿山和贵族家内也使用奴隶劳动。奴隶主用改良的方式维持奴隶制，给予奴隶支配1/4或1/10劳动所得的权利。农民的赋税、徭役和兵役的负担沉重，有的被迫卖出土地。外部与罗马的战争持续不断，3—5世纪的200年间发生了9次战争。5世纪时，嚈哒人又从东北入侵，萨珊王朝最终被迫纳贡求和。

长期承受赋税兵徭重负和战争破坏的人民，终于不能忍耐下去了。5世纪末，波斯发生了广泛的人民起义运动，要求废除奴役与剥削。起义由首都扩大到各省，广大农民、城市贫民和奴隶纷纷参加。这次起义历时40年，虽然最后被镇压下去，但沉重地打击了统治者。

　　萨珊王朝继承波斯帝国以来的文化传统，又以其地处东西方通道的优势，吸收其他国家文化，也影响其他国家的文化。在文史方面，萨珊时期既有丰富的波斯语的文学作品，还有叙利亚语的文学作品。王朝宫中设置史官，编纂史书，如《统治者之书》就是当时的作品。在建筑艺术方面，王宫宏伟壮丽，饰以雕塑和彩绘。雕刻中的岩石浮雕最为有名，生动逼真。手工艺品也非常精致，具有独特的风格。波斯的摩尼教和袄教（拜火教）不仅在中亚传播，而且传到中国。

　　2世纪中叶，中亚的贵霜王朝达到极盛，囊括了恒河和印度河流域。它的疆域西起咸海，东至葱岭，是中亚细亚一个庞大的帝国。然而，贵霜的统一并不巩固，到3世纪30年代，帝国日趋衰落，逐渐解体，原来被征服的王国已经不再听命，统治所及只有大夏、喀布尔河流域和次大陆西北部，并且很快分裂为若干小国。不久，新兴的萨珊王朝占据了今阿富汗一带。4世纪时，南方摩揭陀建立起笈多王朝，控制了次大陆的北部。5世纪时，嚈哒人自北而下，消灭贵霜的残余势力。贵霜社会中奴隶制生产方式有显著发展，有些地区已出现封建制生产关系。

　　笈多王朝在5世纪初甚为强盛，经济比较繁荣，佛教文化兴盛。"人民殷乐，无户籍、官法。唯耕王地者，乃输地利，欲去便去，欲住便住。"[①]国家为僧人修寺院，供给田宅、园圃，赐予民户。这说明国中既有自由民，也有依附农民，封建生产关系正在生长。笈多王朝强盛的局面非常短暂，5世纪中叶，由于嚈哒人不断入侵，笈多王朝中央政权衰落，内部分崩离析，疆土日蹙。至5世纪末，它所统治的地区只剩下摩揭陀及其东南的一小部分。于是，印度古代最后一个强大的王朝到6世纪已经不复存在了。

　　笈多王朝时，与神学相联系的古代印度哲学较为发达，吠檀多派提出了一整套的一元论客观唯心主义体系，认为梵是唯一的本体，梵以幻法创造了世界。这是为婆罗门教服务的哲学。笈多王朝是梵语文学繁盛的时期，《五卷书》《嘉言集》等以民间故事、寓言和童话的形式歌颂普通人民，讽刺虚伪的国王、大臣和婆罗门祭司。数学、天文、医学等自然科学部门也取得了显著的成就，数学发明了0，已经掌握开平方根和立方根，能够解二次不等方程式。天文学家提出大地是一个球体，并围绕地轴自转的学说。

---

　　① （东晋）释法显：《佛国记》，见《丛书集成初编》第3248册，6页，北京，中华书局，1991。

相比之下，虽然这个时期的我国历史也经历了剧变，在西晋短期统一后，北方建立许多少数民族政权，南北分裂长达 270 多年，但是，我国在分裂时期实现了各民族的大交融，进入中原地区的少数民族接受了祖国的传统文化，为重新统一奠定坚实的基础，使我国政治统一和民族团结得到进一步的巩固和发展，为人类文明做出更加伟大的贡献。

中国古代史上的魏晋南北朝，如果从 196 年曹操迎汉献帝都许（今河南许昌）算起，到 589 年隋文帝杨坚灭陈，共有 393 年的历史。这一时期，大体上可以分为三国、西晋、东晋十六国和南北朝 4 个阶段，其中西晋曾经在全国实现短期统一，其余则都处于分裂割据状态。

董卓之乱以后，东汉王朝业已解体，名存而实亡。州、郡与地方大族拥兵割据，展开了剧烈的兼并混战。曹操是割据群雄中的佼佼者，挟天子以令不臣，广屯田以蓄军资，唯才是举，知人善任，扫平大河南北的割据势力，统一了北方。孙权继承父兄基业，凭借长江天险，笼络大族豪强，占有江东地区。刘备在赤壁之战以后，则把势力从荆州扩大到巴蜀、汉中。于是，曹、孙、刘三分天下的局面形成了。220 年，魏王曹丕在洛阳代汉称帝。次年，刘备以汉朝的继承者自居，亦在成都即帝位。同年孙权接受曹丕的封号当了吴王，而直到 229 年才称帝，并很快迁都建业（今江苏南京）。

曹魏在三国中最为强大，政治上加强中央集权，设置中书省，创立九品中正制和都督制；经济上继续推行屯田，兴修水利，使农业生产有所恢复和发展，冶铸、纺织业也颇有成就。曹魏后期，政权落入门阀士族的代表人物司马懿父子手中。孙吴对外联合蜀汉，抗御曹魏；对内辑睦文武，征服山越，江东得到初步开发，农业有了长足发展。纺织、采冶、造船业较为发达。蜀汉在丞相诸葛亮的治理下，政治比较清明，经济也得到恢复发展，农业、煮盐、冶铁、纺织业都有显著的进步。但由于连年北伐，损耗严重，国力较弱。

263 年，魏灭蜀汉，2 年后，司马懿孙司马炎代魏称帝，建立西晋。

西晋大封宗室，优崇士族。九品中正制只论门第阀阅，"故据上品者，非公侯之子孙，则当涂之昆弟也"①。占田荫客制确保权贵、士族享有广占土地和佃客的特权。西晋前期，社会比较安定，太康（280—289 年）中，社会呈现繁荣景象，但统治集团十分奢侈、贪婪，腐败风气迅速蔓延。晋武

———————————

① 《晋书·段灼传》。

帝司马炎死后，统治阶级上层为争夺控制白痴皇帝——晋惠帝司马衷，斗争不断激化，演成"八王之乱"。"八王之乱"造成的破坏和接连不断的天灾，驱使数以百万计的农民四处流浪，漂泊异乡，而内迁的匈奴、羯、氐、羌、鲜卑等少数民族人民也深受其害，于是其上层贵族乘机起兵，反抗西晋统治，西晋王朝在阶级斗争和民族斗争的激荡中灭亡。

从 304 年匈奴贵族刘渊称汉王起，北方地区逐渐进入了十六国阶段。史称十六国，而实际上存在过的大小割据政权有 23 个。这一期间，战乱不断，屠戮酷烈，社会经济文化又遭到严重的破坏，各族人民苦不堪言。其中，后赵石勒和前秦苻坚曾经基本上统一北方地区。317 年，西晋琅邪王司马睿在王导的辅佐下于建康(今江苏南京)称晋王，次年称帝，建立了偏安的东晋。东晋帝室衰微，门阀士族凌驾于其上，形成门阀政治的格局。首先是"王与马，共天下"①，其后是庾、桓、谢氏等轮流执政，门阀势力在朝野长期居于支配地位。东晋门阀士族比在西晋拥有更优厚的特权，他们平流进取，坐至公卿，兼并土地，封锢山泽，私占佃客，役使兵吏。皇权与门阀士族、门阀士族之间的矛盾错综复杂，导致内争不断发生，阶级斗争也日益尖锐，爆发了孙恩、卢循的起义。403 年，桓玄篡晋，继而北府兵将领刘裕起兵消灭桓玄，遂掌握了东晋朝政。后来，他出兵北伐，取威定霸，又镇压农民起义。420 年，刘裕自立为帝，建国号宋。

继东晋之后频繁更迭的宋、齐、梁、陈 4 个朝代，总称南朝。宋初加强皇权，抑制门阀豪强，禁止私占山泽、人口，整顿地方吏治。于是，元嘉(424—453 年)期间生产发展，经济繁荣，被誉为"元嘉之治"。刘宋后期，宗室诸王争夺皇位之争频频发生，禁卫军统帅萧道成便伺机夺取帝位，建立齐朝，即南齐。南齐政治腐败，一再重演宗室之间"骨肉相残"的丑剧，只维持了 22 年。501 年，雍州刺史萧衍攻入建康，次年代齐称帝，建立梁朝。他刚愎自用，以佞佛闻名，3 次舍身佛寺，以致终为降将侯景所乘。557 年，在平定侯景之乱时脱颖而出的陈霸先建立陈朝。陈朝局促于大江以南、信州(今湖北宜昌)以东，疆土狭小，气息奄奄。

十六国以后北方先后存在过北魏、东魏、西魏、北齐、北周，总称北朝。439 年，北魏重新统一北方。北魏中期，冯太后与孝文帝元宏进行具有重大历史意义的改革：实行均田制、三长制，从平城(今山西大同)迁都洛

---

① 《晋书·王敦传》。

阳，废除鲜卑旧俗，推行汉语、汉服装，等等。这一改革加速了北魏的封建化，促进了各民族大交融。北魏末年，在各族人民的起义中，由六镇军人起家的高欢和宇文泰各拥傀偏皇帝，分据邺城（今河北临漳）和长安（今陕西西安），北魏遂分裂为东、西魏。后来，高氏废东魏建立北齐，宇文氏代西魏建立北周。高氏统治暴虐，政治黑暗，倒行逆施，国力由盛而衰。宇文氏则改善吏治，整顿户籍，建立府兵，国力不断增强。周武帝宇文邕继续进行改革，取得显著效果。576 年，北周灭北齐，统一北方。周武帝死后，外戚杨坚执政。581 年，杨坚取北周而代之，建立隋朝，并于 589 年消灭陈朝，结束了长期的分裂割据状态。

　　毋庸讳言，魏晋南北朝是中国古代的一个乱世。大规模的社会动乱有董卓之乱、八王之乱、永嘉之乱、侯景之乱，小规模的动乱则史不绝书。这些动乱所造成的破坏是极其严重的：人口锐减，社会凋敝，经济衰退，文化事业几至于毁灭；长安、洛阳两大古都几度在战火中夷为丘墟，黄河中下游的高度文明一再遭到洗劫。即便今日，当我们吟诵曹操的"白骨露于野，千里无鸡鸣"的悲凉诗句时，当我们读到《晋书·食货志》"及惠帝之后，政教陵夷，至于永嘉，丧乱弥甚。雍州以东，人多饥乏，更相鬻卖，奔进流移，不可胜数。幽、并、司、冀、秦、雍六州大蝗，草木及牛马毛皆尽。又大疾疫，兼以饥馑，百姓又为寇贼所杀，流尸满河，白骨蔽野"时，面对这历史的斑斑血泪，难道我们能不为之动容吗？

　　值得庆幸的是，我们的民族并没有在如此的历史浩劫中沉沦，我们的各族人民在这样极端艰难困苦的时期仍然不屈不挠地劳动、创造，使中华文化仍然开出绚丽之花，结出丰硕之果。

　　首先是新经济区的开发。六朝时期江南地区的开发，具有划时代的意义。北方人民避难南下，络绎不绝，多次出现徙民风潮。大批流民过江，既补充了江南劳动力的不足，也带去中原先进的生产技术。江南大土地所有制进一步扩展，封建依附关系充分发展，江南经济开发的速度加快，从根本上改变原来火耕水耨、饭稻羹鱼的落后面貌，使人烟稀少、榛莽丛生之地变成良田沃土、鱼米之乡，山林川泽也披上新装。《宋书》评论说："江南之为国盛矣……地广野丰，民勤本业，一岁或稔，则数郡忘饥。会土带海傍湖，良畴亦数十万顷，膏腴上地，亩直一金，鄠、杜之间，不能比也。荆城跨南楚之富，扬部有全吴之沃，鱼盐杞梓之利，充仞八方，丝绵布帛之饶，覆衣天下。"①江南地区的开发，从农业始，既而带动了手工业、商业的发展，促进了集镇的兴起和都市的繁荣，也促进了对外商贸往来。由于商品货币经济的发展，商税成为国家财政的重要来源，从而改变了传统的经济格局，使南方的经济地位日益重要起来，全国的经济重心开始由北向南转移，为全国经济的复兴和全面发展奠定了坚实的基础。江南之外，在关中、中原流民较多的河西走廊和辽河流域，经济、文化面貌亦为之一变，成为小型的开发区。

其次是汉族与南、北各少数民族的大交融。魏晋之际，北方各少数民族大量内迁。西晋郭钦说："西北诸郡，皆为戎居"②，江统说："关中之人，百余万口，率其少多，戎狄居半"③。内迁的各族人民，大多成了国家的编户民，即使仍保持聚族而居，但与汉族人民往来频繁，生产、生活方式逐渐汉化，有的少数民族与汉族人民错居杂处，或被征入军队，或沦为汉族地主的依附民和奴隶，汉化程度更深。十六国时期的统治者展开激烈的人口争夺，战胜者把人口掳掠到自己的统治区，进一步打破各族的隔离状态。各族人民在共同的斗争中团结一致，相互支持，加强了彼此间的联系。民族混居是民族交融的前提，在这个前提下，不断缩小以至于消弭各族间语言、经济生活、文化和心理素质上的差异。特别应当指出的是，各少数民族的统治者认同华夏文化，往往自称华夏后裔，自觉自愿接受汉族的政治经济制度和传统思想文化，并以政权的力量推动汉化的进程。其中苻坚是一位杰出的人物，他尝试"混六合为一家"④，统一全国，尽管由于条件尚未成熟而失败，但功不可没。北魏孝文帝在民族交融的条件日趋成熟时，坚决果断地实行汉化改革，对最终从文化和心理素质方面消除民族隔阂起了重大的作用。此后，北镇军人政权虽然掀起反汉化的逆流，但终究是螳臂当车，其结果是更广阔、更深刻的汉化，至隋朝时，南北各地少数民族大抵已经与汉族交融为一体。魏晋南北朝时期的民族交融，是中华民族史上光辉的一页，对中华民族的发展影响深远，作用巨大。

最后是科技文化的辉煌成就。魏晋南北朝的科技文化成就超越秦汉，与后代的"治世"相比也毫不逊色。农学有贾思勰的《齐民要术》，总结了各

---

① 《宋书·孔季恭羊玄保沈昙庆传论》。
② 《晋书·四夷·北狄传》。
③ 《晋书·江统传》。
④ 《资治通鉴》卷一百三。

族劳动人民丰富的生产经验和先进技术。炼钢方面有"杂炼生鍒法"和"灌钢法"的发明，把冶炼技术推进到一个新阶段。机械制造方面有翻车、水碓、连机磨、千里船等重大创造，反映了当时生产力发展水平和科学知识积累程度。数学有刘徽的《九章算术注》和祖冲之的《缀术》，祖冲之把圆周率的数值精确到小数点后 7 位。历法有何承天的《元嘉历》、赵歠的《元始历》和祖冲之的《大明历》，历法的进步是先进的天文学的成果。医学方面有张仲景的中医巨著《伤寒杂病论》，有华佗的麻醉剂——麻沸散和外科手术。所有这些都居于当时世界前列。此外，哲学、史学、地理学、文学艺术等也有许多令世人瞩目的成就，为中华文化的繁荣昌盛做出了独特的贡献。

人类是在与社会和自然界的斗争中创造历史的。来自社会和自然界的压力在一定条件下可转化为人类历史前进的动力。魏晋南北朝是乱世，天灾人祸，接踵而至，其压力尤大。而魏晋南北朝的历史正是在这种巨大的压力下曲折地、顽强地前进的。以门阀士族为代表的统治阶级的残酷剥削、压迫，以及各族统治者争权夺利的混战厮杀，扼杀不了各族人民的劳动、创造。当然，各族人民为此付出了沉重的代价。

我们学习魏晋南北朝史，首先，应该读一点基本文献，最主要的文献是所谓"一志""八书""二史"，即正史中的《三国志》《晋书》《宋书》《南齐书》《梁书》《陈书》《魏书》《北齐书》《周书》《南史》《北史》。《隋书》中的诸志记载了梁、陈、北齐、北周 4 朝的典章制度，也属于最主要的文献的范围。其次，如果把编年体的《资治通鉴》与纪传体的正史对照阅读，我们则比较容易明了历史大势，掌握发展脉络；而且，《资治通鉴》还可校勘正史，补充正史之不足。最后，魏晋南北朝时期的著作文集，如《世说新语》《水经注》《颜氏家训》《洛阳伽蓝记》《华阳国志》等，是无数著述散佚后硕果仅存者，都极为宝贵。散佚的著述片断可见唐人所编的《艺文类聚》《初学记》《北堂书钞》等类书中。另外，文物的史料价值也越来越受到重视，如历年出土的碑刻、墓志和敦煌吐鲁番文书，尤其是近年来魏晋南北朝考古屡有重大发现，对认识和研究魏晋南北朝社会有着巨大的价值。1996 年，在长沙走马楼发现的三国吴简，内容极为丰富，有一部分已整理发表。与敦煌吐鲁番文书相仿，吴简的研究也正在发展为一种专门的学问。近年江西南昌、湖北鄂州、湖南郴州等地也出土有魏晋时期的简牍材料，其中部分已被《散见简牍合辑》收录。当然，对以上文献，我们只能有选择地读一些。

第二节　三国和两晋

一、魏、蜀、吴三国

(一)三国鼎立

东汉末年，皇权在黄巾起义的打击下摇摇欲坠，而地方势力却迅速崛起，分裂割据之势已经出现了。

中平六年(189年)，汉灵帝病死，他的14岁的嫡子刘辩继位。灵帝后兄何进与司隶校尉袁绍合谋诛灭宦官，因事机不密，何进反被宦官所杀。袁绍遂勒兵入宫，诛杀宦官2000余人。东汉长期以来争权夺利的外戚和宦官集团终于同归于尽，政权落入董卓的手中。

董卓本是陇西豪强，以镇压羌人和黄巾起义升迁至并州牧，驻军河东(今山西夏县)。何进谋诛宦官，密召他带兵入京为援。董卓入京后，废黜刘辩，另立灵帝9岁的庶子刘协为帝(汉献帝)，而独揽朝政大权。

董卓擅自废立和专制朝政，激起关东地方势力的强烈不满。关东的州郡牧守推举袁绍为盟主，组成讨伐董卓的联军。董卓为避关东兵锋，乃迁都长安。他纵兵掠抢，焚毁洛阳及周围200里的宫室、民居，驱逼洛阳百姓数百万口西去。董卓一走，关东联军则作鸟兽散，开始割据混战，彼此"还相吞灭"①。初平三年(192年)长安发生政变，董卓被部下吕布杀死，后来，他的部将又相互攻杀，使"长安城空四十余日，强者四散，羸者相食。二三年间，关中无复人迹"②。至建安元年(196年)汉献帝辗转返回洛阳时，割据局面已经形成：袁绍占据冀、青、并3州，曹操占据兖、豫2州，公孙瓒占据幽州，陶谦占据徐州，袁术占据扬州，刘表占据荆州，刘焉占据益州，孙策占据江东，韩遂、马腾占据凉州，公孙度占据辽东，而刘备立足未稳，依违于各割据势力之间。就在这一年，曹操迎汉献帝迁都许县(今河南许昌)，取得了"奉天子以令不臣"的政治地位。

曹操(155—220年)，字孟德，沛国谯县(今安徽亳州)人。其父曹嵩是大宦官曹腾的养子，官至太尉。曹操少机警，有权术，20岁时举孝廉为郎。

---

① 《三国志·魏书·文帝纪》注引《典论》自叙。
② 《后汉书·董卓传》。

他担任过洛阳北部尉，执法严明，不畏权豪；后在济南相任上，罢黜贪官污吏，禁断一切淫祀。由于权臣专朝，贵戚横恣，他唯恐招致家祸，便托病辞官。灵帝中平五年（188 年）组建西园新军，他才复出，任典军校尉。董卓专权后，曹操逃出洛阳，到陈留聚兵 5000 人，参加讨董联军。初平三年（192 年），青州黄巾军攻杀兖州刺史，曹操入据兖州，击败黄巾军，收受降卒 30 余万，男女百余万口。他改编其中精锐者，号称"青州兵"，从此势力大振。当时，大河南北几经战争破坏，城邑夷为丘墟，田园一片荒芜，粮食极端缺乏，不少割据武装因饥饿而瓦解离散，不攻自破。于是，曹操在迎汉献帝都许的同时，开始在许都周围实行屯田，当年获得谷物百余万斛，以后又把屯田制推广到其他地区，为统一北方创造了有利条件。

当曹操大体上平定黄河以南时，袁绍也平定了黄河以北。建安五年（200 年），双方决战于官渡（在今河南中牟境内）。袁绍兵多势众，粮草丰足，但刚愎自用，多疑少决。曹操采取声东击西、诱敌深入等战术，连连挫败袁军。后来，曹操又两次袭击袁军运粮车，烧光全部粮草，终于在官渡以少胜多，歼灭袁军主力，取得了统一北方的决定性胜利。官渡之战后，袁绍病死，其子袁谭、袁尚自相攻击，曹操乘机挥师北上，消灭了袁氏残余势力。

建安十三年（208 年），曹操南征荆州，企图扫平南方割据势力。这时刘表已死，其子刘琮举州而降。依附于荆州的刘备退守夏口（今湖北汉口），派谋士诸葛亮到江东，同孙权结盟，共谋抗曹之计。曹操率 20 余万众，号称 80 万大军东进，与孙刘联军 5 万人遭遇于赤壁（今湖北嘉鱼东北）。曹军"远来疲敝"①，军中流行疫病，北人不习水战，荆州降卒则持观望态度。孙军主帅周瑜派将领黄盖诈降，因风纵火，焚毁曹军舰船，然后孙刘大军水陆并进，大败曹军。

赤壁之战奠定了三国鼎立的基础。曹操转而经略关中，击破韩遂、马超，完成了北方的统一。刘备占领荆州大部分后，又西取益州，占据汉中。当刘备荆州守将关羽北攻樊城（今湖北襄樊）时，孙权袭杀关羽，夺得荆州，接着又占有交州。220 年，曹操死，其子曹丕篡夺了汉献帝的皇位，自己在洛阳称帝，国号魏。221 年，刘备在成都称帝，国号汉，史称蜀汉。同年，孙权在武昌（今湖北鄂州）称王，国号吴，并于 229 年称帝，旋迁都建业（今江苏南京）。

---

①　《三国志·蜀书·诸葛亮传》。

（二）魏

从迎汉献帝都许以后，曹操加强控制中央军政大权，对政治制度进行了一系列的变革。曹丕即位后，又加以厘正增补，使之更加规范化。

曹操执政时，汉献帝只是傀儡。诏命实际上是曹操“霸府”僚属中的记室令史在曹操授意下起草的。建安十八年（213年），曹操称魏公，设置魏国三公、尚书、侍中等官，又把记室改组为秘书监，设秘书监、令、丞、郎。后来，曹丕改秘书监之名为中书省。中书省是中央的决策中枢，中书监、令以起草诏命的形式参与决策，他们权任极重，但资格较浅，君主容易加以控制。中书省取代尚书台参与决策的部分职权，使尚书台主要成为行政中枢，一般由元老重臣担任尚书令、仆射的尚书台权力被削弱了。此外，侍中、给事黄门侍郎拥有审阅尚书台呈奏文书的权力，部分地参与决策，以后由他们组成了门下省。从此，中书、尚书、门下成为新的中枢。

建安年间，曹操还在霸府设置校事和刺奸之职，“上察宫庙，下摄众司，官无局业，职无分限”①。曹魏建国后，校事与御史台同为中央监察机关，不相统属。由于校事官吏受皇帝信任，因此权力超过御史台。校事对维护曹魏中央集权发挥了重要作用，但也有滥用权力的弊病，一直到嘉平中才被执政的司马懿所撤销。

为了把军权集中于中央，曹操又设置都督。东汉末年以来，各地大族豪强纷纷建立地主武装。他们归附曹操之后，曹操仍使统领各自的部众。这样做有利于笼络大族豪强，但不利于统一指挥。于是，曹操在数支部队之上设置都督，作为某一次战役或某一防区军队的统帅。都督是中央官，其统领的军队也就成了中央军。曹丕即位时，正式建立都督制。都督是驻防地区的最高军事长官，有时兼领一州或数州刺史。然而，都督权力过重，并且逐渐转变为地方官，导致后来出现外重内轻的局面。

曹操主张唯才是举，他3次颁布求贤令，宣称只要有治国用兵之术，则不计前嫌，加以任用。他从行伍和俘虏中拔擢了不少有用之才，如于禁、乐进原是士兵，张辽、徐晃原是降将，都得到重用。这时世家大族处于发展时期，涌现了许多有勇有谋的人物，曹操极力把他们网罗到身边。凡是拥护自己的，就委以重任；凡是反对自己的，就惩处不贷，甚至杀戮。曹丕实行尚书陈群提议的九品中正制，把官吏选举权集中于中央。中央委任

---

① 《三国志·魏书·程昱传》。

"贤有识鉴"的中央官兼任中正，负责考察本籍（包括流散在外地者）的士人和官吏，分为 9 个等级，提供吏部作为任用和黜陟的依据。所以，九品中正制不仅是选官制度，而且兼具考课官吏的作用，其本意"盖以论人才优劣，非为世族高卑"①。但是中正官往往被大族所垄断，而中正又把门第作为品评的首要甚至唯一条件。于是九品中正制变成培植魏晋士族的温床。

曹魏政治制度的改革本来都是着眼于加强中央集权的，但都走向了反面，这是时势使然。

曹魏前期，社会经济获得恢复和发展。屯田制继续发挥积极作用，国家对小农征发赋役有所限制。曹魏还在各地兴办水利灌溉事业，开凿河渠，修建陂塘，都颇有成绩。

司马懿是曹魏的元老重臣，辅助曹丕父子，尤其从明帝太和五年（231年）主持对蜀汉的战争后，威权大为提高。明帝死，曹芳继位，司马懿和宗室曹爽共同辅政。曹爽任用一些少壮派官僚，企图进行改革。② 改革主要集中在选官上，他们反对中正过分干预尚书台的职权。司马懿感到受到排挤，十分不满，称病在家，表面上假装谦让，暗中等待时机，而紧紧抓住军权不放。正始十年（249 年）一月，曹爽随从皇帝曹芳到洛阳城郊去祭扫明帝高平陵，司马懿乘机关闭城门，发动政变，以莫须有的"反逆"罪名，族灭曹爽及其同党。从此，曹魏政权落入司马氏父子手里。

后来，司马氏又继续清除地方上的反对势力，先后镇压了淮南的 3 次叛乱，进一步巩固了自己的统治。景元四年（263 年），司马昭派兵灭蜀。两年后，司马昭死，其子司马炎继位为丞相、晋王，不久废魏帝自立，是为晋武帝。

（三）蜀

刘备（161—223 年），字玄德，涿郡涿县（今河北涿州）人，汉宗室之后。他小时候家道已经中衰，东汉末年依靠大商人的资助起兵，势力一直比较弱小。投靠刘表后，他思贤若渴，三顾襄阳隆中（在今湖北襄阳）之草庐，求见诸葛亮。诸葛亮（181—234 年），字孔明，琅邪阳都（今山东临沂）人，避难于荆州。他才识过人，但英雄无用武之地。刘备不耻下问，使他大受感动。他为刘备分析天下大势，提出"跨有荆益，保其岩阻，西和诸戎，南

① 《宋书·恩幸列传》。
② 参见王晓毅：《中国文化的清流》，55 页，北京，中国社会科学出版社，1991。

抚夷越，外结好孙权，内修政理。天下有变，则命一上将将荆州之军以向
宛洛，将军身率益州之众出于秦川"①的战略，并且出山辅佐刘备。

刘表死后，荆州士众大多归于刘备。赤壁之战的胜利，刘备得到最大
的实惠，他终于有了一个根据地。建安十六年（211 年），割据巴蜀的刘璋邀
请刘备进攻汉中张鲁，正中刘备下怀，刘备便乘机入蜀，占据了蜀地。建
安二十四年（219 年），刘备又从曹操手中夺取汉中；然而，荆州却被孙吴夺
去，大将关羽折损。刘备称帝第二年，从三峡出兵，与孙吴会战于夷陵（今
湖北宜昌东南）。蜀军从巫峡至夷陵连营 700 里，吴军大将陆逊坚守不战。
后来陆逊乘天气燥热、蜀军疲惫之机发起火攻，蜀军全线崩溃，刘备虽然
逃回白帝城（今重庆奉节），但不久发病而死。

诸葛亮受命于危难之际，他不负刘备所托，鞠躬尽瘁，使小国寡民的
蜀汉社会政治经济蒸蒸日上。刘备死后，他立刻派使者到吴国与孙权重新
结盟，以后两国一直保持良好关系。蜀国内部比较复杂，外来荆楚人士与
益州地方人士之间、汉族与南中少数民族之间都有矛盾。诸葛亮把礼治和
法治结合起来，较好地处理了这些矛盾。诸葛亮对益州地方人士既不歧视，
也不姑息纵容。蜀郡从事杨洪有识见，被他破格提拔为代理蜀郡太守。杨
洪又推荐门下书佐给诸葛亮，也被任命为广汉太守。广汉名士秦宓曾经拒
绝刘璋辟召，诸葛亮聘为益州别驾，后提升为左中郎将。因此"西土咸服诸
葛亮能尽时人之器用也"②。当然，益州人士如果有罪，诸葛亮亦不宽纵，
如李严延误军粮运送，虽然平素与诸葛亮私交甚笃，仍被削职为民。

当时，益州豪强煽动少数民族叛乱，蜀地动荡不安。建兴三年（225
年），诸葛亮出兵南中，他采取"心战为上，兵战为下"的方针，对少数民族
的首领孟获七擒七纵，终于使他心服，表示不再反叛。南中平定后，诸葛
亮不置官、不留兵，即其渠帅而用之，收到了"夷汉粗安"的效果。诸葛亮
对南中的用兵，是为了巩固统治，而客观上加强了少数民族与汉族经济文
化的联系，有利于少数民族地区的开发。因此，关于他的传说得以长期在
这些地区流传。

从建兴六年（228 年）起，诸葛亮致力于北伐，至十二年（234 年）共出兵
5 次。他具有很高的军事才能，戎阵整齐，法令明肃；创造木牛、流马，以
克服山区运输困难。他打了一些胜仗，也派兵在渭水旁屯田，做长期打算，

---

① 《三国志·蜀志·诸葛亮传》。
② 《三国志·蜀书·杨洪传》。

但终因粮运不济而功亏一篑，最后病死军中。

诸葛亮死后，蜀汉采取守势，后将军姜维统军，又连年出兵，而不得朝中支持，屡吃败仗。后主刘禅宠信宦官黄皓，政治日益腐败，结果被魏所灭。

（四）吴

孙权（182—252年），字仲谋，吴郡富春（今浙江杭州富阳区）人。其父孙坚原来依附于袁术，孙坚死后，子孙策代领其众，向江东发展。孙策遇刺死后，孙权继承父兄基业，多方招延俊秀，征聘人才，获得豪族人士如张昭、周瑜、吕蒙、陆逊等的支持，一时号为多士。当时分布在江南山地的越人后裔被称为"山越"，他们对孙权的统治进行了顽强的反抗。孙权一再派兵进剿，大批的山越被迫迁出山区，其强壮者被征为兵，孱弱者则编入民户。在孙吴军队中，山越几占一半。他们逐渐和孙吴人民融合。

赤壁战后，孙权对刘备占有荆州耿耿于怀。刘备夺取益州，孙权立刻要求他退出荆州。经过一番较量，双方达成妥协：以湘水为界，中分荆州。但孙权仍不满意，最终把刘备挤出荆州。孙权对曹魏则凭借天险，实行"限江自保"的政策。曹丕称帝时，封孙权为吴王，而孙权唯恐曹军大举进讨，故长期不敢称帝。魏军虽然多次兴兵，但因为力量不足，且不习水战，故双方得失相当。黄龙元年（229年），孙权终于称帝。

孙吴的统治是以江南大族豪强为基础的。大族豪强的代表人物官居高位，而"公族子弟及吴四姓，多出仕郡，郡吏常以千数"①。他们身为国家将帅，还拥有私兵部曲，父子相传，兄死弟继，代代统兵，这就是所谓世袭领兵制。所以，魏将邓艾曾经对司马懿说："孙权已没，大臣未附，吴名宗大族，皆有部曲，阻兵仗势，足以建命。"②孙吴又把大量佃客赏赐给有功的领兵将领，使之变为私附，至孙吴后期，江南大族已经是"僮仆成军，闭门为市。牛羊掩原隰，田池布千里"③了。由此可见，江南士族在孙吴统治时期已经逐渐形成了。

孙权晚年，敢于直言的元老大臣已相继去世，他变得刚愎自用，猜忌残忍，还经常沉湎于酒。在立太子时，孙权反复无常，大臣因此分成两派分别党附于两个皇子。孙权怕引起内部分崩离析，遂另立少子孙亮为太子，

---

① 《三国志·吴书·朱治传》。
② 《三国志·魏书·邓艾传》。
③ （东晋）葛洪：《抱朴子·吴失》。

而孙亮继位时年方 9 岁。从此，吴国政治日益混乱，对人民的剥削压迫加重，使国无一年之储，家无一月之蓄。吴末帝孙皓是一个暴君，动辄施用剥皮凿眼的酷刑。朝中大臣大将人人自危，离心离德，已经无法统治下去。

西晋咸宁五年(279 年)，晋武帝分 6 路出兵伐吴，势如破竹。吴军望风而逃，孙皓只得投降。

二、西晋的短期统一

(一)西晋的建立

咸熙二年(265 年)，司马昭之子司马炎效法曹丕，以"禅让"的方式代魏称帝，国号晋，史称西晋。

西晋建立之初，分封宗室子弟为诸王者 27 人，以郡为国。大国 2 万户，小国 5000 户，王国各成立国军。虽然，最初诸王并不就国，置军亦是虚文，但是，他们出将入相，"或出拥旄节，莅岳牧之荣；入践台阶，居端揆之重"[1]。司马氏子弟出镇地方，担任都督，是从魏末开始的，从而为代魏做了准备。西晋建立后，这个政策没有改变。西晋都督大多兼任刺史，在晋武帝取消州郡兵以后，诸王都督的权力更重，这一制度和后来八王之乱的发生大有关系。

西晋继续实行九品中正制。中正的品第是士人入仕的前提，品第高低决定官职的高低。门第高则品高，所授的官也高；门第低则品低，所授的官也低。因此，高级官吏都被大族高门所垄断。当时，议郎段灼上表说："今台阁选举，涂塞耳目；九品访人，唯问中正。故据上品者，非公侯之子孙，则当涂之昆弟也。"[2]尚书左仆射刘毅更尖锐地指出："虽职名中正，实为奸府；事名九品，而有八损。"[3]魏晋士族正是由这些在九品中正制中蝉联高位的高门大族所形成[4]，而那些出身寒微者，即使才智过人，也难有出头之日，士、庶的界限越来越分明。九品中正制是士族形成的条件，又成为士族的政治特权。此外，士族还拥有荫庇子孙宗族和占有佃客、免除赋役的经济特权。

---

① 《晋书·八王列传》。
② 《晋书·段灼传》。
③ 《晋书·刘毅传》。
④ 唐长孺：《魏晋南北朝史论拾遗》，58 页，北京，中华书局，1983。

西晋灭吴后，结束了自东汉末年以来的分裂割据局面，实现了国家统一，社会比较安定。在当时的占田制下，农民一般能够拥有一小块属于自己的土地。由于他们的辛勤劳动，社会经济有了恢复和发展。太康（280—289 年）年间，人口增加了 100 多万，荒芜的土地得到垦辟，出现繁荣气象。史书上说："是时天下无事，赋税平均，人咸安其业而乐其事。"①这个记载基本上还是可信的，只是安定的局面太短，不久之后又陷入天下大乱了。

(二)统治集团的腐败

晋武帝是开国之君，却是平庸之主，无经国远图，宽纵大臣，信用佞臣。朝中权贵结党营私，政出多门。晋武帝即位之初，做出一副去奢从俭之态。他把宫中的珠玉珍宝颁赐臣下，罢省郡国贡献，禁止乐府靡丽百戏，以示俭约。其实，他贪婪成性，公然卖官鬻爵，以为私财，自灭吴之后，更加志得意满，以为江山一统，天下太平，"骄泰之心，因斯以起"②。他的后宫原有宫女五千，又选取吴宫女五千，终日耽于嬉戏。君主如此，臣僚更甚。西晋权贵大多是曹魏权贵的子孙，生于富贵，安于逸乐，以奢靡相竞，纵情于声色。

太傅何曾"性奢豪，务在华侈，帷帐车服，穷极绮丽；厨膳滋味，过于王者"③。他每天饮食花费万钱，还说没有下箸之处。刘毅等人多次弹劾何曾奢侈无度，但晋武帝都以何曾是重臣为由，不予追究。何曾之子何劭更加奢侈，衣裳服玩堆积如山，食必尽四方珍异，一天花费竟达 2 万钱，可比宫中御膳。大司马石苞之子、卫尉石崇"财产丰积，室宇宏丽。后房百数，皆曳纨绣，珥金翠。丝竹尽当时之选，庖膳穷水陆之珍"④。他与晋武帝舅父王恺等人斗富，王恺用麦糖和干饭擦锅，他用蜡当柴；王恺用紫丝布作步障 40 里，他作锦布障 50 里；他用椒泥涂屋，王恺则用赤石脂。晋武帝常常帮助王恺，赐给他一株枝柯扶疏的珊瑚树，王恺拿出来炫耀，被石崇以铁如意击碎。王恺气急败坏，石崇从容取出高 3～4 尺的珊瑚树六七株，皆光彩夺目，至于像王恺那样的多得很。石崇每次宴客，让美人劝酒，客人不喝，便杀美人。有一次王敦故意不喝，看石崇杀美人取乐。吃喝玩乐之

---

① 《晋书·食货志》。
② 《晋书·武帝纪》。
③ 《晋书·何曾传》。
④ 《晋书·石苞传子崇附传》。

外，他们"尚于玄虚，贵为放诞"①，沉醉于清谈，不理政务。

　　为维持奢侈的生活方式，他们千方百计地聚敛财富，广占园田土地，收受贿赂。例如，鬲令袁毅行贿遍朝中，以求升迁。当时求官买职成风，王沈在《释时论》中说："京邑翼翼，群士千亿，奔集势门，求官买职。童仆窥其车乘，阍寺相其服饰，亲客阴参于靖室，疏宾徒倚于门侧。时因接见，矜厉容色，心怀内荏，外诈刚直，谭道义谓之俗生，论政刑以为鄙极。高会曲宴，惟言迁除消息；官无大小，问是谁力。"②连荆州都督杜预也不得不给朝中权贵送礼以求平安。更有甚者，石崇在荆州任上竟然派人抢劫过往的使者、客商。对此，时人鲁褒讽刺说："凡今之人，惟钱而已。"③

　　西晋统治集团腐败到这个地步，它的灭亡已经指日可待了。

(三)八王之乱

　　太熙元年(290年)晋武帝死后，晋惠帝司马衷继位。晋惠帝是个白痴，在园林中听见青蛙叫声，问是为官还是为私。天下大乱时，百姓多饿死，他说："何不食肉糜？"武帝立太子时，正直的大臣主张由武帝弟、齐王司马攸继位，但武帝固执不从。惠帝即位后，外戚杨骏辅政。皇后贾南风一心想攫取政权，乃指使楚王玮杀杨骏，继而又杀汝南王亮等，然后，贾后杀掉楚王玮，从而控制了朝政。这时，张华等比较正派的大臣辅佐皇帝，弥缝补阙，才保持社会稳定。

　　永康元年(300年)，贾后杀非己所生的太子，成为大乱的导火线。赵王司马伦觊觎朝政已久，乘贾后杀太子之机以"共匡社稷，为天下除害"为名举兵，发动一场政变。废杀贾后之后，司马伦掌握了禁军和朝政，次年，又废惠帝自立。司马伦此举，激起了其他宗室诸王的忌恨，酿成长达6年之久的全国性的混战。为了争夺皇位和控制皇权，皇族什么骨肉亲情，什么长幼之序都抛弃了，只剩下赤裸裸的权力之争。

　　参加这场混战的除了赵王司马伦，还有齐王冏、长沙王乂、成都王颖、河间王颙、东海王越。齐王、成都王、河间王、长沙王等起兵反对赵王伦，后来诸王之间又展开了争斗。齐王和成都王盟军与赵王伦的军队在洛阳附近大战两个多月，死者近10万人，赵王伦败死，惠帝复位。齐王掌握朝政

---

①　《梁书·谢举何敬容列传》。
②　《晋书·文苑·王沈传》。
③　《晋书·隐逸·鲁褒传》。

后，河间王不满齐王执政，于太安元年（302 年）与在洛阳的长沙王联手，进攻齐王。长沙王杀齐王，控制了洛阳。次年，河间王与成都王联合，借口长沙王专擅朝政、杀害忠良，围攻洛阳。在东海王的支援下，他们攻克洛阳，杀长沙王。后来，东海王越持惠帝进攻驻在邺城的成都王。东海王战败，丢下惠帝，逃回封地。接着，东海王弟司马腾和幽州刺史王浚南下进攻成都王。王浚所部鲜卑、乌桓兵入邺城杀掠民众，使邺城遭到严重破坏。永兴三年（306 年），东海王卷土重来，攻入长安。成都王和河间王相继败死，东海王迁惠帝回到洛阳，随即便把他毒死。

八王之乱的危害极大，整个北方地区广披战火，破坏惨重，生产凋敝，生灵涂炭，死者不可胜数。八王之乱还引起一系列的连锁反应，激化了阶级矛盾和民族矛盾。这时，一些内迁的少数民族也陷入水深火热之中，纷纷起来反抗；而少数民族的酋帅、贵族则趁机起兵，逐鹿中原。在各族人民的反抗斗争中，西晋的统治终于结束了。

三、东晋十六国

（一）十六国的兴替

自东汉以来，原来分布在北方和西北方边境地区的少数民族逐渐内迁。匈奴、羯、鲜卑族主要从并州、幽州南下，羌、氐族主要从凉州、雍州东来。到西晋时，"西北诸郡，皆为戎居①"，"关中之人，百余万口，率其少多，戎狄居半"②。他们一般都保留着自己的氏族部落组织，而与汉族人民错居杂处，受汉族地主的剥削；他们的酋帅虽然被西晋王朝任命为官吏，但权力受到限制。因此，少数民族与汉族的矛盾还很严重。

元康中，略阳、天水等 6 郡的巴氐和汉族流民 10 余万口逃荒到益、梁 2 州。由于官府一再逼迫，流民走投无路，遂在巴氐首领李特的领导下举行起义。太安二年（303 年），李特子李雄攻克成都。1 年后，李雄自称成都王，后来他建国号成，史称成汉。这个政权至成嘉宁二年（347 年）亡于东晋。当时，荆湘一带流民的反抗斗争风起云涌，张昌、王如、杜弢等相继发动起义，但都被统治者镇压下去。

永兴元年（304 年），匈奴族首领刘渊在离石（今属山西）起兵反晋，自称

---

① 《晋书·四夷·北狄传》。
② 《晋书·江统传》。

匈奴大单于，后建国号汉，改称汉王，后称帝。刘渊子刘聪继立，派兵消灭西晋。刘聪实行"胡汉分治"，在大单于之下设单于左、右辅，各领少数民族10万落；另设左、右司隶统治汉族。光初元年(318年)，刘聪族弟刘曜即位，改国号为赵，史称前赵。十二年(329年)，前赵被后赵所灭。

后赵是羯族石勒建立的。石勒家世为羯族部落小帅，他少时替人佣耕，大乱后被官军掠卖为奴，因而发动起义。后来，石勒投靠刘渊，率军在冀、司、青、豫诸州纵横驰骋，消灭晋军主力。石勒善于用兵，极力争取汉族士人的支持，势力发展很快，便脱离前赵独立。前赵光初二年(319年)，石勒亦建国号赵，史称后赵。石勒也实行胡汉分治，他注意劝课农桑，兴办学校，赋税略有减轻，国力强盛，一度统一北方。石勒之侄石虎是个著名的暴君，穷兵黩武，众役繁兴，征求无已，后赵终于在他死后亡于冉闵。

中原大乱后，凉州相对稳定，刺史张轨抵御外敌，安抚流民。从317年起，张氏世守凉土，成为割据政权，史称前凉。张轨之孙张骏自称假凉王，前凉比较强大，其后诸子争权，逐渐衰弱下去，前凉太清十四年(376年)亡于前秦。

慕容氏是鲜卑族的一支，分布在辽河流域。慕容皝在公元337年建立燕国，史称前燕。慕容氏在辽西设立侨县，安置北徙流民，引用汉族士人，发展较快。慕容皝之子慕容俊南下消灭冉闵，雄踞中原。前燕统治者很快腐化，慕容氏贵族广占土地山泽和人口，又互相猜疑，在燕建熙十一年(370年)被前秦王猛所灭。

前秦是氐族苻氏所建。后赵亡时，苻洪聚众十几万，其子苻健进占长安，于352年称帝，建国号秦，史称前秦。苻健侄苻坚继位后，在汉族士人王猛的辅助下，进行政治、经济改革，加强中央集权。通过整顿吏治，兴办学校，劝课农桑，前秦出现了大乱以来最为繁荣的局面。在此基础上，前秦出兵消灭前燕、前凉、代，统一了北方，并派兵进攻西域。前秦建元十九年(383年)，苻坚不听群臣劝谏，大举进攻东晋，结果大败于淝水。淝水战败后，前秦立刻土崩瓦解，次年灭于后秦。

前秦亡后，北方重新陷入分裂。384年，羌族姚苌建立后秦，鲜卑族慕容垂建立后燕。姚苌子姚兴在位时比较留心政务，改善吏治，放免奴隶，提倡儒学和佛教。后秦于永和二年(417年)被东晋刘裕所灭。慕容垂发动对北魏的进攻，遭到惨败。北魏把后燕分割成两部，垂弟慕容德在青州建南燕，垂太子慕容宝北逃龙城(今辽宁朝阳)，旋被杀。南燕在太上六年(410年)被东晋所灭。385年，鲜卑乞伏氏在陇西建立西秦，氐族吕光在凉州建立后凉。在这个地区，后来又有 397 年由鲜卑秃发氏建立的南凉、400 年由汉人李暠建立的西凉和 401 年由匈奴沮渠氏建立的北凉。这些政权都比较弱小。407 年，匈奴族赫连氏在朔方建立夏国。409 年，鲜卑化的汉人冯跋在辽西建立北燕。此外，十六国时期还有西燕、翟魏、蜀及仇池等较小的政权。

（二）东晋门阀政治

司马睿是晋皇室疏属，袭爵琅邪王，永嘉元年（307 年）出镇建业（今江苏南京）。当时，北方日乱，随从司马睿过江的以王导为首的北方士族有百家之多。他们见西晋大势已去，便准备扶持司马睿上台。

江南大族在吴亡之后，仍然拥有自己的部曲家兵，"僮仆成军，闭门为市"，实力很强。但他们却被北方士族视为"亡国之余"①，在西晋朝中没有地位，因而，他们对司马睿和北方士族的南下持观望态度。在王导的斡旋下，南、北士族达成妥协，共同支持司马睿。建兴四年（316 年），晋愍帝出降刘汉，西晋灭亡。翌年，司马睿称晋王，又过一年才登帝位，建立东晋。司马睿即位时，邀请王导同登御座，受百官朝拜，虽王导固辞，而"王与马，共天下"②之谚已经不胫而走了。

东晋主弱臣强，元帝司马睿企图加强皇权，削弱王氏的势力。王导从兄、荆州牧王敦立即从荆州起兵，以清君侧为名，在王导和另外一些士族的支持下攻入建康（由建业改名），逼死元帝。此后，这种主弱臣强的局面一直持续到东晋末年。琅邪王氏之后，颍川庾氏、谯国桓氏、陈郡谢氏等门阀士族相继执政，形成了庾与马、桓与马、谢与马共天下之局。这种门阀士族势力得以平行甚至超越于皇权的政治就是门阀政治③。

在门阀政治中，门阀士族对皇权加以限制，门阀之间也互相制约，共同维持皇权不坠，从而形成具有门阀政治特色的政治制度。中央的中枢机关建立制衡机制，门下省审查中书省起草的诏书，可驳回要求重拟；门下省发出的诏书，还要经尚书省审查。尚书省呈报的奏议，先经门下省审查。再经中书省裁定。地方大州重镇分别由各门阀家族担任都督、刺史，这时全国普遍设置都督区，都督兼任刺史成为通例，"盖有不治军之刺史，而无

① 《晋书·周处传》。
② 《晋书·王敦传》。
③ 田余庆：《东晋门阀政治》，337 页，北京，北京大学出版社，1989。

不治民之都督"①，都督区俨然变成州之上的一级政区，都督变成地方最高军政长官。

由于不断有大批流民南下，东晋朝廷设置侨州、郡、县，以维护侨人士族的特权和安置侨人。北方原有的徐、兖、青、司、豫、雍、秦、幽、冀、并等在南方都有侨州。侨州、郡、县对招徕北方流民与安定社会起一定的作用，但是侨郡县的设置致使侨人流入士族豪门为奴为客，减少国家编户，也造成地方行政系统的紊乱。因此，东晋从咸和(326—334年)中实行"土断"。所谓土断，就是以居住地("土")作为断定户籍的依据，使侨人著籍，与原来的居民编成统一的户籍。后来，土断多次进行。

门阀士族拥有优厚的政治、经济特权。他们凭借门第，自可平步青云，轻易位至公卿。当时的中央和地方的文武要职基本上都由士族担任，特别是集中在北方士族王、庾、桓、谢和江南士族周、陆、顾七大家族手中。他们兼并土地，封锢山泽，荫占佃客，役使奴隶，过着寄生生活。在东晋门阀士族中，出现过桓温、谢安、谢玄等有作为的人物，但是，在特权和寄生生活的腐蚀下，门阀士族日趋没落，有才能的人越来越少了。

东晋兵役徭役十分沉重，"殆无三日休停，至有残刑剪发，要求复除，生儿不复举养，鳏寡不敢妻娶"②。隆安三年(399年)，朝廷征发由奴隶放免为佃客者当兵，激起浙东农民的愤恨，引发暴动。当时，逃匿在海岛的五斗米道徒孙恩乘机率所部登陆，与农民斗争合流，形成有组织的起义。起义军转战东南各郡县，很快发展到数十万人。在这一期间，东晋中央与地方势力反复较量，元兴元年(402年)，荆州都督桓玄攻进建康，并于次年称帝，建国号为楚。孙恩再次发起攻击，战败而死。余部由卢循、徐道覆统率，南下广州。

当门阀士族日趋没落时，次等士族出身的北府将领刘裕脱颖而出，担负了推翻桓玄和镇压农民起义的任务，同时也把东晋的政权控制在手中。至此，东晋的门阀政治结束了，而东晋也寿终正寝了。

(三)北伐与淝水之战

东晋初年，在门阀士族忙于建立江南小朝廷，进行权力的再分配的时候，著名将领祖逖毅然率军北伐。祖逖(266—321年)，字士稚，范阳遒县

---

① (清)黄本骥：《历代职官表》。
② 《晋书·范汪传子宁附传》。

（今河北涞水）人。他南渡以后，不甘故国倾覆，主动请缨。司马睿任命他
为豫州刺史，但只给少量给养，不给一兵一卒和兵器。祖逖义无反顾，率
领旧部数百人过江。他中流击楫而誓说："祖逖不能清中原而复济者，有如
大江！"①其辞色壮烈，众皆慨叹。当时，北伐的形势非常严峻。他步步为
营，稳扎稳打，艰苦奋战了 4 年多，终于收复黄河以南的广大失土。他"躬
自俭约，劝督农桑，克己务施，不畜资产，子弟耕耘，负担樵薪"②，从而
赢得了人民的拥护。正当祖逖抓紧积谷练兵，准备进军河北时，朝廷派戴
渊为都督指挥祖逖，并扼制祖逖后路。同时统治集团内部斗争十分激烈。
这些使祖逖忧愤成疾，病死军中，而北伐前功尽弃。

　　统治集团的内争，极大地牵制了东晋的北伐，庾亮兄弟经营北伐遭到
反对；后来，桓温主张北伐，也受到阻挠。朝廷另派不懂军事的褚裒、殷
浩北伐，及褚、殷一败涂地后才不得不同意桓温出兵。永和十年（354 年），
桓温统领步骑 10 万，一鼓作气地攻入关中，驻军灞上。但他未能及时进占
长安，贻误战机，前秦又坚壁清野，晋军乏食而退。十二年（356 年），桓温
再次北伐，一举收复洛阳。他几次建议还都洛阳，但朝中权贵在江南已经
广有田园，反对迁都。桓温还军后，朝廷改派他人守河南，遂使河南得而
复失。太和四年（369 年），桓温第三次北伐，他亲督水军由黄河进抵枋头
（今河南浚县），因数战不利，粮储用尽而退兵，结果遭到前燕的夹击，损
失三四万人。桓温把北伐作为扩大个人与门户威权的手段，比之祖逖，不
免大为逊色。

　　从太元三年（378 年）起，前秦开始发动对东晋的进攻，占领了梁州、益
州。尽管当时前秦国内民族矛盾仍然很严重，但苻坚企图一举统一全国。
当时，多数大臣认为时机尚未成熟，加以劝阻，唯有投降前秦的慕容垂、
姚襄支持。苻坚自恃"强兵百万，资仗如山"③，一意孤行。太元八年（383
年）七月，他下令大举南征，"遣征南苻融……率步骑二十五万为前锋。坚
发长安，戎卒六十余万，骑二十七万，前后千里，旗鼓相望。坚至项城，
凉州之兵始达咸阳，蜀汉之军顺流而下，幽、冀之众至于彭城，东西万里，
水陆齐进"④。

---

①　《晋书·祖逖传》。
②　同上书。
③　《资治通鉴》卷一百四。
④　《晋书·苻坚载记下》。

在强敌进犯之际，东晋宰相谢安举重若轻，从容部署。他派侄谢玄为前锋都督领兵 8 万应战。双方兵力悬殊，东晋处于劣势。但这时东晋内部矛盾比较缓和，"君臣和睦，上下同心"①，政局安定。而且，由谢玄指挥的北府兵主要由北方流民组成，战斗力很强。相反，前秦连年用兵，将倦兵疲，而被迫当兵的各族人民全无斗志。十月，前秦攻克寿阳，晋军退守硖石，秦军扼守洛涧(淮水支流，在今安徽淮南东)，企图切断晋军救援。苻坚派东晋降将朱序去劝降，朱序反向晋军献计，建议乘秦军尚未集结，发动进攻，速战速决。于是，谢玄派精兵 5000 人袭击洛涧，歼敌万余人。当苻坚登上寿阳城头时，看见晋军部伍齐整，遥望八公山上的草木，都以为是晋军，不禁大惊失色。

晋军水陆并进，与秦军隔着淝水相对而阵。谢玄要求秦军稍稍后退，以便晋军过河决战。苻坚挥师撤退，本想乘晋军半渡时发动突然袭击，但一退而不可止，阵脚大乱，溃不成军，自相践踏而死者无数。晋军乘机大举进攻，获得全胜。秦军在逃亡中听到风声鹤唳，都以为是晋军追来，昼夜不敢休息，死者十有七八。苻坚身中流矢，逃回洛阳收拾残部，只剩十几万人。

淝水之战的结局说明，当时实现统一的历史条件还没有成熟。

第三节　南北朝的对峙

一、南北朝初期

(一)刘宋的盛衰

刘裕(363—422 年)，字德舆，出身次等士族，家贫以贩履为业。在镇压孙恩起义时，刘裕作为北府兵的将领初露头角。桓玄代晋后，他召聚北府旧将起兵推翻桓玄，迎晋帝复位，从而执掌东晋大权。接着，他北上灭南燕，回师镇压卢循，西出扫平谯纵，还清除内部政敌刘毅、司马休之。义熙十三年(417 年)，刘裕率领大军北伐，攻破长安，消灭后秦。元熙二年(420 年)，他终于废晋帝自立，建国号宋，史称刘宋。刘裕即宋武帝。

宋初社会安定，宋武帝鉴于东晋门阀专政、皇权衰微的教训，采取抑

---

① 《晋书·苻坚载记下》。

制大族势力、加强集权的措施。他在东晋末年进行的"义熙土断"较有成效，又禁止私占山泽、人口。即位后，他规定宰相兼领扬州者，不置军府；以子弟近亲出守重镇，力图改变外重内轻的局面。他自奉甚俭，"清简寡欲"，故"内外奉禁，莫不节俭"。①

元嘉时代(424—453年)是南方自东晋以来的鼎盛时代。宋文帝刘义隆虽然多病，但仍然大权在握。他既发挥宰相的作用，又抑制权臣的宗派活动，使政局保持稳定。由于中书监、令已经成为荣誉职衔，他始用中书省的下级官吏中书舍人草诏。这是南朝"寒人掌机要"的滥觞。宋文帝重视整顿地方吏治，注意发展农业生产，减轻百姓负担，从而出现了欣欣向荣的景象。史称："至于元嘉末，三十有九载，兵车勿用，民不外劳，役宽务简，氓庶繁息。"②这就是所谓"元嘉之治"。

元嘉末年，刘宋因对北魏用兵失败丧地折师。文帝晚年，竟被太子刘劭所杀。从此，刘宋由鼎盛走向衰落。

刘劭篡位后，遭到宗室诸王的强烈反对。文帝第三子刘骏从江州起兵，讨伐刘劭，很快攻破建康，不久即帝位，是为宋孝武帝。宋孝武对政治制度多所更改，中央废除录尚书事之职，设置两位吏部尚书，尤其是重用中书舍人。"凡选授迁转诛赏大处分"③，皆使参与。地方则瓜分荆、扬，多设州郡，限制宗王出镇，或派行事、典签加以监督。典签本是小吏，而被君主倚为心腹，处处掣肘藩王。宋孝武统治期间，君臣猜嫌，骨肉相残，矛盾十分尖锐，先后发生南郡王义宣、竟陵王诞、海陵王休茂的叛乱。宋孝武以后，又发生晋安王子勋、桂阳王休范、建平王景素等叛乱。在骨肉相残中，刘裕的"九子、四十余孙、六七十曾孙，死于非命者十之七八"④。受害最大的还是无辜百姓，在镇压刘诞攻破广陵(今江苏扬州)时，宋孝武下令屠城，杀死数千人，城中女人全部分给将领做奴婢。统治者还加重对人民的剥削，"民荒财单，不及曩日，而国度弘费，四倍元嘉"⑤。于是，各地农民的反抗斗争不断发生，刘宋的统治已经日薄西山了。

---

① 《宋书·武帝本纪下》。
② 《宋书·孔季恭羊玄保沈昙庆列传论》。
③ 《宋书·恩幸·戴法兴传》。
④ (清)赵翼：《廿二史札记》卷十一"宋子孙屠戮之惨"条。
⑤ 《宋书·后废帝纪》。

(二)北魏统一北方

淝水之战后，鲜卑拓跋部酋长拓跋珪重新纠集部众，于 386 年恢复代国，不久，改国号魏，史称北魏。拓跋珪(371—409 年)即北魏道武帝。道武帝年轻有为，他接连征服周围的游牧部落，随后重挫后燕，大举挺进中原。在道武帝祖孙三代的努力下，北魏消灭夏、北燕和北凉，完成北方的统一。

与十六国时期的其他少数民族相比，鲜卑拓跋部的汉化程度最低，在进入中原以前，仍然处于氏族部落阶段。因此，它在中原建立自己的统治，并企图巩固这一统治时，就必然要走汉化即封建化的道路。道武帝对汉族士人"留心慰纳"，加以任用。他在戎马倥偬之际，"初建台省"，设置百官，制定律令，兴办学校。太武帝拓跋焘大规模地征召汉族士人，由各州郡送到中央，都授予官职。当时被征召的高允后来作《征士颂》曰：太武帝"梦想贤哲，思遇其人，访诸有司，以求名士。……亲发明诏，以征(卢)玄等，乃旷官以待之，悬爵以縻之。其就命三十五人，自余依例州郡所遣者不可称记"①。

虽然道武、太武顺应历史发展趋势，采用魏晋政治制度，实行汉化政策，但是，由于拓跋鲜卑的社会形态还比较落后，由于鲜卑贵族的反对，汉化是不可能一蹴而就的。因此，北魏前期实际上实行的是一种"胡汉杂糅"的政治制度。汉魏的台省和鲜卑的氏族部落旧制并行，如其尚书省设南、北二部尚书：南部尚书管南部州郡，任职者有鲜卑人，也有汉人；北部尚书管北部州郡，任职者全都是鲜卑人。机构用汉魏官制名，其实是胡汉分治的变态。诸州有一个时期则设置"三刺史"，宗室 1 人、异姓 2 人。北魏承袭十六国之制，还在关塞驻军处设立军镇。太延五年(439 年)，至少已有军镇 30 个。为防御柔然犯边，北方建立了有名的六镇：沃野镇(今内蒙古五原东北)、怀朔镇(今内蒙古固阳西南)、武川镇(今内蒙古武川西南)、抚冥镇(今内蒙古四子王旗东南)、柔玄镇(今内蒙古兴和西北)、怀荒镇(今河北张北北)。镇将由鲜卑贵族担任，镇兵由鲜卑部落民充当。

北魏初年，道武帝解散鲜卑族部落，实行分土定居，计口授田，鲜卑族部落民开始向定居的编户民转化。同时，他还迁徙被征服的山东 6 州吏民及徒河、高丽等到京都平城(今山西大同)，也实行计口授田。太武帝统一

① 《魏书·高允传》。

北方以后，"以五方之民各有其性，故修其教不改其俗，齐其政不易其宜"①。鉴于北方大族普遍建立坞堡壁垒，聚族而居的状态，朝廷采取"宗主督护制"的统治方式，即以宗族为社会基层组织，委托族长管理，负责维持地方治安和征发赋役。皇兴三年（469年），北魏占领青齐地区，又把许多人口迁到京城，立"平齐郡"，那些曾经抗击过魏军的兵民被罚为奴婢。

北魏前期的民族矛盾比较严重。鲜卑君主既笼络汉大族豪强，又猜忌他们。士族崔浩聪明多智，谨慎小心，事道武到太武三世。他为北魏运筹帷幄，功勋卓著，官至司徒，亦因此受到鲜卑贵族的嫉恨。他提倡姓族门第，更使鲜卑贵族不能忍受。于是，鲜卑贵族借崔浩修国史"备而不典"②而诬之，太武帝遂杀崔浩。清河崔氏及崔氏的姻亲也都被株连灭族。鲜卑拓跋部入主中原以后，还对中原各族人民进行了残酷的剥削和压迫，他们侵占土地，把许多田地变为牧场，还掠夺人口充作奴隶或佃客，因而激起各族人民的反抗。北魏前期，各族人民的起义前赴后继。太平真君六年（445年），杏城（今陕西黄陵）地区的卢水胡人在盖吴领导下举行了大规模的起义，汉、氐、羌、匈奴族人民纷纷响应，给北魏统治者以沉重的打击。小规模的起义更是层出不穷。

（三）宋魏和战

宋魏之间既有和平交往，也有兵戎相见。东晋末刘裕攻克长安，北魏遣使请和，自此每年交往不绝。北魏泰常七年（422年），明元帝拓跋嗣乘宋武帝刘裕新死，攻取滑台、虎牢、洛阳3镇及周围一些郡县，把统治势力扩张到黄河以南。从此，黄河以南地区成为双方争夺的目标。

宋文帝和魏太武帝初年，北魏北有柔然，西有夏国，无暇南顾；而刘宋内部尚未稳定，也不思北伐。双方又复通好，使臣来往频繁。宋元嘉七年（430年），文帝派使者向北魏提出：河南旧是宋土，今当收复，不关河北。魏太武严词拒绝。于是，宋将到彦之奉命率5万之众北伐。魏军主动撤出河南，宋军不战而占领所失3镇。但是，洛阳无城可守，又无粮食，宋军不得不弃城而走。魏军乘胜再夺虎牢、滑台，宋军损失惨重，"委弃荡尽，府藏武库为之空虚"③。

---

① 《魏书·食货志》。
② 《魏书·崔浩传》。
③ 《资治通鉴》卷一百二十一。

此后，宋魏之间一方面断断续续有使者往来，另一方面经常有小摩擦，终于酿成了元嘉二十七年(450年)的大规模战争。二月，魏太武率10万大军南下，围攻悬瓠。悬瓠守军不满千人，无不以一挡百，杀伤万计。七月，宋出动大军分数路进攻北魏，命王玄谟、臧质、刘骏、刘秀之等各率部北伐，以太尉刘义恭驻彭城(今江苏徐州)指挥全局。十月，王玄谟进围滑台，但久攻不下。魏太武号称领军百万，南救滑台。王玄谟仓皇逃走，死者万人，丢弃的武器、资仗如山。魏军屯兵彭城城下，太武派人讨求酒和甘蔗，刘骏则向魏讨求骆驼。魏主又求柑橘、博具，而送来毛毡、胡豉和盐。虽在战场之上，双方使者彬彬有礼，谈吐文雅，颇有相互倾慕之意。十二月，魏太武引军南下，命鲁秀出广陵、拓跋那出山阳、拓跋仁出横江，所过无不残灭，宋将皆弃城邑，望风奔溃。太武直抵瓜步(今江苏六合)，声言渡江。双方激战30多天，魏军因多染疾病而退兵。当时，西路将领柳元景攻至弘农(今河南灵宝北)，连连取胜，但也只得退还。"魏人凡破南兖、徐、兖、豫、青、冀六州，杀掠不可胜计，丁壮者即加斩截，婴儿贯于槊上，槃舞以为戏。所过郡县，赤地无余。春燕归，巢于林木。魏之士马死伤亦过半，国人皆尤之。"①这场战争不仅给南北各族人民带来了巨大的灾难，而且成为北强南弱的转折点。

二、南北朝中期

(一)齐梁政局

在刘宋王朝的内争中，掌握禁卫军的中领军萧道成控制了宋末朝政。昇明三年(479年)，萧道成废宋自立，建立齐王朝，史称南齐，他就是齐高帝。南齐沿着刘宋弊政的老路走，并且把它发挥到了极致。

刘宋用皇子和宗室入辅出镇，导致君臣猜嫌、骨肉相残。南齐一仍旧贯，倾轧与残杀更甚。齐明帝萧鸾以叔父先后杀二侄篡位，篡位后专事屠戮宗室。齐高帝的19个儿子、齐武帝的23个儿子除一支外，都被明帝斩尽杀绝，不遗余种。其子萧宝卷即位后，牢记乃父"作事不可在人后"②的教训，也拼命杀人。刘宋重用中书舍人参政，破坏了中枢三省的决策机制。南齐明帝时"诏命殆不关中书，专出舍人。省内舍人四人，所直四省，其下

---

① 《资治通鉴》卷一百二十六。
② 《南齐书·东昏侯本纪》。

有主书令史，旧用武官，宋改文吏，人数无员。莫非左右要密，天下文簿板籍，入副其省，万机严秘，有如尚书外司"①。中书舍人势倾天下，他们专制朝政，收受贿赂，卖官鬻爵。

南齐政治黑暗，从皇帝到贵戚大臣，无不奢侈腐化，竞相聚敛。武帝后宫姬妾万余人，皇弟萧嶷也有后房千余人。武帝"聚钱上库五亿万，斋库亦出三亿万，金银布帛，不可称计"②。官吏中贪污成风，梁州刺史崔庆绪家资千万。雍州刺史曹虎在任上敛财五千万。每次官吏卸任回京，都要向皇帝进贡钱物。由于统治者的无能，南齐汉水以北的南阳与淮河以南的寿阳被北魏占领。中兴元年（501 年），雍州刺史萧衍攻入建康，南齐已经走到穷途末路了。

萧衍（464—549 年），字叔达，齐武帝族弟。他在攻入建康的次年（502年）灭齐，建国号梁，自立为帝，是为梁武帝。

南朝以来，门阀士族虽然腐败日甚，人物凋零，但是，他们的政治、经济特权仍在，社会地位和声望不降。他们还采取不当"浊官"③、不与寒庶联姻和过从、编修士族谱等办法，来保持血统、门第的高贵，与寒庶划清界限。宋、齐君主既对门阀士族怀有戒心，不使他们掌握实权，又需要得到他们的拥护，以利用他们的声望，于是便授予他们没有实权的高官。如果门阀士族表现出野心，宋、齐君主就予以打击。梁武帝在青年时代以皇亲的身份跻身于士族阶层，在齐竟陵王萧子良的西邸中，与士族子弟交游甚欢，后来一直保持很好的关系。梁武帝即位后，实行优容士族的政策。他修订士族谱牒，设州望、郡宗、乡豪，专掌举荐旧族子弟；增加官职和多立州郡，以保障士族的特权。梁初原有 23 州、350 郡，至中大同元年（546 年）竟增加到 104 州、586 郡，乃至有些州郡不知在何地。但是，门阀士族中的人才已经满足不了统治的需要，所以，梁武帝也比较重视拔擢寒门中的俊才。他认为"设官分职，惟才是务"④，规定"其有能通一经，始末无倦者，策实之后，选可量加叙录。虽复牛监、羊肆，寒品、后门，并随

---

①　《南齐书·幸臣列传》。

②　《南史·齐本纪下》。

③　南北朝门阀士族把官职分为清流、浊流。那些被他们独占的职闲廪重的官职即为"清官"，反之则为"浊官"。

④　《梁书·武帝本纪上》。

才试吏，勿有遗隔"①。这是以通经作为选才考试内容的开始，已经可见科举制的影子了。

梁武帝对宗室子弟百般姑息纵容，对官僚权贵也很宽容。萧宏攻打北魏时，怯懦畏敌，大败而归，不仅没有受到惩处，而且不断升迁。他恣意聚敛，库房百余间，装现钱3亿多。有人告发他私藏兵器，梁武帝前去搜查，发现是钱财而不是武器，竟不加以责备，还高兴地夸奖他说："阿六，汝生活大可！"②萧宏子萧正德原过继给梁武帝为嗣，梁武帝生子后封他为西丰侯。他因不满而投降北魏，后又跑回来，梁武帝只是哭哭啼啼地教训一番。在梁武帝的包庇下，宗室、大臣子弟为非作歹，更加骄横；官吏贪赃枉法，鱼肉百姓。

梁王朝最大的弊政是佞佛。梁武帝大营寺院佛塔，殚财施舍僧尼，晚年尤甚。当时京城"佛寺五百余所，穷极宏丽。僧尼十余万，资产丰沃。所在郡县，不可胜言"③。他曾经3次舍身佛寺，每次都要用亿万钱为自己赎身。在他的倡导下，建康一地就有寺院500余所，僧尼10余万人。

梁武帝晚年，社会危机十分严重，到了"人人厌苦，家家思乱"④的程度，梁王朝已经不堪一击了。

(二)北魏孝文帝改革

北魏孝文帝拓跋宏(467—499年)，太武帝曾孙、献文帝拓跋弘之子。皇兴五年(471年)，献文帝禅位时，孝文帝年方4岁，由其祖母、太皇太后冯氏临朝称制。太和十四年(490年)，冯氏病死，孝文帝才开始亲政。实际上，所谓孝文帝改革，是冯太后和孝文帝先后主持的。从政治上来说，孝文帝和冯太后是一致的，他们的改革事业一脉相承。⑤

太和八年(484年)，改革首先从吏治开始。北魏前期，官吏不管治绩如何，任期一律6年，而且没有俸禄，使取之于民。"爵而无禄，故吏多贪墨。"⑥官吏上任时单马执鞭，离任则从车百辆，满载而归。因此，贪污成为

---

① 《梁书·武帝本纪中》。

② 《南史·梁宗室上·临川静惠王宏传》。

③ 《南史·循吏·郭祖深传》。

④ 《资治通鉴》卷一百六十。

⑤ 何兹全：《读史集》，239页，上海，上海人民出版社，1982。

⑥ 《魏书·目录序》。

合法，吏治极其混乱，亟待改革。冯太后规定，守令任期以治绩而定，不拘年限；并颁布俸禄制，每季班禄，禄外赃满 1 匹者处死。不久，在《均田令》中，又制定地方官吏的禄田制，从 6 顷到 15 顷不等，不许买卖。这些改革，多少使吏治有所好转。接着，冯太后实行均田制与三长制。这两项改革我们放在第五节中叙述。

孝文帝亲政后，继续实行改革。他删削旧法律中的繁酷条文，从宽量刑，减轻了刑罚。太和十八年（494 年），因平城受到来自柔然的威胁，也因这里的鲜卑贵族保守势力强大，"移风易俗，信为甚难"①，孝文帝便断然迁都洛阳。在正式迁都的前一年，孝文帝已对官制进行改革，太和二十三年（499 年）又加修订，彻底摒弃鲜卑旧制，确立以三省为核心的中枢制度，以适应中央集权的需要。

为了加强鲜卑贵族和汉人士族的合作，孝文帝"定姓族"，确认汉人士族的法律地位，也使鲜卑贵族门阀化。他规定鲜卑中的穆、陆、贺、刘、楼、于、嵇、尉八姓同于汉族门阀中的崔、卢、李、郑四姓，只任清职，其余按照三世官爵高低列入不同的门第等级。"定姓族"对北魏的发展起了消极作用，但对鲜卑族的汉化还是起了积极作用的。

在改革鲜卑旧俗、实行汉化方面，孝文帝采取了一系列措施。太和十九年（495 年），他下令在朝廷禁止穿胡服，改穿汉服；禁止在朝廷上说鲜卑语，改说汉语，如有违犯，当加降黜；凡迁居洛阳的鲜卑人，即以洛阳为籍贯，不得归葬平城。次年，又下令改繁复的鲜卑姓为音近或义近的汉姓，如拓跋氏改为元氏，所以他后来称元宏；其他如丘穆陵氏改穆氏、步六孤氏改陆氏、贺赖氏改贺氏、独孤氏改刘氏、贺楼氏改楼氏、勿忸于氏改于氏、纥奚氏改嵇氏、尉迟氏改尉氏等。孝文帝还积极提倡鲜卑贵族和汉人士族联姻，他纳汉族门阀四姓等女子为妃嫔，又替诸王纳汉族高门女子为妃。

北魏从入主中原到孝文帝改革，已经有近百年的历史。这一期间，鲜卑贵族基本上转化为占有大量土地和依附人口的封建贵族，而鲜卑族人民则转化为自耕农民或依附农民。因此，改革的条件是成熟的。在改革过程中，少数鲜卑贵族曾经表示反对。太子元恂私着胡服，欲潜奔平城，被废为庶人，后又因谋反被处死。恒州刺史穆泰发起叛乱，鲜卑八姓中不少子弟参与，但都成不了气候，很快就失败了。

---

① 《魏书·任城王传》。

北魏孝文帝改革是一次政治、经济、文化和风俗习惯的全面改革，它促进了鲜卑族的封建化，促进了各民族的大交融，意义重大，影响深远。虽然这场改革有它的历史必然性，但也是与孝文帝的胆略和卓识分不开的。

(三)北魏的分裂

北魏鲜卑贵族门阀化以后，迅速走向腐败。孝文帝之子宣武帝元恪嬉戏无度，废弛朝政。他"宽以摄下，从容不断，太和之风替矣"[①]。当时，诸王贪婪奢靡，可比西晋门阀子弟。北海王元详贪得无厌，敲诈勒索；内聚奇珍，外修山池，乃至逼夺人家住宅。咸阳王元禧"潜受贿赂"，"贪淫财色，姬妾数十"，"奴婢千数"。[②]京兆王元愉"竞慕奢丽，贪纵不法"[③]。高阳王元雍一顿饭用数万钱。河间王元琛以银槽喂马，以黄金为锁环；所用酒器，有水晶钵、玛瑙杯、琉璃碗、赤玉卮，极其精美。他甚至说："不恨我不见石崇，恨石崇不见我。"[④]

统治者生活上的腐败和政治上的腐败是共生的。朝廷公开卖官鬻爵，吏部被称为"市曹"，"纳货用官，皆有定价，大郡二千匹，次郡一千匹，下郡五百匹"，其余官职，也各有定价。于是，官吏中有人被称为"饥鹰侍中"，有人被称为"饿虎将军"。[⑤]

接着，君臣猜忌、谋反叛乱、宫廷党争接踵而至。宣武帝与孝明帝之际，政局日趋混乱。先是外戚高氏、于氏控制朝政，后有太后胡氏临朝。这时，洛阳的士族和武人的矛盾爆发了。神龟二年(519年)，士族张仲瑀要求区别铨选资格，"排抑武人，不使预在清品"，这个建议激怒了京城的羽林、虎贲数千人。他们原是鲜卑勋旧，对自身地位的下降已深为不满，于是"谤讟盈路，立榜大巷，克期会集，屠害其家"。[⑥]他们大闹于尚书省门下，又火焚张府，烧死仲瑀兄始均，打伤致死仲瑀父张彝。事后，朝廷向武人让步，允许武人依资入选。因入选者多而官职有限，吏部尚书崔亮乃制订新的选官办法——停年格，不问入选者贤愚，只问候选时间长短。

---

① 《魏书·世宗纪》史臣语。
② 《魏书·咸阳王传》。
③ 《魏书·京兆王传》。
④ (北魏)杨衒之：《洛阳伽蓝记·城西》。
⑤ 《魏书·昭成子孙列传》。
⑥ 《魏书·张彝传》。

京城闹事的武人得到安抚，边镇的武人又闹了起来。驻防北方六镇的将士本来由鲜卑人和胡人充任，是"国之肺腑，寄以爪牙"，而这时地位下降，"号曰府户，役同厮养。官婚班齿，致失清流"。① 因此，有人建议应当改镇立州，免府户为编民，准予入仕，但没有被采纳。正光四年（523 年），柔然进攻北魏，怀荒镇民请求开仓放粮，以便抗敌，遭镇将拒绝，兵民愤而杀死镇将，举行起义。次年春，沃野镇破六韩拔陵也聚众起义，其他各镇的兵民都纷纷响应。一场各族人民的大起义爆发了。

北魏派兵镇压，在白道（今内蒙古呼和浩特北）被义军大败。孝昌元年（525 年），北魏勾结柔然可汗阿那瓌夹击义军，起义暂时被镇压下去了，破六韩拔陵不知所终。起义失败后，义军余众 20 多万人被迫迁到河北，仍然在饥饿线上挣扎。不久，柔玄镇兵杜洛周在上谷（今河北怀来东南）再次率众起义，怀朔镇兵鲜于修礼也在左人城（今河北唐县）起义。两支义军连连取得胜利，发展至 10 多万人，合兵进攻定州（治今河北定州）。这时，鲜于修礼被叛徒所杀，其部下葛荣继续率众战斗。

孝昌二年（526 年），葛荣自称天子，建国号齐。后来，葛荣兼并杜洛周，据河北数州之地，拥有数十万众，声势浩大。他带部众南进，前锋直指洛阳。在六镇起义不久，关陇地区发生高平镇（今宁夏固原）敕勒人胡琛和秦州（今甘肃天水）羌人莫折大提领导的起义，后来统一于鲜卑人万俟丑奴之下。他们共同夹击官军，沉重地打击了北魏的统治。

在镇压起义中，居住在秀容川（今山西忻州境内）的契胡酋长尔朱荣迅速崛起。他拥有部落 8000 余家，纠集骁勇，占领晋阳（今山西太原）。武泰元年（528 年），胡太后毒死孝明帝，另立 3 岁小儿元钊为帝。尔朱荣借口为孝明帝报仇，带兵长驱直逼洛阳，立元子攸为帝，攫取北魏大权。他执胡太后和元钊到河阴（今河南孟津），沉入黄河，又纵兵杀王公卿士 2000 余人。这就是所谓"河阴之变"。同年，尔朱荣打败葛荣，两年后又镇压了万俟丑奴起义军。

永安三年（530 年），元子攸不满自己的傀儡地位，乘朝见之机杀尔朱荣。尔朱荣弟尔朱兆攻陷洛阳，杀元子攸，立元恭为帝，尔朱氏仍然把持北魏政权。这时，原尔朱氏的部将高欢倒戈消灭尔朱氏势力，拥立元脩为帝（孝武帝）。尔朱氏的另一部将宇文泰则据有关中。永熙三年（534 年），孝武帝被迫西走长安，投奔宇文泰，高欢再立元善见（孝静帝）。于是，统一

---

①　《北齐书·魏兰根传》。

的北魏分裂为东魏和西魏。

三、南北朝后期

(一)侯景之乱与陈的兴亡

尽管梁武帝采取优容士族的政策,但门阀的衰落已经不可逆转了。他们做官不理政务,考试雇人答卷,宴会假手赋诗。他们无不薰衣剃面,敷粉施朱;而"皆尚褒衣博带,大冠高履,出则车舆,入则扶侍。郊郭之内,无乘马者"①。在他们中间,已经找不到有作为的将相了。

梁武帝晚年,梁朝的社会危机越来越严重,散骑常侍贺琛上表指出,州郡以征敛为事,百姓不堪其苦,或依附于大姓,或聚众于屯戍;宰守以贪残为尚,罕有清廉,搜刮巨资,而不支数年;风俗奢靡,竞相夸豪。梁王朝境内已经达到"人人厌苦,家家思乱"②的地步。侯景之乱就是在这样的历史背景下出现的。

侯景是东魏的大将,拥兵10万,镇守河南。高欢死后,他与高欢子高澄不睦,向梁朝求降。梁武帝不顾群臣反对,封他为河南王,派萧渊明领兵接应。萧渊明大败被俘,侯景南逃,骗取了梁寿阳城(今安徽寿县)。这时,梁、魏双方谈判议和,东魏提出以萧渊明交换侯景。太清二年(548年),侯景遂举兵叛变,直趋建康。由于萧正德在内策应,侯景一举进入建康,把梁武帝包围在台城。侯景围攻建康期间,梁方镇援军在城外作壁上观,以保存个人实力。太清三年(549年),侯景攻破台城。梁武帝在宫中膳食不供,终于饿死。侯景纵兵抢掠建康,士族们"肤脆骨柔,不堪行步,体羸气弱,不耐寒暑"③,死者相枕藉。侯景又率军在沿江上下屠城洗劫,富庶的三吴"千里绝烟,人迹罕见,白骨成聚,如丘陇焉"④。

大宝二年(551年),侯景自立为帝,国号汉。当时,梁武帝之七子萧绎镇守江陵,派将军王僧辩和陈霸先征讨侯景。次年,建康城破,侯景逃跑时被杀。萧绎便在江陵称帝,是为梁元帝。萧绎侄、雍州刺史萧詧投降西魏,西魏出兵攻占江陵,杀梁元帝,立萧詧为傀儡皇帝,史称后梁。

---

① (隋)颜之推:《颜氏家训·涉务》。
② 《资治通鉴》卷一百六十。
③ (隋)颜之推:《颜氏家训·涉务》。
④ 《南史·侯景传》。

陈霸先(503—559年)家世寒微,小吏出身,后升至始兴(今广东韶关)太守。侯景进攻建康时,他出兵勤王,受荆州刺史萧绎节制。梁元帝死后,王僧辩在建康拥立由北齐送回来的萧渊明。陈霸先攻杀王僧辩,废萧渊明,立萧方智。太平二年(557年),陈霸先终于自立为帝,建国号陈。他即是陈武帝。

陈初,梁朝的残余势力不断起兵反抗,江南的寒族豪强也割据自立,政局很不稳定。直到陈文帝、陈宣帝才逐渐用武力或笼络的手段解决了这些割据势力。但是,陈的疆域局促于长江以南、信州(今湖北宜昌)以东,是南朝中最小的。

陈宣帝比较注意发展农业生产,鼓励耕垦,减免赋税。宣帝之子后主陈叔宝是有名的荒淫之君,他在内外交困的时候,还大兴土木,修建楼阁;终日饮酒赋诗,与佞臣、宠妃寻欢作乐,政治日益败坏。当时,隋王朝正在积极准备灭陈,边境不断报告隋军将要进攻的消息。陈后主却依然故我,纵情享乐。祯明二年(588年),隋文帝出兵伐陈,次年攻进建康,消灭陈朝。

(二)北齐与北周

东魏武定八年(550年),高欢之子高洋废东魏,建立北齐。西魏恭帝三年十二月(557年),宇文泰之子宇文觉废西魏,建立北周。

高欢执东魏朝政后,迁都邺城(今河北临漳),而他在晋阳(今山西太原)建大丞相府,"自是军国政务,皆归相府"①。北齐代魏,仍然都于邺城,但北齐诸帝经常住在晋阳。因此,北齐有邺城和晋阳并立的两个尚书省。

高欢是六镇的鲜卑化汉人,依靠以鲜卑人为主的六镇军人夺取政权。他尽力满足鲜卑新贵的利益,宽纵他们贪赃枉法,欺压汉族人民;但为了维持内部稳定,他也与汉人豪强大族合作,调和鲜、汉关系。他对鲜卑人说:"汉民是汝奴,夫为汝耕,妇为汝织,输汝粟帛,令汝温饱,汝何为陵之?"他又对汉人说:"鲜卑是汝作客,得汝一斛粟、一匹绢,为汝击贼,令汝安宁,汝何为疾之?"②

在东魏北齐的统治集团中,鲜、汉矛盾十分尖锐,权力掌握在鲜卑贵族手中。高澄当政时,改革北魏的"停年格",选用了一批汉族人士。御史

① 《北史·齐本纪上》。
② 《资治通鉴》卷一百五十七。

中丞崔暹在高澄的支持下，弹劾权要，抑制鲜卑势力。但高澄死后，鲜卑贵族就进行报复，崔暹等被流放。高洋称帝时，又任用汉族人士杨愔为宰相，然而杨愔也终于被鲜卑贵族所杀害。北齐统治者不懂治道，统治无术，而又排抑汉人，听任鲜卑权贵胡作非为，必然导致政治腐败，社会黑暗。至北齐后期，"赋敛日重，徭役日繁，人力既殚，帑藏空竭。乃赐诸佞幸卖官，或得郡两三，或得县六七，各分州郡，下逮乡官，亦多降中旨，故有敕用州主簿，敕用郡功曹。于是州县职司，多出富商大贾，竞为贪纵，人不聊生"①。

相比之下，关中的人力、物力都不如关东，但是，宇文氏统治下的西魏、北周却是另一番景象。宇文泰是鲜卑宇文部人。他主持西魏朝政后，积极争取与汉族大族豪强的合作，在他们的支持下，实行一系列的改革。大行台度支尚书苏绰是宇文泰的得力助手，他制定计账和户籍制度，提出"先修心、敦教化、尽地利、擢贤良、恤狱讼、均赋役"的六项措施②，这就是后来作为施政纲领颁行的"六条诏书"。其中，针对九品中正制以来"但取门资，多不择贤良"，要求选官应"不限资荫，唯在得人"③。这是选举制度上的一个重大变化。宇文泰又令苏绰、卢辩依《周礼》官制，以六官代替三省。但六官不便，故也兼用秦汉等官，这是不成功的改革。

兵制改革同样是在复古的名义下进行的，却取得成功。宇文泰仿周官六军之制，建立府兵制。他把军队分为六军，分属六柱国大将军率领，每柱国下辖二大将军，每大将军督二开府，共24军。府兵不入民户户籍，免除租调和力役。府兵的地位高于过去的兵户，所以战斗力较强。后来，宇文泰还把汉族大族的私人武装"乡兵"收归朝廷，既增强了兵力，也缓和了民族关系。

北周建立后，政权掌握在宇文泰之侄宇文护手里。武成二年(560年)，宇文邕即位，是为北周武帝。建德元年(572年)，北周武帝杀掉宇文护，又继续进行改革。他整顿吏治，惩处隐瞒田地户口的官僚、地主；减轻赋税，发展农业；释放奴婢，把一部分奴婢转为部曲、客女；禁断佛、道二教，烧毁大量佛像佛经，强制300余万僧尼还俗。这些改革使北周日益强大起来。建德六年(577年)，北周出兵消灭北齐。

---

① 《北齐书·幼主纪》。
② 《北史·苏绰传》。
③ 《周书·苏绰传》。

第四节 民族和民族交融

一、少数民族的分布与迁徙

（一）北方与东北民族

魏晋南北朝时期活跃在北方和东北的少数民族，主要有匈奴、羯、鲜卑、敕勒和柔然等民族。

从西汉中叶起，原来在蒙古高原上游牧的匈奴族人一批批地南迁，被汉朝廷安置于河套，约今陕、甘、宁及内蒙古西部的广阔地区。东汉初，内附的南匈奴进一步南迁，在离石左国城（今山西离石北）建匈奴单于庭。内迁匈奴人口渐多，势力渐大。东汉末，南匈奴呼厨泉单于率部众归附曹操。曹操留呼厨泉在邺城为质，而迁徙匈奴部众散居并州的西河、太原、雁门、新兴、上郡和河东6郡，分成5部。西晋初，又有塞外匈奴数十万人陆续来归，其中不少内迁到并州各郡与汉人杂居。平阳（今山西临汾）、上党（今山西长治北）成为匈奴聚居的中心。随着匈奴内迁的还有依附于匈奴的羯族部落，分布在上党地区。羯人高鼻、深目、多须，实行火葬，信奉祆教，可能源于西域胡人。

当南匈奴内迁、北匈奴西遁之后，鲜卑人遂据有其地。今日文献所见鲜卑有两部分。一个是源于西拉木伦河和老哈河流域的东胡，东胡被匈奴所灭，余众聚保乌桓山者称乌桓，因聚保鲜卑山称鲜卑，是为东部鲜卑。另一个是源于大兴安岭北段大鲜卑山，至东汉末年始辗转迁徙到"匈奴故地"，是为拓跋鲜卑。[1] 2世纪中叶，鲜卑诸部和滞留当地的匈奴等族组建了部落联盟，分为中、东、西3部，"兵马甚盛，南钞汉边、北拒丁令、东却夫余、西击乌孙，尽据匈奴故地"[2]。联盟瓦解后，中、东部鲜卑的慕容氏、宇文氏、段氏渐强，都卷入西晋末年的动乱。西部的拓跋鲜卑向中部转移，又建立新的部落联盟，其酋长猗卢称代王。拓跋氏的支系秃发氏仍留居西部，活动于河西走廊。由于内部变乱，拓跋鲜卑时强时弱，至什翼犍即代王位，才定都盛乐（今内蒙古和林格尔）。此后，拓跋鲜卑开始南下

---

① 马长寿：《乌桓与鲜卑》，243页，上海，上海人民出版社，1962。

② 《三国志·魏书·鲜卑传》注引《魏书》。

中原的历程。

大漠南北是游牧民族熙熙攘攘的舞台，你唱罢来我登场。当匈奴、鲜卑先后大规模南迁时，丁零（即丁令）中的翟氏也进入中原，但他们的大部分仍然留在漠北，东至贝加尔湖，西至阿尔泰山，分布很广。丁零衣皮食肉，饮乳酪，住穹庐，乘高车。语言与匈奴大同小异。从4世纪起，他们被异译为敕勒。据说，他们所乘的车车轮高大，辐数至多，故又有高车之称。北魏在兴起之时，就视敕勒为劲敌，经常对他们发动攻击。太武帝拓跋焘有一次在贝加尔湖降伏敕勒数十万落，然后把他们迁到漠南草原。留在漠北草原上的敕勒则成为柔然的攻击目标，很快被柔然征服。487年，以副伏罗部为首的高车10余万落挣脱柔然的统治，西迁到车师前部（今新疆吐鲁番），建立了高车国。

4世纪末，柔然在蒙古高原上出现，它是由匈奴、乌桓、鲜卑等融合而成的。柔然又异译为"芮芮""蠕蠕"。柔然人"无城郭，逐水草畜牧，以毡帐为居，随所迁徙"①，还没有出现明显的阶级分化。原来，他们冬天在漠南游牧，夏天在漠北游牧；因遭到北魏的攻击，便避居漠北，建庭于鹿浑海（今蒙古哈尔和林西北）附近。柔然征服高车后，号称强盛，经常骚扰北魏边境。北魏也多次对柔然用兵，在拓跋焘的打击下，柔然可汗仓皇逃遁，"国落四散"②。后来，柔然向西扩张，兼并高昌，征服西域焉耆、鄯善、龟兹、姑墨等。高车叛离柔然后，柔然逐渐衰落了，被后起的突厥所灭。

此外，东北地区的少数民族还有夫余、勿吉、库莫奚、契丹、室韦等。夫余在鲜卑慕容氏的进攻下，不断衰弱下去，终于被勿吉所灭。勿吉在夫余的东北，今松花江、乌苏里江流域一带，有7个部落，不相统属。农业已经在勿吉占重要地位，或兼射猎。勿吉经常派使臣到北朝，与中原王朝关系密切。库莫奚是鲜卑宇文氏的别部，分布在今辽宁西拉木伦河及以北地区，逐水草迁徙。北魏初年，道武帝出兵大破库莫奚，虏牲畜10余万头。后来，库莫奚部落与北魏来往频繁。契丹亦是宇文氏别部，位于库莫奚以东，游牧为主，各部落不能相一。北朝期间，契丹贡使不绝。

（二）西北民族

西北地区的少数民族主要有羌、氐、吐谷浑和西域诸族。突厥是后起

① 《宋书·索虏传》。
② 《魏书·蠕蠕传》。

的民族，且流徙不定。

早在秦汉时期，青海草原上的羌人部落就不断东迁。在今甘肃西南与陕西、四川交界处的白龙江、西汉水流域，聚居了许多羌人部落。东汉一朝，大批的羌人被强迫迁徙到今甘肃、陕西。[①] 东汉末年，先零羌联合湟中羌等举行响应黄巾军的起义，被董卓镇压，后又归韩遂、马腾之下，参加割据混战。三国时期，关中的羌人主要分布在冯翊、北地、新平、安定诸郡；汉中也有羌人分布，他们为魏、蜀所役使。羌人长期与汉族错居杂处，大多与编户民无异，汉化较深。没有内迁的羌人部落依然很多，但一直处于分散状态，有不少融入了其他民族之中。

氐人最初在白龙江、西汉水流域与汉、羌人错居，氐族部落各有酋长。他们主要从事农业，能织布，也畜养猪、牛、马、驴、骡。在与汉人相处时，他们会说汉语；回到部落中，则讲氐语；风俗夹杂着汉、羌的成分，多用汉姓，"缘饰之制有似羌，祍露有似中国袍"[②]。汉武帝置武都郡，迁徙一部分氐人到酒泉。曹魏前后从武都迁徙 20 多万氐人到关中的扶风、始平、京兆及陇右天水、南安诸郡。西晋初，氐族杨氏返回略阳（今甘肃秦安东南），后尽有武都郡之地，建立仇池国。而居住在关陇的氐人和羌人一起，都成为十六国时期政治舞台上的重要角色。

吐谷浑原是鲜卑慕容部的一支，4 世纪初由慕容吐谷浑率领西迁，一路上收纳了不少匈奴人，到青海地区后又和羌人杂居。他们逐水草游牧，居庐帐，食肉酪；也少许种植大麦、蔓青、豆等农作物。其酋长树洛干称王，弟阿豺"兼并氐、羌，地方数千里，号为强国"[③]。南北朝初年，吐谷浑遣使与刘宋、北魏通好，北魏则多次出兵讨伐。北魏太平真君六年（445 年），吐谷浑被迫西逃时占据于阗，不久，又返回故土。北魏分裂时，吐谷浑曾与东魏和亲，以后和北齐、北周都有使者往来。

当中原动乱不已的时候，西域诸族与中原的关系时断时续，而相继被鲜卑、柔然、高车、突厥等所控制和进犯。西域诸国之间也互相兼并，至北魏太延（435—440 年）中，只剩下 16 国。北魏曾派将军镇守鄯善，征发赋役，比同郡县。鄯善被高车、吐谷浑攻破后，人民流散，一部分内迁河西

---

①　参见黄烈：《中国古代民族史研究》，92 页，北京，人民出版社，1987。据考证，东汉羌族内迁有 29 次。

②　《三国志·魏书·鲜卑传》注引《魏略·西戎传》。

③　《北史·吐谷浑传》。

走廊。西晋以伊吾隶属晋昌郡,前凉划归沙州,后成为北魏郡县。十六国时置高昌郡,柔然兼并高昌后立高昌王。高昌国中有大量的汉族移民,实行汉魏政治制度,儒学文化也很发达,与中原的关系密切。焉耆曾吞并龟兹,称霸西域。北魏时,焉耆遣使入朝。后被哌哒所灭。龟兹与曹魏、西晋、前凉都有来往,北魏后岁有方物进贡。从曹魏起,于阗经常到中原朝贡,南北朝时尤勤,既入贡北魏、北周,也入贡萧梁。疏勒与北魏的关系良好,仅见于史书的朝贡就有 11 次之多。此外,乌孙、悦般、揭盘陀等国亦与中原王朝联系,频频贡献。

突厥最初出现在阿辅水、剑水(今叶尼塞河上游),是一个以狼为图腾的游牧民族。他们随水草迁徙,以畜牧射猎为业。由于匈奴的侵扰,突厥迁往高昌的北山(今博格达山)。当地盛产煤铁,突厥人在这里从事畜牧和锻铁。柔然攻破高昌,突厥被掳掠为锻奴。直到 6 世纪中叶,高车与柔然抗争时,突厥才乘机摆脱柔然的控制。从此,突厥开始兴盛起来,与西域诸国和西魏互市、通使。546 年,突厥酋长阿史那土门兼并了高车 5 万余落,力量更加壮大。552 年,土门击败柔然后,遂自称伊利可汗。次年,木杆可汗立,击灭柔然,统一了漠北,建庭于鄂尔浑河畔的于都斤山。其地"东自辽海以西,至西海,万里,南自沙漠以北,至北海(贝加尔湖),五六千里"①。北周、北齐对峙时,突厥南下侵扰日益严重,成为北方的主要边患。

(三)南方民族

南方地区的少数民族主要有蛮、俚、僚等。

蛮族分布在荆、湘、雍、郢、司 5 州的山壑溪谷中,部落繁多,语言不一,居住分散,各有酋长,不相统属。其部落多者万户,少者数百户,以刀耕火种农业为主,种植粮谷。人们按照他们的住地和某种特点,把他们分为荆、雍州蛮,豫州蛮和莫徭蛮。荆、雍州蛮原居于武陵(今湖南常德)、长沙郡地区,称武陵蛮,又因傍雄、酉、辰等 5 条溪流而居,号五溪蛮。他们崇奉槃瓠为始祖,以狗为图腾。东晋南朝时,武陵蛮北上荆州(今湖北江陵)、雍州(今湖北襄阳)一带,居住在人迹罕至的深山中。刘宋规定,"蛮民顺附者,一户输谷数斛,其余无杂调"②,但贪官污吏恣意榨取,激起蛮人不断的反抗斗争。还有一部分武陵蛮进入北魏南境。豫州蛮原居南郡(今

---

① 《北史·突厥传》。
② 《宋书·夷蛮传》。

湖北江陵），后来逐渐迁至庐江郡（今安徽庐江）等地，属东晋南朝豫州境，故被称为豫州蛮。其中，最大的一支分布在西阳（今湖北黄冈），又称西阳蛮。豫州蛮也不堪沉重的剥削和压迫，多次举行反抗斗争。刘宋为了镇压蛮人起义，连年派大军征讨。居住在湘州的蛮人为莫徭蛮，自称先祖有功，所以被免除徭役。

俚人是分布在岭南的少数民族，汉代瓯、越的后裔，有时又泛称为俚僚。他们种落繁多，居住在山区，有的已经和汉族杂居，同为国家编户。但俚人中仍有自己的酋长，如高凉冼氏，世为越人首领，"跨据山洞，部落十余万家"①。他们种田织布，所出细葛布颇为有名。善铸铜鼓，高大者为贵，击鼓以号令部众。两晋南朝都向俚人征收赋税，贪若豺狼的地方官吏更聚敛不已，故引起俚人的不断反抗。

分布在梁州、益州的少数民族主要是僚人。僚人种类甚多，散居山谷，各部有王，而不相统摄。他们的居处"依树积木，以居其上，名曰'干兰'。干兰大小，随其家口之数"②。他们主要种植稻谷，能织细布。僚人经常被掠卖为奴婢，至乃亲戚比邻，互相掠卖。成汉末，僚人涌入巴西、广汉、资中、阳安、渠川等郡，攻破郡县，导致成汉灭亡。蜀人东流时，僚人占据山险之地，挟山傍谷而居。其中与汉人杂居者，成为编户，同汉人一样输租纳赋；而居于深山者，则不编户输赋。北魏占领梁、益后，梁、益的安定与僚人颇有关系，是朝廷统治不能不考虑的因素。

南中地区在蜀汉以后出现爨氏。爨氏是东汉迁入南中的汉人，逐渐称雄南中。在中央对南中鞭长莫及时，爨氏成为南中实际统治者，于是这里称为"爨地"。这里的民族，有农业、畜牧业、射猎、采集等多种经济成分，生产力水平不同，风俗习惯亦有差别。

二、民族大交融

（一）内迁后的各少数民族

内迁后的各少数民族和各族的不同阶层，境遇有很大差别。建安二十一年（216年），曹操取消南匈奴单于庭，分其众为5部，以匈奴贵族担任5部帅；另派汉人担任部司马，加以监督。匈奴左部居并州兹氏（今山西汾

① 《隋书·谯国夫人传》。
② 《魏书·獠传》。

阳），右部居祁县(今山西祁县)，南部居蒲子(今山西隰县)，北部居新兴(今山西忻州)，中部居太陵(今山西文水)。魏末，又改帅称都尉。其中，左部统万余落，人口最多，余者各统数千落不等。左部帅是原匈奴单于於扶罗之子刘豹，后又由刘豹子刘渊继任。左部帅或左部都尉自然成了匈奴的核心。刘豹曾经把匈奴并为一部，使朝廷不安，于是，"咸熙之际，以一部太强，分为三率。泰始之初，又增为四"①。这又一次把匈奴瓜分为三四部，以分其势。

在刘渊起兵前夕，匈奴北部都尉刘宣说："自汉亡以来，魏晋代兴，我单于虽有虚号，无复尺土之业，自诸王侯，降同编户。"②这一番话中，"无复尺土之业"是真，而"降同编户"是虚。当时匈奴贵族既统率部落，又是国家官吏，虽然权力受到朝廷的限制，但同时也受到朝廷的优待，出入上层社会，交游于权贵之间。真正成为编户的是广大匈奴族人民，他们不少沦落为汉族地主的佃客，有的被编入军队，还有的被卖为奴婢。当然，也有些匈奴人变成自耕小农。这是匈奴进入中原必然产生的分化。

内迁的羯族人数较少，且是匈奴的附庸，他们的部落酋长默默无闻，没有什么政治地位。出身于羯人部落小帅家庭的石勒，从小行贩洛阳，后代父督摄部落，而亦为人佣耕。因此，一般羯人的境况由此可知。氐、羌族内迁虽早，但由于部落小而分散，部落酋长也都没有如匈奴贵族那样在魏晋之际拥有显赫的政治地位。氐族苻氏，原居略阳临渭(今甘肃秦安)，世为部落小帅。"属永嘉之乱，乃散千金，召英杰之士，访安危变通之术，宗人蒲光、蒲突遂推洪为盟主"③。可见苻氏在氐族中具有相当的地位和实力。羌族姚氏是烧当羌的一支，居于南安赤亭(今甘肃陇西)，曹魏时曾任西羌都督，其实只是名义上的职务。魏晋对氐、羌劳役无已，氐、羌人民不堪其苦。西晋泰始五年(269年)，鲜卑族人秃发树机能在凉州举事，有大量羌人参加。元康四年(294年)，匈奴族人郝散在上党举事，引发了秦州、雍州氐、羌人民的反晋斗争。氐、羌之众共立氐帅齐万年为帝，有众7万，屡屡击败晋军。直至元康九年(299年)，齐万年战败被俘，氐、羌起事才被镇压下去。

魏晋之际，内迁中原的少数民族越来越多。从总体上来说，他们与当

---

① 《晋书·江统传》。

② 《晋书·刘元海载记》。

③ 《晋书·苻洪载记》。

地的汉族混居，关系逐渐密切，经济、文化的交流日渐增多，许多少数民族已经学会汉语，改从汉姓，正在朝着汉化的方向走，这是历史发展的趋势。但是，各少数民族仍然保持自己的部落组织，民族之间的隔离状态并没有完全打破，民族共同体依旧存在。因此，民族交融的道路还很漫长。

(二)少数民族政权和民族交融

内迁后，少数民族贵族对儒学文化表现出浓厚的兴趣。匈奴贵族刘渊从小师事汉族士人崔游，学习儒家经典、孙吴兵法；对《史记》《汉书》和诸子，也无不综览。他作为质子居住在洛阳多年，周旋于西晋上层社会，与一些官僚士族过从甚密，基本上已经汉化了。其子刘聪，14 岁时就究通经史，兼综百家之言；又工草隶书法，擅长作文，写有诗百余篇、赋颂 50 余篇。族子刘曜虽然稍逊，但也会书法、作文。羯人石勒家贫，自幼失学。可是，他举兵后更重视文化教育，戎马倥偬之际让人给他读史书。其他如氐、羌、鲜卑族的统治者，从他们建立政权后大兴儒学的政策，也可见他们对汉族传统文化的喜爱。

各少数民族政权的建立，加速了民族交融的进程。虽然有的少数民族的统治者歧视汉族，实行"胡汉分治"，但他们基本上都采用汉魏以来的政治制度，都采取与汉族地主阶级合作的政策。刘渊为了取得汉人的支持，自称是汉朝皇帝的外甥，建国号汉，祭祀汉高祖以下三祖五宗，以"绍修三祖之业"①为己任。后赵石勒任用汉族士人张宾为谋主，对他言听计从。政治上继续推行九品中正制，典定士族，令胡人不得欺侮衣冠华族。经济上实行劝课农桑、核定户口、征收田租户调等措施。文化教育上兴办太学和宣文、宣教、崇儒、崇训 4 门小学 10 余所。这些政策都有力地促进了后赵境内各少数民族的汉化。

鲜卑慕容氏在大批幽冀士庶流亡辽河流域时，"推举贤才，委以庶政"②，又设立侨郡县安置流民。一时从中原投奔慕容部的人络绎不绝，以至于流入人口超过原来 10 倍以上。这是慕容氏建立前燕的基础，也是他们汉化的开始。慕容氏很重视儒学教育，送诸子入学受业；仿效魏晋屯田制收取田租的旧法，发展农业生产。于是，他们很快走上了汉化之路。至南燕、北燕相继灭亡时，进入中原的鲜卑慕容氏基本上融于汉族之中了。

---

① 《晋书·刘元海载记》。
② 《晋书·慕容廆载记》。

　　前秦政权对北方少数民族的汉化起了巨大作用。苻健擢用士人，兴办学校。苻坚继立，胸怀"混六合以一家，同有形于赤子"①之志，决心建立一个包括各民族在内的统一国家。他能够摒弃民族偏见，信用汉族人士，打击本族的豪强权贵。他对被征服的各族采取抚绥政策，以礼遇优待其上层人物，也不滥杀无辜。他努力恢复和发展生产，减轻赋税，与民休息；兴修水利，推广区种法，使关中出现了十六国以来从未有过的繁荣景象。他还非常重视文化教育，大力提倡儒学，广修学宫。他曾经亲临太学，考试学生经义，品其优劣等。甚至禁卫军士、后宫掖庭，也皆令读书。他说："庶几周、孔微言不由朕而坠，汉之二武其可追乎！"史称，"自永嘉之乱，庠序无闻，及坚之僭，颇留心儒学，王猛整齐风俗，政理称举，学校渐兴"。② 由于苻坚能在政治、经济、文化上全面地实行汉制，所以前秦在民族交融方面取得的成就，远远超过匈奴、羯和鲜卑慕容氏建立的国家。

　　十六国时期，民族界限的藩篱一次次受到冲击，民族混居的程度日益加深。各国统治者争夺土地，更争夺人口，以扩充军队和增加劳动人手。每一次战争，战胜者总要掳掠对方的人户，把他们迁到自己的统治区。有时是几百上千，有时是几万、十几万，辗转于道路。战争和灾荒也一再迫使各族劳动人民背井离乡，流落异地。352年冉闵灭后赵时，"青、雍、幽、荆州徙户及诸氐、羌、胡、蛮数百余万，各还本土，道路交错，互相杀掠"③。人口频繁的流动，打破了各族聚族而居的状态，破坏各族原来的社会结构，为民族交融准备了条件。当然，各族人民也为此付出了高昂的代价。

　　但是，在十六国长期动荡的历史环境中，北方的民族矛盾仍然十分尖锐。直到北魏统一北方，民族的纷争才逐渐平息下来。北魏孝文帝是十六国以来长期民族交融的集大成者，他不仅继承了此前民族交融的成果，而且以更加广泛、更加深刻的改革把民族交融推向一个新的高度。从此，北方各族人民逐渐稳定于中原的农业经济生活，南北文化风尚和习俗逐渐趋于一致，南北政权的民族差别也逐渐泯灭了。孝文帝改革之后，中原地区的民族交融已经基本完成。边镇地区的民族交融慢一些，甚至出现胡化的倾向，然而这只是历史前进中的一个小曲折罢了。

_____

① 《晋书·苻坚载记上》。
② 同上书。
③ 《晋书·石季龙载记下》。

第五节　社会经济

一、农业、手工业、商业

(一)农业

处于长期动荡和分裂的魏晋南北朝时期的农业，缓慢地发展着。

从东汉末年以后，中原大地兵燹遍地，干戈不息，农业经济遭到严重破坏。其间，曹魏、西晋和前秦时，有过短暂的安宁，农业生产有所恢复，但不久又被新的动乱所摧毁。直到北魏统一北方，中原才稳定下来，经济逐渐得以复苏。然而，北魏统治者却把原来农业高度发达的地区——从洛阳到河东再到并州——辟成大片大片的牧场。这固然与拓跋氏本为游牧民族有关，但也是因为当时荒地太多而无力开垦。

相对而言，南方一直比较安定，受战争的影响少一些。而北方流民一次次的南下，给南方输送了大批的劳动力，也带去了先进的农具和先进的农业技术。这些都为南方的开发创造了极为有利的条件，使南方经济的落后面貌迅速得到改变，赶上并且超过北方。随着南方农业的发展，全国的经济重心开始南移，这是魏晋南北朝经济的一个主要特点。

这时的农具种类繁多，三国时，耕田挖土有耒耜、犁、锸、耙，锄地杀草有锄、柫、镈，收割脱谷有铚、枷等。一些较先进的农具陆续推广到全国各地区，用于引水灌溉的翻车也发明出来了。到北魏，农具更加齐全。耕田挖土的农具增加了铁齿镉榛、劳、陆轴、鲁斫、锋、锹，播种的农具出现挞、窍瓠、批契，灌溉的农具有了桔槔、辘轳、柳罐等。

耕作技术也不断进步，农民更加注意精耕细作。《齐民要术·耕田》中的"秋耕欲深，春、夏欲浅"，耕田必须燥湿得所，"水旱不调，宁燥不湿"，耕田要达到防旱保墒的目的和实行作物轮作等，都是当时耕作技术经验的总结。江南的变化尤为显著。江南地广人稀，生产方式一直很落后，东汉时才传入牛耕，但基本上仍然采取火耕水耨，大部分地区尚没有得到开发。六朝时期，大量人口涌入占荒耕种，荒地、荒山得到垦辟。这时，人们已经学会了积肥粪田和深耕细作的技术，还推行适宜旱作的区种法，这对于江南的农业进步具有重大意义，虽然边远地区的耕作仍然比较粗放。

水利建设的成就在这个时期特别显著。曹魏在实行屯田制的同时，大力兴修水利。这时所兴修的水利灌溉工程有河北的白沟、平房渠、泉州渠、利漕渠、白马渠、鲁口渠、戾陵渠，有淮河流域的芍陂、太寿陂、郑陂、睢阳渠等。郑陂修成后，当地"比年大收，顷亩岁增，租人倍常，民赖其利"①。吴国也兴修了不少水利工程，如赤山塘、娄湖、潜山、青塘、皋塘等工程。蜀国非常重视对都江堰的维护，常年有 1200 人的护堰队伍。东晋南朝也修建了许多水利工程，比较有名的如荻塘，可灌田千顷；吴兴塘，可灌田 2000 顷；谢塘，可灌田千顷；苍陵堰，可灌田千余顷；原来能够灌田万顷、数万顷但年久失修的六门堰、芍陂都得到修复；此外，还有不少疏浚河道、修立堤坝的工程，开垦出许多良田。北魏前期曾经在富平(今宁夏吴忠)修建开渠引黄工程，灌溉土地 4 万余顷。孝文帝下令"六镇、云中、河西及关内六郡，各修水田，通渠灌溉"②，并派工匠赴各地指导。对前代的水利设施，北朝都屡加修缮。

　　农业的发展，还表现在农作物种类的增加和单位面积产量的提高上。北方的粮食、蔬菜、果木等农作物的种类繁多，粮食有粟、麦、稻、黍、粱、秫、稷、菽，每一种作物又有许多品种。据《齐民要术》记载统计，粟类约有 86 个品种，水稻有 24 个品种，大小豆有 7 个品种，黍有 4 个品种，粱秫有 4 个品种，大小麦有 2 个品种。蔬菜、果木品种也很丰富，蔬菜如瓜、越瓜、胡瓜、冬瓜、茄子、瓠、葵、菘、芋、芥子、胡荽、蓼、蒜、泽蒜、芦菔、韭、葱、胡葱子、姜、莴苣等；果木如枣、梨、栗、李、杏、梅、柿、榛、林檎、柰、石榴、木瓜、葡萄、樱桃等。南方以产稻为主，麦、粟、菽亦有；果木有杏、榛、橘、栗、梨、枣、枇杷、林檎、梅、柿、桃、李等。刘宋建德令沈瑀"教人一丁种十五株桑、四株柿及梨、栗，女子丁半之。人咸欢悦，顷之成林"③。可见有些地区果木和种植比较普遍。南朝谷物亩产量，从"溉田千余顷，岁收谷百余万石"④来看，每亩约收谷 10石，折合现在的 3 石多⑤。

　　当然，由于各地条件不同，农业的发展很不平衡。

---

①　《三国志·魏书·郑浑传》。

②　《魏书·高祖纪下》。

③　《南史·循吏·沈瑀传》。

④　《梁书·夏侯亶传》。

⑤　韩国磐：《南北朝经济史略》，75 页，厦门，厦门大学出版社，1990。

(二)手工业

手工业包括冶金、纺织、制瓷、造船、造纸和制盐等。

冶金业是手工业的主要部门，生产工具、生活器具和兵器的制造，基本上都控制在官府手中。曹操平定冀州后首先设立官营冶铁机构，置司金中郎将、司金校尉、监冶谒者等官。蜀汉、孙吴也都设有冶铸机构。西晋冶金业有所发展，机构增多，卫尉之下设 39 个冶令。十六国时期战乱相寻，但如后赵、南燕等亦有冶金业。东晋南朝原来基础比较薄弱，仅由少府领东冶、南冶，后来逐渐发展，地方郡县或置冶令。北魏的冶金业已经颇具规模，"其铸铁为农器、兵刃，在所有之，然以相州牵口冶为工，故常炼锻为刀，送于武库"①。

热处理和炼钢技术的日益成熟是这个时期冶金业的杰出贡献。在河南渑池发现的北魏窖藏铁器里，有经热处理而成的铸铁脱碳钢，有些铸件还发现类似现代铸铁的球墨组织。南朝生产一种"横法钢"，与东汉发明的"百炼钢"类似，但费时费力。"灌钢"冶炼法的发明，是炼钢技术的重大突破。梁时陶弘景说："刚（钢）铁是杂炼生𤧹作刀镰者。"②这里所谓"生"，指生铁；所谓"𤧹"，指熟铁。"杂炼生𤧹"，就是把生铁和熟铁混杂起来冶炼，这就是后来的"灌钢"法。东魏的綦母怀文曾经采用灌钢法炼制出"宿铁刀"，"其法，烧生铁精，以重柔铤，数宿则成刚"③。灌钢法的发明和推广，有利于提高社会生产力。

除铁冶外，白铜（铜镍合金）的发明也是当时冶金业的一项出色成就。

纺织业历来是男耕女织式自然经济的组成部分。魏晋时纺织品的品种已很可观，北方有常山细缣、赵国之编、许昌之总、沙房之绵，官府的工匠织造出绫罗锦绣。南方成都的蜀锦运销天下，江东在孙吴时就有"内无儋石之储，而出有绫绮之服"④的说法。北朝比较通行的纺织品有衣绸、绵绸、丝布、圆绫、沙、绢、绡、葛、布等，南朝的丝织、麻织都有很大发展，有越布、香葛、南布、花䌷等，史称扬州"丝绵布帛之饶，覆衣天下"⑤。南

① 《魏书·食货志》。
② （北宋）唐慎微：《重修政和证类本草》卷四引陶弘景语。
③ 《北史·艺术上·綦母怀文传》。
④ 《三国志·吴书·华覈传》。
⑤ 《宋书·孔季恭羊玄保沈昙庆传》史臣语。

北朝时期高昌地区已经开始种植棉花，并用以织布，这是农业和纺织业的一大进步。

纺织业的进步，还表现在纺织技术的改进。三国时马钧把50镊、60镊的旧织绫机都改造为12镊，一镊牵动数综，提高了织造效率。这种先进技术随着织工的南下传到江南。织造技艺也日益精湛，出土的北朝织锦有祥瑞兽织锦、植物图案织锦，提花准确、整齐，精美秀丽。南朝锦工织造的罗縠极其轻薄，视之如同烟气。

制瓷业是新兴的手工业，由三国吴地会稽(今浙江绍兴)发展起来。出土的孙吴青瓷已经具有较高的工艺水平，釉色茶绿，造型精致。后来，制瓷很快传到其他地区，形成南北两大系统。南方青瓷产地日广，品种日多，胎体较薄，造型秀气，釉色青灰，匀净莹润。青瓷之外，还烧制出漆黑光亮、美观实用的黑瓷。北方青瓷粗犷雄浑，造型新颖，胎体厚重，釉色青中泛黄，釉层薄而玻璃质较强。北朝晚期还出现胎体白、釉层细匀的白瓷。两大瓷系互相影响，互相促进。这时的瓷器不少使用镂孔、刻画、模印、贴花、施彩、堆塑等方法加以装饰，表明制瓷技术不断提高。

造船业是江南重要的手工业。江南水乡泽国，船只是发展河海交通贸易和建设水军所必需的。孙吴的造船业很发达，建安郡(今福建建瓯)置典船都尉监造船舰。所造船舰大者可乘数百人，小者亦能载马80匹。左思在《吴都赋》中说："弘舸连舳，巨槛接舻，飞云盖海，制非常模，叠华楼而岛跱，时仿佛于方壶。"孙吴亡时，西晋所接收的船舰尚在5000艘以上。南朝也十分重视造船，刘宋荆州作部就能造出上千艘的战船，宋孝武帝到六合，随行的船只3045艘，"舟航之盛，三代二京无比"[1]。大船的载重量，据说可达2万斛。船速明显加快，尤其是祖冲之发明千里船，能日行百余里。民间的造船业也很兴盛，有不少私人营造的大船。北魏虽然也有造船业，但规模较小。

造纸业的发展令人瞩目。造纸的原料不断增多：有麻制的麻纸；藤皮制的藤皮纸，或称藤角纸；有椴树皮制的纸；用竹造纸也可能始于西晋。麻纸洁白坚韧，东晋用麻纸抄写的《羯摩经》距今已经1500多年，而未发黄变脆。藤纸原料易得，纸质优良，成本降低，产量提高。东晋范宁下令用藤纸作为公文用纸。椴树皮制成的纸比较粗糙，纸背或露出椴皮碎片。南北朝时期已经能制造出精美的纸张，北方有河北胶东所产的五色花笺，南

---

① (南朝)陶季直：《京邦记》引《西巡记》。

方既能生产"皎白犹霜雪，方正若布棋"①的白纸，也能生产颜色鲜艳的彩纸和防虫蛀的染潢纸。为了使纸张更加光滑均匀，改善其吸墨性，这时人们还采用了压光技术，发明了将白色矿物粉借淀粉糊成胶粘剂均匀涂在纸面的技术②，说明造纸技术不断进步。

制盐有海盐、池盐和井盐之分，基本上由国家经营，实行专卖。江南吴郡是海盐的重要产地，滨海之地，盐田相望。江北的盐城（今江苏盐城），分布许多盐场，"县人以鱼盐为业，略不耕种，擅利巨海，用致饶沃。公私商运，充实四远，舳舻千计"③。北方沿海地区的海盐业曾被豪强垄断，东魏在沧、瀛、幽、青 4 州置灶煮盐，成为官府财政收入的重要来源。池盐最大的产地是河东盐池，大池东西 70 里，南北 17 里，池水"紫色澄淳，潭而不流，水出石盐，自然印成，朝取夕复，终无减损"④，大池西又有一小池，东西 25 里，南北 20 里，称"女盐泽"。此外还有凉城盐池和漠南盐池。井盐产于益州。北魏时，盐工已经能够加工生产精制盐，这种由普通白盐精制而成的盐名花盐和印盐，"白如珂雪，其味又美"⑤。

（三）商业

东汉后期，社会经济走下坡路。土地兼并盛行，农民破产流亡，人口大量离开农村，导致土地荒芜，农业日趋衰落。农业衰落，手工业、商业也跟着衰落。虽然商品经济在社会经济中仍占据一定地位，但是实物交换的现象已经开始增多，自给自足的自然经济的地位正在加重。

三国时期，私人手工业和商业遭到严重破坏，一个阶段几乎陷于停顿。货币骤减，基本上不通行，布帛成为主要的交换媒介。黄初二年（221 年），魏文帝在董卓罢五铢钱 31 年后，下诏恢复五铢钱，但只过半年就不得不宣布作废。太和元年（227 年），魏明帝因"人间巧伪渐多，竞湿谷以要利，作薄绢以为市，虽处以严刑，而不能禁"⑥，乃更立五铢钱。至西晋时，商品经济有所恢复，钱又成了富人追逐的目标。然而，对魏晋之际商业的发展

---

① 丁福保辑：《全梁诗》卷三。
② 祝慈寿：《中国古代工业史》，346 页，上海，学林出版社，1988。
③ 《太平御览》卷一百六十九。
④ （北魏）郦道元：《水经注》卷六"涑水注"。
⑤ （北魏）贾思勰：《齐民要术》卷八。
⑥ 《晋书·食货志》。

水平不可估计过高。实际上，当时商业发达的地区只局限在洛阳和长江流域，而全国广大地区还是使用谷帛进行交易的。[①] 即使如此，时间也很短，不久便乱亡相继，商业的恢复发展夭折了。

南北分裂后，由于南北条件不同，商品货币经济的发展水平也有差别。

永嘉之乱，使北方经济完全崩溃。《晋书·食货志》记载："及惠帝之后，政教陵夷，至于永嘉，丧乱弥甚。雍州以东，人多饥乏，更相鬻卖，奔迸流移，不可胜数。幽、并、司、冀、秦、雍六州大蝗，草木及牛马毛皆尽。又大疾疫，兼以饥馑，百姓又为寇贼所杀，流尸满河，白骨蔽野。……人多相食，饥疫总至，百官流亡者十八九。"这时，洛阳宫室鞠为茂草，长安城里蒿棘成林，其他城市也难逃厄运，"中夏荡荡，一时横流，百郡千城，曾无完郭者"[②]。黄河流域到处是坞堡，自保自给。社会混乱，道路不通，各地间的交换濒于断绝，一直到北魏前期都没有多大改变。

北魏孝文帝改革后，社会经济明显好转。京城洛阳恢复了它作为北方商业中心的地位。洛阳市场繁荣，商贾云集，国内外的客商熙熙攘攘，络绎不绝。太和十九年（495年），孝文帝铸造太和五铢，下令使用钱币。宣武帝和孝庄帝时也都铸造过五铢钱。但是，钱币只在洛阳流通，钱币不足及币制混乱的现象始终存在，阻碍商业经济的进一步发展。河北州镇仍用布帛交易，商业经济是微弱的，自然经济在整个社会占统治地位。北魏后期的州镇城邑，不过是坞堡要塞，如西部重镇的华州，原是一个叫李润堡的坞堡，在山谷之间，居民饮水要到山下去取。冯翊是自古名都，这时却樵牧饶广，残破不堪。这样的城市已经失去了作为城市的经济意义。

南方虽然也是自然经济占统治地位的，但商品经济的发展远远超过北方。永嘉之乱对南方影响比较小，而且给南方送去了大批的劳动力和先进的生产技术。东晋以后，南方相对稳定，农业和手工业发展较快，国家对手工业的控制有所放松，这些都为商品经济的繁荣创造了有利的条件。

东晋南朝时期，钱币的使用数量较大，范围较广。历朝都铸造或改铸货币，尽管货币种类混乱，时常发生通货膨胀和通货紧缩，不过始终是钱货杂用。史载："梁初，唯京师及三吴、荆、郢、江、湘、梁、益用钱，其余州郡则杂以谷帛交易，交、广之域，全以金银为货。"[③]南方商业发展的一

---

① 何兹全：《中国古代社会》，494 页，郑州，河南人民出版社，1991。
② 《晋书·孙绰传》。
③ 《隋书·食货志》。

个重要表现，是非官方的草市的出现。当时，建康城除了城内官立的大市、北市、东市、宫市等以外，沿着秦淮河东北岸一线，又有备置官市征税的大市及 10 余所小市。这些小市也就是草市，是一种因商业发展自然兴起的交易市场。[①] 随着商业的发展，长途贩运趋于活跃。江南江河纵横，水运发达。东晋建康有一年发大水，"涛水入石头，商旅方舟万计，漂败流断"[②]，可知舟楫之盛。东晋南朝的商税已经成为国家财政收入的重要来源，主要有估税、关津税、市税，还有专项货物税，如渔税、木材税、皮毛税等。

南方的城市在商品经济发展中兴起，建康是政治中心，也是江南最大的商业都会。梁时，建康城中有 28 万户，东西南北各 40 里。京口"东通吴、会，南接江、湖，西连都邑，亦一都会也"[③]。此外，长江下游的著名都会还有山阴、吴、吴兴。长江中游的荆州、上游的益州，珠江流域的广州等都会都很繁荣。城市的兴起和繁荣是商品经济发展的必然结果，又促进商品经济进一步繁荣。

二、封建关系的发展

(一)屯田制和占田制

三国时期的屯田制，是专制国家对国有土地的一种经营方式，它是由曹操率先实行的。建安元年(196 年)，曹操接受部下枣祗、韩浩的建议，招募流亡农民在许县附近实行屯田。当时，"民人分散，土业无主，皆为公田"[④]，国家掌握足够的国有土地可作屯田之用；而曹操又刚刚打败汝南、颍川黄巾军各数万众，缴获了一批物资，为屯田提供了必需的人力物力。这种募民屯田的形式就是民屯。后来，曹操还以军队从事屯田，是为军屯。

民屯每 50 人为 1 屯，屯田民或称屯田部民、屯田客，名为招募，其实是驱迫而来的。国家对民屯采用军事组织的方式管理，屯有屯司马，其上置典农都尉、典农校尉、典农中郎将等官，与郡县官并列，而不相统属，直隶于中央。屯田民被束缚在屯田土地上，不得随意离开，失去了自由民

---

①　唐长孺：《魏晋南北朝隋唐史三论》，133 页，武汉，武汉大学出版社，1992。

②　《晋书·五行志上》。

③　《隋书·地理志下》。

④　《三国志·魏书·司马朗传》。

的身份。他们耕垦一定数量的土地①，向国家缴纳分成地租：使用官牛者，缴纳收成的 6 成；使用私牛者，则对半分成。国家对屯田民的地租剥削十分沉重，屯田民也没有完全免除兵役、徭役负担，所以，"民不乐，多逃亡"②。军屯以 60 人为 1 营，且佃且守，军屯的士卒也与屯田民一样缴纳分成地租。曹魏屯田的规模最大，从许县推广到其他地区，据记载有 20 多处。

孙吴在长江中下游地区实行屯田，规模仅次于曹魏。孙吴屯田亦分民屯、军屯，被征服的山越人是屯田的主要劳动力。蜀汉只有军屯，且规模较小。诸葛亮"每患粮不继，使己志不申，是以分兵屯田，为久驻之基"③。后来姜维屯田沓中，也是为了解决军粮的问题。

在社会经济濒于崩溃的汉末三国时期，屯田制的实施，不仅解决了军队的给养问题，有利于魏、蜀、吴实现区域性的统一；而且对安置流民、缓和社会矛盾、恢复和发展生产起了重要作用。例如，正始四年(243 年)，曹魏在淮水流域大兴军屯，"北临淮水，自钟离而南、横石以西，尽沘水四百余里，五里置一营，营六十人，且佃且守。兼修广淮阳、百尺二渠，上引河流，下通淮颍，大治诸陂于颍南、颍北，穿渠三百余里，溉田二万顷，淮南、淮北皆相连接。自寿春到京师，农官兵田，鸡犬之声，阡陌相属。每东南有事，大军出征，泛舟而下，达于江淮，资食有储，而无水害"④。而吴国境内，"四野则畛畷无数，膏腴兼倍……国税再熟之稻，乡贡八蚕之绵"⑤。

然而，国家对屯田的剥削日重，魏末晋初，屯田的分成租甚至高达八二开或七三开，赋役也越来越繁，使屯田民和佃兵无法维持生计。他们或者弃农经商，以"末作治生"，或者逃亡反抗。屯田土地不断被官吏、将领所蚕食，屯田民和佃民也遭分割。曹魏动辄把数百租牛客户赏赐给公卿权贵，孙吴更有赐田复客之制，立功的将领可以得到赏赐，从而促进大土地所有制的发展。至此，屯田制逐渐被破坏了。

晋武帝即位前后，两次下令罢屯田官，以典农中郎将、典农校尉为太守，典农都尉为县令长，民屯遂宣告废止。太康元年(280 年)，西晋颁行占

---

① 参见高敏：《魏晋南北朝社会经济史探讨》，40 页。北京，人民出版社，1987.
② 《三国志·魏书·袁涣传》。
③ 《三国志·蜀书·诸葛亮传》。
④ 《晋书·食货志》。
⑤ (西晋)左思：《吴都赋》。

田令。原来的屯田民，一部分成为大族豪强地主的佃客，大部分恢复了自耕农的身份。

占田令规定，男子1人占田70亩，女子1人占田30亩。所谓占田，是农民向官府登记自有田亩的意思。占田数是国家允许农民占有土地的限额，不是由国家授予农民的土地数额。国家限制农民占田不得超过这个限额，而实际上能否达到，国家是不管的。但在当时地广人稀的情况下，农民只要有劳动力开垦，大概是可以占足的。

战争把无数自耕农、半自耕农抛出了土地，使大批小私有土地化为国有土地，于是才出现了屯田制。但实行屯田终究是一种权宜之计，当国家统一、社会稳定以后，屯田制必然要被自耕农、半自耕农的小生产所取代，国有土地又化为小私有土地。而且，即使在实行屯田制的时期，自耕农、半自耕农经济也仍然是主要的。

占田令还规定，官吏按照官品高低占田：一品占田50顷，二品占田45顷，三品占田40顷，四品占田35顷，五品占田30顷，六品占田25顷，七品占田20顷，八品占田15顷，九品占田10顷。官吏占田数虽然也包含着最高限额的意思，但实际上没有认真执行，或无法执行。占田令颁行后，有人提出应当限制王公以下占有奴婢的数量，禁止百姓买卖田宅。尚书郎李重说："人之田宅既无定限，则奴婢不宜偏制其数。"①当时田宅实际上已有"定限"，而他却公然说没有定限，可见占田令并未发生限田的法律效力，尤其对贵族官僚地主更是一纸空文。例如，王戎广收八方园田，水碓周遍天下；强弩将军庞宗，占田200余顷；等等。

专制皇权为了保障国家的财政收入和兵役、徭役的征发，以巩固统治，需要维持相当数量的自耕小农队伍，而对大族豪强地主兼并土地加以限制。但大族豪强地主的贪欲靡所底止，拼命兼并土地。于是，当皇权衰落失控时，大土地所有制就迅速发展起来。

(二)大土地所有制的发展

土地兼并在社会动乱中曾一度停顿，但一俟社会安定就立刻卷土重来。西晋统一全国以后，土地兼并已呈现不可遏止之势。门阀士族除按照官品占田外，还恃强霸占或买进小农的土地，贵如太子司马遹，竟也"广买田

---

① 《晋书·李重传》。

业，多畜私财"①。这时，门阀士族的田庄经济发展起来了。石崇有别庐在河南县界金谷涧中，去城10里，或高或下，有清泉茂林，众果竹柏药草之属，金田10顷，羊200口，鸡猪鹅鸭之类，莫不毕备。又有水碓、鱼池、土窟。②

永嘉之后，大批北方的门阀士族南下。他们扶植了东晋小朝廷，也因而享有种种经济特权，纷纷求田问舍，兼并土地。王导的钟山赐田有80余顷，还另有一处称为西园的田产。王导的子孙也都多占土地，其曾孙王鉴广营田业，兄惠不以为然，王鉴说："无田何由得食？"谢安曾经与王羲之"行田视地利"，谢氏的田业遍布会稽、吴兴等地。至谢混时，有田业10余处，僮仆千人。谢灵运说："非田无以自立。"这说明，门阀士族的存在，都是以大地产为基础的。刁氏占田更多，刁逵"兄弟子侄并不拘名行，以货殖为务，有田万顷，奴婢数千人，余资称是"③。南方大族孔灵符广有产业，仅后来在永兴建立的一处田庄，就有水陆地265顷，方圆33里，含两座山，还有果园9处。

东晋南朝门阀士族和豪强地主不仅兼并良田沃土，而且抢占国家所有的山林川泽。他们"炷山封水，保为家利"，于是，"富强者兼岭而占，贫弱者薪苏无托，至渔采之地，亦又如兹"④。朝廷虽然明令禁止，但是大族豪强封略山湖如故。刘宋大明初，朝廷颁布占山令规定：一品、二品官可占山3顷，三品、四品2.5顷，五品、六品2顷，七品、八品1.5顷，九品及百姓1顷。这是对大族豪强的让步，表明国有土地不断被蚕食掉。南齐时，竟陵王萧子良在宣城、临城、定陵3县立屯，封占山泽数百里，禁民樵采。梁武帝曾下诏令说："公私传、屯、邸、冶，爰及僧尼，当其地界，止应依限守规；乃至广加封固，越界分断水陆采捕及以樵苏，遂致细民措手无所。凡自今有越界禁断者，禁断之身，皆以军法从事。"⑤诏令只禁越界分断，而不禁私立屯、邸，这是对大族豪强的又一让步。

田庄经济在东晋南朝进一步发展。东晋谢玄在会稽始宁县建立山墅，

---

① 《晋书·愍怀太子传》。
② （西晋）石崇：《金谷诗序》，见（宋）李昉等：《太平御览》卷九百一十九；（清）陈梦雷等：《古今图书集成·职方典》卷三百八十二。
③ 《晋书·刁协传孙逵附传》。
④ 《宋书·羊玄保传》。
⑤ 《梁书·武帝纪下》。

其孙谢灵运进一步扩建，依山傍水，极尽幽居之美。园墅之中，"阡陌纵横。塍埒交经，导渠引流，脉散沟并。蔚蔚丰秫，芒芒香秔"。土地肥沃，盛产各种粮食、蔬菜；又有"北山二园，南山三苑"，种植无数果木、药材。田庄里还种桑植麻，缫丝织布，烧炭制陶，采蜜酿酒，养鱼造纸，一应生活用品无假外求。所以，谢灵运不无得意地说："春秋有待，朝夕须资，既耕以饭，亦桑贸衣，艺菜当肴，采药救颓"，"供粒食与浆饮，谢工商与衡牧"。[①] 在谢灵运田庄之东，还有昙济道人、蔡氏、郗氏、陈氏的田庄，都具有相当的规模。萧梁时，裴之横在苟陂大营田墅，僮属数百人。张秀孝在东林寺有田数十顷，部曲数百人。陈朝时，沈泰的良田超过 400 顷，佃客不止 3000 人。颜之推在《颜氏家训·止足》说："常以为二十口家，奴婢盛多，不可出二十人，良田十顷，堂室才蔽风雨，车马仅代杖策，蓄财数万，以拟吉凶急速。"这是一种小型的田庄。

北方自永嘉以后动乱不已，滞留在故土的大族豪强筑起坞壁，聚族而居，多者四五千，少者几百上千家。大族豪强既是宗族的宗主，又是大地主；而投靠他们的宗亲乡党，则失去土地的私有权，变成了依附民。各少数民族政权一般都采取与大族豪强合作的政策，承认他们对土地和依附民的占有。例如，李显甫聚宗亲数千家，开殷州西山李鱼川，其地方圆五六十里。崔、卢、郑、王等北方门阀大族也都占有大量的土地。

但是，从总体上来说，在北魏孝文帝改革以前，因为劳动力不足，大土地所有制发展有限，而国有土地大为增加。前赵石虎曾经圈占"自灵昌津南至荥阳，东极阳都"[②]的畋猎苑囿，还占有籍田的桑梓苑。慕容氏的燕国也有不少园苑。北魏园苑的规模更大，道武帝的鹿苑周长数十里。太武帝时上谷民众上书，提出朝廷苑囿过度，而民无田业。大臣高允也因当时多封禁良田上书劝谏，太武帝遂除田禁。此外，北魏还圈占了大片的土地作为牧场。由于国家掌握了大量的土地，所以后来才有实行均田制的可能。

（三）北朝均田制的实施

北魏初年，道武帝在五原（今内蒙古包头西北）至稒阳塞（今内蒙古固阳县境）一带进行屯田。天兴元年（398 年），在攻下邺城后，他迁徙后燕境内的民吏、徒何鲜卑、高丽杂夷 36 万和百工技巧 10 余万口到平城，发给耕

---

① 《宋书·谢灵运传》。
② 《晋书·石季龙载记上》。

牛，实行计口授田。计口授田的原则是按丁口授予土地，国家建立户籍制度，督课田农，征发赋税徭役。它类似于民屯，而成为均田制的雏形。

北魏前期，虽然统治者日益重视农业，并采取一些发展农业生产的措施，如数次开放禁苑，与民耕种；对人工换牛工作出规定，以解决耕牛不足的困难；检括户口，禁断浮游，企图与大族豪强争夺人口。但是，效果并不明显，农业生产没有什么起色。为了支持连年的征伐战争，北魏统治者常常加征重赋，动辄每户30、50石之巨。太和四年(480年)，薛虎子上疏说："小户者一丁而已，计其征调之费，终岁乃有七缣。去年征责不备，或有货易田宅，质妻卖子，呻吟道路，不可忍闻。"①当时，水旱虫灾又几乎每年不断，广大农民或者流亡他乡，或者起而反抗，斗争此起彼伏。

延兴元年(471年)，孝文帝即位后，农民反抗斗争频频发生，青州、朔方、齐州、光州、洛州、豫州、冀州、秦州、怀州、雍州、徐州、兖州和京城都爆发过不同规模的起义，有时一年数起，有的一地数次。北魏的统治已经到了非改弦更张不可的时候了。

太和九年(485年)，给事中李安世上疏说："窃见州郡之民，或因年俭流移，弃卖田宅，漂居异乡，事涉数世。三长既立，始返旧墟，庐井荒毁，桑榆改植。事已历远，易生假冒。强宗豪族，肆其侵凌，远认魏晋之家，近引亲旧之验。……愚谓今虽桑井难复，宜更均量，审其径术，令分艺有准，力业相称，细民获资生之利，豪右靡余地之盈。"②于是，北魏在临朝称制的冯太后的主持下，颁布了均田令。

均田令规定：15岁以上的男子授露田(不种树的田)40亩，桑田20亩；女子授露田20亩。如采用休耕，露田加倍或加2倍授予。土地不足的地区，桑田在倍田数中。桑田之上要种桑50株、枣5株、榆3株。不宜种桑的地区，男子授麻田10亩，女子5亩。另外男子还给田1亩，使种枣、榆。受田者年老免课或身死，露田和麻田要归还国家，桑田为世业，可以传给后代。露田不得买卖，原有的桑田不足或超出的部分可买卖。奴婢授田同于平民，但不给桑田。在授麻田地区，奴授麻田10亩，婢5亩。耕牛每头授田30亩，以4头为限。授田不足者可以向人口稀少的地区迁移，每3口人另给宅居地1亩，其1/5使种蔬菜。此外，地方官按官职高低，授予公田，刺史15顷，太守10顷，治中、别驾8顷，县令、郡丞6顷。

---

① 《魏书·薛野𦙾传》。
② 《魏书·李孝伯传兄子安世附传》。

均田制是一种国有与私有并存的土地制度，其中，有受有还的露田，所有权属于国家；不必归还的桑田，所有权则属于农民。桑田可以买其不足、卖其有余，为土地兼并打开方便之门。用于均田还受的土地是国家掌握的荒地和无主土地，不触动大族豪强地主的利益，地主还可以通过奴婢、耕牛的受田而多占土地。所谓均田，并不是平均分配土地，而是国家利用国有土地和农民原有的土地，把农民固定在土地上，加强控制，以保障租调征收和徭役的征发。在均田制的实施中，贫苦农民的受田从开始就不足数，但在有荒地之处，国家还是尽可能把荒地分给农民，使无地少地的农民的境况有所改善。

均田制与三长制几乎是同时实行的。魏初，民多荫附，"五十、三十家为一户"，很多农民沦为豪族地主的依附民。给事中李冲建议实行三长制，"五家立一邻长，五邻立一里长，五里立一党长"①，以取代宗主督护制。在冯太后的支持下，三长制得以实施，它与均田制互相配合，有利于抑制大族豪强隐匿人口，增加自耕农的数量，对生产的恢复和发展起积极作用。

后来，北齐和西魏也都实行均田制，内容多少有些变化。河清三年（564 年），北齐重新颁布均田令，露田不分休耕与否，一律加倍；奴婢受田按官品限制人数，从 60 人到 300 人不等，不受田者不输租调；所授麻田也为世业，身终不还。这些令文因北齐政治腐败，实际上没有认真实行。西魏在宇文泰当政时就颁布新的均田令，规定已婚丁男受田 140 亩，未婚 80 亩，另有宅地，而无桑麻田。西魏、北周政治比较良好，均田也实行得好些。

三、赋役与阶级关系

（一）租调

建安五年（200 年），曹操实行新的赋税制，即租调制。这是在人口流散，货币几近废弃的情况下对汉代赋税制度的改革。建安九年（204 年），曹操平定冀州后，针对袁绍统治下"豪强擅恣，亲戚兼并；下民贫弱，代出租赋"的局面，重申说："其收田租亩四升，户出绢二匹、绵二斤而已，他不得擅兴发。"②这一改革，以定额田租代替汉代的定率田租，以户税代替汉代

---

① 《魏书·食货志》李冲上言。
② 《三国志·魏志·武帝纪》注引《魏书》。

的人头税。租调制的田租租额较低，而且租额固定，增产不增租；户调以户为单位，增人不增调。征收的粟帛既是当时曹操军中急需，也是耕织结合的小农所产，免去以物易钱交税的中间损失。实行租调制后，许多小农返回故里，积极务农，精耕细作，使中原地区的农业生产有所恢复。孙吴也实行租调制，蜀国可能沿袭汉制，其数额缺乏明确记载。

西晋初年继续实行曹魏的租调制，在占田令颁布的同时，也颁布了新的租调制。据《晋书·食货志》载，"又制户调之式，丁男之户，岁输绢三匹，绵三斤，女及次丁男为户者半输。其诸边郡，或三分之二，远者三分之一。夷人输賨布户一匹，远者或一丈。……远夷不课田者输义米户三斛，远者五斗，极远者输算钱人二十八文"。《初学记》载，"《晋故事》：凡民丁课田，夫五十亩，收租四斛，绢三匹，绵三斤……九品相通，皆输入于官"①。

西晋所谓课田，就是课税之田，所以课田制也就是田租制。当时男子占田70亩是最高限额，况且不一定能够占足，故在这个基础上规定50亩为课税之田。一个男丁必须缴纳50亩课税之田的田租共4斛，因此，西晋的田租实际上是以丁为征收对象的丁租。② 西晋田租按亩计算，比曹魏增加一倍；而按丁征收，则丁多税多，即使是无地少地也不能例外，显然不利于小农而有利于地主。西晋户调也比曹魏增加一半，虽然实行"九品相通"，即按照资产评定户等高低征收，但是富户总是避重就轻，贫困户并不能得到好处，西晋官僚士族不课田，享受免赋免役特权，甚至他们的佃客、典计、衣食客之类的依附民也无课役，而他们合法非法占有的依附民数量很多，因此，小农的负担越来越重。

咸和五年（330年），东晋"始度百姓田，取十分之一，率亩税米三升"③。此前，实行的是西晋的丁租；此后，丁租与亩税并举。度田收取税米，则田多税多，必然遭到大族豪强地主的反对，难以执行。至咸康（335—342年）初，欠税额达50余万斛，尚书褚裒因而以渎职罢官，但是没有效果。隆和元年（362年）哀帝即位时，减为亩收2升。孝武太元元年（376年），取消度田收税制，实行口税制，王公以下口税3斛，太元八年又增为口税5斛，终于向地主彻底让步。

南朝宋、齐的租调制在征收对象、征收方式及征收数量等方面，都承

---

① （唐）徐坚：《初学记》卷二十七"绢第九"。
② 参见高敏：《魏晋南北朝社会经济史探讨》，133页，北京，人民出版社，1987。
③ 《晋书·食货志》。

继东晋之制。当时，租、调、税 3 项总称为"三调"，又称"三课"，这里的所谓"调""课"，是调发、课税之意。征收方式自东晋以后出现以田租折布、折钱缴纳的方式，这是一个重要变化。永明四年(486 年)，南齐规定："扬、南徐二州今年户租三分，二取见布，一分取钱。来岁以后，远近诸州输钱处，并减布直，匹准四百，依旧折半，以为永制。"①这就是说，租调折钱缴纳已经成为定制，这反映了南方商品经济成分有所增加。

户调的征收实行计赀定课的办法，以资产的多少决定户调的多少，似乎比较公正，实际上并非如此。官吏富户在计赀时上下其手，"使富者不尽，贫者不蠲。乃令桑长一尺，围以为价，田进一亩，度以为钱，屋不得瓦，皆责赀实。民以此，树不敢种，土畏妄垦，栋焚榱露，不敢加泥"②，严重阻碍了社会生产的发展，加深了农民的困苦。

梁、陈的租调制，据《隋书·食货志》说："其课，丁男调布绢各二丈，丝三两，绵八两，禄绢八尺，禄绵三两二分，租米五石，禄米二石。丁女并半之。男女年十六已上至六十为丁。男年十六，亦半课，年十八正课，六十六免课。女以嫁者为丁，若在室者，年二十乃为丁。……其田，亩税米二斗。"这时，不但田租、亩税并存，而且加征禄米；而户调变为丁调，也加征禄绵，对小农的剥削不断加重。

北方从十六国以后基本上也沿袭租调制，如石勒制户出帛 2 匹、谷 2 斛，但滥征滥发的现象非常严重。北魏前期规定，每年每户帛 2 匹、絮 2 斤、丝 1 斤、粟 20 石，调外之费帛 1 匹 2 丈。租调征收办法实行西晋征收户调所用的九品相通，易名为九品混通。此外，经常任意加征杂调，农民的负担极为沉重。太和十年(486 年)，北魏在建立三长制的同时，颁布了新租调制，规定一夫一妇每年出帛 1 匹、粟 2 石；15 岁以上的未婚男女 4 人、从事耕织的奴婢 8 人、耕牛 20 头，其租调相当于一夫一妇。新租调制的租调额虽然减少了，但以一夫一妇为征收单位，比过去以百室合户的大户为征收单位，实际征收的租调反而增多了，而小农户的负担却有所减轻。北魏末年，租调征收也出现折物为钱的现象。北齐、北周以床(即一夫一妇)为计算租调的单位，其调按桑土麻土分别交纳绢布，奴婢受田则交租调，都是沿用魏制，与均田制相适应。

---

① 《南齐书·武帝本纪》。
② 《宋书·周朗传》。

（二）徭役

西汉实行轻徭薄赋政策时，规定服役年龄为 23～56 岁①，至曹魏改为 17～50 岁，曹魏始役早，免役年龄有时竟至 90 岁②。西晋以 16～60 岁为正丁，服全役；13～15 岁、61～65 岁为半丁，服半役，始役更早，役龄也长。

魏晋时期战争仍频，百姓最大的困扰是兵役。虽然有世代为兵的兵户，但仍需经常补充新的兵员。与兵役有关的徭役如军需品的运输之役不仅繁重，而且危险和役期不定。其次是修建宫室的徭役。屯田民一般被认为不服徭役，实际上也经常服役。正元二年(255 年)，魏廷令郡典农对阵亡将士"慰恤其门户，无差赋役一年"③，说明屯田民也要服役。而且，平时他们还要"治廪系桥，运输租赋，除道理梁"④。统治者还奴役百姓，修建宫殿园囿，如魏明帝建太极诸殿、高 10 余丈的总章宫及芳林园陂池；而吴末帝大修园林，筑土山楼观，役夫或者累死，或者叛逃。西晋贵族、官僚、士族都享有免役的特权，他们所荫庇的依附民也不服役，繁重的徭役完全压在自耕和半自耕农民的身上。

东晋南朝的正丁、次丁的规定或与西晋略同，或稍有放宽。但规定是一回事，实际执行是另一回事。刘宋时沈亮上书说："书制休老以六十为限，役少以十五为制"，然而，他所见"西府兵士，或年几八十，而犹伏隶，或年始七岁，而已从役"。⑤东晋规定役夫每年役期 20 天，但如范宁所说："古者使人，岁不过三日；今之劳扰，殆无三日休停。"⑥王羲之任会稽内史时说："今转运供继，西输许洛，北入黄河。虽秦政之弊，未至于此，而十室之忧，便以交至。今运无还期，征求日重，以区区吴越经纬天下十分之九，不亡何待。"⑦宋文帝统治期间有"元嘉之治"的美誉，而他造华林园时，不仅盛夏施工，而且不许役夫休息，有人建议暂休，他竟说："小人常自暴背，此不足为劳。"⑧在这类徭役中，服役的工匠很多。

---

① （西汉)桓宽：《盐铁论·未通》。
② 《三国志·魏书·武帝纪》注引《魏书》。
③ 《三国志·魏书·高贵乡公传》。
④ 《三国志·魏书·司马芝传》。
⑤ 《宋书·自序》。
⑥ 《晋书·范宁传》。
⑦ 《晋书·王羲之传》。
⑧ 《宋书·何尚之传》。

　　东晋南朝农民服兵役很普遍，有征兵，有募兵。征兵本应有役期，募兵事已则罢。但一入兵伍，便遥遥无期，甚至沦为兵户。征兵有所谓"发三五丁"，即"三丁发二，五丁发三"①。而当时将领常以募兵扩大自己的实力，自宋孝武帝泰始以后，将帅以下，各募部曲，屯聚京都。名为招募，实则强迫。南齐萧道成下令停止募兵，可是齐、梁北方边境的军队仍然由招募而来。可见农民兵役的负担是多么沉重。

　　吏役也是一种徭役。当时官府置有专供役使的吏，同样由征发或招募而来。他们承担官府种种杂役，包括种地、运输、治河、筑堤，武吏还要上阵打仗。东晋有人建议以文武吏医卜耕种地方官吏的职田，刘宋从事课田的武吏，13岁以上课米30斛，16岁以上课米60斛。南朝官府又有"僮干""事力""手力"，与役吏的性质相似。

　　公役以外，还有私役。担负徭役的役夫，有时被朝廷派到贵族官僚家中服役，有时被贵族官僚非法役使。东晋有所谓"送故"，官吏离职时，不但送钱物，而且派兵吏送行，少者几十户，多者千余家。这些送故的兵吏往往有去无回，变为私人的役夫了。

　　十六国、北朝时期的役龄和役期，承魏晋之制发展而来。但十六国统治者随心所欲，不循定制，至北魏才逐渐走上轨道。从北魏均田制可知，15岁为始役年龄，12～14岁半役，70岁以上免役。北齐20～59岁为役龄，60岁以上免役。西魏、北周则18～59岁为役龄。

　　北魏前期，兵役、徭役繁重，文成帝曾下诏减轻徭役，如官吏擅自召役，发现后以枉法论处。然而他在位期间，还有3次修建工程。孝文帝初年，一次十丁取一，一次十二丁取一。当时，即使是官吏，也必须服役。北随郡太守阎元明经奏请旌表后才"复其租调兵役"②。北魏后期，兵徭不断加重。宣武帝时，"荆、扬二州，屯戍不息，钟离义阳，师旅相继"，"汝颍之地，率户从戎，河冀之境，连丁转运"。③这种状态到北朝末也没有改善，均田农民或抛荒流亡，或投依豪强，或遁入空门，阶级矛盾十分尖锐。

(三)依附关系
　　魏晋南北朝时期，依附身份和依附关系成为显著的社会现象。依附民

①　《资治通鉴》卷九十七"皆三五发卒"注。
②　《北史·阎元明传》。
③　《魏书·卢玄传》。

大量存在，自由平民通过投靠、赐予等途径降为大族豪强的依附民；奴隶解放，一般也不是直接解放为自由平民，而是解放为依附民，通常被称作客。依附民代替了自由平民和奴隶，成为突出的社会阶层。当然，这时期自由平民和奴隶还是存在的。[①]

东汉末年，大族豪强荫占依附民逐渐多起来了。但是，这种荫占是非法的。曹操平荆州，郡主簿刘节荫庇的宾客千余家，经常不服役。县长司马芝差遣刘节的宾客王同等人为兵，刘节藏匿不给。于是司马芝报请太守，征发刘节代王同为兵。曹操族弟曹洪的宾客不应征调，长社令杨沛坚决予以打击，得到曹操的称赞。可见国家并不允许大族豪强私占农民，与国家争夺人口，分割赋税。

然而，依附关系的发展是大势所趋，不可逆转。国家虽然不允许私家地主占有依附民，却把依附关系搬到国有土地上。屯田制下的劳动者，就是国家的依附民。他们被强制固定在土地上，失去了自由平民的身份，具有强烈的人身依附关系。屯田在当时的生产中只占一部分，但是它的出现在生产关系上有着重要意义。私家依附关系发展很快，大族豪强把战乱中许多逃避国家赋役的农民、失去土地的流民和宗族里的贫苦族人变为自己的依附民。

三国时期，依附关系逐渐由非法变成合法。曹魏末年，"魏氏给公卿已下租牛客户，数各有差"[②]。孙吴也以复客制的形式，宣布私人荫占依附民的合法性，复客户中，有原来占有的佃客，有国家新赐予的佃客。后者有的是国家屯田上的屯田客，有的是国家的编户。这些依附民都被免除了所承担的赋役，说明国家承认大族豪强荫占一定数量依附民的特权。从此，大族豪强私募人户遂不可止，史称，"自后小人惮役，多乐为之，贵势之门，动有百数。又太原诸部亦以匈奴胡人为田客，多者数千"[③]。

晋武帝即位后，诏令禁止募客，但依附关系实际上仍在继续发展。太康元年（280年），晋廷规定贵族官僚可按官品高低荫占依附民，一品、二品荫佃客15户，三品10户，四品7户，五品5户，六品3户，七品2户，八品、九品1户；六品以上还可荫衣食客3人，七品、八品2人，九品1人；又各以其品级的高低荫庇亲属，多者及九族，少者三世。宗室、国宾、先

---

① 参见何兹全：《中国古代社会》，498页，郑州，河南人民出版社。1991。

② 《晋书·外戚·王恂传》。

③ 同上书。

贤和士人子孙也享受同样的特权。西晋用法律把依附关系固定下来，其中包含着限制依附民数量的增加、防止国家编户日益减少的意思，然而毫无作用。

东晋政权是南北士族的联合专政，对门阀大族更加优容。为了保障逃难过江的门阀大族的经济特权，东晋实行更加优惠的给客制度：一品、二品荫佃客 40 户，三品 35 户，四品 30 户，五品 25 户，六品 20 户，七品 15 户，八品 10 户，九品 5 户。史称，"时百姓遭难，流移此境，流民多庇大姓以为客"①。所以，门阀大族实际占有的依附民远远不止此数。南朝的依附民又被称为"属名"，"诸郡役人，多依人士为附隶，谓之'属名'"②。属名即附名于私家的人户，不再是国家的编户。在北方，自十六国时期出现的坞堡壁垒，既是军事性的防御组织，也是经济性的生产组织，坞堡主与坞堡里的农民同样是地主和依附民的关系。此外，南北朝的营户、隶户、军户、屯户、牧户、乐户、金户、伎作户等，他们如同屯田户一样，都是国家的依附民。

依附民是身份从属于主人的半自由人。他们的身份高于奴隶，而低于自由人。客必须自赎或经主人放免，才能取得自由人的身份。东晋元帝发布诏令说："其免中州良人遭难为扬州诸郡僮客者"③，这是以诏命放免奴客。南朝经常把奴和客并举，说明客的身份地位和奴隶已经很接近。客或佃客以外，部曲是依附民中人数较多的一种。部、曲原是军队的编制而变为军队、士兵的代称。东汉末年以后大族强宗的私兵也称为部曲，战时跟随主人打仗，平时当然要和其他依附民一样耕田种地。他们的身份地位与佃客逐渐接近，所以部曲和客也常常连用。

依附关系还存在于佛教寺院。南朝梁、陈与北朝中叶以后，佛教寺院已经发展为实力强大的封建经济组织。北朝寺院还拥有隶属于他们的佛图户和僧祇户，佛图户以罪犯或官奴充之，供寺院杂役，兼营田输粟；僧祇户每年向寺院交纳 60 斛谷物，是寺院的依附民。

---

① 《南齐书·州郡志上》。
② 《南史·齐本纪下》。
③ 《晋书·元帝纪》。

第六节　文　化

一、哲学和宗教

(一)魏晋玄学

随着东汉末年社会危机的日益加深，烦琐的经学已经走到穷途末路了。一些士大夫开始转而从道、名、法诸家学说中发掘有用的思想资料，思想界非常活跃，动摇了儒家独尊的地位。曹操挟天子以令诸侯之后，名、法思想占据了统治地位。史称："魏武好法术，而天下贵刑名。"[①]但是，思想界并没有因此而重新定于一尊，士大夫之间相互交往，共同切磋的风气仍然十分浓厚。为了加强中央集权，曹氏祖孙三代对所谓"浮华"之风都加以打击。

魏晋玄学的先驱，大多数是原来"浮华"案中的人物。他们出身于贵族官僚之家，名气很大，虽然一时受到压抑，不久便东山再起。在魏明帝死后的正始年间(240—249年)，他们成为朝中的实权派。从此，玄学大盛。正始玄学的代表是何晏、王弼，他们主张"天地万物皆以无为本。无也者，开物成务，无往不存者也。阴阳恃以化生，万物恃以成形，贤者恃以成德，不肖者恃以免身。故无之为用，无爵而贵矣"[②]。"以无为本"是他们理论的核心，所以又被称为"贵无"说。在他们的理论中，"无"是宇宙本体的称谓，是哲学的最高层次。因为本体无名无形，所以可以用"无"为名，但"无"不是空无，只是"混成无形"。"无"不但生成万物，使万物完善，而且是万物存在的根据，又存在于每个具体事物中。王弼认为，天下万物虽贵，皆因"以无为用"；舍去以无为用，就不再是完善的了。王弼还提出"道法自然"的著名命题，他把天下万事万物的天然状态称为自然，"道不违自然，乃得其性，法自然者"[③]。法自然，即以自然为法，又顺应自然。贵无说的哲学本体论和思辨的方法论，是中国古代哲学发展到一个新阶段的标志。

然而，贵无说归根结底是为政治服务的。王弼提出理想的君主应当顺

---

① 《晋书·傅玄传》。
② 《晋书·王戎传》。
③ (魏)王弼：《老子注》二十五章。

应自然而无为。他说："圣人达自然之至，畅万物之情，故因而不为，顺而不施。……故心不乱而物性自得之也。"①他认为无为本，有为末，但没有有也就不能体现无；自然为本，名教为末，但名教出于自然，维护现行的统治秩序。他在著作中用大量的篇幅讨论治国方略，构筑一个政治谋略体系。

正始之后，玄学的代表人物是魏晋之际的嵇康和阮籍。嵇康的思想比较复杂，他主张天地万物的本源是元气，提出形神互相依存的观点，又宣布以老、庄为师，"崇简易之教，御无为之治，君静于上，臣顺于下"②。阮籍认为天地生于自然，万物生于天地，"道者，法自然而为化"③。他关于自然和道的概念与王弼所说已经不同。他又认为人的形体和精神是自然的产物，所以他崇尚自然。嵇、阮在魏晋禅代之际，对司马氏打着名教的旗号篡权十分愤慨，遂"非汤武而薄周孔"，指斥"六经未必为太阳"，讥刺所谓礼法君子是裤缝中的虱子，宣称要越名教而任自然。但为了避祸，阮籍等人发言玄远，口不臧否人物；用酗酒和放荡不羁的行为，来宣泄自己的苦闷。

玄学发展到西晋，已经成为一种时髦的谈资。许多士族中人其实不懂玄学为何物，不过手执麈尾，口中雌黄，附庸风雅而已。史称王衍盛才美貌，声名藉甚，倾动当世。"妙善玄言，唯谈《老》《庄》为事，每捉玉柄麈尾，与手同色。义理有所不安，随即改更，世号'口中雌黄'。……累居显职，后进之士，莫不景慕放效。选举登朝，皆以为称首。矜高浮诞，遂成风俗焉。"④其卑下者，更以无耻为放达，以肉麻为有趣，乃至脱衣服，露丑恶，偷酒喝，挑逗女人，行同禽兽。无怪乎在西晋灭亡后，人们谴责玄学清谈误国！

在一片玄虚声浪中，裴頠著《崇有论》，企图补偏救弊。他认为，万有不是由"无"产生的，万有都是自生自长。他说："夫至无者，无以能生，故始生者，自生也。""无"既不能生"有"，也不能养育"有"，变成"有"。因此，"济有者皆有也，虚无奚益于已有之群生哉"。他又说："贱有则必外形，外形则必遗制，遗制则必忽防，忽防则必忘礼。礼制弗存。则无以为政矣。"⑤可见，他的崇有是为维护礼教服务的。

---

①　《老子注》二十九章。

②　《嵇中散集》卷五《声无哀乐论》。

③　《阮嗣宗集·达庄论》。

④　《晋书·王戎传》。

⑤　《晋书·裴秀传子頠附传》。

郭象是西晋中、后期集玄学之大成的代表人物。他吸取了向秀关于万物自生自化的说法，也吸取了裴颜崇有论的观点，提出了他的自生独化论。他说："生生者谁哉？块然而自生耳。自生耳，非我生也。我既不能生物，物亦不能生我，则我自然矣。"①他认为物自生，物自造，独化于自然之境。他还融合名教与自然，以"明内圣外王之道"。他主张"君臣、上下、手足、外内乃天理自然，岂真人之所为哉"②，这当然是维护礼教、维护现存统治秩序的理论。

东晋的玄学家在理论上已经无所建树，随着东晋门阀政治的终结，玄学从兴盛走向衰落，儒学重新获得生机，出现玄消儒长的趋势。

(二) 佛教与道教

佛教在两汉之际就传入中原，直到魏晋以后才得到广泛的传播。儒学的衰微和玄学的兴起，使佛教乘虚而入，借助玄学去推行佛法；而玄学家也对佛教的"空""无"哲学发生兴趣，从中吸取营养。佛教关于"来世"的许诺，更容易使在长期动乱中饱受苦难折磨的人们产生出幻觉而皈依到佛门之下。东晋十六国以后历代君主的提倡，则进一步推动了佛教的发展。

佛教僧人原来都来自身毒（天竺的异译）或西域，汉人是不能出家为僧的。曹魏甘露年间（256—260 年），朱士行成为第一个出家的汉人，西行于阗求经。此后，汉人为僧才逐渐多起来。东晋末，名僧佛图澄到洛阳，后来被石勒尊为"大和上"。释道安曾至邺城，师事佛图澄。释道安对佛教般若学很有研究，他认为，"无在万化之前，空为众形之始"，无生有，有在无后。于是，他创立的一派被称为"本无宗"③。他还在佛经整理译注和戒律厘定方面起过重要的作用。

来自西域的鸠摩罗什是当时名闻遐迩的高僧，影响很大。后秦姚兴迎接他到长安，待以国师之礼。他译出佛经 300 余卷，"辞义通明，至今沙门共所祖习"④。由于对般若学说的理解不一，也由于中土僧人对佛经的渴求，不少僧人开始走上西行求法的道路。法显，是他们中的代表。后秦时，法显从长安出发，经敦煌，渡流沙，逾葱岭，长途跋涉，以太阳辨别方向，

---

① （西晋）郭象：《庄子注·齐物论》。
② 同上书。
③ （南朝梁）释宝唱：《名僧传钞·昙济传》引。
④ 《魏书·释老志》。

以途中遗骨辨认道路，终于到达天竺。他克服种种困难，学习梵语梵文，抄写佛教经律，又到师子国（今斯里兰卡）求经。历时 15 年，他才从海路回到祖国，译出所获经典百余万言，并且把自己的见闻写成《佛国记》一书。据统计，魏晋南北朝时期所翻译的佛经有 1000 多部、3437 卷。

道安的弟子慧远渡江而南，在庐山建寺，讲经论道，成为东晋佛门的一大宗师。他兼通经学、玄学，认为"内外之道，可合而明"，即儒、释、玄可以互相合作。鸠摩罗什的弟子有僧肇、道生、道融等名僧。僧肇著有《物不迁论》《不真空论》《般若无知论》等，他对原来的佛教各宗派进行批判，建立了富于中国特色的佛教理论体系。道生在江南宣讲涅槃佛性，提出"一阐提人（所谓断绝一切善根的人）皆得成佛"[①]的说法，又首创顿悟成佛理论，使"玄远之学乃转一新方向。由禅宗而下接宋明之学，此中虽经过久长，然生公立此新义，实此变迁之大关键也"[②]。

南北朝时期，佛教因社会文化背景的差异而形成南统和北统。南方佛教依附于玄学发展起来，比较重视对佛教教义的探讨和阐发，偏重义理讲论成为南统的特点。然而，北方自西晋以后玄学的发展已经中断，北方佛教转而偏重于坐禅、"修福"、"行善"等具体活动，不尚空谈。南朝的权贵中有不少狂热的佛教信徒，他们与僧人过从甚密，讨论佛理，互相唱和。南朝统治者甚至亲自斋僧，主持法会，讲经说法。北朝统治者则不惜劳民伤财去开凿石窟，兴造规模浩大的石窟工程。

佛教在南北朝进入了鼎盛时期。刘宋有佛寺 1913 所，南齐有 2015 所，萧梁有 2846 所，即便是疆域局促的陈朝，也仍有佛寺 1232 所，故唐诗云："南朝四百八十寺，多少楼台烟雨中。"北朝的佛寺、僧尼远多于南朝，北魏末，仅洛阳一地就有佛寺 1367 所，全国有 1 万余所。东魏、北齐有寺 3 万余所，僧尼 300 万人。北周也有寺 1 万所，僧尼 100 万人。

在佛教的传播过程中，矛盾冲突是不可避免的。北魏太武帝镇压盖吴起义时，发现长安佛寺中私藏武器，遂禁断佛教，坑杀僧人。北周武帝出于经济上的原因，也采取灭佛措施，勒令僧尼还俗。佛教文化与中国传统文化迥异，对传统文化产生巨大的冲击，集中表现为和儒、道的斗争。作为一种宗教，佛教带来消极落后的影响；但是，伴随着佛教的传入，海外

---

① （南朝梁）释慧皎：《高僧传·竺道生传》。

② 汤用彤：《魏晋玄学论稿》，见《汤用彤学术论文集》，294 页，北京，中华书局，1983。

和西域的文化，如哲学、语文、建筑、雕塑、绘画、音乐等，丰富了中国传统文化的内容，促进了中国传统文化的发展。

在佛教传播的同时，道教也在传播。黄巾起义失败后，太平道被禁止。张鲁投降曹操，五斗米道继续流传。两晋之际，葛洪对道教实行改造，提出以道为本，以儒为末，道儒结合；宣扬服食炼丹、延年益寿之术，迎合大族官僚的需要。从此，道教完全变成统治阶级的宗教，皇室、门阀士族中出现了许多道教信徒。东晋南朝的道教徒参照佛典，编了大量道经、戒律，如《上清大洞真经》，南齐顾欢据此再编为《真迹经》，梁朝陶弘景重编为《真诰》。在北朝，道士寇谦之也对道教进行改造，剔除可能被用于组织斗争的教义、仪式，增加礼度和服食修炼的内容。他还托言太上老君授予天师之位，编《云中音诵新科之诫》等道经，并献给北魏太武帝，深受赏识，太武因之改年号为"太平真君"。道教教理杂乱，哲学思想贫乏，既接受传统儒家思想，又移植佛教教理，模仿佛教寺院建立道观。但道教经书中也保存了不少道教史料和天文、医药、化学等科技史料。

(三)无神论

在宗教唯心论盛行的时候，唯物论和无神论的思想更加熠熠生辉，其代表人物是魏晋时的杨泉、南朝齐梁间的范缜。

杨泉的主要著作是《物理论》。他说："元气皓大，则称皓天。皓天，元气也，皓然而已，无他物焉。"[①]他吸取王充关于"元气"的学说，而他的解释比王充更深刻。他还认为，星是元气之英，云汉是水之精。"气发而升，精华上浮，宛转随流，名之曰天河，一曰云汉，众星出焉。"[②]在人们对天体的物质构成还缺乏科学认识时，杨泉的见解无疑是十分可贵的。杨泉又用他的元气说去解释人的形神关系，他说："人含气而生，精尽而死。死犹澌也，灭也。譬如火焉，薪尽而火灭，则无光矣。故灭火之余无遗炎矣，人死之后无遗魂矣。"[③]他以薪比喻人的形体，以火比喻人的精神(魂)，说明精神对形体的依赖，有力地批驳了神不灭论。

刘宋时，范晔也认为死者神灭，天下决无佛鬼。数学家何承天针对宗炳所写的《神不灭论》，指出"生必有死，形毙神散，犹春荣秋落，四时代

---

① (宋)李昉等：《太平御览》卷一。
② (宋)李昉等：《太平御览》卷八。
③ (西晋)杨泉：《物理论》。又见(宋)李昉等：《太平御览》卷五百四十八。

换，奚有于更受形哉"①。但是，他们的无神论都不能贯彻到底。

关于神灭与神不灭的论争，在齐、梁间达到高潮。范缜《神灭论》的发表，是这个高潮出现的标志。范缜(约450—515年)是一个杰出的无神论者，字子真，舞阴人。质朴正直，不媚俗，不盲从。永明五年(487年)，萧子良盛招宾客，范缜亦在其中。当时，萧子良笃信佛教，而范缜却宣称无佛，因佛教鼓吹神不灭论而作《神灭论》。他说："神即形也，形即神也。是以形存则神存，形谢则神灭。"这就是说，形和神是不可分离的统一体，精神是形体的作用，形体是精神的依托。他又以刀刃与锋利为喻，论证形神的关系说："神之于质，犹利之于刃；形之于用，犹刃之于利。利之名非刃也，刃之名非利也；然而舍利无刃，舍刃无利。未闻刃没而利存，岂容形亡而神在!"②既然刀依刃而利，"刃"没而"利"消，那么，依"形"而存的"神"，在"形亡"以后，也就必然消灭!范缜还进一步指出，人和木都是物质，但人有知觉而木无知觉。也就是说，精神是人类特有的属性，这个属性不能离开人而独立存在。

《神灭论》是古代无神论思想的重要作品，不仅批驳了喧嚣一时的宗教迷信思想，而且在回答物质和精神的关系的问题上，达到前所未有的水平，闪烁着唯物主义的光辉。《神灭论》一出，影响极大。萧子良又惧又恨，发动对范缜的围攻。当时，士族官僚王琰攻击范缜说，"呜呼范子，曾不知其祖先神灵所在!"范缜回答说："呜呼王子，知其祖先神灵所在，而不能杀身以从之!"王琰理屈词穷，无言以对。萧子良又派王融用中书郎之职劝诱范缜放弃神灭论的观点，范缜义正词严地驳斥说："使范缜卖论取官，已至令、仆矣，何但中书郎邪?"③梁武帝时，下诏称："唯佛一道，是于正道……其公卿百官侯王宗族，宜反伪就真，舍邪入正。"④佞佛气氛弥漫全国。范缜毫不妥协，进而修订《神灭论》，并加以传播。梁武帝斥之为违经背亲，发动王公朝贵60人群起而攻之，范缜虽孤军奋战，但"辩摧众口，日服千人"。

---

① (南朝梁)僧佑：《弘明集》卷四。
② 《梁书·儒林·范缜传》。
③ 《南史·范云传从兄缜附传》。
④ (唐)释道宣：《广弘明集》卷四。

二、史学、文学和艺术

(一)史学

魏晋南北朝时期的史学获得了长足的发展。虽然官修史书不多,但私人修史的风气很盛,著述宏富。其中,既有前朝史,也有当代史;既写汉族王朝,也写少数民族王朝,而且,"一代之记,至数十家"①。据《隋书·经籍志》记载,这个时期所著史籍多达 874 部、16558 卷。除当时已经亡佚外,尚有 817 部、13264 卷。

《三国志》和《后汉书》是历代纪传体断代史的两部名著。《三国志》作者陈寿,原仕蜀汉为观阁令史,蜀亡后入晋任著作郎。他善于总揽全局,分述三国兴废;但不被三国王朝所限,记载了自东汉末黄巾起义至西晋灭吴的近百年史。他"善叙事,有良史之才"②。选材精审,文辞简洁,笔墨传神,如名士之风雅,文臣之谋略,武将之威猛,皆栩栩如生。但因过于简略,时有脱漏。刘宋裴松之作《三国志注》,引书达 140 种,字数与原书相当,或补缺,或备异,或惩妄,或论辩,与原书具有同样的价值。遗憾的是,《三国志》无"志",裴注也未能补上。

今本《后汉书》中"纪""传"部分的作者是刘宋的范晔,而诸"志"是从西晋司马彪所著《续汉书》移植的。范晔之前,东汉史已经有《东观汉记》《续汉书》,以及数种《后汉书》,范晔博采众长,"乃删众家后汉书,为一家之作"③,终于后来居上。他在书中立《皇后纪》《宦者列传》《方术列传》《文苑列传》《党锢列传》等,比较全面地反映了东汉政治、文化和社会风气。他写的史论也颇具特色,能够从历史形势的发展上分析问题。

《宋书》内容翔实,史料丰富,是沈约在齐、梁之际根据徐爰、何承天、山谦之、裴松之、苏宝生等人的旧作修订而成的。记述典章制度的八志都上溯到三国以前,补充了前史无"志"之阙。其中,《律历志》收入了"景初历""元嘉历""大明历"的全文,使反映当时科技水平的资料得以保存。北齐魏收也是在前人多种北魏史著述的基础上编撰成《魏书》的。虽然当时有人称《魏书》为"秽史",但鲜卑拓跋氏的早期历史毕竟由《魏书》保存下来,如

---

① 《隋书·经籍志二》"正史"篇后序。
② 《晋书·陈寿传》。
③ 《南史·范晔传》。

《序纪》《官氏志》是研究鲜卑族和其他少数民族极重要的史料。由于南北门阀势力都非常强大，故《宋书》《魏书》不仅用大量的篇幅为高门大族立传，而且家族子孙每每附于传后，《魏书》尤甚。此外，梁代萧子显编著了《南齐书》。

地方志的编撰，是这一时期史学开创性的新成就。常璩所著《华阳国志》，上起巴蜀的传说时期，下止成汉的灭亡，记载了西南地区的历史、风土及人物。常璩的经历与陈寿类似，原在成汉任职著作，熟悉西南史事典故，成汉亡后入东晋，他撰写的《华阳国志》保存了许多不见于正史中的宝贵史料。比较有名的地方志著作还有《洛阳记》《吴郡记》《汉水记》《庐山记》《洛阳伽蓝记》等。也有记述地方人物的传记集，如《汝南先贤传》《襄阳耆旧记》。《十六国春秋》是割据政权的历史，也具有地方志的某些特点。十六国时期的各国，不仅成汉设置著作，其他大多也设有史官，编撰本国史。后来，北魏的崔鸿在这个基础上"辨其同异，除烦补阙，错综纲纪"①，编著成《十六国春秋》102卷。唐修《晋书》中的30卷《载记》，就是录自《十六国春秋》。

（二）文学

以建安文学为开端，魏晋南北朝的文学进入了蓬勃发展的时期。建安文学继承现实主义的文学传统，以当时的社会动乱和人民的苦难为题材，形成了富于忧国之思，志在建功立业，悲凉慷慨、平实质直的风格。这就是所谓"建安风骨"。

曹操是建安文坛的组织者和代表作家。他"登高必赋"，"被之管弦，皆成乐章"②。流传下来的曹操诗篇，都是乐府歌词，既具有民歌特色，又能够赋予新意。曹丕、曹植及"建安七子"也很有成就。例如，曹操在《蒿里行》中写道："关东有义士，兴兵讨群凶。初期会盟津，乃心在咸阳。军合力不齐，踌躇而雁行。势利使人争，嗣还自相戕。淮南弟称号，刻玺于北方。铠甲生虮虱，万姓以死亡。白骨露于野，千里无鸡鸣。生民百遗一，念之断人肠。"建安七子之一的王粲在《七哀诗》中写道："出门无所见，白骨蔽平原。路有饥妇人，抱子弃草间。顾闻号泣声，挥涕独不还。未知身死处，何能两相完？"此外，曹植的《送应氏诗》和陈琳的《饮马长城窟行》等，

---

① （唐）刘知幾：《史通·外篇·古今正史第二》。
② 《三国志·魏书·武帝纪》注引《魏书》。

也都不同程度地反映了董卓之乱后的惨象。建安时代的女诗人蔡琰（蔡文姬）蘸着自己的辛酸血泪写出《悲愤诗》，发出对野蛮军阀的强烈控诉："卓众来东下，金甲耀日光。平土人脆弱，来兵皆胡羌。猎野围城邑，所向悉破亡。……马边悬男头，马后载妇女。长驱西入关，迥路险且阻。……旦则号泣行，夜则悲吟坐。欲死不能得，欲生无一可。彼苍者何辜，乃遭此厄祸！"这些诗篇是建安文学中的精华，是"以情纬文，以文被质"①的史诗式的优秀作品。

这时，五言诗逐渐走向成熟。西晋阮籍、张华、陆机、潘岳、左思等都写下不少五言诗的佳作，但诗风转为绮丽，而内容却比较空虚。东晋文学受玄学的影响，"诗皆平典，似道德论，建安风力尽矣"②。至晋宋之际，诗坛又重新繁荣起来，陶渊明（又名潜）是其中的杰出代表。

陶渊明一反玄言诗风，经常以田园生活为题材，风格清新平淡，语言质朴自然。他的《归园田居》说："少无适俗韵，性本爱丘山。误落尘网中，一去三十年。羁鸟恋旧林，池鱼思故渊。开荒南野际，守拙归园田。方宅十余亩，草屋八九间。榆柳荫后檐，桃李罗堂前。暧暧远人村，依依墟里烟。狗吠深巷中，鸡鸣桑树颠。户庭无尘杂，虚室有余闲。久在樊笼里，复得返自然。"该诗展现了一派田园风光，内容真实，感情真挚，无矫揉造作，无华丽辞藻，而在精练处见自然，表现了很高的艺术水平。他的诗既有平淡、闲适的一面，也有慷慨激昂的一面。例如，《读山海经》云："精卫衔微木，将以填沧海。刑天舞干戚，猛志固常在。"

谢灵运是山水诗的开创者，他的游山玩水的诗作中，"名章迥句，处处间起，丽典新声，络绎奔会"③。例如，《登江中孤屿》："乱流趋正绝，孤屿媚中川。云日相辉映，空水共澄鲜。"《初去郡》："野旷沙岸净，天高秋月明。"《登池上楼》："池塘生春草，园柳变鸣禽。"继谢灵运之后，齐、梁的沈约、谢朓也写出不少赞美自然风光的山水诗。刘宋时诗人鲍照名气不大，而实际上很有成就。他的《拟行路难十八首》内容深刻，境界宽阔，较有社会意义。其十四写道："君不见少壮从军去，白首流离不得还。故乡窅窅日夜隔，音尘断绝阻河关。朔风萧条白云飞，胡笳哀急边气寒。"

民歌是这个时期文学的一个重要方面。建安年间的长篇叙事诗《孔雀东

---

① 《宋书·谢灵运传》史臣语。

② （南朝梁）钟嵘：《诗品》卷上序。

③ （南朝梁）钟嵘：《诗品》卷上。

南飞》是脍炙人口的传世之作，具有反对封建礼教的深刻意义，艺术感染力很强。北方民歌粗犷豪放，充满激情。著名的《敕勒歌》展现了雄浑的草原景色："敕勒川，阴山下，天似穹庐，笼盖四野。天苍苍，野茫茫，风吹草低见牛羊。"《木兰诗》是北方民歌中艺术成就最高的作品，其运用重复和排比的句式，去塑造人物，烘托气氛，如"旦辞爷娘去，暮宿黄河边，不闻爷娘唤女声，但闻黄河流水鸣溅溅。旦辞黄河去，暮至黑山头，不闻爷娘唤女声，但闻燕山胡骑鸣啾啾"。这种笔法，细致地刻画出木兰从军时的心理活动，更加悲壮感人。南方也有一些清新活泼的民歌，如《采桑度》："蚕生春三月，春桑正含绿。女儿采春桑，歌吹当春曲。"

　　诗歌以外，散文和小说也占有一定地位。散文数量虽少，但如陶渊明的《桃花源记》，以及《水经注》《洛阳伽蓝记》中的某些篇章，都是优秀的散文。小说主要有《世说新语》《搜神记》等。

　　这一时期，文学批评和文学理论取得很大成就。曹丕所著《典论·论文》，是我国最早的文学批评专著，文中提出"文以气为主"的主张。陆机的《文赋》阐述了文学创作过程的一些问题，梁朝刘勰的《文心雕龙》和钟嵘的《诗品》是两部影响深远的文学理论专著。《文心雕龙》包括绪论、文体论、创作论、批评论部分，系统地论述了文学批评的标准、文与质的关系、文学的社会环境、文学创作的方法和技巧等问题。[1]《诗品》对汉代到萧梁的120余位作家，进行了具体的分析和评论，尽管钟嵘的评论未必妥当，但他主张诗歌要有真实的内容和感情，强调音调应当自然流利，反对玄风、声病和连篇累牍地引用典故，是有积极意义的。

（三）艺术

　　魏晋南北朝时期的艺术异彩纷呈。汉族独特的书法艺术绚丽多姿，而绘画、雕塑、音乐等在中外文化和各民族文化交流的推动下，也大放光彩。

　　钟繇和胡昭是曹魏时的书法名家，他们兼采汉末书法诸家之长，俱善行、草、隶书，并形成了自己的风格。据称，钟繇独创真书（即楷书）书法。西晋置书博士，教学生学习书法，规定用钟、胡书法作为标准书体。西晋陆机的《平复帖》，是现存最早的法帖真迹。

　　集汉魏书法艺术之大成，并把书法艺术发展到一个新阶段的是东晋的王羲之。王羲之刻苦学习书法，举凡隶、行、草、章草、飞白及楷书，都

----

① 参见刘大杰：《中国文学发展史》（一），338 页，上海，上海人民出版社，1973。

具有极高的造诣。他的行书、楷书摆脱了以往带有隶、篆的痕迹，"论者称其笔势，以为飘若浮云，矫若惊龙"①。其子王献之也是著名书法家，善狂草，笔势飞动。王羲之被称为"书圣"，王献之则被称为"小圣"。南北朝时期，书法越来越受到重视，出现了许多书法家。在北朝的碑刻中，有一种与南朝书法异趣的方整遒劲的书体，即所谓"魏碑"，这是北朝书法家的创造。

孙吴的曹不兴，西晋的卫协、张墨都是有名的画家，而最杰出的是东晋的顾恺之。顾恺之擅长人物画，所画人物有一定比例，不仅重视人物的气韵、骨法，而且重视象形、位置。他认为画人物最重要的是画好眼睛，因为眼睛是传神之处。顾恺之的画，有后人临摹的《女史箴图》，形象地反映了当时贵族妇女的生活面貌。顾恺之也画佛像，已经受到佛教艺术的影响。

萧梁时张僧繇常画佛寺壁画，在运用佛教绘画色彩和晕染法作画中，他创造了"没骨画法"。北朝的蒋少游、曹仲达也善画人物画。随着绘画的发展，南齐谢赫撰著绘画理论著作《古画品录》，提出绘画"六法"：气韵生动、骨法用笔、应物象形、随类赋彩、经营位置、传移模写。这是绘画经验的总结。

北朝的石窟艺术是绘画和雕塑艺术的结合。佛教石窟是在佛教东传的过程中逐渐开凿的，从西域到中原沿途都有。其中最著名的是北魏前期都城平城（今山西大同）的云冈石窟和后期都城洛阳的伊阙石窟（龙门石窟）。云冈石窟群规模宏大，今存主要洞窟 50 多个，佛像和飞天 5 万多尊，最大高十几米，神态凝重，富于质感，表现出高超的石雕艺术。最初文成帝命昙曜开凿的 5 窟，体现出明显的印度犍陀罗艺术的影响。龙门石窟大规模兴建始于宣武帝景明初年，工程日益扩大，20 余年中用工 80 万以上。这时的佛像，已由右袒式或通肩式的佛装改为褒衣博带的冕服，面相也由严肃生冷变为慈祥和蔼，刀法比较圆润。

今甘肃敦煌的莫高窟（千佛洞），是前秦建元二年（366 年）开凿的，因石质疏松，不宜雕刻，所以佛像都是塑像，洞壁绘制大型彩色壁画。现存的石窟中，有 20 多窟是北朝时期建造的。另外，甘肃天水麦积山石窟、永靖炳灵寺石窟等也都具有相当的规模。后来，伴随佛教的传播，黄河南北各地又建造了不少石窟，如太原天龙山石窟、巩义石窟寺、邯郸南北响堂山

---

① 《晋书·王羲之传》。

石窟。北至辽宁义县，有万佛洞石窟；南至四川广元，有佛像造像。

南朝齐、梁诸帝陵墓的石兽雕刻，也表现出很高的艺术水平。这些石兽主要有辟邪、麒麟、天禄和神龟等，或英武多姿、气宇轩昂，或体态优美、窈窕俊秀，均栩栩如生，极尽鬼斧神工之妙。

魏晋时期的音乐颇为兴盛。曹操恢复庙堂乐舞，西晋设清商署，主持搜集和整理古代乐曲。精于音律者代有其人，嵇康善操古琴，弹奏名曲《广陵散》。我国音乐史上最早的一篇音乐理论文章《声无哀乐论》是他所撰。刘琨既能作曲，亦能演奏。他在晋阳被胡骑围困，"乃乘月登楼清啸，贼闻之，皆悽然长叹。中夜奏胡笳，贼又流涕歔欷，有怀土之切。向晓复吹之，贼并弃围而走"[1]。据说，刘琨还创作了《胡笳五弄》的琴曲。西晋乱亡，乐官、乐器被刘曜、石勒所得。东晋直到消灭后秦，才从关中获得原汉魏的清商乐，而结合江东的"吴声"和荆楚的"西曲"，发展为清商大曲。

十六国北朝的音乐，更多地接受西域和外国音乐的影响。当时，外国和少数民族音乐不断传入中原，有西凉乐、疏勒乐、龟兹乐、天竺乐、康国乐、高丽乐和安国乐，它们与汉族传统音乐相融合，使中原音乐更为丰富多彩。与此同时，西域的乐器，如龟兹琵琶、五弦、箜篌、胡笛、胡鼓、铜钹等也大量传入。北朝宫廷的雅乐，已经大量参用这些外国和少数民族的音乐、乐器，民间更是如此。

三、科学技术

(一)数学和天文历法

数学是魏晋南北朝取得重大突破的学科，涌现了一批优秀的数学家。魏晋时，数学家刘徽撰著《九章算术注》和《海岛算经》。在《九章算术注》中，他把具体的计算抽象到理论认识上，说："物之数量，不可悉全（整数），必以分（分数）言之。"又说："凡开积（正方形面积）为方（方边），方之自乘当还复其积分。"他创立计算圆周率的方法，从圆内接正六边形开始，逐次加倍地增加边数，至九十六边形，计算出圆周率为3.14。他还认为："割之弥细，所失弥少。割之又割，以至于不可割，则与圆周合体而无所失矣。"[2]《海岛算经》原名《重差》，讲述通过测量计算物体的高、深、广、远的方法。

---

① 《晋书·刘琨传》。
② 《九章算术·方田》注，《九章算术·少广》注。

祖冲之是南北朝时杰出的科学家，在科学技术上有许多发明创造，尤精于数学、历法和机械制造。数学方面著有《缀术》一书，后来在唐代被朝廷规定为算学的主要课本，考试经常从中命题，可惜已经失传。他在刘徽的"割圆术"基础上，精确地计算出圆周率在 3.1415926 和 3.1415927 之间。他还用两个分数值来表示：一为密率，圆径 113，圆周 355；一为约率，圆径 7，圆周 22。祖冲之求得的圆周率数值，在当时世界上是第一次。直到1427 年，阿拉伯数学家阿尔•卡西(Al-Kashi)才超过祖冲之，达到小数点后 16 位的精确度；而德国数学家奥托(Valentinus Otto)在 1573 年才得出密率的数值。不仅如此，祖冲之还研究出运用二次、三次代数方程求"开差幂"（已知长方形的面积和长、宽之差，用开平方的方法求它的长和宽）、"开差立"（已知长方体的体积和长、宽、高之差，用开立方的方法求它的边长）。祖冲之的儿子祖暅之也是一个数学家，他发明了刘徽没有解决的计算球体积的公式。

在天文历法方面，东晋隐居的学者虞喜著有《安天论》，他的重要贡献是发现"岁差"，他观察到太阳从第一年冬至运行到第二年冬至，没有回到原来的位置上，计算出每 50 年向西移动 1 度，岁岁有差，因称之为岁差。他的这一发现当时没有受到重视，直到祖冲之才运用它制定新的历法。

三国时，魏明帝施行景初历。刘宋元嘉初，改行何承天制定的《元嘉历》。何承天已经认识到岁差，但计算不准确，也没有用于修订历法。祖冲之认为《元嘉历》多误，他说："何承天所奏，意存改革，而置法简略，今已乖远。"[①]于是，他制定新历法，即《大明历》。祖冲之所用的每百年 2 度的岁差，虽不甚精确，但毕竟是历法的一大进步。隋代刘焯计算岁差为 75 年差1 度（今测是 71 年 8 个月差 1 度），就比较精确了。

祖冲之在制定《大明历》时，还改革了置闰法。他说："其一，以旧法一章十九岁有七闰，闰数为多，经二百年，辄差一日。节闰既移，则应改法，历纪屡迁，实由此条。今改章法，三百九十一年有一百四十四闰。"[②]依《大明历》，1 年为 365.24281481 日，与今测的精确数据只差 46 秒。他又求得"交点月"（即月亮连续两次经过黄道和白道的同一交点所需的时间）为27.21223 天，与今测精确数据差不到 1 秒。然而，《大明历》却被当权的官僚们斥为"诬天背经"，弃之不用。至梁天监九年（510 年），才由梁武帝

① 《宋书•历志下》。
② 同上书。

颁行。

在机械制造方面，祖冲之还制作了指南车、千里船、水碓磨和运输机械等。

（二）医学、化学

华佗和张仲景两位名医揭开了魏晋南北朝医学的光辉篇章。外科学的创立，内科辨证论治的发展，针灸学的完善，药物学的丰富充实，是当时医学的主要成就。

与曹操同时的华佗对内科、妇科、儿科、针灸无所不通，而尤其擅长外科，会做各种复杂的外科手术。他治病时"若病结积在内，针药所不能及，当须刳割者，便饮其麻沸散，须臾便如醉死无所知，因破取。病若在肠中，便断肠湔洗，缝腹膏摩，四五日差，不痛，人亦不自寤，一月之间，即平复矣"①。外科手术的成功，说明诊断、解剖、止血和麻醉技术已经达到较高的水平。这是我国医学的一个飞跃。华佗发明的麻沸散，比西医的麻醉药剂早1600多年。华佗主张，人必须适当运动，才能使食物消化，血液流通，不生疾病。因此，他编成一套模仿虎、鹿、熊、猿、鸟等动物姿态的体操，叫"五禽之戏"。当时，曹操患头风病，经常发作，便要华佗专门为他看病。华佗回家探视，借口妻子有病不来，竟被曹操杀害，他的医术也从此失传。

张仲景，名机。在建安年代疫病流行时，张仲景家族200余人死去2/3。于是，他立志从医，遍读医学典籍，博采民间验方。后来，他结合自己的临床经验，撰著《伤寒杂病论》16卷。所谓"伤寒"，是当时流行的霍乱、痢疾、肺炎、流行性感冒等急性传染病的统称；"杂病"，主要是指内科各种疾病，也包括外科、妇科等。《伤寒杂病论》的主要贡献一是辨证，二是治疗。辨证就是辨明症状，运用望色、闻声、问证、切脉4种方法诊断，把病症分为太阳、阳明、少阳、太阴、少阴、厥阴6大类型，初步总结出中医诊断学的"八纲"——阴、阳、表、里、虚、实、寒、热。在辨明症状的基础上，他采取不同的治疗方法，有汗、吐、下（泻）、和、温、清、补、消"八法"。服药之外，还有外搽、舌含、针灸、温熨、药摩、浸足、吹耳和人工呼吸等方法，从而形成一整套中医的治疗原则。由于张仲景的杰出贡献，后世尊称他为"医圣"，称他的著作为"医经"。

---

① 《三国志·魏书·方伎·华佗传》。

《伤寒杂病论》后来经西晋医学家王叔和整理编辑为《伤寒论》(10 卷)和《金匮要略》(6 卷)两部，流传至今。王叔和不但整理、编辑张仲景的著作，而且总结秦汉以来医疗中切脉的经验，撰著了《脉经》(16 卷)一书。《脉经》把中医脉诊原则规范化，分脉象为 24 种，奠定了脉学理论的基础。

针灸治疗是一门古老的医术，但各有师承，见解不一。西晋皇甫谧根据自身的经验，对前人的成果反复论证，撰写出《针灸甲乙经》(12 卷)。这部针灸学专著详细论述五脏六腑、十二经脉及分布在全身各部位的 654 个穴位；又具体地说明针灸操作手法和注意事项。

东晋葛洪在医学上也有贡献，他所著的《肘后备急方》荟萃了一些有实用价值的医方，简明扼要地记载症状、治法和药方，用药力求廉便。梁朝陶弘景又加以整理补充，改名《肘后百一方》。这部医书对天花、结核病、狂犬病等急性传染病的治疗都有记载。陶弘景还编撰《本草经集注》(7 卷)，著录药物 700 余种，分为玉石、草木、虫兽、米食、果、菜和有名未用 7 大类。这是汉以后药物学的重要发展，对后代的影响很大。此外，陶弘景在修道生活中逐渐形成一套按摩及气功疗法。

中国古代化学起源于炼丹术。道教讲究炼丹，葛洪炼丹数十年，积累了许多物质化学反应的经验和知识。在《抱朴子》中，葛洪记述了不少炼丹过程的化学反应现象。例如，《金丹》篇说："丹砂(硫化汞)烧之成水银，积变又还成丹砂。"又如，《黄白》篇说："铅性白也，而赤之以为丹；丹性赤也，而白之而为铅。"这是白色的铅与黄丹(四氧化三铅)之间的化学反应。陶弘景也炼丹数十年，著有《养性延命录》。他在文中说，胡粉(碱式碳酸铅)是"化铅所作"，黄丹则是"熬铅所作"，他还掌握了钾盐和钠盐的火化分析法，说真硝石(硝酸钾)如"以火烧之，紫青烟起"，而与芒硝(硫酸钠)是不同的。[①] 当然，这时的化学还处在刚刚起步的阶段。

(三)农学、地理学

我国现存的第一部完整的农书，是北朝贾思勰所著的《齐民要术》。《齐民要术》不仅反映了魏晋南北朝的农业科学技术水平，而且表明农学作为一门科学已经逐渐走向成熟。

贾思勰曾任高阳(今河北蠡县南)太守。他十分重视农业，善于从古书中汲取历代农业知识，又实地考察过黄河流域的农业生产。据说他亲自养

---

① 罗宏曾：《魏晋南北朝文化史》，731～733 页，成都，四川人民出版社，1989。

过 200 头羊，因饲料不足，死去大半。后种大豆为饲料，仍不得法，于是虚心向羊倌请教，才学会养羊的方法。他在《齐民要术·序》中写道："今采捃经传，爰及歌谣，询之老成，验之行事。起自耕农，终于醯醢，资生之业，靡不毕书。"

《齐民要术》共 10 卷，92 篇，内容十分丰富，包括耕田、收种、粮食作物、蔬菜、经济作物、果木、花草、家畜家禽、农产品加工、副业等。关于耕地，书中根据北方的气候特点，指出秋天要深耕，春夏则浅耕，耕作时土壤须干湿适宜。关于锄地，强调在作物成长过程中要勤锄，以除草、松土、保墒。关于选种，书中提出留种要优良纯净，单收单放，不可混杂。该书还专门介绍了许多农作物的优良品种。关于施肥灌溉，书上记载了肥料的种类，特别提到绿肥，以绿豆的绿肥最好，强调施用熟肥，通过踏粪、压青和堆积等方法制取。灌溉要适当，水稻在蓐后、熟前应当排水晒田。其他如作物的轮种、套种、嫁接、防冻害，家畜家禽的防病、治病，以及酿酒、制醋、制酱、腌肉、剪毛、制毡等，也都有记述。书中还提出了因地制宜、多种经营和商品生产等许多宝贵思想。

农学上的另一成就是，两晋时有两部植物学著作问世，一为嵇含所撰的《南方草木状》，记载植物 80 余种；二为戴凯之所撰的《竹谱》，记载竹类品种 70 余个。《南方草木状》讲到人们饲养一种蚂蚁去消灭柑橘树上的虫害，并提到出现了以养蚁卖蚁为业的人。这是世界上最早运用天敌消灭害虫的记载。

这个时期，地理学的成绩斐然，十分引人注目。西晋时，裴秀"上考《禹贡》山海川流，原隰陂泽，古之九州，及今之十六州，郡国县邑，疆界乡陬，及古国盟会旧名，水陆径路，为地图十八篇"。这就是《禹贡地域图》。裴秀在绘制地图的实践中总结出"制图六体"理论："制图之体有六焉：一曰分率，所以辨广轮之度也；二曰准望，所以正彼此之体也；三曰道里，所以定所由之数也；四曰高下，五曰方邪，六曰迂直，此三者各因地而制宜，所以校夷险之异也。"①文中的"分率"，即比例尺；"准望"，即方位；"道里"，即距离；而"高下""方邪""迂直"，即地形起伏、地形状态及山川走向。遵照"制图六体"，就能绘制出比较准确的地图来。裴秀提出的绘制地图的 6 项基本原则，在我国和世界地图学史上都占有重要地位，因此，他

---

① 《晋书·裴秀传》。

堪称"中国科学制图学之父"①。

北魏时，著名地理学家郦道元撰写了一部地理学著作《水经注》。《水经》作者不详，成书于三国时期，是一部比较简略粗疏的地理书，只记述河流137条。郦道元所著虽然以给《水经》作注为名，实际上是一部独立的、全新的科学著作。全书40卷，30万字，是《水经》原文的20余倍；记述河流水道多达1252条，是《水经》所记近9倍多。它溯源探流，详细记载了这些河流水道的方位、流向、距离、经过区域，以及这些地区的地形地貌、地理沿革、温泉瀑布、地质矿物、植物动物、农业工业、水利航运、桥梁道路、园林陵墓、自然灾害和风土人情等，内容之丰富，记述之具体，文字之生动，都值得称道。它至今仍然具有很高的科学价值，是研究这个时期的历史、地理、考古、农业、水利的重要文献。

郦道元著述《水经注》的科学态度也是值得称道的。他旁征博引，引用的书籍达437种。他特别重视野外考察，足迹遍及今山东、河南、河北、内蒙古。所到之处，他都跋山涉水，去寻觅水道，察看碑刻，收集民谚、民间传说，从而积累了大量的第一手资料，使《水经注》的内容更加丰富准确。由于南北对峙，郦道元对南方的河流未能进行实地考察，因而关于南方河流的记述或有不足，这是时代的局限，我们不能苛求于古人。

第七节　中外关系

一、与海东诸国的关系

(一)高句丽、百济、新罗

高句丽、百济、新罗是当时朝鲜半岛上的3个国家，与中国关系比较密切，经常有使者往来，经济文化的交流频繁。

汉魏之际，高句丽建都于丸都城（今吉林集安），其地"南与朝鲜、濊貊，东与沃沮，北与夫余接"②。曹魏正始五年（244年），公孙渊被灭后，高句丽企图夺取辽东，被曹魏所败。高句丽转而向朝鲜半岛发展，攻占平

---

① ［英］李约瑟：《中国科学技术史》第5卷，第1分册，108页，北京，科学出版社，1976。

② 《三国志·魏书·乌丸鲜卑东夷传》。

壤。后来，慕容氏建立前燕，高句丽再度进攻辽东，结果被前燕所败，丸都也遭毁坏。至后燕时，高句丽乘虚夺取辽东。高句丽长寿王十五年（北魏始光四年，427年），高句丽迁都平壤，成为半岛上最强大的国家，"人户参（三）倍于前魏（曹魏）时"①。高句丽与我国北方的十六国北朝政权、南方的东晋南朝交往频繁，几乎每年都互派使者。刘宋时，高句丽一次就赠送马800匹，刘宋相应回赠了许多礼物。北魏太武帝时，高句丽每年赠送黄金200斤、白银400斤，北魏也回赠等值的礼物。

高句丽受汉文化影响很深，国中设立太学，派人从中国取五经、三史（《史记》《汉书》《东观汉记》）、《三国志》及《晋阳秋》等许多书籍。中国的医药、历法随之传入。前秦时，佛教也传播到高句丽。中国文化还从高句丽传到百济、新罗和日本去了。

4世纪中叶，百济兼并了马韩其他部落，建立了国家。百济"地界东极新罗，北接高句丽，西南俱限大海。东西四百五十里，南北九百余里"②。百济也与中国南北政权保持友好关系，既派遣使者到北朝都城洛阳、邺城、长安，又派遣使者到东晋、南朝都城建康。百济仰慕汉文化，用刘宋"元嘉历"。萧梁时，百济使者到建康，"表请《毛诗》博士，《涅槃》等经义，并工匠、画师等从之"③，梁武帝一一应允，满足他们的要求。百济使者还带回大量的手工业品。

新罗是继百济之后，由辰韩、弁韩联合而建立的国家。其地处朝鲜半岛的东南部，都于庆州。早在西晋时期，辰韩就曾经3次派使者到过洛阳，互赠礼物。南朝时，新罗使者4次远渡重洋到建康访问，双方关系良好。新罗和百济文化都受到从中国传入的佛教文化的重大影响。

（二）日本

3世纪前半叶，邪马台国在日本兴起。曹魏景初二年（238年），邪马台国女王首次派使者到洛阳，一直到西晋，邪马台的使者又数次来访，赠送礼品。实际上，邪马台国还只是一个部落联盟，所谓女王也只是联盟的酋长。女王死后，联盟陷于混乱。3世纪以后，邪马台国逐渐从汉文记载中消失，一个称为大和的国家出现了。

---

① 《北史·高丽传》。
② 《周书·异域上·百济传》。
③ ［高丽］金富轼：《三国史记·百济本纪第四》。

当大和国出现时，中国、朝鲜流移日本的人口渐多。西晋太康六年
（285 年），我国江南的缝衣工匠经百济到达日本，儒家经典《论语》也由百济
传入日本。随着两国交往日趋频繁，中国文化或经使者往返而传入日本，
或经百济、高句丽再传入日本。大和国王 10 次派遣使者到东晋、南朝，馈
赠方物。南朝宋、齐、梁也都派遣使臣到日本，授予大和国王以王、都督
等称号。

刘宋昇明二年（478 年），大和国王武在接受封号后，致信宋顺帝说：
"封国偏远，作藩于外，自昔祖祢，躬擐甲胄，跋涉山川，不遑宁处。东征
毛人五十五国，西服众夷六十六国，渡平海北九十五国，王道融泰，廓土
遐畿，累叶朝宗，不愆于岁。"①文中所说的"国"，是指大和周围的氏族部
落。这时，大和国已经实现统一，力量不断壮大，并且渡海向朝鲜半岛扩
张势力，而"新罗、百济皆以倭（即大和）为大国，多珍物，并仰之，恒通使
往来"②。刘宋泰始六年（470 年），大和国聘去"汉织、吴织及衣缝兄媛、弟
媛等"③。这时，汉字和汉文开始作为日本的记录工具，如《帝纪》《帝皇日
继》都是用汉文记述的。

中国文化对日本的发展产生了重要影响，中日关系也进一步密切起来。

二、与中亚诸国的关系

（一）大宛、大月氏、呋哒

葱岭以西的大宛与中国的关系有着悠久的历史。曹魏咸熙二年（265
年），大宛派遣使者送名马到洛阳。西晋太康六年（285 年），晋武帝派遣使
臣到大宛，赠其国主大宛王的称号。不久，大宛又派使者到西晋赠汗血马。
后来，从十六国到北朝期间，大宛派出的使者络绎不绝。北魏称大宛为洛
那或破洛那国，北魏太武帝在位时，大宛使者就 3 次到达平城。

大约在 1 世纪中叶，大月氏在大夏（巴克特利亚）建立了贵霜王朝，成为
中亚一个强盛的国家。当时，"罽宾国（今克什米尔）、大夏国、高附国（今
阿富汗喀布尔）、天竺国（指北天竺，今巴基斯坦境），皆并属大月氏"④。贵

---

① 《宋书·夷蛮·倭国传》。
② 《北史·倭传》。
③ ［日］舍人亲王等：《日本书纪·雄略天皇纪》。
④ 《三国志·魏书·乌丸鲜卑东夷传》注引《魏略·西戎传》。

霜王朝的中心是横贯中亚细亚的丝绸之路的枢纽，商业发达，和中国曾有所来往。曹魏太和三年(229年)，贵霜王派使者到洛阳访问，馈赠方物。魏明帝赠贵霜王以"亲魏大月氏王"的称号。佛教最初是由大月氏传入中国的，不少大月氏僧人东来中国，传教译经，著名者如支谦、支谶等。4世纪上半叶，贵霜王朝渐衰，被北天竺笈多王朝所败，至5世纪末，才又在富楼沙(今巴基斯坦白沙瓦)建立小月氏国，但在5世纪末也被哒灭亡了。

哒原是一个小国，消灭小月氏以后发展为中亚的强国。哒是北朝人的叫法，南朝人称之为滑国，而欧洲人则称之为白匈奴。它东至塔里木盆地，西抵波斯，南临天竺，北接高车，处于当时丝绸之路的必经之地。哒与北朝的北魏、西魏、北周往来频繁，先后有10多次派遣使者到平城、洛阳、长安，与南朝萧梁也有交往，走的是经西域、吐谷浑、益州，到建康的通道。① 至6世纪中叶，哒被突厥和波斯的联军所攻灭。

(二)波斯、大秦

226年(曹魏黄初七年)，波斯建立了萨珊王朝。波斯是一个大国，有比较稳定的政权，手工业、商业颇发达。它亦地处丝绸之路，中国、天竺、西亚、东罗马的往来货物，都经过波斯；波斯的毛织品、丝绸、武器、珠宝，也行销到国外。它在经济、文化上与中国的交流很兴盛。

波斯不断派遣使者出使中国。据北魏史籍的记载，从文成帝以后，波斯使者来访凡10次，如神龟(518—520年)中，波斯国使赠送礼物，并上书说："大国天子，天之所生，愿日出处常为汉中天子。波斯国王居和多千万敬拜。"②波斯也曾多次派使者到南朝建康访问。

南北朝时，波斯一方面继续进口中国的纺织品，另一方面已经引进了中国的种桑养蚕和丝织技术。波斯军队精良的铠甲也传入中国，南北朝的军队不仅将士身着铠甲，战马还有马铠。中国的绘画雕刻艺术传入波斯，而波斯的绘画晕染法和联珠纹鸟兽图样也传入中国。而南朝陵墓的有翼兽石雕，则是波斯艺术和中国艺术融合的结晶。在近年的考古发掘中，新疆吐鲁番高昌故城、广东英德石墩岭南齐墓及河北定州北魏古塔塔墓基中，都发现了萨珊王朝的银币，这就是中国和波斯经济文化交流的证明。

中国历史上把罗马帝国称为大秦。大秦和中国两个大国虽然相距遥远，

---

① 唐长孺：《魏晋南北朝史论拾遗》，181页，北京，中华书局，1983。

② 《北史·西域列传》。

但却被丝绸之路联结起来，很早就建立起贸易联系。而除丝绸之路外，大秦商人也从海道来中国。孙吴黄武五年(226年)，大秦商人秦论到交趾，然后到建康，"(孙)权问方土谣俗，论具以事对"①。西晋殷巨在《奇布赋·序》写道："惟太康二年(281年)，安南将军广州牧滕侯，作镇南方……俄而大秦国奉献琛，来经于州。众宝既丽，火布尤奇。"②这些大秦商人都是经海道由南方入境的。两晋时，大秦都曾派遣使者远道而来。兴宁元年(363年)，东晋也派遣使者回访。罗马帝国分裂后，东罗马继续与中国保持通好关系。北魏京城洛阳有"四夷馆"，当时，"自葱岭以西，至于大秦，百国千城，莫不欢附。商胡贩客，日奔塞下"，他们"因而宅居(洛阳)者，不可胜数。是以附化之民，万有余家，门巷修整"③。在双方的贸易中，中国输出的主要是丝绸、铜器，输入的有火浣布(石棉布)、水银、玻璃、药材等。中国的养蚕技术，在6世纪末通过波斯传入大秦，从此，欧洲才开始养蚕。

三、与南亚、东南亚诸国的关系

(一)天竺、师子国

天竺是佛教的发源地，佛教经西域逐渐东传，中国与天竺的关系日益密切。4世纪前半叶，中天竺摩揭陀兴起笈多王朝，占据整个摩揭陀和恒河流域，征服了许多小国，统治势力臻于极盛。前秦建元十七年(381年)，笈多王朝遣使到长安访问，赠送火浣布。22年后，中国高僧法显西行求法，到达笈多王朝的都城华氏城(今印度比哈尔邦的巴特那)。后来，笈多王朝与南北朝都有友好往来。

北天竺与北魏也有良好关系，北天竺的犍陀罗国5次派使者到洛阳，乌苌国6次派使者到洛阳。北魏西行取经的宋云曾到达乌苌国，受到隆重的接待。北天竺的尼婆罗国(今尼泊尔)相传是释迦牟尼诞生的圣地，到天竺求法的中国僧人都要去朝拜。而尼婆罗国的使者也到过洛阳4次。此外，东天竺、西天竺和北魏都有过友好交往。

中国与天竺的经济文化交流，范围非常广泛，影响非常深刻。中国的蚕桑、丝织技术和纸传到天竺，促进印度文化的发展。而天竺佛教文化的

---

① 《梁书·诸夷列传》。
② (唐)欧阳询等：《艺文类聚》卷八十五"布帛部·布"。
③ (北魏)杨衒之等：《洛阳伽蓝记》卷三"城南"。

东渐，也丰富了中国文化的内容，促进了中国文化的发展。

师子国（今斯里兰卡）与中国很早就有往来。法显到师子国时，见到中国出产的白绢扇。这就是说，两国之间早已存在联系。东晋义熙初（405年），师子国派人送来玉佛，"经十载乃至，像高四尺二寸，玉色洁润，形制殊特"①。刘宋元嘉五年（428年），师子国王在给宋文帝的信中说："虽山海殊隔，而音信时通。"②一直到萧梁，师子国都有使者、僧尼远道而来。

(二) 林邑、扶南

林邑（今越南中南部）原来属于汉交州。东汉末年，交州日南郡象林县人区连乘乱起兵，自立为王。西晋以前，林邑不与中国通使；晋武帝泰始四年（268年），才派遣使者入朝。东晋时，历任的交州刺史、日南太守皆贪利之徒，对海外入境贸易的客商侵侮不已，对百姓极尽搜刮之能事，故内外无不痛恨。

东晋咸康二年（336年），林邑进攻大岐界、小岐界、式仆、徐狼、屈都、乾鲁、扶单等部落，势力渐大。接着，林邑利用百姓痛恨贪官污吏的情绪，攻占日南之地。是后，双方时战时和，"交州遂致虚弱，而林邑亦用疲弊"③。南朝宋元嘉中，林邑虽或遣使贡献，但仍然经常侵暴日南、九德郡。宋文帝派兵讨伐，大败林邑。此后，林邑又遣使入朝，贡献方物。萧梁时，梁武帝数次封其首领为将军、林邑王，双方的关系有所改善，加强了经济文化的交流。

扶南（今柬埔寨境内）"在日南之南大海西蛮湾中，广袤三千余里，有大江水（湄公河）西流入海"④。三国时，孙吴交州刺史派康泰、朱应为使者，出使扶南等国。他们回来后，分别撰写了《吴时外国传》和《扶南异物志》，惜已失传。吴赤乌六年（243年），扶南遣使献乐人及方物。两晋南朝期间，扶南的使者不断。梁武帝亦授其主以将军、扶南王的名号。扶南赠送中国的方物有象牙佛像、珊瑚佛像、犀牛、驯象、琉璃盘、古贝（草棉布）等，中国回赠丝织品等。

---

① 《梁书·诸夷列传》。
② 《宋书·夷蛮列传》。
③ 《晋书·四夷·林邑国传》。
④ 《南齐书·蛮、东南夷列传》。

三国世系表

［魏］

武帝曹操—(1)文帝曹丕—(2)明帝曹叡—(3)齐王曹芳┐

└(4)高贵乡公曹髦———(5)元帝曹奂

［蜀］

(1)昭烈帝刘备—(2)后主刘禅

［吴］

(1)大帝孙权┬南阳王孙和—(4)末帝(归命侯)孙皓

├(2)废帝孙亮

└(3)景帝孙休

西晋世系表

宣帝司马懿┬景帝司马师

└文帝司马昭—(1)武帝司马炎┬(2)惠帝司马衷

├吴孝王司马晏┐

└(3)怀帝司马炽

└(4)愍帝司马邺

东晋世系表

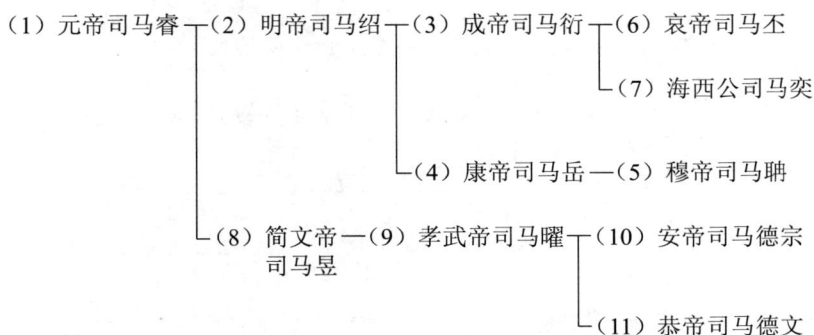

（1）元帝司马睿 —（2）明帝司马绍 —（3）成帝司马衍 —（6）哀帝司马丕

（7）海西公司马奕

（4）康帝司马岳 —（5）穆帝司马聃

（8）简文帝 —（9）孝武帝司马曜 —（10）安帝司马德宗
司马昱

（11）恭帝司马德文

南朝世系表

［宋］

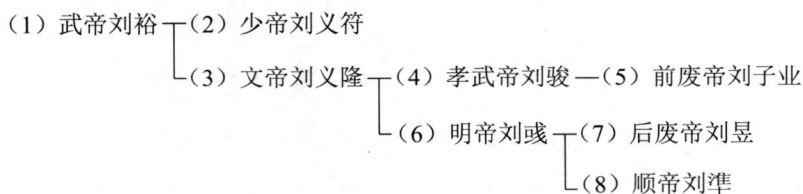

（1）武帝刘裕 —（2）少帝刘义符

（3）文帝刘义隆 —（4）孝武帝刘骏 —（5）前废帝刘子业

（6）明帝刘彧 —（7）后废帝刘昱

（8）顺帝刘準

［齐］

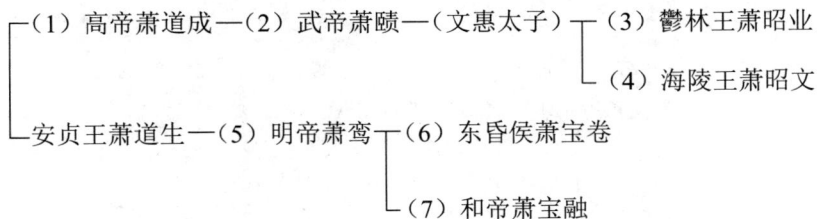

（1）高帝萧道成 —（2）武帝萧赜 —（文惠太子）—（3）鬱林王萧昭业

（4）海陵王萧昭文

安贞王萧道生 —（5）明帝萧鸾 —（6）东昏侯萧宝卷

（7）和帝萧宝融

［梁］

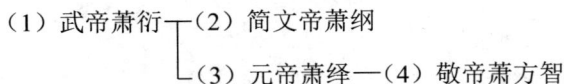

（1）武帝萧衍 —（2）简文帝萧纲

（3）元帝萧绎 —（4）敬帝萧方智

［陈］

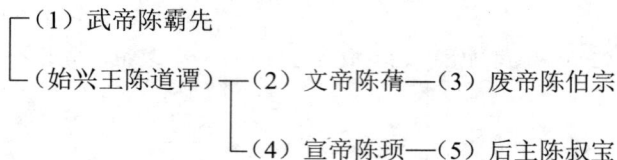

┌─（1）武帝陈霸先

└─（始兴王陈道谭）┬─（2）文帝陈蒨—（3）废帝陈伯宗

　　　　　　　　　└─（4）宣帝陈顼—（5）后主陈叔宝

北朝世系表

［魏］

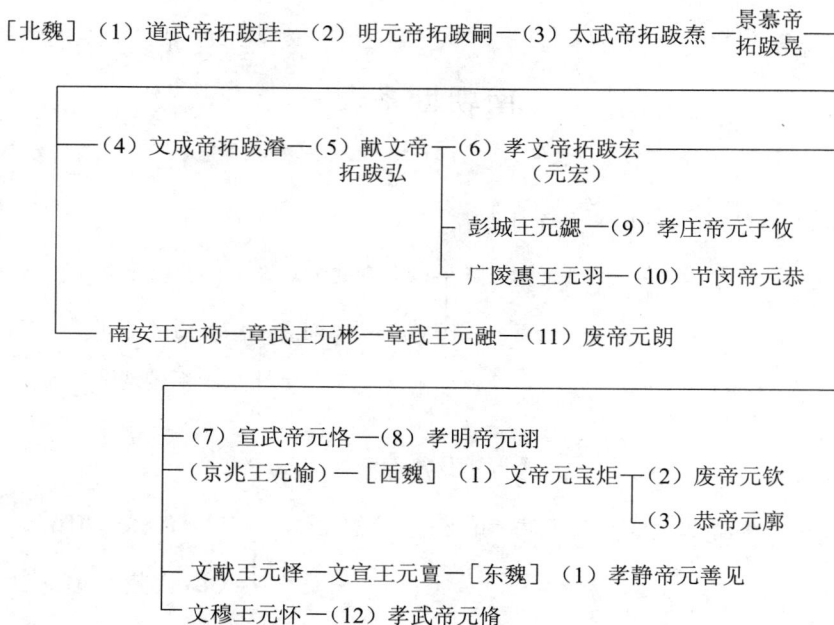

［北魏］（1）道武帝拓跋珪—（2）明元帝拓跋嗣—（3）太武帝拓跋焘　景慕帝拓跋晃

─（4）文成帝拓跋濬—（5）献文帝拓跋弘┬─（6）孝文帝拓跋宏（元宏）

　　　　　　　　　　　　　　　　　├─彭城王元勰—（9）孝庄帝元子攸

　　　　　　　　　　　　　　　　　└─广陵惠王元羽—（10）节闵帝元恭

─南安王元祯—章武王元彬—章武王元融—（11）废帝元朗

─（7）宣武帝元恪—（8）孝明帝元诩

─（京兆王元愉）—［西魏］（1）文帝元宝炬┬─（2）废帝元钦

　　　　　　　　　　　　　　　　　　　　└─（3）恭帝元廓

─文献王元怿—文宣王元亶—［东魏］（1）孝静帝元善见

─文穆王元怀—（12）孝武帝元脩

［北齐］

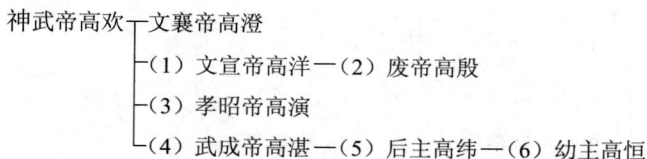

神武帝高欢┬─文襄帝高澄

　　　　　├─（1）文宣帝高洋—（2）废帝高殷

　　　　　├─（3）孝昭帝高演

　　　　　└─（4）武成帝高湛—（5）后主高纬—（6）幼主高恒

［北周］

文帝宇文泰━（1）孝闵帝宇文觉
　　　　　┣（2）明帝宇文毓
　　　　　┗（3）武帝宇文邕—（4）宣帝宇文赟—（5）静帝宇文衍（阐）

大事年表

距今 204 万年至 201 万年	我国最早的原始人类巫山猿人出现。
距今 180 万年	直立人使用火。
距今 170 万年	元谋猿人使用刮削器。
距今 100 万年	蓝田人使用打制石器。
距今 70 万年至 23 万年	北京猿人采用砸击、锤击等方式制造刮削器、尖状器。北京猿人广泛使用火。
距今 23 万年至 18 万年	大荔人用锤击法制造石器。直立人向智人过渡。
距今 10 万年	许家窑人使用石球狩猎凶猛的野兽。
距今 7 万年	丁村人能制作多种石器，以三棱大尖状器最有特色。
距今 3.4 万年至 2.7 万年	山顶洞人生活在北京周口店龙骨山的山顶，使用骨针、刻纹鹿角棒，使用装饰品，已经具有审美观念和宗教萌芽。
距今 2.8 万年	峙峪人使用石箭头捕获猎物。
距今 1 万年至 7000 年	裴李岗文化、磁山文化兴起。
距今 7000 年	裴李岗文化出现七声音阶骨笛，使用特色农具、粮食加工用具，手制红褐色砂质陶器和泥质陶器。
距今 7300—6100 年	北辛文化打制石器与磨制石器并存。
距今 7000 年	兴隆洼文化制作玉管、玉玦、玉凿，这是迄今国内所知最早的真玉器。
距今 7000—5000 年	仰韶文化繁荣，出现聚落居住区，制作彩绘红陶，代表器物为人面鱼纹盆。

距今 7000—5000 年	红山文化彩陶和细石器并存。陶器上出现"之"字形纹饰,出现女神塑像。
距今 7000—4800 年	河姆渡文化建造干阑式房屋,以渔猎和捕捞作为重要的生产活动。
距今 6500 年	湖南地区有了世界上最早的稻田及配套的灌溉设施。
距今 6400—5300 年	大溪文化大量使用彩陶、黑陶、灰陶,出现蛋壳彩陶碗、彩陶纺轮。
距今 6300—4600 年	大汶口文化采用轮制方法制作灰陶和黑陶。
距今 5400 年	磁山文化种植粟,养殖家鸡,使用石磨棒、四足石磨盘。
距今 5100—4700 年	马家窑文化出现有图案化的鸟纹陶器、5 人连臂舞蹈纹的彩陶盆。
距今 5000—4000 年	龙山文化采用快轮制陶方造出薄如蛋壳的泥质黑陶,生产精美的玉质礼器。典型器物为蛋壳黑陶、刻花石斧、白陶鬶。
距今 5000—4000 年	良渚文化出现宏大的祭坛,典型器物是玉琮。
前 21—前 17 世纪	启建立夏朝。
	太康失国。
	羿夺取夏朝政权。
	中康即位,仍受羿控制。
	少康中兴,注意制造武器,开拓影响,武力强盛。
	孔甲乱夏。
前 17—前 14 世纪	成汤在鸣条和夏桀决战。夏桀战败,被成汤放逐到历山。
	商朝建立。
	伊尹摄政。
	伊尹放太甲于桐宫。
	南庚时期,殷商都城自邢迁于奄。
	盘庚迁殷。
前 13 世纪	武丁得傅说辅佐,多次讨伐方国,商朝到达鼎盛时期。
前 14—前 11 世纪	周族渐兴,文丁杀季历。

前 11 世纪   纣王暴政，周武王伐纣，战于牧野，纣王自焚于
           鹿台，殷商灭亡。周朝建立，定都镐京。
          周武王去世，周成王诵立，武王之弟周公旦辅政，
           周公当政称王。
          周公东征，平定三监之乱。
          营建成周雒邑。
          周公当政 7 年后，还政成王。
          周公卒于丰。

前 10 世纪   昭王南征而不复。
          穆王讨伐淮夷、徐戎。
          穆王西征至昆仑丘。
          穆王卒，共王即位。
          共王灭密。

前 9 世纪   孝王封非子于秦，号嬴秦，为秦国始祖。
          孝王卒，太子燮即位，是为夷王。
          夷王伐戎。
          夷王卒，子胡立，是为厉王。
          厉王三十三年，亲征淮夷，东夷、南夷 26 国俱服。
          厉王实行专利政策，激起国人不满。

前 842 年   国人暴动。
前 841 年   共伯和当政，共和元年。
前 828 年   共和十四年。厉王死于彘，共伯和使诸侯奉太子
           静，是为宣王。
前 796 年   王师伐鲁，杀其君伯御，立懿公弟称，是为孝公。
前 792 年   周宣王伐条戎、奔戎，王师败绩。
前 789 年   宣王伐姜氏之戎，战于千亩，王师败绩，尽丧"南
           国之师"。
          宣王料民于太原。
前 782 年   宣王卒，太子宫湦即位，是为幽王。
前 780 年   周王畿的渭、泾、洛三川地区发生强烈地震。
前 779 年   幽王宠褒姒。
前 772 年   幽王与诸侯盟于太室山，并派兵讨伐申国。

前 771 年	幽王率军与申、缯、西戎军队战于骊山，兵败。幽王与其子伯服被杀于戏亭。西周结束。
前 770 年	周平王迁都雒邑。东周春秋时代开始。 始封诸侯。
前 745 年	晋昭侯封其叔成师于曲沃，号桓叔。
前 739 年	晋大夫潘父杀昭侯，迎立曲沃桓叔。 晋人败桓叔，立孝侯，晋分裂。
前 722 年	鲁史《春秋》记事自此年始。
前 720 年	周郑交质。 周平王死，新即位的桓王派人向鲁国求赙，打破了西周以来"天子不私求财"的传统。
前 716 年	晋曲沃庄伯卒，子称立，是为曲沃武公。
前 710 年	宋华督杀殇公。
前 707 年	周桓王率王师与郑军战于繻葛，王被郑射伤，周王大失权威。
前 694 年	齐襄公杀鲁桓公。鲁太子同立，是为庄公。
前 685 年	公子小白自莒先入齐即位，是为齐桓公。 齐桓公任用管仲为相，进行改革。
前 684 年	齐鲁长勺之战，鲁用曹刿谋，齐败。
前 681 年	齐召集宋、陈、蔡、邾会于北杏。
前 679 年	齐、鲁、宋、卫、陈、郑在鄄会盟，齐桓公主盟，为诸侯长，齐始霸。 晋曲沃武公杀缗侯并翼，晋统一。
前 677 年	秦迁都于雍。
前 671 年	楚成王派使聘问鲁国，始于鲁通。
前 669 年	晋献公平乱，尽杀群公子，晋从此无公族。
前 659 年	赤狄攻邢，齐、宋、曹救邢。
前 658 年	齐率诸侯修筑楚丘，迁卫。
前 656 年	齐桓公率齐、鲁、宋、郑、陈、卫、许、曹等国联军侵蔡伐楚，双方订立"召陵之盟"。楚承认齐国的霸主地位。
前 651 年	齐桓公与宋、鲁、卫、郑、许、曹之君及王使臣盟于葵丘。周襄王正式承认齐桓公的霸主地位。

前 650 年	宋襄公即位。
	晋惠公杀乱臣里克。
前 645 年	晋国"作爰田","作州兵"。
	秦晋盟于王城。
前 643 年	齐桓公卒。
前 639 年	宋襄公约齐楚盟会于鹿上,提出召集诸侯会的倡议。
	秋,楚、陈、蔡、郑、许、曹邀宋襄公会于盂。会上楚抓获宋襄公。
前 638 年	宋楚泓之战,襄公伤,宋败。
前 637 年	宋襄公卒。
前 636 年	秦穆公送晋公子重耳回国即位,是为晋文公。
前 632 年	晋楚城濮之战,楚败。
	晋文公与诸侯会盟于践土,周襄王册封晋文公为侯伯。
前 627 年	秦晋崤山之战,秦全军覆没。
前 624 年	秦师渡河攻晋,晋人不出,秦封崤尸而还。秦遂霸西戎。
前 613 年	人们观测到哈雷彗星,并做了记录。
前 606 年	楚庄王伐陆浑之戎,至雒邑,陈兵周境,派人向周王问九鼎的轻重。
前 597 年	晋楚邲之战,晋败。
	楚庄王称霸。
前 594 年	鲁国实行"初税亩",按田亩收税,承认私田合法性。
前 590 年	鲁国"作丘甲",按丘出军赋。
前 579 年	宋大夫华元倡导第一次弭兵会盟。晋楚在宋订立和平盟约。
前 575 年	晋楚鄢陵之战,楚败。
前 562 年	鲁三桓作三军,三分公室。
前 554 年	郑国人暴动,杀执政子孔,子展掌国政,子产为卿。
前 551 年	孔子出生。

前 548 年	齐国内乱，崔杼杀庄公。
	楚国"量入修赋"。
前 546 年	宋大夫向戍倡议第二次弭兵会盟。晋楚等 14 国代表到会，会上确立晋楚共霸的地位。
前 544 年	吴公子季札聘鲁、齐、郑、卫、晋等国。
前 543 年	子产作郑国执政，实行改革。
前 540 年	晋韩宣子聘鲁、齐、卫等国。
前 538 年	郑子产作丘赋。
前 536 年	子产铸刑书。
前 524 年	周景王铸大钱。
前 522 年	楚平王杀伍奢、伍尚，伍员奔吴。
	郑子产卒。
前 517 年	鲁三桓逐昭公，昭公奔齐。
前 515 年	吴王阖闾即位，重用伍子胥、孙武整顿国家。
前 514 年	晋六卿掌权。
前 513 年	晋赵鞅铸范宣子刑书于鼎。
前 510 年	吴始伐越。
前 506 年	吴攻楚，5 战 5 胜，攻占郢都，楚昭王逃跑。
前 501 年	郑驷歂杀邓析，用其《竹刑》。
前 497 年	晋赵鞅代范鞅为政。
前 496 年	吴伐越，战于槜李，吴王阖闾伤而卒，子夫差即位。
前 494 年	吴越战于夫椒，越败。吴入越，越王勾践投降夫差。
前 486 年	吴开凿邗沟，沟通江淮，准备攻打齐国。
前 484 年	吴、鲁攻齐，战于艾陵，齐败。
	吴王夫差杀伍员。
前 483 年	鲁"用田赋"。
前 482 年	吴北上与诸侯会于黄池，吴晋争盟。
	越破吴姑苏，吴请和。
前 481 年	鲁《春秋》绝笔。
	宋桓魋之乱。
	齐陈成子（田常）杀齐简公，立齐平公。

前 479 年	孔子去世。
前 476 年	周元王即位。战国时代开始。
前 474 年	越派使者通鲁。
前 473 年	越破吴都,吴王夫差自杀。
	越王勾践北上与诸侯会于徐州,致贡于周。周元王赐胙,命为伯。
前 472 年	鲁越互聘。
前 471 年	鲁哀公朝越。
前 468 年	鲁三桓逐哀公,哀公奔越。
	越迁都琅邪。
前 467 年	鲁哀公卒,悼公立,鲁侯卑于三桓。
前 464 年	越王勾践卒。
前 458 年	晋知、韩、赵、魏氏灭范、中行氏,尽分其地。
前 453 年	韩、赵、魏氏灭知氏,三分其地,完成三家分晋。
前 440 年	周考王封其弟揭于河南,是为西周桓公。
前 433 年	曾侯乙卒,楚惠王制作礼器,送往祭奠。
前 408 年	秦"初租禾"。
前 403 年	周天子承认魏、赵、韩的诸侯地位。
前 390 年	吴起入楚,主持变法。
前 386 年	田齐列为诸侯。
前 381 年	楚悼王死,楚贵族攻吴起,吴起被车裂而死。
前 367 年	西周威公死,赵、韩武力支持公子根在东部争立,从此西周分裂为西周、东周二小国。
前 364 年	秦在石门大胜魏,斩首 6 万。
前 361 年	魏从安邑迁都大梁。
	商鞅入秦。
前 359 年	秦孝公任用商鞅,实行第一次变法。
前 356 年	韩、鲁、宋、卫朝魏。
前 355 年	邹忌说齐威王改革。
前 354 年	韩昭侯任用申不害为相,进行改革。
前 353 年	魏攻赵,围邯郸。
前 352 年	赵求救于齐,齐围魏救赵,大败魏军于桂陵。
前 350 年	秦都从雍迁至咸阳,商鞅第二次变法。

前 344 年	魏惠王称王，在逢泽主持诸侯"逢泽之会"，率 12 国诸侯朝见周天子。
前 341 年	魏攻韩，韩告急于齐。魏齐马陵之战，大败魏军。
前 338 年	秦孝公死，商鞅被车裂。
前 334 年	魏齐"徐州相王"。
前 325 年	秦始称王。
前 323 年	张仪和齐楚大臣相会，防止公孙衍合纵。
	公孙衍发起"五国相王"。
前 321 年	张仪兼相秦魏。
前 318 年	公孙衍联合魏、楚、燕、韩、赵，实行"五国伐秦"。
前 317 年	秦在修鱼击败韩赵魏联军，合纵瓦解。
前 316 年	秦攻灭蜀国、巴国。
前 313 年	张仪入楚游说楚怀王。
前 307 年	赵武灵王进行胡服骑射改革。
前 299 年	孟尝君田文入秦为相。
前 290 年	魏献给秦河东之地 400 里，韩献给秦武遂地方 200 里。
前 288 年	秦昭王约齐愍王称帝。
前 284 年	燕乐毅破齐，攻占临淄。
前 278 年	秦白起拔郢。楚迁都陈。
前 266 年	秦昭王用范雎为相，采其"远交近攻"之策。
前 260 年	秦赵长平之战，秦坑杀 40 万赵军。
前 257 年	魏国信陵君窃符救赵。
前 249 年	秦庄襄王元年，秦用吕不韦为相。
	秦灭东周。
前 247 年	秦庄襄王去世，秦王嬴政即位，时年 13 岁。
前 238 年	秦王嬴政平定嫪毐叛乱。
前 237 年	秦王嬴政罢免吕不韦相权。
前 230 年	秦发动灭六国之战。俘虏韩王安，灭韩。
前 228 年	秦攻克邯郸，擒赵王迁，赵公子嘉出奔代，自立为代王。
前 227 年	燕太子丹遣荆轲刺秦王，未遂。
前 226 年	秦攻克燕都蓟，燕王喜逃亡辽东。

前 225 年	秦攻克大梁，魏王假投降，魏国亡。
前 223 年	秦攻克楚都，俘虏楚王负刍，楚亡。
前 222 年	秦攻辽东，擒燕王喜，俘代王嘉，燕、赵彻底灭亡。
前 221 年	秦攻齐，俘虏齐王建，齐亡。
	秦统一六国，秦王嬴政称始皇帝，建立秦朝。
	统一度量衡、货币与文字。
前 219 年	秦始皇东巡，祀泰山，刻石记功。
前 216 年	秦政府颁布"使黔首自实田"的法令，进行全国性的土地登记。
前 215 年	秦派蒙恬率军 30 万出击匈奴，把匈奴势力赶到阴山以北，收复河南地。
	秦置北部 34 县。
前 213 年	秦朝开始修筑万里长城。
	秦焚书。
前 212 年	秦坑儒。
前 210 年	秦始皇病死于沙丘平台。胡亥即位，为秦二世。
前 209 年	陈胜吴广领导的秦末农民起义爆发。
前 207 年	项羽在巨鹿大败章邯率领的秦军，秦朝主力被消灭。
	赵高杀秦二世胡亥，立胡亥兄之子子婴为秦王。
前 206 年	刘邦至霸上，子婴投降，秦亡。
	刘邦入咸阳。与当地百姓"约法三章"。
	项羽引兵屠咸阳，杀降王子婴，烧秦宫室。
前 205 年	项羽自立为西楚霸王。
前 203 年	项羽和刘邦以鸿沟为界，暂时罢兵。
前 202 年	刘邦围项羽于垓下，项羽兵败在乌江自杀。
	刘邦于定陶附近即皇帝位，国号汉，五月迁都长安。西汉王朝建立。
前 200 年	高祖刘邦亲征匈奴，被匈奴围困在白登山。
前 196 年	吕后与萧何合谋，秘密处死韩信。
前 191 年	汉惠帝四年三月"除挟书律"。
前 188 年	吕后临朝称制。

前 180 年	吕后死，丞相陈平、太尉周勃杀诸吕。
	立刘恒为帝，是为汉文帝。
前 178 年	文帝下诏免除天下田租之半。
前 174 年	淮南王刘长谋反。
前 165 年	文帝下诏举贤良，开汉代察举制先河。
前 157 年	文帝死，太子刘启即位，是为景帝。
前 156 年	景帝下诏实行三十税一。
前 154 年	吴、楚等 7 国举兵叛乱。
前 140 年	武帝即位，定年号"建元"，中国皇帝纪年始有年号。
前 138 年	张骞第一次出使西域，联合大月氏。
前 134 年	诏令郡国举孝廉各 1 人，确立察举制。
	董仲舒上《天人三策》，提出大一统的思想统治政策。
前 128 年	鲁恭王坏孔子故宅，发现孔壁古文书。
前 127 年	汉武帝采取主父偃的建议，颁布"推恩令"，进一步削弱王国权力。
	汉武帝派卫青北击匈奴，解除了河套地区的威胁。
前 124 年	设太学。
	公孙弘居相位。
前 122 年	淮南王刘安、衡山王刘赐谋反。
前 121 年	霍去病出陇西西击匈奴，匈奴浑邪王降汉。
	西汉置张掖、酒泉、武威、敦煌 4 郡。
前 119 年	汉政府财政危机，汉武帝进行财经改革。
	卫青、霍去病发动漠北战役，基本解除了匈奴对西汉北部的威胁。
	张骞第二次出使西域。
前 109 年	汉武帝发巴蜀兵至滇，降滇王，赐"滇王之印"。
前 106 年	将全国分为 13 个监察区，称"十三州部"，每州部设刺史 1 人。
前 104 年	定"太初历"。
	李广利率军征大宛。
前 91 年	汉宫廷巫蛊案发。

前 87 年	武帝死。太子刘弗陵即位，是为昭帝。
前 81 年	郡国贤良文学至长安，议盐铁事。
	苏武出使匈奴，被拘 19 年后，坚贞不屈，是年还汉。
前 71 年	西汉与乌孙联合出兵 20 万共击匈奴。
	西汉任命郑吉为西域都护。
前 54 年	汉宣帝批准设立"常平仓"，保证边郡地区的粮食供应。
前 53 年	呼韩邪单于归降西汉。
前 51 年	立梁丘《易》、大小夏侯《尚书》、穀梁《春秋》博士。
前 33 年	昭君出塞，嫁呼韩邪单于。
前 5 年	哀帝宣布再受命，改元"太初元将"，自号"陈圣刘太平皇帝"。
前 2 年	博士弟子景卢，从大月氏的使臣伊存那里听讲浮屠经。
前 1 年	王莽秉政。
5 年	王莽毒死汉平帝，自称"假皇帝"摄政。
8 年	王莽即天子位，代汉称帝，改国号"新"。
	西汉结束。
17 年	王匡、王凤领导的绿林起义爆发。
18 年	樊崇领导的赤眉起义爆发。
23 年	绿林军拥立刘玄为皇帝，恢复汉国号，年号更始。
	刘秀破王莽军于昆阳。王莽被杀，新朝亡。
25 年	刘秀在鄗南称帝，年号建武，是为东汉光武帝。
	定都洛阳。
	赤眉军拥立刘盆子为皇帝。
39 年	东汉政府出台"度田令"，核查田地。
56 年	光武帝颁布图谶于天下，开东汉经学谶纬之风。
57 年	日本倭奴国遣使臣与汉通好，光武帝刘秀赠"汉倭奴国王"金印。
	刘秀死，太子庄即位，是为汉明帝。
60 年	图画功臣二十八将于南宫云台，邓禹为首。

73 年	窦固击败匈奴。
	班超出使西域。
74 年	窦固重置西域都护府。
79 年	东汉政府召开白虎观会议，讨论经义，班固作《白虎通德论》。
97 年	班超派遣甘英出使大秦，中国人首次抵达地中海岸。
102 年	班超回洛阳。
123 年	东汉政府以班超之子班勇为西域长史，重新经营西域。
132 年	张衡发明地动仪，中国开始有准确的地震记录。
166 年	士大夫清议之风起。
	司隶校尉李膺杀术士张成，引发党锢之祸。
175 年	政府立"熹平石经"于太学门外。
184 年	张角领导的黄巾起义爆发。
189 年	汉少帝刘辩即位。
	袁绍率军诛杀宦官 2000 余人。外戚宦官专权局面结束。
	董卓进京。
196 年	正月，改元建安。曹操迎汉献帝迁都许。
	曹操"奉天子以令不臣"。
200 年	曹操与袁绍决战于官渡，曹操歼灭袁绍主力，取得了统一北方的决定性胜利。
	曹操实行租调制。
208 年	曹操与孙权刘备联军在赤壁大战，孙刘联军大败曹军。
	三国鼎立局面开始形成。
211 年	刘备占领巴蜀地区。
213 年	曹操称魏公。
	曹操改革官制，逐步确立了中书、尚书、门下的中央机构。
219 年	刘备取汉中。
220 年	曹丕在洛阳称帝，国号魏。

221 年	刘备在成都称帝，国号汉。
	孙权接受曹丕的封号，称吴王。
225 年	诸葛亮出兵南中。
228 年	诸葛亮开始北伐。
229 年	孙权在武昌称帝，国号吴，同年迁都建业。
249 年	司马懿发动政变，族灭曹爽，掌握魏政权。
263 年	司马昭派兵灭蜀。
265 年	司马炎废魏元帝曹奂，代魏称帝，是为晋武帝，都洛阳，国号晋。
279 年	晋武帝分 6 路出兵伐吴。
280 年	孙皓降晋，吴亡。
285 年	江南缝衣工匠到达日本。
	《论语》传入日本。
286 年	月氏僧人竺法护翻译佛经 210 部。
291 年	西晋爆发八王之乱。
301 年	李特率领流民起义。
304 年	匈奴贵族刘渊称汉王，后称帝。
	北方地区逐渐进入了十六国时期。
	李雄在成都自称成都王，后建国号汉，史称成汉。
311 年	匈奴杀晋太子及王公百官 3 万余人，制造永嘉之乱。
312 年	郭象卒。
316 年	晋愍帝降刘汉，西晋灭亡。
317 年	西晋琅邪王司马睿在王导辅佐下在建康称晋王。
	凉州刺史张寔建立割据政权，史称前凉。
318 年	司马睿称帝，都南京，建立东晋。
	刘聪族弟刘曜改汉国号为赵，史称前赵。
319 年	羯族石勒建国号赵，史称后赵。
321 年	东晋名将祖逖死。
337 年	慕容皝建立燕国，史称前燕。
352 年	苻健在长安建国号秦，史称前秦。
353 年	王羲之作"天下第一行书"《兰亭序》。
354 年	桓温北伐，攻入关中。
356 年	桓温再次北伐，收复洛阳。

366 年	前秦开始开凿敦煌莫高窟。
381 年	笈多王朝遣使到长安访问，赠送火浣布。
383 年	苻坚率领前秦军队进攻东晋，战于淝水，前秦大败。
	前秦土崩瓦解。
384 年	羌族姚苌建立后秦。
	鲜卑族慕容垂建立后燕。
385 年	鲜卑乞伏氏在陇西建立西秦。
386 年	氐族吕光在凉州建立后凉。
	鲜卑族拓跋部酋长拓跋珪恢复代国。
	改国号魏，史称北魏。
397 年	鲜卑秃发氏建立南凉。
399 年	东晋孙恩、卢循起义。
	高僧法显西行求法。
400 年	汉人李暠建立西凉。
401 年	匈奴沮渠氏建立北凉。
402 年	荆州都督桓玄攻进建康。
403 年	桓玄篡晋称帝，建国号楚。
404 年	刘裕起兵灭桓玄，掌握东晋朝政。
407 年	匈奴族赫连氏在朔方建立夏国。
409 年	冯跋在辽西建立北燕。
410 年	东晋灭南燕。
413 年	刘裕实行"土断"政策，取消侨置的户籍。
416 年	刘裕北伐，攻占洛阳。
417 年	晋军攻占长安，东晋灭后秦。
420 年	刘裕废晋帝自立为帝，都南京，建国号宋，史称刘宋。
424 年	宋文帝刘义隆元嘉元年。
429 年	祖冲之出生。
433 年	著名山水诗人谢灵运以谋反罪被杀。
439 年	拓跋焘灭北凉，统一北方地区。
445 年	卢水胡人在盖吴领导下起义，汉、氐、羌、匈奴人民纷纷响应。

460 年	北魏开始修建云冈石窟。
	倭国使臣至宋，赠送礼品。
471 年	魏孝文帝即位，是年 4 岁，其祖母太皇太后冯氏临朝称制。
479 年	萧道成废宋自立，建立齐朝，史称南齐。
484 年	北魏开始改革。
485 年	北魏颁布均田令。
486 年	北魏实行三长制、新租调制。
487 年	范缜作《神灭论》。
490 年	冯氏死，魏孝文帝亲政。
495 年	北魏迁都洛阳。
	北魏开始修建洛阳龙门石窟。
496 年	北魏下令改鲜卑姓为汉姓。
499 年	北魏确立三省为核心的中枢制度。
501 年	雍州刺史萧衍攻入南京。
502 年	萧衍代齐称帝，建立梁朝。
510 年	梁颁行祖冲之制定的《大明历》。
524 年	北魏沃野镇破六韩拔陵起义。
526 年	葛荣自称天子，建国号齐。
527 年	郦道元被北魏叛将萧宝寅杀害。
528 年	尔朱荣兵进洛阳，立元子攸为帝，攫取北魏大权，发动"河阴之变"。
534 年	元脩被迫到西安投奔宇文泰，高欢立元善见，是为孝静帝。
	北魏分裂为东魏和西魏。
549 年	侯景纵兵抢掠建康，率军沿江上下屠城洗劫，是为"侯景之乱"。
550 年	西魏完善府兵制。
	高欢之子高洋废东魏，建立北齐。
551 年	侯景自立为帝，国号汉。梁武帝第七子萧绎派将军王僧辩、陈霸先征讨侯景。
552 年	萧绎在江陵称帝，是为梁元帝。

557 年	陈霸先建立陈朝。
	宇文泰之子宇文觉废西魏，建立北周。
574 年	北周武帝禁佛、道二教。
577 年	北周灭北齐，统一北方地区。
581 年	杨坚取代北周，建立隋朝。
589 年	隋灭陈，结束了长期的分裂割据局面。